GUANGFUWENHUA

第 4 辑

纪德君 曾大兴
主 编

广府文化

中国社会科学出版社

图书在版编目（CIP）数据

广府文化. 第 4 辑/纪德君，曾大兴主编. —北京：
中国社会科学出版社，2017. 10
ISBN 978 - 7 - 5203 - 1214 - 1

Ⅰ. 广⋯　Ⅱ. ①纪⋯　②曾⋯　Ⅲ. ①文化史—研究—广东
Ⅳ. ①K296. 5

中国版本图书馆 CIP 数据核字（2017）第 254344 号

出 版 人	赵剑英	
责任编辑	郭晓鸿	
特约编辑	席建海	
责任校对	王佳玉	
责任印制	戴　宽	

出　　版	中国社会科学出版社	
社　　址	北京鼓楼西大街甲 158 号	
邮　　编	100720	
网　　址	http://www.csspw.cn	
发 行 部	010 - 84083685	
门 市 部	010 - 84029450	
经　　销	新华书店及其他书店	

印　　刷	北京明恒达印务有限公司	
装　　订	廊坊市广阳区广增装订厂	
版　　次	2017 年 10 月第 1 版	
印　　次	2017 年 10 月第 1 次印刷	

开　　本	710×1000　1/16	
印　　张	32. 25	
插　　页	2	
字　　数	391 千字	
定　　价	138. 00 元	

目　　录

历史与文化

宗教与民俗

文学与艺术

语言与传播

历史与文化

都市群落中凸显的广州都市文化

——基于本土文化的片断思考

江 冰

一 这座城：把所有人变成广州人

网上一个段子说："北京把外国人变成中国人，上海把中国人变成外国人。"同属一个级别"北上广"的广州呢，我以为"是一个把所有人变成广州人的城市"。也许，你并不以为然——其实你不懂广东人，其实你不懂广州人。他们看似随和包容，看似低调不争，看似不排外，其实骨子里有一份顽强，有一份说好了是坚守，说歹了是顽固的生活态度。这种态度基于日常生活，基于世俗人生中的点点滴滴，如此生命立场，貌似不深刻，貌似很家常。

仔细体会，你不难发现：广东的民风与内地其他地方迥然不同，尤其是列入"北上广"的广州，注重日常生活，注重感官享受，注重休闲娱乐，注重个体开心。亚运会在广州召开，开幕式既有面对大海扬帆激浪的豪迈，更有面对都市街坊一般的亲切，而后者则为主流。广州没有北京俯瞰天下的气度，也无上海跻身全球大都市的骄傲，倒有一份"任你风吹雨打，我自闲庭信步"的淡定。"非典"期间，北京近于死城，气氛紧张；香港满城尽戴白口罩，满地恐惧。而广州，茶楼照常，饭局不减，茶照喝，饭照吃，生意照做。

你可别小看这种街坊气氛、街坊气场。风云际会，历史机缘，这样一种来自日常基于世俗的生活态度，每每影响天下，镇定全局。比如 20 世纪八九十年代，由于吻合了整个时代的民众心理，暗合了一种在广东稀松平常在内地却别开生面的普遍情绪，成就了一场伟大且意义深远的"文化北伐"：粤语、粤菜、流行歌曲、商业观念，加之"小女人散文"，张欣，张梅都市小说，一路北上，惠及全国，无形中证实了一条经济学的规律："有需求，就会有供应。"张欣的小说始终对准广州大都市，白领的情感、时尚的生活，有生存压力，有灵魂挣扎，是中国大陆最早的都市"欢乐颂"；张梅小说具有典型岭南气韵，她的中短篇小说始终浮现着一个形象：广州街坊日常生活中的一个年轻女子，不一定有大理想的献身精神，却一定有着面对生活小事的"恍惚眼神"，即便是她的长篇小说《破碎的激情》，也多是岭南阴柔的"小气象"，而有意疏离时代历史的"大格局"。黄爱东西的随笔，更是"小格局"取胜，来自日常的细微感受，构成随笔散文的"生活质感"和血肉肌理。这三位都是广州长大的女性，她们文字的阴柔风格，接续前辈作家欧阳山《三家巷》的地域传统，与岭南文化有着天然的缘分。

我曾经在广州引进的内地人才中做过访问调查，当问询调到广州有何最大感触时，答案不外乎三点：一是经济宽裕，工资高，生活好，重休闲。二是人际关系相对宽松，不上家做客，不议论隐私，一般不道德评价他人。三是价值多元，观念包容，你可以当老板，也可以开一个小店，做点小生意，看重官但不唯官，看重商但不会为挣钱不要命，要面子但不会死要面子，可以成功但不一定硬要成功，开心就好是口头禅；千万身家的老板不一定开豪车穿名牌，平常百姓也会一卡游遍天下；重吃不重穿，穿着烟囱裤照样进五星酒店，门童不拦，穿者坦然；你家贯千万也不稀奇，我小本经营恬然自得。因此，在广州你待久了，回老家不习惯，不知不觉，各种差异一下子都出来了，瞧瞧，为啥呢？因为你正在变成广州人。就像广州塔"小蛮腰"，虽然是巨大钢铁外来造物，但阴性柔美的造型，暗合了岭南文化的气质和气场，所以，屹立广州，扎根岭南。这就是广州这座城，改变所有人的一座城。你不服，都不行。

二 京派海派，却总叫不响粤派

我时常想到北上广三座"一线城市"，我们有京派海派，却总叫不响粤派，也许可以在文化中找原因：北京得天独厚，从永乐皇帝迁都开始就是"皇城根下"，且不谈，就说上海与广州。她们的城市发育成长都与开户开港有关、与殖民文化有关，但上海的文化力量似乎更鲜明更具边界感，上海人看天下所有人都是乡下人，自我优越感相当明显，崇尚西洋力挺时尚面向世界，你和他们待在一块儿，上海人就是要不断地提醒你：我是上海人，你不是！

相比之下，广州人就要和气包容得多，不但笑迎天下客，而且宽容各种文化，表面上也会向来自北方的一切文化俯首称臣，当然骨子里依然自我，依然有固守不变执着的一套，或许可以比较地说，上海人是强势的，广州人是弱势的，上海人外露爱装显摆会"作"，广州人内敛不"装"低调包容，从两地人的衣食住行，从世博会和亚运会的宣传风格，均可看出大大的不同。但这还是没有回答为什么上海作家写上海的艺术冲动就是要超过广州？也许就是那份恃才自傲的高调，那份溢于言表的自信！另外，穗港深三座城也有纠结。广州之与深圳之与香港，会与北京之与上海、悉尼之与墨尔本、洛杉矶之与旧金山，抑或是济南之与青岛，郑州之与开封，情形相似？一方有政治或行政或历史优势，一方有经济或文化或时尚优势，总之，明里暗里就是彼此不服气不买账，说白了，彼此瞧不起。难免，不奇怪，因为旗鼓相当，因为各有理由。穗港深：三座城，有互动有交情有纠结有故事，细细琢磨一下，也是气象万千啊！

三 "文化积累"不如京，"文化设计"不如沪

对比上海的田子坊新天地，你在潘家园琉璃厂就看不到"文化设计"的痕迹，北京的文物是历史一点一点地自然堆积，是皇都岁月一点一点地文化积累。因此，我没有在上海的那种惊讶，只有诚服。两种情绪，前者是跳跃的，后者是平静的，前者是灵动张扬的，后者渐入沉静的——思绪不由地又回到我居住的广州，假如说北京属于"文化积累"，上海属于"文化设计"，那么，广州又是什么呢？亚运会之后，我印象最深的是新中轴线和珠江新城的崛起，我最惋惜的也是它们与原有广州中轴线的联系的中断，我难过于旧广州与新广州之间的某种断裂，岭南文化的特色在新比旧好的简单思维中被淡化乃至被抛弃了！新中轴线离爱群大厦面对的珠江、离上下九恩宁路、离风景独一的沙面老租界太远太远，距离尚在其次，关键是神韵已去，貌不合神已离……

可以说，我们在"文化积累"上不如北京，在"文化设计"上落后上海，巨大的气场使得北京在文化承传上顺理成章没有间隙，强烈的设计意识使得上海百年的文化承传贯通一气。也许殖民文化就是伴随上海起家发达的缘故吧，传统江南的元素，殖民海外的元素，现代国际都市时尚的元素，都被上海人与生俱来的精明的设计大网罩住，融会贯通，自成一体，比如石库门，比如外滩两岸，无论如何评

价，至少在文化连接意识上，在文化自爱上，我们有差距——由此回看北上广，三地文化特色也许就会更加清楚，因为意识和态度之中，就有二十年三十年五十年的文化作为，而每一座大城又都是在这种作为中被今人不断塑造的。也许五十年、一百年以后，我们的子孙才能心平气和地评价我们今天三城人的作为吧？奥运会、世博会、亚运会有可能是评价的三个时间节点。唯愿日后的读者，可以读到今天的一点关于北上广的一个文化人的一点想法。

四　文学的地域特色也是文化竞争力

现在讲文化竞争力、软实力输出，主要着眼点在世界，苹果、好莱坞都是文化输出的典型例子。其实在大中国，地域之间依然也存在一种博弈，文化北伐就是广东为强势的博弈，但眼下呢，似乎回到低调务实的特性，弱势成为常态。如果一直处于弱势地位，文化竞争力不强，就有可能永远是产业低端，永远跟在别人后头。就此来看，我以为，文学的地域特色也是文化竞争力。

有人认为，具有地域特色的好作品需要耐心等待。我则以为等待时间是偏消极的，我更偏向于文化描述，就是主动去描述一种文化。举个例子，一个人在成为名人前可能是很平淡的，成为名人后其特征就会被强化描述。英国人也是在文化描述中逐渐成为闻名于世的绅士风度的。所以我们要学会歌颂、张扬我们的文化。最近我在 2012 增城广州青年文艺批评论坛上的发言就直接批评了广州文学缺少特色，我觉得如果只是谈些可谈可不谈的问题意思不大，还是要主动去描述、去强化、去宣传，去热爱，广州行事低调务实，理想主义浪漫主义的东西少了一点，激烈激情的形式和表达少了点，在信息爆炸的社会容易被其他区域淹没。增强文化竞争力需要一批文化人艺术家的坚持，高调一点也无妨，张扬一点也可爱。

最近我在天津参观梁启超的故居，看到他的书房，他当年在书房里策划的事情都是很激烈、很暴力的，他当年的《少年中国说》也是充满理想和激情的表达，他是既务实又高调的典范。我的焦虑还在于广州文化人淡定后面的淡漠乃至冷漠，在广州人的价值观里，对文学、艺术、著书、学问的崇尚其实不如许多内地人，务实的商道似为主流，不必顽强地坚持那些虚无缥缈的东西，有实惠实利最重要，这是大优点，也是大缺点。经济发展到一定的水准，文化坚持的问题就会出来。问题很复杂，后果很严重，没有崇尚，没有坚持，没有痴迷，何来地域特色？何来文化吸引力？何来传统继承？何来发扬光大？

苛刻地说，我至今还没有读到当代广州作家作品里有我感受到的广州生活，甚至至今没有超过欧阳山的《三家巷》，为什么？值得探讨，是外来人口太多？是中原文化强势遮蔽？你看广州每个区的感觉都有所不同，越秀、荔湾是老区，上下九、沙面是老地方，天河、黄埔是新区，是广州城中的另一座城，所以成分有点多元，京沪我想也会有类似情况，但他们文学的主流特征很强大很鲜明。从老舍到刘心武、王朔，从张爱玲到王安忆，你读王安忆《长恨歌》的开头，以及最后一章"老克腊"的出场，你会感叹上海作家为何把上海的殖民文化吃得那么深透?！王琦瑶几乎就是上海一百年的一个背影，从张爱玲到王安忆，有一个传统在延续——这些我们广州文学界都远远不及。关键是现实生活里有浓浓的地域特色，不但弥散日常，而且十分鲜明，但文学艺术没有表现出来或者表现得不够到位，这是急迫的文化建设问题。历史与现实之间、传统与时尚之间、本土与世界之间、长辈与青年之间，有一条或隐或现的文化链，其实这也是文化创意产业寻找的黄金链啊！

五　个人定力和文化自信

有人经常追问什么是广州的特色？我以为不难体会，比如务实、注重生活、重视商道等等。我每年都让我的学生进行地域特色的问卷调查，调查结果显示，很多新客家人为什么喜欢来到这个南方城市，是从两个方面得益最多：一是生活好，工资高，二是有相对自由宽松的环境。去年陈丹青在暨南大学开讲座，人们排着队来听，因为他是说真话的人。有人问他，有人说广州是文化沙漠，你怎么看待？陈丹青说广州怎么会是文化沙漠，全国最好的媒体、最好的刊物全都在广州，真正的革命历史是从广东开始的，伟大的改革开放也是从广东开始的。这些都是广州可以引以为傲的特色。

广东精神是中华民族精神不可或缺的部分，因为中原文化离海洋远，而广东"离中原很远很远，离海洋很近很近"，我很喜欢这两句话。历史上，清末全国幼童出国留学，其中有70%—80%都是广东人。17、18世纪广东人下南洋，去美国的劳工有多少人，看开平碉楼的图片展览我感受深刻，有一张图片拍的是当年码头上人山人海，大家涌上船去国外打工，但我们的历史叙述只是抓住了"卖猪仔"。其中蕴含的广东人精神其实很可以一说，但因为不了解，因为历史遮蔽，我们很多艺术作品没有把它们挖掘和表现出来。文学是精神的废墟，艺术是城市的记忆。一座城市有没有文化就在于有没有记忆，美国人、欧洲人都非常珍视自己的历史。每个地方的历史都是本土艺术创作的资源。

一位作家艺术家如何表现地域特色？我以为首先需要个人定力和文化自信。有没有文化自信、热不热爱这个地方要看自己，这是主观意识的问题。不要被中原文化同化，为什么凡事都以北京为标准？南方要有南方的标准，这是文化自信的问题。生活在这里的人都会热爱这里，艺术家是最敏感的人，更要感受、确认和表达这种热爱，这是观念问题，本土意识。（中国）台湾、日本作家都很有本土意识。越是弱势越要有文化自信。在广州的时候我们总是爱批评广州，去了其他地方，有反差才发现广州的好。相较而言，广州还是比较舒服讲礼貌的城市，比较尊重个人和有秩序的地方。"远看草青近看无"，艺术家要思考，为什么广州那么吸引人，感觉比结论重要，要以热爱执着的心态描述强调城市的特色。

六　一座城市的独特感情与认同意识

我们居住的广州城，有西关小姐和东山少爷，有西关大屋和东山洋楼，也有上海城类似的历史文化背景，如今也有旧城改造后的创意园之类的微风景去处，但上海做法依然大有启迪，无由地在脑海里冒出一句——"有一种城建，叫延续"，意思就是城市改造，需要保护和延续传统，上海几处的石库门改造都很成功，值得学习，值得琢磨。《全球城市史》的作者乔尔·科特金说过："一个伟大城市所依靠的城市居民对他们的城市有别于其他地方的独特感情，最终必须通过一种共同享有的认同意识将全体居民凝聚在一起。"每一座城市，都有其精神，都有其风貌，都有其认同意识，方方面面，主流支流，虚虚实实，抽象具象——你又分得清哪些是实，哪些是虚，哪些又是虚实相间？我以为上海的石库门建筑，就是关于城市精神虚与实的最好参照物之一。另外，上述三地文化旅游，人气极旺，令人羡慕。岁月往昔，有一条文化链，其实也是文化创意产业寻找的黄金链啊！

（江冰：广东财经大学人文与传播学院院长、教授）

黄埔军校：岭南文化瑰宝与名片

——一所学校连接的近现代军事教育

陈予欢

从 20 世纪 80 年代中期开始，黄埔军校过往历史的风采与轶事逐渐为世人所了解和认识。发源于 20 世纪 20 年代前期的广州黄埔军校，开创了现代中国军事成长历史。黄埔军校自 1924 年 6 月 16 日成立于广州东南角黄埔岛上，从第一期开始连续办理七期，毕业学员 8867 名，至 1930 年 10 月 24 日结束，① 历经 6 年 4 个月零八天。虽然历时不长，但是黄埔军校作为历史文化与军事人文宏富资源，及该校师生对于现代中国社会之影响与作用，作为著名军校、中华地域、军事人文、文化蕴涵、历史影响、社会效应、人文比较、公众反响、史书记载、海外声誉、建筑地标、媒体传播等项，是同类或其他个体品牌无法比拟的。黄埔军校之名声与影响，响彻中华大地，名震海内外，是享誉世界著名军校之一，是岭南文化名片瑰宝和军事历史人文圣地。笔者将黄埔军校的历史文化渊源、史料、信息及现代中国军事人文现象梳理成文，拟从四个方面剖析考究。

---

① 中国第二历史档案馆供稿，华东工学院编辑出版部影印：《黄埔军校史稿》，档案出版社 1989 年版，第 230 页。

一　底蕴深厚源远流长的历史文化渊源

（一）黄埔（长洲）岛上洋务历史文化遗址探源

黄埔岛又名长洲岛，位于珠江出口江中之岛，面积为 8 平方公里，林木葱郁南连虎门，为广州东南方门户。清康熙二十三年（1684）开海禁，第二年设立粤海关，规定往来广州贸易的外国商船，都必须停泊黄埔，由领有牌照的驳船往来于黄埔与十三行仓库。后清政府又规定，广州为对外贸易唯一口岸，此后黄埔岛空前繁荣起来，粤海关在黄埔岛设有挂号口，掌管中外商船出入黄埔货物装卸、过驳等事宜。同治年间（1862—1874）黄埔挂号口迁至长洲岛北岸，即后来的孙中山故居。清至民国，长洲岛均系黄埔海关所在地，一直沿用"黄埔"旧名，久而久之，长洲岛即被人们称作"黄埔岛"。[①] 1876 年 12 月 12 日（光绪二年十月二十七日），洋务派重要代表人物、两广总督刘坤一以 8 万元购买香港英资黄埔船坞公司在黄埔的坞厂设备达成协议，1877 年该协议获得北京清廷政府批准，此后，黄埔船坞成为广东地方政府的一个军事工业基地，先后开设了船局、水雷厂、火药厂和水陆师学堂，同时筹划在其中的于仁船坞旧址创立"西学馆"。[②]

（二）近代工业转型的军事教育雏形应运而生

1880 年两广总督张树声，广东巡抚裕宽将刘坤一奏捐前兼粤海关所得的平余银十五万两发商生息中拨银，在黄埔岛建造"实学堂"，

[①] 广州市黄埔区长洲镇地方志办公室编：《长洲镇志》，广东地图出版社 1998 年版，第 8 页。
[②] 同上书，第 9 页。

由粤绅汤金铭负责筹建可容纳百余学生楼房一座，用银二万两。1882年4月"实学堂"竣工，1882年6月开学，学堂由布政司龙易图兼管，聘任前福州船政学堂教习为监督，詹天佑亦受聘教习。1884年6月张之洞调任两广总督后，某日至黄埔岛"实学馆"巡视，认为"该馆生徒学业尚堪造就"，遂颁令改名为"博学馆"。1885年10月12日（光绪十一年九月五日）张之洞呈奏折，筹划在黄埔岛办理水师，开设枪雷各局。1887年6月14日，两广总督张之洞会同广东巡抚吴大澂，奏请朝廷创办广东水师学堂。是年秋，"博学堂"改名为"广东水陆师学堂"，划分地界以八卦山以东为"陆师讲堂"，以西为"水师讲堂"。学堂最初聘请洋教习3名，汉人教习11员，詹天佑此时已在堂任外文教习4年。1893年11月李瀚章任两广总督时，将广东水陆师学堂中的陆师与水师分别开办，陆师讲堂遂改名为"广东陆军速成学堂"，[①] 其学堂旧址即后来创办的黄埔军校校本部原址。是年在岛修建黄埔公园，1893年广东都督谭钟麟颁令将水师讲堂，改名为黄埔水师学堂，是为广东海军学校之肇始。1903年（光绪二十九年）岑春煊任两广总督时，在黄埔筹备武备学堂，并以武备军、武匪军为基础，组建广东新编陆军，简称"新军"；又在陆师讲堂旧址设立"陆军小学堂"，还将水师讲堂改名为"广东黄埔水师学堂"。1904年陆军小学堂开办，招生80名（缺同学录）。1905年5月，岑春煊将该堂改名为"陆军中学堂"，后又专折奏请嗣练兵处，饬将陆军中学堂改名为速成中学堂。1906年9月定名为"陆军小学堂"。1906年8月黄埔陆军小学堂第二期开学，至1909年8月广东黄埔陆军小学第四

---

① 广州市黄埔区长洲镇地方志办公室编：《长洲镇志》，广东地图出版社1998年版，第11页。

期开学，根据当年的《同学录》，① 我们可以看到，以后成为著名将领的学员有：邓仲元（邓铿）、黄士龙、陈济棠、林震、邓演达、张云逸（解放军大将）、李扬敬、林时清、郭冠杰、邓定远、云振中、陈师等。由此可见于"黄埔军校"之前，该岛就是军事人才训练摇篮。

1912 年辛亥革命爆发后，11 月 25 日黄埔陆军小学堂全体学生集议上书，提出"拟于军统北伐之日，即随镫执鞭，以供奔走，俾稍尽国民之义务"②，充满革命激情。1912 年年底，孙中山辞去中华民国临时大总统职，回到广州后，曾奔赴黄埔岛对海军学校学生发表讲话，训勉爱国，振兴海军。在黄埔军校旧址先后创立的广东陆师学堂、广东陆军速成学堂、广东陆军小学堂，虽然与黄埔军校之创建没有必然历史延续关系，但是当年孙中山在选址创建黄埔军校时，确实看中了黄埔岛早年就是广东军事训练基地，广东陆军小学堂亦名声远扬，虽旧址年久荒芜，但颇具"习武讲学"之福地，究其实质是，该选址具有深厚历史文化渊源。此外，据笔者掌握史料显示，在黄埔军校创建之前旧址设置的广东陆军速成学堂、广东陆军小学堂，前后于两学堂毕业的一部分学员，例如：邓仲元、李济深、张发奎、陈济棠、陈铭枢等，后来成为广东粤军（或称粤系部队）各时期的著名将领。

---

① 《邓演达纪念画册》编委会编：《邓演达纪念画册》，广东人民出版社 1995 年版，第 8 页。

② 广州市黄埔区长洲镇地方志办公室编：《长洲镇志》，广东地图出版社 1998 年版，第 12 页。

二 辐射全国、影响深远的黄埔军校各地分校及兵科学校

(一) 广州时期黄埔军校的各兵科分设军事教育

黄埔军校第一期开学并未设置分科教育，从第二期开始设立步兵科、炮兵科、工兵科、辎重兵科。第三期除步兵科外，又增设了骑兵科，到第四期分为步兵科第一团、步兵第二团，再分为炮兵科大队、工兵科大队、经理科大队、政治科大队等。下表可看出各期分科教育情况。

广州黄埔军校、南京中央陆军军官学校本部设置兵科学员数量一览表

期别	设置兵科科目	学员数量(名)
第一期	无分兵科，分设 1、2、3、4、6 队，皆为步兵队	706
第二期	步兵科、炮兵科、工兵科、辎重兵科	453
第三期	步兵科外，增设骑兵科	1297
第四期	分设步兵科第一团、步兵第二团，另分为炮兵科大队、工兵科大队、经理科大队、政治科大队	2686
第五期	步兵科、经理科、炮兵科、工兵科、政治科	2417
第六期	迁移南京本校(一总队)：步兵、骑兵、炮兵、辎重兵、工兵、交通兵 留守广州校部(二总队)：步兵、工兵、经理 黄埔军校第六期生毕业后，甄选 108 名有志航空且体格健壮学生，编为航空班，培养航空专门人才	南京本校：4163； 广州：701
第七期	南京本校：步兵、骑兵、炮兵、工兵、辎重兵 广州：步兵、炮兵、工兵	南京：849 广州：607
	累计	13879

（二）黄埔军校衍生的各地分校简介

1925 年 11 月设立中央军事政治学校潮州分校，新桂系集团附粤后设立中央军事政治学校南宁分校（第一分校），1926 年 7 月在国民革命与北伐战争推进之时，相继创建以广州黄埔军校为本部的武汉分校（第二分校）、长沙分校（第三分校）、南昌分校（前为第五路军军官补习班）等。

20 世纪 30 年代陆续开办以广州黄埔军校延伸—南京中央陆军军官学校为本部的中央军校第一分校（洛阳分校）、第二分校（先为武汉分校，后迁移湖南武冈分校）、第三分校（瑞金分校）、第四分校（广州、独山分校）、第五分校（昆明分校）、第六分校、第七分校（西安分校）、第八分校、第九分校（新疆分校）等。其中教学与学员人数最为庞大的是第七分校（西安分校），规模甚至超过成都中央陆军军官学校本部。

从 1924—1949 年，黄埔军校在大陆存在 25 年间，军校名称历经不同时期而多次变更，先后为：陆军军官学校、中国国民党陆军军官学校、中央军事政治学校、国民革命军军官学校、国民革命军黄埔军官学校、南京中央陆军军官学校、成都中央陆军军官学校。但是无论军校迁移何地名称怎么变更，始终因为源自广州，习惯称之为"黄埔军校"。

黄埔军校派生的各地分校一览表

分 校	主任（或教育长）	成立与结束年月
潮州分校	何应钦	1925.11—1926.12
长沙分校	唐生智、石醉六	1926.6—1928.7
武汉分校	蒋介石兼、张治中、邓演达	1926.10—1927.10

分　校	主任(或教育长)	成立与结束年月
南宁分校(桂林)		1926.5—
第一分校(洛阳)	祝绍周、钟彬	1928.2—1944.12
第二分校(武汉)	钱大钧、刘绍先	1929.6—1932.3
第二分校(湖南武岗)	李明灏	1936.8—1945.5
第三分校(江西瑞金、广丰)	李明灏、吕济	1935.11—1945.11
成都分校(第三)	彭武敭	1935.10—1938.10
第四分校(广州、广东德庆、广西宜山、贵州独山)	陈诚兼、陈芝馨、韩汉英	1936.7—1947
第五分校(昆明)	唐继麟	1935.9—1947
第六分校(南宁、桂林)	吕竟存、冯璜、俞星槎	1936.7—1947
第七分校(西安)	胡宗南、邱清泉、洪士奇	1938.1—1945.11
第八分校(湖北均县、房县)	张任民、徐祖贻	1939.1—1945.10
第九分校(迪化)	盛世才、宋希濂	1942.3—1948
中央军校南昌分校	刘体乾	1928.4—1929.7

（三）黄埔军校衍生出来的各兵科学校

1927年8月黄埔军校迁移南京后，改名为南京中央陆军军官学校，是当时军事教育基地和最大的军官培训中心。为加速军事现代化进程，1931年10月起由南京中央陆军军官学校派生出各个兵种专科学校，例如：步兵、工兵、炮兵、骑兵、交通辎重兵、经理、机械化等学校，还有航空学校、警官学校、宪兵学校、政治学校等。形成军事现代化之各兵种专科系统初级军官培训学校，体现了当时在黄埔军校办学方针指导下军事教育现代化进程。

由黄埔军校衍生的各兵科学校一览表

兵科学校名称	主任（校长）
步兵学校（1931.2）	王俊、张卓、周鸿恩
炮兵学校（1931.1）	张修敬、张亮清、周斌、邹作华
骑兵学校（1932.7）	章鸿春、汪镐基、胡竞先
工兵学校（1932.1）	林伯森
通信兵学校（1933.3）	邱炜、徐庭瑶
辎重兵（交通兵）学校（1933.6）	李国良、徐庭瑶、斯立、毛福成、胡献昂 1928年春考入军事委员会交通技术学校学生460余名。1928年10月奉命并入南京中央军校为第六期交通兵科
航空学校（1931.3）	源于1928年10月南京中央陆军军官学校成立航空班 毛邦初、周至柔、陈庆云、黄光锐、蒋坚忍
防空学校（1931.6）	黄镇球
警官学校	李士珍
宪兵学校（1933.1）	谷正伦、张镇
政治学校（1929.7）	蒋介石兼，教育长：陈果夫
机械化学校（装甲兵）	徐庭瑶、胡献群
国防要塞炮兵学校（1934）	缺载

黄埔军校前六期生许多成为各兵科学校创办的参与者或奠基人。一是转学航空的许多成为航空界著知名人物；二是留学欧美军事学校

的成为军事指挥机关、各兵科学校以及高级部门主官；三是交通科毕业生，一部分成为交通、辎重兵、机械化、装甲兵种的开拓者、先驱者和领导者，另一部分成为国民革命军军事通讯情报的开创者和主持者。第六期交通科学生逐渐掌握了军事通讯部门领导阶层，空军、海军方面的军事通讯也有许多交通科毕业生担当重要领导职务。

（四）黄埔军校选派军事留学之开端

与此同时，根据各兵科人才培养的需要，以黄埔军校为龙头着力推进留学外国学习军事。继第一至第三期生选派优秀学员赴苏联学习深造，到南京复办的中央陆军军官学校，从前六期生中选拔优秀学员赴外国各兵科学校学习。1928 年秋选派数十名学员赴日本各兵科学校留学，1929 年 10 月南京中央陆军军官学校陆续开设留学预备班，按照赴学习国要求训练外语基础。1930 年 5 月起选派德国、法国、英国、美国各军事学校学习军事。

黄埔军校军事留学外国军校学员一览表

国别	学生来源	数　量
苏联	广州黄埔军校第 1—5 期	第一期:22 名;第二期:12 名; 第三期:20 名
日本	广州黄埔军校及其各分校第 1—6 期	看分表
德国	第 6 期开始	13 名
法国	第 6 期开始	12 名
英国	第 6 期开始	14 名
美国	第 6 期开始	8 名
	累计	101 名

黄埔军校留学苏联学员一览表

期　别	莫斯科(孙文)中山大学	莫斯科东方共产主义劳动者大学
第一期	梁干乔、邓文仪、董煜、左权、李焜、刘云、陈启科、刘詠尧、萧赞育、袁仲贤、张镇、杜从戎、陈琪、张际春、黄第洪、温忠、傅维钰、林斧荆、严武	江镇寰、白海风、彭幹臣
第二期	郑介民、龙其光、翟荣基、阮齐、罗英、廖开、彭克定、林侠、聂绀弩、张任权、陆士贤、谢振华	缺载
第三期	康泽、黄鼎新、周爱、赵可夫、陈道守、吕魁文、黄夷白、萧爱贤、骆德荣、吴肃、王光樾、万徐如、张元良、李冠英、李秉中、郑国琛、吴淡人、柯建安	徐介藩、熊受暄
第四期	陆更夫、李鸣岐、恽雨棠	缺载
第五期	唐有章	许光达
第六期	缺载	缺载

黄埔军校毕业学员军事留学苏联军校一览表

期　别	伏龙芝军事学院(莫斯科军事学院)	其他军事学校
第一期	左权、陈启科、刘云、杜从戎、贺衷寒、刘畴西、韩浚(红军大学)王公亮(红军大学)	陈天民(军政)、张际春(军政)、王叔铭(航空)、冯达飞(航空)
第二期	王一飞	缺载
第三期	缺载	尹伯休(步兵)、毛邦初(航空)、龙文光(航空)、江雄风(步兵)、张廷孟(航空)、徐介藩(航空)、常乾坤(航空)
第四期	缺载	汤慕禹(步兵)
第五期	杨至成	缺载
第六期	缺载	缺载

黄埔军校毕业学员军事留学日本军校一览表

期　别	日本陆军士官学校	日本其他军校
第一期	孙元良、曹利生、袁涤清、潘学吟、李隆光	潘佑强(陆大)、李伯颜(陆大)、杨麟(经理)、李杲(兵工)、牟廷芳(步兵)、林英(步兵)、谭辅烈(骑兵)、陈武(步兵)、何绍周(野炮)、陈平裘(步兵)、陈志达(警政)等
第二期	王毅、洪士奇、龙韬	司徒洛(步兵)、史宏熹(炮兵)、李士珍(步兵)、容干(步兵)
第三期	缺载	文重孚(宪兵)、刘伯龙(步兵)、刘伯英(步兵)、李秉中(步兵)、邱开基(经理)、熊绶春(步兵)、潘国屏(步兵)
第四期	缺载	胡轨(步兵)
第五期	郭汝瑰、唐雨岩、赵一雪	干国勋(步兵)、丘士深(步兵)、余万里(步兵)、张介臣(骑兵)、徐自强(炮兵)、彭孟缉(野炮)
第六期	缺载	缺载

黄埔军校毕业学员军事留学德国军校一览表

期　别	德国陆军大学	德国其他军事学校
第一期	严武、范汉杰、贺光谦、李铁军	桂永清(海军)、陈志达(警政)、刘璠(步兵)、冯达飞(炮兵)
第二期	邱清泉、张汉初	胡靖安(工兵)、彭克定(坦克)
第三期	李永忠	陈甲三(骑兵)
第四期	缺载	丁昌(警政)、吴祖枬(警政)
第五期	缺载	缺载
第六期	留学德国(13名):蒋铁雄、柴钊、杨中平、萧劲、杨厚彩、郑瑞、岳制量、田鹗云、徐焕昇、林馥生、李忠依、楼迪善、欧阳杰	缺载

黄埔军校毕业学员军事留学法国军校一览表

第一期	万少鼎（方登布鲁飞行学校）、陈平裘（军事学校）
第五期	陈修和（高等兵工学校）
第六期	留学法国（12 名）：何新文、郭海乐、廖耀湘、蔡庆华、郭彦、程雁飞、孙信璋（广嵊）、王观洲、刘恩荫、蔡仁清、周昭、王菊麟（原名光中）。分别进入步兵、骑兵、炮兵、工兵、战车等军官学校学习

黄埔军校毕业学员军事留学意大利军校一览表

第一期	詹赓陶（陆军大学）
第二期	缺载
第三期	毛邦初（空军学院）
第四期	卓献书（陆军大学）

黄埔军校毕业学员军事留学英国军校一览表

第六期	留学英国（14 名）：胡献群、谢肇齐、李申之、陈平阶、胡光熹、陈廷缜、倪福欣、林潞生、窦济华、封成林、严伯俊、龚愚、皮宗敢、李昌来

黄埔军校毕业学员军事留学美国军校一览表

第四期	周伟龙（高等警官学校）
第五期	尚望（美国陆军谍报学校）
第六期	留学美国（8 名）：周宏沼、阮积熙、陆瑞科、彭展寰、于德源、张谊（益谦）、吴家让、唐铁成

黄埔军校毕业学员军事留学奥地利军校一览表

第一期	刘璠（奥地利警官大学）
第二期	戴颂仪（维也纳警官大学）
第三期	缺载
第四期	缺载

总之，黄埔军校从第六期开始，开创了黄埔军校学生成批考试并保送外国留学军事先例。军事留学外国的兴起勃发，虽然是在南京中央陆军军官学校时开启的，但是选拔出国留学的皆以黄埔军校第一至第六期学员居多，因此与广州黄埔军校有着密不可分的关联因素，值得推崇与弘扬。

黄埔军校在大陆 25 年间举办了 23 期，现以黄埔军校广州、南京、成都校本部计算，根据湖南省档案馆校编、湖南人民出版社 1989 年 7 月《黄埔军校同学录》累计数字共培养学员 53591 名，各地分校培训学员总计近 30 万人，其中抗日战争爆发前毕业学员有 25383 名。据数据统计显示：黄埔军校本部第九至第十一期学员毕业从军之际，正值抗日战争爆发前后，计有 3500 名毕业学员派赴抗日前线作战部队担任初级军官，在抗日战争初期作战时牺牲巨大，约有 50% 的学员在抗日作战中殉国。抗日战争时期的黄埔军校，作为基层作战部队初级指挥及参谋人员培养与输送基地，黄埔学生遍布许多作战部队，在其中发挥了中坚与主导作用，并将抗日战争持续到最后胜利，其历史与进步作用应当给予肯定。可以肯定地说，绝大多数黄埔军校学员经历了中华民族 14 年抗日战争战火考验，他们用生命和鲜血谱写了抗日战争英雄诗篇，为了民族生存和国家兴亡所做出的巨大牺牲和突出贡献，应当得到历史和后世的认同与称颂。此外在各地战区，相当数量的黄埔军校各期生统率国家军队精锐之师，始终战斗在抗日战场第一线并取得显著战果。著名历史学家唐德刚曾说过："近（现）代史绕不过黄埔军校的影子。"黄埔军校早期生是跨越两个世纪的历史名人，他们是体现"黄埔精神"与"民族精神"的英雄群体或精英集团。

因时局变幻政权更替，1949 年 10 月在大陆招考并录取的第二十四期学员，被编为第四总队，① 经过辗转周折仅有少数学员抵达台湾，连同先前撤退到台湾的第二十三期 100 余名台籍学员，军校于 1949 年 10 月迁移至台湾高雄，1950 年 2 月 3 日台湾当局决定复校，以抗日战争胜利后在台湾凤山组建的中央陆军军官学校第四军官训练班为基础，1950 年 10 月 20 日成立招生委员会，分批赴台北、台中、台南、花莲、金门等地录取新生 1001 名，1951 年 3 月 9 日凤山陆军军官学校正式开学，号称为延续大陆黄埔军校办学的第二十四期。② 据了解，凤山续办陆军军官学校至今，学员已历 80 余期。时至今日，在台湾的历期陆军军官学校学员，始终认定广州黄埔军校本部是开宗母校，海内外黄埔军校及其各兵科学校学员、亲属后人也认定广州黄埔军校本部是他们共同的母校所在地，由此可见黄埔军校魅力无穷，历经 91 年，仍旧是黄埔历期生及其家属后人的神圣母校。广州黄埔军校已成为所有黄埔人的神圣英灵向往之精神家园，是那个时代誓死不做亡国奴、抗战到底之"民族精神"所在。

三　历史文化资源蕴涵厚重，彰显学术富矿的"黄埔军校研究"

（一）熠熠生辉点点闪烁的军校陈迹遍布全岛

根据 1936 年南京中央陆军军官学校编制的"黄埔军校平面图"观摩，可以看到当年黄埔军校校舍遍布黄埔（长洲）岛上庄、下庄一带，占据了岛上约 4 平方公里地区，占全岛总面积的 50%。黄埔军校现存 38 处史迹，大多保存状况尚好，已经作为景点向公众开放的史

---

① 台湾陆军军官学校编：《陆军军官学校》，台北陆军印刷厂 1980 年 4 月 1 日印行，第 151 页。
② 同上书，第 168 页。

迹主要有：黄埔军校本部建筑楼群（1996 年依据 20 世纪初原建筑图形模式勘察重建）、孙总理纪念室（即原粤海关挂号处，俗称学海楼）、孙文纪念碑、军校官生俱乐部（1992 年按历史原貌修复，东侧塔楼为重建）、军校官生游泳池、长洲要塞炮台遗址、白鹤岗炮台、大坡地炮台、北伐纪念碑、东征阵亡烈士主墓、东征阵亡烈士记功坊、东征阵亡烈士纪念坊、蔡光举烈士墓、入伍生和学生墓碑群、十七少将墓（据考证只有吴沧桑一人有少将衔，其余皆为校尉军官）、仲恺公园、驻省办事处（沿江中路 239 号 2000 平方米楼房，俗称黄埔军校筹备处）等。

此外，目前尚有部分遗址被海军驻军、黄埔造船厂、长洲街或外单位使用的主要有：中山公园、军校射击场、军校学员宿舍、中正公园遗址、济深公园遗址、教思亭、袖海亭、蝴蝶岗炮台、蝴蝶岗分教处遗址、大操场、校本部码头等。

遗址荡然无存的史迹还有：四缝炮台遗址、四缝炮台分教处遗址、马厩（养马场）、军械处、被服厂、电话室、工人室、蝴蝶岗分校遗址、禁闭室、土木工场、特务营旧址、军乐队所在地旧址、陆军监狱、东征墓园码头、广东黄埔陆军小学堂遗址（原黄埔军校旧址一带，1905 年开办，1916 年停办）、广东黄埔海军学校遗址（位于原黄埔军校旧址西侧，前身为黄埔水师学堂，创办于 1893 年，1938 年于原址停办，历经 45 年共办 24 届毕业学生 521 人）①、黄埔中正学校遗址（1936 年春创办于黄埔造船厂第二船坞与波斯楼之间，1938 年 10 月迁移粤北乐昌，1946 年 8 月回迁长洲岛黄埔军校旧址）等。

---

① 广州市文物普查汇编编纂委员会、黄埔区文物普查汇编编纂委员会编：《广州市文物普查汇编·黄埔区卷》，广州出版社 2008 年版，第 436—437 页。

（二）历久弥珍彰显学术富矿的"黄埔军校研究"

黄埔军校研究就其学科名称，笔者斗胆定义为"黄埔军校学"，是中国现代史分支。由于黄埔军校前六期发展历程与早期军事成长有密切相关因素，赋予黄埔军校研究新鲜课题层出不穷。以学术研究为出发点，将黄埔军校研究作为现代中国军事发展过程中一个断代史分支，是符合我们处理历史问题的传统办法的。从这个角度出发，黄埔军校引发的中国军事现代化，由黄埔军校引发出来两支军事力量，由此或许可得出结论：黄埔军校研究，对于军事教育以及军队建设，乃至经济、社会、文化种种文明形态，具有中华民族与国家范畴的历史与现实意义。从历史本身发展的需要，从学科发展和学术研究的需要，黄埔军校研究也应当向更为宽广的历史视觉——大中华历史观——延伸与拓展。

黄埔军校研究正如专家所示："把作战与教学相结合、教学与研究相结合、中国与外国相结合、军事与政治相结合，注重实用，着眼于提高学员的作战指挥能力，这些就是黄埔军校办学的基本特点。黄埔军校的这些办学特点，开创了我国军校教育的一个新时代。"① 随着20世纪80年代初期黄埔军校同学总会成立，1984年6月创刊于北京的《黄埔》（双月刊），将黄埔军校引向学术研究和探索，积累了资料，开启了思路，创造了条件，开辟了广阔空间和学术氛围。此后与黄埔军校相关联的许多军事问题、军队建设、军校教育等遂成研究对象。从20世纪80年代中后期，由河南省一批专家组成了黄埔军校史研究会，著名历史学家、中国人民大学教授彭明任会长，组织编写了

---

① 糜振玉主编：《中国军事学术史》，解放军出版社2008年版，第182页。

一批研究论文，由河南人民出版社出版了《黄埔军校名人传》第一至第四辑。2005 年出版了黄埔军校人物传记集《黄埔军校名人传》（杨牧、袁伟良主编，河南人民出版社 2005 年），作为黄埔军校人物传记的集中成果。黄埔军校人物研究先驱者王永均先生最早作出探索与尝试，整理出版了《黄埔军校三百名将传》（广西人民出版社 1989 年 6 月）；1993 年 12 月中国革命历史博物馆凭借丰厚的图文史料编纂出版了《黄埔军校史图册 1924—1927》（广东人民出版社出版发行），为学界与读者提供了黄埔军校丰富多彩的历史图片；笔者随后于 20 世纪 90 年代初开始循序对历史上众多黄埔军校名人进行了广泛收集与整理，编纂出版了收录有 6000 人的《黄埔军校将帅录》（广州出版社 1998 年 9 月），至今仍为黄埔军校史及其人物研究案头工具书；2010 年 9 月广东革命历史博物馆将馆藏文物、照片、史料编纂出版了《黄埔军校图志》（广东人民出版社），黄埔军校发祥地广州及广东史学界，以丰厚翔实的历史数据与图片充分显示了在黄埔军校研究领域之后发优势与学术潜质。

近 20 多年来有关黄埔军校研究的论文集不断出现。例如：黄埔军校同学会出版的黄埔军校建校八十周年暨黄埔军校同学会成立二十周年纪念专刊《黄埔情缘》；由广州近代史博物馆、黄埔军校旧址纪念馆编纂、吉林人民出版社出版的《国民革命与黄埔军校——纪念黄埔军校建校八十周年学术论文集》；2006 年 11 月黄埔军校同学会与中山大学，在广州举行了纪念孙中山诞辰 140 周年暨"孙中山与中国的未来"高峰论坛，出版了孙中山先生诞辰 140 周年暨黄埔军校史迹与人物纪念文集；2006 年以来，广州市社会科学院紧紧抓住独具广州特色的黄埔军校研究课题，发挥本土优势和运用海内外研究资源，先后出版了"黄埔军校史丛书"之《黄埔军校研究》第一至第八辑，反映了当前黄埔军校研究的最新成果，将黄埔军校研究推向学术交流与研究层面。

近十数年间，与研究论文同步推进的黄埔军校专题研究论著亦有长足进步。广州市黄埔军校重点研究基地从2007年起相继推出了笔者所著《初露锋芒——黄埔军校第一期生研究》《叱咤风云——黄埔二期驰骋记》《风云际会——黄埔军校第三期生研究》《雄关漫道——黄埔军校第四期生研究》《大浪淘沙——黄埔军校第五期生研究》等专题论著，以及黄埔军校研究论文集《黄埔军校史研究丛书》第一至第八辑，集中反映了当前黄埔军校研究成果与现状。此外各地还有：史料综合作品：陈宇著《中国黄埔军校》（解放军出版社2007年1月），纪实文学作品《黄埔军校大传》（罗国明著，中国青年出版社2004年）、《黄埔恩怨》（王晓华、张庆军著，中共党史出版社2008年1月）、《黄埔一期的红色传奇》（刘育钢著，团结出版社2011年8月）等。2014年6月黄埔军校成立90周年之际，广州市黄埔军校研究中心再推出增订本《共产党人与黄埔军校》（曾庆榴著）。黄埔军校同学总会相继编辑出版《黄埔军校史料汇编》《抗战中的黄埔师生》；华文出版社2014年12月出版了《黄埔军校年谱长编1924—2014》（陈宇编著），笔者亦在此期间相继出版了《天子门生——黄埔一期生全记录》《沧海横流——黄埔五期风云录》。以上各书，分别根据各自掌握的史料对于黄埔军校史迹、人物以及轶事，进行考析与论述。

在运用现存历史照片及图文史料方面，广东出版省集团/广东教育出版社2012年7月出版发行了全22册的《黄埔军校史料汇编》第一辑（广东省立中山图书馆、广州市社会科学院、中山大学图书馆合编），去年与今年再推出面世《黄埔军校史料汇编》第二辑（22册）、第三辑（22 册）、第四辑（34 册），形成 100 册黄埔军校史料汇编丛书。除此之外，笔者这些年来先后为北京中国黄埔军校同学会刊《黄埔》撰写了三十余篇黄埔人物专文。这些内地史学界、影视出版界对于黄埔军校的历史诠释及描述，为后续研究者与学界读者，提供积累了丰厚的史料和素材，同时起到了良好的爱国主义及"黄埔精神"传播教育社会效果。笔者认为，"黄埔军校学"将成为现代中国军事学术史及军事教育史的一门"显学"。

四 "黄埔军校"作为广府文化名片瑰宝、世界著名军校之一申报"教科文非物质文化遗产"的初步设想

1. 对照"申遗"标杆，增加对岭南文化名片历史文化遗产保护意识。

根据联合国教科文组织颁发的《保护非物质文化遗产公约》的定义（第 2 条），非物质文化遗产（patrimoine culturel immatériel）是指被各社区、群体，有时是个人，视为其文化遗产组成部分的各种社会实践、观念表述、表现形式、知识、技能以及相关的工具、实物、手工艺品和文化场所。这种非物质文化遗产世代相传，在各社区和群体适应周围环境以及与自然和历史的互动中，被不断地再创造，为这些社区和群体提供认同感和持续感，从而增强对文化多样性和人类创造力的尊重。

诚然，遍查 2006 年以来四批列入联合国非物质文化遗产名录，与学校教育、军事人文相关项目尚无。但是就笔者所见，开平碉楼的申遗成功，无疑具有借鉴与延伸启示作用。开平碉楼出现年代与黄埔军校几乎相同，而碉楼只在广东五邑地区并集中在开平台山，论知名度、分布广度等都不及黄埔军校旧址名声显赫享誉四海。黄埔军校校本部和许多纪念物仍大多保存在广州，包括长洲岛上的中山公园遗

址、中正公园遗址、仲恺公园遗址、济深公园遗址，粤海关楼旧址、军校官生俱乐部、东征烈士纪念碑墓园、燕塘分校旧址、中山先生读书处，还有大元帅府、黄埔军校驻省办事处（别称筹备处，沿江路239号）等等。论军事教育、世界影响度，论它对传承中国历史文化之贡献，论它的人文文化价值，比开平碉楼有过之而无不及。因此有理由认为，"申遗"并不是"天方夜谭"。

2. 统筹考量，整体规划，分步实施，将黄埔军校旧址系列地标建筑逐步扩展为"中国著名军校历史文化传承暨军事人文教育主题公园"。

首先要树立高远理想，为把"黄埔军校旧址"整体打造为世界物质文化遗产而努力。为了实施此宏愿，要争取早日与北京、广东省、广州市有关部门及其"申遗"专家探讨、协商，还需要有更多本土知著名专家学者与社会有识之士参与进来，开设论坛讲座，拟定并发起撰写相关论证研讨文章，作出科学、规范、可行论证，朝着正确轨迹循序渐进。

其次要以"申遗"与保护历史文化遗产为目标，清点黄埔（长洲）岛上有关黄埔军校相关遗产。长期在黄埔军校旧址周边的海军驻地，以及原黄埔造船厂驻地，建议政府以土地置换形式劝导其将军校用地腾出，使黄埔军校旧地及其系列纪念场所连成一片，形成大型"军事主题公园"，便于进行"申遗"操作。尽可能修复以黄埔军校旧址为主体周边建筑，尽可能恢复的当年风貌，以广州周边为主，兼顾广东各地的黄埔军校相关遗址。

再次，对于黄埔军校旧址作为"历史文化遗产"立项，以"历史文化主题公园"，或以"军事历史人文主题公园"，还是以其他形式，都需要政府介入支持，整体规划，统筹安排，分步推进，逐项实施，并在此基础上启动"黄埔军校文化公园"申请联合国世界文化遗产目录工程。

结　　语

经历 30 多年改革开放，非物质文化遗产保护的意识已日益深入人心，非物质文化遗产的保护工作也正在朝着更广阔的领域、更深入的层面拓展。文化名片是代表一个地方最具特色度、知晓度、美誉度和持久度的整体形象、领域形象、特色形象、传颂形象之标志。黄埔军校作为"岭南文化十大名片"之一，正是岭南文化精华的浓缩，彰显了岭南文化的独特魅力，黄埔军校反映在现代中国北伐抗战救国复兴之大时代，至今仍旧是联结海峡两岸的精神纽带之一，是海峡两岸黄埔人的共同财富。史载与民间记忆着许许多多关于"黄埔军校历史与人物"传说与故事，可见"黄埔军校"有其独特魅力和源远流长，自然有着深厚军事学术和文化底蕴。因此，将黄埔军校旧址打造成"中国著名军校历史文化传承暨军事人文教育主题公园"，也许是擦亮岭南文化瑰宝，传承"黄埔精神"的最好途径。

（陈予欢：广州社科院黄埔军校研究中心研究员）

广州市荔湾区历史文化街区的保护与活化

温朝霞

荔湾区作为国家历史文化名城广州的中心老城区，因拥有"一湾溪水绿，两岸荔枝红"的千年名胜荔枝湾而得名。近年来，荔湾区在大力推进新型城市化建设中，坚持以科学发展为主题，紧紧围绕文化强国、文化强省和文化强区的战略要求，以文化来引领现代化商贸文化旅游区建设，培育世界文化名城核心区，深入挖掘岭南文化精髓，积极推进公共文化服务体系建设，大力加强文化产业发展，先后被评为广东省实施《南粤锦绣工程》文化先进区、中国曲艺之乡、广东十大传统美食之乡，沙面街被评为中国历史文化名街。2014 年，荔湾区被国家文化部评为"全国文化先进区"。

培育世界文化名城核心区，关键是活化、复兴、传承老广州的历史，保持城市发展的基因和根脉。历史文化街区作为一座城市整体风貌、社会变迁、文化传承的历史见证与真实写照，是荔湾极其重要的文化名片。本文拟以沙面历史文化街区为重点个案，探讨荔湾区历史文化街区的保护与活化问题。

一 荔湾区历史文化街区和文物古迹的基本情况

《广州历史文化名城保护规划》公布了广州历史文化街区与历史风貌区的情况：广州现有 26 片历史文化街区、19 片历史风貌区。其中，荔湾区有历史文化街区 14 片，历史风貌区 2 片，其拥有的历史文化街区数量在全市 11 个区中位居首位。荔湾的 14 片历史文化街区分别是：沙面历史文化街区、上下九—第十甫历史文化街区、耀华大街历史文化街区、人民南历史文化街区、逢源大街—荔湾湖历史文化街区、耀华大街历史文化街区、逢源路历史文化街区、多宝路历史文化街区、宝华路历史文化街区、华林寺历史文化街区、和平中历史文化街区、光复南历史文化街区、光复中历史文化街区、恩宁路历史文化街区；2 片历史风貌区分别是：聚龙村历史风貌区、珠江广州河段历史风貌区。

荔湾区的 14 片历史文化街区各有特色，文化遗存十分丰富。择其数片，可以看到荔湾浓厚的人文风情和西关韵味。

上下九—第十甫历史文化街区位于上下九、第十甫路，东西走向。东起人民南路，西至恩宁路口，全长 1218 米，是广州市保存较完整、规模最大的骑楼建筑传统商业街，"青砖、麻石、木趟栊"展现了地道的西关风情。清末民初，已有商人在此路段经商，保存有百年老字号莲香楼、陶陶居，西关风味老店皇上皇、沧州腊味等。1995年，上下九—第十甫商业街开通成为广州市首条商业步行街。1997 年被评为"羊城十大旅游美景"之一。目前全路段共有各类商业店铺3000 多家，成为集商业、饮食、娱乐、观光、休闲于一体的商贸旅游中心。

耀华大街历史文化街区位于文昌北路西侧，原为清代同治、光绪年间开辟的宝华西关大屋住宅区的一部分，是广州市保存完好、整齐并具一定规模的西关传统民居街区。街巷为东西走向，长约 130 米，宽约 6 米，共 30 余栋，40 多个门牌号，排列紧密，皆为民居。街内石板台阶，脚门、趟栊及板门基本配套，保存状况完好。2000 年按"修旧如旧"的原则对全街外立面进行了整饰。

逢源大街—荔湾湖历史文化街区位于西关最西端，包括逢源大街与荔湾湖两部分，总面积 51.94 公顷。其中，逢源大街的范围南至三连直街，北至泮塘文塔，西至上支涌，东至龙津西路，核心保护范围面积 2.76 公顷，建设控制地带 4.21 公顷。逢源大街包括泮溪酒家、龙津西路逢源大街、西关上支涌一带三角地段，地段内有仁威庙、小画舫斋、文塔、泮溪酒家、区博物馆、蒋光鼐故居等文物保护单位和海山仙馆、荔枝湾、昌华苑等历史文化遗迹遗址，仍保留有较为完整的西关大屋以及泮塘舞狮、"扒龙舟"等民间风俗。荔湾湖的范围包括荔湾湖公园现状边界及泮溪酒家，核心保护范围面积 29.62 公顷，建设控制地带 15.35 公顷。

昌华大街位于多宝路昌华大街昌华苑，北至多宝路，东至恩宁路，西南以昌华涌街为界。据传为南汉"昌华苑"故地一部分。昌华大街小区内的房屋都是单门独院的小别墅居多，风格各异，有民族色彩的，有仿西欧风格的，也有糅合了东西方建筑元素的。

恩宁路东至宝华路，北至多宝路，西南至恩宁路，保存有全市最完整和最长的骑楼街，辖内有八和会馆、李小龙故居、泰华楼等文物建筑，具有浓郁的岭南风情和西关文化特色。

聚龙村建于清光绪五年（1879），是广州市城区保存得较完整的古村落群，其建筑具有较高的历史价值和浓厚的岭南特色。现存房屋 19 幢，均为两层青砖楼房。聚龙村建有七条街巷，按井字形平面布局，整齐美观，错落有致，每座民居院落占地约 200 平方米，坐北向南。2000 年 12 月，聚龙村被广州市政府定为广州市历史文化保护区。2002 年，该村 16、17、18、19 号还被确定为广州市重点文物保护单位。

此外，荔湾辖区内共有国家、省、市三级文物保护单位 62 处，区级文物保护和文物线索单位 198 处，现存的街巷、骑楼和旧民居基本反映了民国时期广州的历史风貌，"青砖、麻石、木趟栊、满洲窗、硬木大门"展现了浓郁的西关风情。还有 12 个市级以上非物质文化遗产项目，其中粤曲、玉雕和木偶戏是国家级非物质文化遗产项目。

二　荔湾区历史文化街区保护和活化的主要做法

文化是一座城市发展的灵魂，历史文化街区则是城市文化的肌理。2009 年以来，荔湾区按照"挖掘岭南文化符号，整理岭南文化 DNA"的思路，整合历史资源，精心打造荔枝湾文化休闲区、沙面欧陆风情区、十三行商埠文化区、水秀花香生态文化区和上下九商业步行街等"五区一街"特色街区，坚持历史文化街区保护与旧城改造相结合、与打造宜居宜商宜游的城区环境相结合，取得了一定的成效。

（一）坚持"政府主导"，大力实施以文化引领和有机更新的旧城改造理念

荔湾区历史文化街区均属老街老巷，不可避免地涉及旧城改造问题。在旧城改造过程中，荔湾区坚持以"政府主导、妥善安置、抽疏人口、改善环境、保护文化"为基本原则，努力做到明确一个目标（"三旧"改造政策期限），先行科学规划，统筹三个关系（旧城改造与产业发展的关系、旧城改造与改善民生的关系、旧城改造中"更

新"与"保护"的关系），大力做好三个保护（保护历史、保护文化、保护城市记忆），强化市场运作，破解拆迁难题。大力实施以文化引领和有机更新的旧城改造理念，严格落实历史文化名城保护规定，在旧城历史文化街区遵循"修旧如旧、建新如故"的原则，保护现有空间布局及改善人居环境，延续旧城的历史风貌和格局，保持旧城的原有肌理、尺度和色调，逐步恢复西关大屋、骑楼、海山仙馆等文物建筑的原有面貌，保护城区的历史文脉；在历史文化街区采取"政府主导、整体保护修缮"的改造模式，由政府对辖区内的西关大屋、名人故居等历史建筑进行修缮和维护。

（二）坚持以人为本、保护历史文化、为民改造宗旨，积极
　　　稳妥推进历史文化街区亮点项目

荔湾区始终坚持以人为本，按照成熟一个、推进一个的总体思路，突出重点、打造亮点，改善居民居住条件，传承西关文化，增强城区活力。

一是启动恩宁路旧城改造项目。恩宁路一带建筑大多属于危破房，生活设施简陋、消防隐患突出，严重影响居民的生命财产安全，2007 年广州市委、市政府决定启动恩宁路的旧城改造。在改善民生的同时，加强对恩宁路改造项目中广州文化特色元素的保护开发，如 700 米的骑楼街、李小龙故居、泰华楼、八和会馆、宝庆大押、西关大屋等，力求通过"拆、改、留"三种改造形式实现美化、绿化、生态化，将恩宁路项目建设成为具有浓郁西关风情、延续传统生活氛围、体验岭南民俗情景的精品消费区和荔湾老城区怀旧旅游的人文休憩中心。2012 年 12 月，广州市名城委审议通过规划，恩宁路被增补为历史文化街区。

二是大手笔打造荔枝湾文化休闲区。荔枝湾位于逢源大街历史文化保护街区，自然景色优美、文化名胜集聚、美食小食荟萃。2009 年以来荔湾区投入 3．5 亿元进行荔枝湾复涌工程，并对周边环境进行治理和改造，恢复亭台楼阁、湖光水色，现在荔枝湾已成为广州旅游的地标性景点，力争未来成为集文化休闲、文化创意和文化产权交易三位一体的特色街区。

三是完成上下九商业步行街整饰改造。荔湾区积极推进人居环境整治工程，通过对上下九—第十甫历史文化街区的更新改造，对街巷、绿地、小广场进行整饰改造，促进步行街商圈的繁荣，同时将沿线的骑楼、名人故居、会馆、寺院等景观要素有机连成一体，改善步行街的空间景观效果。

（三）坚持"文化引领"，将文化和生态贯穿于历史文化名城保护和利用始终

一是坚持以点带面，打造文化载体。按照"挖掘荔湾岭南文化符号，整理岭南文化 DNA，串成一串珍珠"的要求，以点带面，高标准、高起点打造以"五区一街"（荔枝湾文化休闲区、陈家祠岭南文化广场区、沙面欧陆风情旅游区、十三行商埠文化区、荔湾水秀花香生态文化区和上下九商业文化步行街）为代表的特色文化商业街区，把历史建筑的保护提升和历史文化街区的开发改造相结合，打造好实体平台、文化服务、文化精品等载体，彰显西关商贸文化、建筑文化、工艺文化、民俗文化等岭南文化元素，努力提升荔湾的文化品格和城市品位。

二是彰显文化品牌，展示独特魅力。重视文化保护与更新发展相结合，按照文物保护要求，充分挖掘、展示荔湾丰富的历史文化遗

存，先后修复了锦纶会馆、文塔、詹天佑故居、蒋光鼐故居、海山仙馆等一批带有深刻城市历史印记的文物建筑，芳艳芬故居已确定保留；保护饮食老字号和名小吃，举办西关美食节系列活动，开发西关五宝工艺，支持仁威庙会、生菜会等民俗活动，与文化景点串成"西关一日游"经典线路和内容，形成具有鲜明地域特色和时代风貌的城市文化品牌。

三是发展文化事业，延续文化血脉。利用文艺作品、文化雕塑、公益广告等形式，对荔湾文化进行具体化、形象化的展示；积极开展西关小姐评选等各类艺术节、展演、比赛等文化活动，增强群众对西关历史文化的认同感和自豪感，激发市民保护与传承荔湾历史文化的积极性、主动性和创造性。进一步擦亮"中国曲艺之乡"的品牌，在荔枝湾文化广场举办穗港澳粤剧日展演活动等群众喜闻乐见的群众性文化活动，把文化传承理念贯穿到社区文化活动和青少年教育中去，努力夯实荔湾历史文化保护的群众基础。

三 沙面历史文化街区的保护与活化实践

位于荔湾区的沙面是中国近代史的活的博物馆，是展示近代广州历史、文化和生活风貌的重要历史文化街区。沙面曾称拾翠洲，坐落在珠江岔口白鹅潭畔，占地面积 27 万平方米。宋、元、明、清时期，为国内外通商要津和游览地。鸦片战争后，清咸丰十一年（1861 年）后沦为英、法租界。至今，沙面岛上保留着 150 多栋欧式风格建筑，其中 53 栋为全国重点文物。沙面上林立的仿哥特式、券廊式、新巴洛克式、新古典式及中西合璧的建筑，是广州最具异国风情的欧式建筑群，堪称广州的一大文化名片。"到广州必到沙面"，已成为许多游客的共识。

《广州市城市总体规划（1991—2010)》指出"沙面是整体保护的街区，规划控制为外事、旅游、绿化风景区，应保护和恢复原有建筑风貌和绿化环境。一般不得拆建或扩建，外装饰风格应与环境相统一，原有的绿地和活动场所不得侵占"。1992年，沙面被广州市政府确定为广州市文物保护区。1996年，"广州沙面建筑群（清）"被国务院确定为"全国重点文物保护单位"。2000年，"沙面历史文化街区"被广州市政府公布为第一批历史文化保护区。

广州和荔湾对沙面历史街区的保护与活化工作非常重视，近年来相关部门组织编制了多项规划。2000年，广州市规划局组织编制了《广州沙面近代历史文化保护区整治规划》，为沙面历史文化保护区保护进行了技术储备。2001年，广州市文化局编制的《广州沙面建筑群保护规划》经国家文物局批复，由省文化厅批准实施。2004年，为进一步推动沙面地区历史文化保护，改善沙面地区环境和交通设施水平，使合理的保护利用要求落到实处，广州市规划局组织开展了《广州沙面历史文化保护区保护规划（详细规划)》工作。

近年来，为了进一步发掘和活化沙面历史建筑的文化价值和使用潜力，结合滨江优美的景观资源，建设集史迹展示、建筑博览、休闲观光于一体的沙面欧陆风情旅游区，荔湾区对全岛范围进行"魔方式六位一体"环境综合整治：一是利用工程三维视角，鸟瞰全岛式规划设计建筑立面整饰、道路及绿化等升级改造工程。二是创设防洪花堤，实施雨污分流改造，有效抵御珠江水患。今年沙面已彻底与"水浸街"告别。三是铺设环岛SMA沥青路和罗马石内街，让游客"流连"自己每一个脚印。四是精心设计流光溢彩的光亮工程，烘托自然柔和夜景，使沙面与"鹅潭夜月"相映衬。五是凸显文化引领，注重53处全国重点文物的"修旧如旧"，发掘独特的历史沉淀和文化底蕴，结合临江美景资源，打造岭南文化名片。六是运用千米主题花街以及一百多棵具有上百年历史的古树形成的"天然绿伞"等绿化元素，打造绿色的人文景观，重现"欧陆风情小镇"的独特韵味。

由于沙面处处都是历史文物，为加强历史保护，荔湾区聘请了建筑专家，作为沙面人居环境综合整治文物保护总负责人。如今沙面欧陆风情小镇已基本形成，尖顶阁楼、新巴洛克式、券廊式等欧式建筑等散发出独特的异国情调，位于中轴线上的千米花街花团锦簇，吸引了大量游客。具体来说，沙面历史文化街区的保护与活化实践包括以下几个方面。

（一）对沙面的文物建筑进行整饰

沙面是反映中国近代史的一个活博物馆，有些文物曾经历过火灾和多次修复。为此，对沙面文物建筑的外立面整饰并不是简单的"穿衣戴帽"，而是统一"卸妆复容"，尽量恢复文物建筑原来的色调，保持原有的外廊、"牛角"等建筑特色，并解决建筑内部的开裂、漏水等问题。沙面建筑的主色调是红色、淡黄和灰色，在修护时采用红砖、仿石、水刷石等传统的材质整饰立面，以求恢复其历史风貌。对于非文物建筑的修复，为了避免喧宾夺主而破坏文物建筑的协调性，则在整体上采用较淡的色泽，亮度较低。对一些本已经过多次修复的建筑，由于整饰较有难度，便采取特殊技术加以处理。例如沙面北街61 号的四层建筑，墙体原本是红砖，但后来被覆盖上约 5 厘米厚的泥浆，近年将其凿开原貌，红砖墙才出现在世人面前。观察这些红砖墙体的横截面，可知其起码经历过 4 次修整。荔湾还注意恢复红砖清水墙的原本真实风貌，并对损害处进行修复处理，嵌在砖墙内的水管也要统一移开，补回红砖。

（二）布置沙面中轴线千米花街

在绿化方面，荔湾增加了街心花园的绿化面积。为了与沙面建筑群的欧陆风情相协调，街心花园采取了欧式对称型设计，大道两边的硬地被改造成花坛，种上了各种花卉。在两旁的绿化带上增加了多个入口，方便人们从不同方向来到公园中心观赏、活动。在长达千米的沙面大街两侧，经历百年沧桑的欧式建筑在参天的古树映衬下，形成了横贯东西的景观中轴线。此外，沙面大街的道路使用罗马石来铺装，力求在材料与色彩上与沙面独特的欧式建筑风格相协调；两侧则铺上平石，打造赏心悦目的两千米绿道。

（三）开展沙面雨污分流改造和新建防洪花堤

过去沙面的雨水和污水管合一，雨水、污水都只能从一条合流管排往污水处理厂。近年的整治通过在全岛范围新增一套雨水管道实现雨污分流，雨水将通过新增管道直接排入珠江，而污水则通过原来的管道排往大坦沙污水处理厂。同时，为解决100多年来沙面饱受江水漫堤之苦，整治还环岛建设了1200米的防洪花堤，这些花堤高近0.6米，上面种上了红花绿叶，如今已基本建成，可抵抗洪水漫堤。近年来广州频遭暴雨袭击，横卧珠江之畔的沙面反而更为安宁，经过雨污分流改造和新建了防洪花堤的沙面，告别了年年水浸的情况，市民真正享受到了人居环境整治所带来的实惠。

（四）沙面管线整治惠及民生

沙面整治的目的在于让民生受惠，因此注意推进配套的民生工程，例如三线下地、雨污分流、自来水管改造等工程。所有三线均已下地，头顶上"蜘蛛网"式杂乱无章的拉电线现象一去不再；雨污分流改造告别了年年水浸的情况；自来水管改造实现了供水系统的改善，居民用上了更干净的自来水。

经过努力，沙面历史文化街区的整体风貌得到了有效保护，包括文物建筑、非文物建筑，以及全岛及必要的周边区域的环境风貌、道路交通、市政设施等。

四　荔湾历史文化街区保护与活化的经验启示

随着我国城市化进程的不断加快，各大城市都面临着历史文化街区的保护与活化问题，必须直面和正视各种矛盾和问题，切实处理好发展与保护、保护和利用的关系。如前所述，荔湾区在历史文化街区的保护与活化方面取得了一定的成效，尤其是沙面历史文化街区的保护，成绩斐然。总的来说，在历史文化街区的保护与活化过程中，荔湾注意处理好旧城改造与产业发展的关系、旧城改造与改善民生的关系、旧城改造中"更新"与"保护"的关系，努力做好保护历史、保护文化、保护城市记忆的工作，其经验启示值得借鉴。

（一）正确处理旧城改造规划和文物保护的矛盾

随着经济社会的发展，政府希望改善基础设施，推进城市现代化进程；居民迫切要求改善居住环境，共享现代化发展成果；开发商希望开发出黄金效益。但很多名城片面强调"大拆大建"，造成文物建筑严重破坏，历史风貌荡然无存，留下无数遗憾。在历史文化街区保护工作中，荔湾区坚持科学发展观，从对西关、对广州、对历史负责的高度，按照"修旧如旧、建新如故"原则，坚持旧城改造与改善城区环境相结合，与开发、保护、利用历史文化相结合，保持岭南建筑传统风貌。

（二）正确处理历史文化街区保护点、线、面的矛盾

当前的旧城改造中，开发商按照法律和政府的要求，保留各级文物保护单位，但很多没有被公布为文物保护单位的历史建筑多被拆毁，一些历史文化街区遭到一定程度的破坏。荔湾区认为荔湾的历史文化，不仅存在于单个的文物建筑中，骑楼街、石板路、旧河涌也承载着历史传统文化，见证了文化演变的城市肌理。因此，不仅要保护文物保护单位这些单个的"点"，也要重视对骑楼街、石板路、旧河涌这些"线"，以及历史文化街区这些"面"的保护。

（三）正确处理群众对文物建筑保护不知情和项目推进的矛盾

老城区居民大多是原住民，这里的一巷一店都铭刻着个人和亲友温馨的记忆，很多居民担心自己居住的老城区文物建筑和历史街巷被破坏。在历史文化街区保护工作中，荔湾区重视听取媒体和群众的意见。如恩宁路骑楼建筑的报道引起社会各界关注、讨论，市领导指示"恩宁路骑楼街全部保留"。通过新闻媒体的参与，群众对政府的工作有较清晰的了解，政府也可以及时了解社情民意，调整工作部署。

（温朝霞：广州行政学院教授、《探求》杂志副主编）

苍梧郡广信县的前世今生

——封川式微 梧州兴起

何军红　陈楚源

公元前 111 年至公元 6 世纪初，由原广东封州和广西梧州地域组建的广信县历 673 年之久。漓江和贺江分别在此汇入西江，是广信县的地理特征。《史记》和《汉书》记汉南征军"下漓水"①，以今梧州为终点；"下苍梧"② 则以今封开县城为终点，封州代表古苍梧。从汉到南朝梁，苍梧郡治和广信县治，都设在封州。梁武帝改广信为梁信，只包括封州；原广信县中的梧州之地则接过苍梧之名，并沿用了下来。汉代的广信县位于漓江和贺江注入西江的地方，即今天的封开县南部加上梧州市这一片地方。这样表达汉广信县的位置恐怕没有多少人会反对。但具体到广信县的县治在哪里，就有两种不同的说法了。一说认为广信县治设在今天的梧州市内，一说认为广信县治应在今天的封开县境内。由于时至今日，梧州和封开两地都未能拿出能够令人信服的考古证据来证明广信县治地的确切位置，故从理论上去论证广信县治的具体地点就显得十分必要。

---

① 班固撰，颜师古注：《汉书》第十一册，中华书局 1962 年版，第 3857 页。
② 同上。

一 苍梧广信县的由来

"苍梧"二字最初见于《逸周书·王会解》："苍梧翡翠"①，苍梧是泛指南方。苍梧是由"仓吾"演化过来的，本身没有汉义，只不过是古粤语的译音而已。"仓吾"是越人的一个族称，后来又引申为仓吾族居住地的名称。《水经注》云，九嶷山"盘基苍梧之野，峰秀数郡之间"②，把湖南南部的零陵等几个郡都看作在苍梧的范围之内。秦代末设苍梧郡。汉苍梧郡的郡治设在广信县。其东与端溪县（今德庆）为邻，西与猛陵县（今藤县）接境。《水经注》说贺、漓两江分别在广信入郁（今西江），十分明确地标出了广信县的位置。从公元前111年起，至公元6世纪初，即西汉、东汉、三国、两晋、宋、齐直到梁初，这块地方都叫广信县，而且一直都是苍梧郡治中心。看来广信县这个地方颇受统治者重视。王莽篡汉建国号新，将广信县改名为新广县。王莽失败后，东汉光武帝又恢复广信县原名。

郝玉麟《广东通志·沿革》称改广信为梁信，隋改曰封州。《广西通志·郡县沿革》"苍梧郡条"："今广东肇庆府封川县为郡治。"清金鉷《广西通志·沿革》："梧州府隋初为封州，至唐始有梧州之名。"③清蒙起鹏《广西通志稿·地理篇》："汉之广信，今之封川县。"《苍梧县志》："隋废宁新入广信，更名苍梧县。"著名历史学家

---

① 黄怀信、张懋镕、田旭东撰，李学勤审定：《逸周书汇校集注》，上海古籍出版社1995年版，第956页。
② 郦道元：《水经注》，时代文艺出版社2011年版，第285页。
③ 金鉷：《文渊阁四库全书》第一八九册《广西通志》，商务印书馆2005年版，第45页。

罗香林教授在《世界史上广东学术源流与发展》① 一文中指出："东汉时代，印度佛教，以至海外各国的文化，亦多自越内以及广东的徐闻、合浦与番禺等地的港口传入，而扼西江要冲的苍梧，遂成为中原学术文化与外来学术文化交流的重心。现在广东的封川，就是汉代交州刺史驻地及苍梧郡治的广信。"

中央文史馆原副馆长叶恭绰在论述广东得名的来由时指出："稽诸史乘，省名实先得广字于前汉，后得东字于唐代；盖汉武分置南海、苍梧、合浦三郡，皆统于交州刺史，而治在广信。吴黄武七年，割南海、苍梧、郁林、高凉四郡立广州；以交趾、日南、九真、合浦四郡为交州。其命名广州缘刺史治在广信，故取为州名。迨唐分岭南为东西道，始有东字之称。其后北宋因分广东西两路，而元明清相沿不改，广东之名遂以确立。考汉之广信，乃今之封川县地。交州刺史所辖三郡今属广东、广西两省。封川以西为广西，封川以东为广东。明改广东行省，盖缘于此。"②

1996 年国家文物局编印的《中国文物地图集·广东分册》已名正言顺地把汉代广信县定位在今封开。

为使读者更好地理解，在这里解释一下封川县这个名词。在贺江出口处这片地方，隋朝以后成立了一个县叫封川县。封川县这一名称一直用到新中国成立初，1961 年后由于行政区划的改变，将过去的封川县和开建县合并成了现在的封开县。说广信县治在封川，即今天封开南部一带，而非今梧州。

---

① 罗香林：《世界史上广东学术源流与发展》，1947 年发表于《广东建设研究专刊》，有单行本藏广东中山图书馆。
② 叶恭绰：《叶恭绰书画集》，漓江出版社 1988 年版。

二　苍梧由封川转入梧州

追溯到唐前的南朝梁普通四年（523），梁武帝在今封川建梁信郡，把广信改名梁信县，而原广信县剩下的今梧州仍叫苍梧郡，属静州（州治设在今广西昭平）其时间自公元523年起至589年止，共67年。这是封川和梧州第一次分开，也是广信县名在历史上消失之始。封川新得梁信之名，而梧州承袭了苍梧之名。

降至公元581年，隋朝取代北周，因州、郡机构重叠，开皇初废天下各郡，只留州、县两级政权。

公元589年，隋平陈，原来属陈的南方诸郡通通废掉。此时的封川由成州改名为封州和封川县；而梧州新置67年的苍梧郡，亦废，只剩下苍梧县。

公元607年，隋炀帝又废天下各州。此时，原属静州的苍梧县，并入封川为郡治的苍梧郡（辖封川、封阳、都城、苍梧四县），于是乎，封川与梧州再次由分而复合。

苍梧郡的郡治沿革可分为四个阶段：

1. 苍梧郡从汉武帝平南越到南朝梁普通四年（前111—公元523），郡治一直设在封川，共634年。

2. 梁普通四年建梁信郡，其西境设新的苍梧郡，梁信、苍梧并存了67年（523—589）。

3. 隋大业三年改封川为苍梧郡至隋亡，封川再一次成为苍梧郡治，共12年（607—618）。

4. 唐武德四年，建梧州（这是历史上第一次出现梧州之名，而苍梧郡则成了梧州之别名了）。可以说，苍梧郡成为梧州的别名直到宋亡，即从公元621年到1279年，共659年之久。

综上所述，从苍梧之名在封川转到梧州头上的详细经过。而导致这一系列变迁的主要诱因，就是梁武帝在公元523年把广信县一分为二，在封川建梁信郡和梁信县，而梧州开始承袭苍梧郡之名。由于《梁书》无地理志，不能留下清晰的历史记录。其后的一百年间，朝代频频更迭，而新登的统治者，又往往爱在政区设置问题上弄些新花招，加之史志传抄中发生笔误而形成"似是而非"的概念混淆，导致这段政区的历史沿革变得混乱难解。再加之，长期以来，学界沿袭着清代考据学派末流产生出来的疑古思潮，新中国成立后又被斯大林关于"民族"狭义的刚性定义所约束，以至后世的史学者"众说纷纭"。到了改革开放以后虽有了一定的突破，但毕竟时间不太长，所以，对苍梧郡历史沿革的探讨，成果还不尽人意。从横观抑或直观的角度来看，"沧海桑田"是个自然规律。

三 引起两地笔墨官司的主因

稽考清同治十一年编写的《苍梧县志》，确实将汉代的广信县作为苍梧县的前身而写入志书之中。

该志在城图跋中说："古广信，土城也，昔苍梧赵光始居此土，其后汉置郡县，交趾刺史因之。考其旧基，依茶山，傍桂水，大江绕其前。赵宋加筑始甃以砖，作五门。至明总督建牙开府，高之广之，雄过百雉奚翅，大都参国之一矣。"

在其地域沿革表中，同样列有广信故城，并说明因为是苍梧王赵光的旧治，所以时间上列在秦代。到汉时，又列为广信县，并为交趾刺史治和苍梧郡太守治。

《苍梧县志》中诸多关于汉广信县的记述均为引自前《汉书》《后汉书》《晋书》《隋书》等史书上。而有些引文又似乎与其肯定苍梧地为汉广信县治地的观点是矛盾的。如《苍梧县志》引用了《方舆纪要》上的文字："广信故城，在今府治东。"这里的"府治"应是明代两广总督府所在地，即今天的梧州市河东老城区。核诸实地，此"府治东"是连绵群山，能够有建城条件的恐怕是今封开县地了。

还有，《苍梧县志》引用了《舆地志》上的文字说："广信县之东有孤岩，岩有斑石，皆五色。"此斑石者，正是现封开县杏花镇广信河边的天下第一大石——斑石。除了斑石，广信河在旧封川辖区内，广信印在封开境内出土，都是广信治所在封开的有利证据。

再进一步细心地查阅梧州当地时人所写的各种文字，特别是刻在石头上以昭后世的碑记之类，经认真查勘，不难发现在《苍梧县志》所载的数十篇当地前人写就的记文中，竟没有任何一篇是明确地提及其地即是汉广信县治地的。难道是他们都不懂当地的历史沿革？还是当时并未认识到广信县治地的重要意义？看来都不是。

倒是在韩雍的《建总府记》中，我们发现有这样的记述："维梧州界乎两广之中，水陆相通，道里适均，群山环拱，三江汇流，岭南形胜无比。据总府之基，其山自桂岭而来，至梧城中尽而复起，巍然突出状如盘石，登临远眺，一目千里，闷晦千万年而一旦显于今日，岂非天造地设有所待而然与洪。惟我国家，列圣相承，一以道德仁义为治。今天子继承丕绪，益迈前烈，数载之间，四征不庭，罔不宾服，大显神谟，命官开府于兹，合天心，光祖德，超越秦汉以下因循苟简之陋而成万世之良图。自兹以往，出令一而保境同。以我堂堂仁义之师，坐镇于中，四顾蛮夷残孽，向背而抚治之。彼将日益循化理、变恶习，相安耕凿以齐吾民。而凡覆载之间，有生之众；声教所及，将益无远弗归。唐虞三代雍熙太和之治不于斯见乎。虽然圣天子宠异臣下，而付托至重，其责望固不在此，臣子感激图报，称当何如哉。书曰，有严有翼，共武之服。孔子曰，节用而爱人。雍辈皆勉焉。府之堂五楹，题曰'总制百粤之堂'……"①

韩雍写这篇《建总府记》的时候是明代的第一位两广总督，总领两广军政大权，可谓朝廷的一方大员。他明确地指出，梧州所在之地"闷晦千万年"，而到明代成化初，才成为"出令一而保境同"的"总制百粤"的首府重镇。并赞扬成化皇帝命其开府梧州，总督两广的这一举动是"超越秦汉以下因循苟简之陋，而成万世之良图"。

可见梧州这一地方在韩雍开府之前并未做过像"交趾刺史"这样的可以"总制百粤"的岭南政治、军事的中心，否则作为饱读诗书贵为封疆大吏的韩雍不会作以上的记述。从这一点来看亦可以否定梧州曾是汉广信县驻地的观点。

经查，唐末刘谦刘隐父子经营封州（今封开县）起家，创立管辖岭南的南汉国，是封州最后的辉煌。自宋而后，辖区不同，地自分"两广"，梧州逐步变成整个广西的"东大门"而加速发展起来了。

后　记

人们通常说，秦修灵渠沟通长江和珠江水系，其实这种情况迟至公元 825 年唐李渤重修灵渠以后，加上历代频频维修才勉强通行。但漓江有三百六十滩，险象环生。明进士解绪的《过苍梧峡》对漓江曾作这样的描述：

---

① 吴九龄修：《梧州府志》，台北成文出版有限公司 1967 年版，第 131 页。

船下高滩疾如马，浪船起向空中击。

举舵齐挠不用力，舟师持篙眼如虎。

指位石头轻一掷，直下水痕奔前急。

老稚忧怀行感泣，齿声剥剥叩神灵。

由此看来，古时在漓江航行真是玩命的活儿。故灵渠虽通，唐宋两代，梧州发展缓慢，瘴气很盛。

到了明成化六年朝廷派韩雍在梧州设两广总督府，万历年间又沿漓江筑路架桥，大力疏辟险滩，舟行可免翻沉之险，此后梧州发展加快。

在两汉时期，漓（桂）江流域仅设两个县治。而短短的贺江流域却设6个县治。封开县的文物，近90%集中在史前、先秦和汉晋时代，唐以后锐减；梧州市刚刚相反，可证唐以前封州地的兴旺和梧州地相对荒凉。据户口登记，唐宋元三代，梧州加封州辖区大于汉广信县，户数却比广信大减。足见封州衰落，而梧州发展不大。明清两代，梧州户数和人数急剧增加，梧州从明清两代迅速发展成为较大都市。

清光绪二十三年，中英《缅甸条约》将梧州开为通商口岸，领事驻扎地。英人为主的洋行、公司相继成立。英、美、法、葡商船往来于梧穗、梧肇、梧港之间，梧州走向繁荣。1908年梧州商会倡议集资购船，航行梧州至香港、广州、南宁之间；提出"中国人搭中国船"的口号。官电厂、缫丝厂、纺织厂、制革厂、工艺厂、机器厂、造船厂、修船厂、炼锦厂纷纷设立，民族工商业兴起和发展，梧州向现代城市迈进。

20世纪初，粤汉铁路通车后，灵渠失去交通作用。旅客和货物经铁路到广州转西江，梧州成为赴广西各地以至贵州、云南的中转始发港。抗战时广州沦陷，珠江三角洲人民逃往梧州颇多，加速梧州经济发展，此消彼长，梧州成为西江线上的大城市。

笔者认为，深入地研究封川与梧州的"苍梧"历史，对当下有重要的启示意义。封开、梧州本为一家，最近国务院批准在封开和梧州设置"粤桂合作特别试验区"，这是新时期新形势下的大战略，有利于推动两地社会经济文化等方面的和谐发展。

（何军红：中共封开县委常委、宣传部长；陈楚源：封开县文联副主席）

清末广东端溪书院改学堂考

刘晓生

广东肇庆府端溪书院，明清时期曾是本省乃至两广最高书院，至清末顺应历史潮流改为肇庆府中学堂。肇庆黄广康先生所藏清宣统二年（1910）《肇庆府中学堂甲乙丙三班同学录》（下文略称为《同学录》），对于研究古代广东书院文化及清末民初广东教育的改革具有一定的史料价值。本文以此文献为主要线索，考察分析肇庆府中学堂的创办、经费、管理、学制、课程、教员、生源等一系列问题，以补充地方志书对端溪书院改学堂记载之略。

一 《同学录》的刊印与流传

《同学录》原封面（图1）竖行文字，右一："宣统二年岁在庚戌"，右二："肇庆府中学堂甲乙丙三班同学录"（"丙甲乙"三字自左至右横向并排）。外加封面，上墨书"同学录"三字。内加扉页，上钤印"述仁"，为小篆、阳文。

图 1　封面（照片来源：黄广康先生）　图 2　丙班（照片来源：黄广康先生）

《同学录·序》："宣统纪元之明年、岁在庚戌，肇府中学甲班毕业诸生合乙丙班醵赀刊《同学录》而请序于予。……宣统二年八月，肇府中学堂监督贡隅（番禺）任世杰序。"可知《同学录》刊印于宣统二年（1910）秋八月、首届毕业生"出堂"之际。又查《同学录·丙班》（图2），知丙班同学周黉（1893—?)①，字述仁，广东肇庆府开平县里村西成里人。因此，可判断《同学录》原为开平人周黉所藏，2016 年入藏肇庆十都书院。

《中华民国高要县志初编》云"省立肇庆中学。……是年（1905）秋季，初招学生一班；翌年春季，续招一班，名甲乙班。其后逐年增招丙丁戊等班"②，又《同学录·序》"肇府中学甲班毕业诸生合乙丙班醵赀刊《同学录》……今者甲班毕业学成而去，奖励出

---

① 宣统二年（1910），周黉时年18，可推得其生年为光绪十九年（1893）。
② 《中华民国高要县志初编》卷十二，1986 年重印本，第 850 页。

堂"，可见，《同学录》中甲、乙、丙三班同学并非同一年入学，即甲
班为首届（1905 年入学）、乙班为第二届（1906 年入学）、丙班为第
三届（1907 年入学），则周簧 15 岁入读肇府中学。

民国《开平县志》载："（光绪）三十一年秋八月诏罢乡、会、
岁科试。设立两等小学堂于苍城义学。岁科试停止，县试榜首文童送
肇庆中学肄业。"① 开平县两等小学堂于光绪三十一年（1905）后设
立，当时全国各地小学堂均为 5 年制，则周簧应非由本县小学堂读 5
年之后考上肇府中学，而很可能是以本县试榜首保送的。

二　肇庆府中学堂的创办、经费和管理

（一）创办者和创办时间

明万历元年（1573），金事李材于两广总督署驻地肇庆创建端溪
书院。清代末期，传统书院受到西学的不断冲击，"光绪二十七年八
月奉 上谕各省所有书院于省城均改设大学堂，各府、厅、直隶州均设
中学堂……至（光绪）二十九年（1903）九月，总督岑春煊奏设学
务处，议准就各地方旧有书院、义学即其地其款扩充改图，然后各书
院始次第废罢，一律改为学堂"②，在这种时代潮流之下，端溪书院很
快也改为学堂。

宣统《高要县志》云"肇庆府中学堂。光绪三十一年知府多龄即
端溪书院旧址创办"③、《中华民国高要县志初编》云"省立肇庆中
学。在城中路，清光绪三十一年由肇罗道蒋式芬、肇庆府知府多龄就

---

①　《开平县志》卷二十一，民国二十二年铅印本，页二十。
②　梁鼎芬等修，丁仁长等纂：《番禺县续志》（民国二十年刊本）卷十一，页三。
③　马呈图等纂修：宣统《高要县志》卷十二，页十四、十五。

端溪书院故址创设肇庆府中学堂"①、《广东端溪书院述略》言"至光绪三十一年，广东大部分书院改为学堂。在这种趋势之下，端溪也于是年改为肇庆府中学堂而不复存在"②、《端溪书院史话》言"光绪三十一年，肇庆知府多龄改端溪书院为肇庆府中学堂（今肇庆中学前身）"③。

关于肇庆府中学堂的创办者，《同学录·创办官》明载"头品顶戴 广东盐运使司盐运使前广肇罗道 蒋式芬（河间人）、二品衔 署理琼崖道 前肇庆府知府 多（京旗人）"，此可补宣统《高要县志》及当今学者论述之漏。

至于肇庆府中学堂创建前后历时多长时间，志书并未明载。《同学录·肇庆府中学堂监督陶邵学告诸生语》言"本郡经观察蒋公、郡守多公经营草创，及将一年，幸即成立"，又《中华民国高要县志初编》载"省立肇庆中学。……是年（1905）秋季，初招学生一班"④，则端溪书院于光绪三十年（1904）秋始改学堂⑤，历时约一年，至光绪三十一年（1905）秋季肇庆府中学堂始成立并招生。

（二）经费

端溪书院原有的经费，是肇庆府中学堂办学经费的主要来源。《广东端溪书院述略》言，端溪书院的经费来源"主要有官方拨给银

---

① 《中华民国高要县志初编》卷十二，1986 年重印本，第 850 页。
② 林有能撰：《广东端溪书院述略》，《学术研究》1993 年第 4 期。
③ 王献军撰：《端溪书院史话》，《广东史志》2002 年第 2 期。
④ 《中华民国高要县志初编》卷十二，1986 年重印本，第 850 页。
⑤ 自万历元年（1573）创建至光绪三十年（1904）改为学堂，端溪书院在历史上前后存在时间应为 331 年。另，《端溪书院史话》言"光绪二十九年（1903），星岩书院归并端溪书院"，关于端溪、星岩两书院合并之事，该文作者未示所据为何？笔者以为，端溪、星岩两书院分别于光绪三十年、三十四年，改为肇庆府中学堂和高要阆邑公立中学堂（今肇庆一中前身）。故所谓"星岩书院归并端溪书院"，可能是对肇府中学成立后占用星岩书院原有经费的一种臆测。

两发商生息、田租银和捐银。历年各种款项总数为 3027.643 两……历年所谓田地租银，实际上是肇庆府辖各州县所奉拨，非其自身固有田产之租谷……雍正十一年谕旨赏拨各省书院基金，查清代广东书院，仅有端溪和粤秀各得 1000 两"①。光绪十六年之后，端溪书院"岁入银 2797.603 两，闰年增 101.1 两"②。宣统《高要县志》云"肇庆府中学堂。……以端溪、星岩两院原有经费拨充，岁入约银11000 余元"③。据《番禺县志》，番禺公立中学堂的经费分开办、长（常）年二项。肇庆府中学堂草创一年所耗经费，史料无载；而其常年经费，每年收入约银 11000 余元。

（三）管理

除了教员，肇庆府中学堂的管理主要有官学官、监督、监学、文案、会计、庶务、掌书等专职人员。

《同学录·管学官》："二品衔 署理琼崖道、前肇庆府知府 多（京旗人）、三品衔 特授肇庆府知府 赖清健（紫阳人）。"由历任知府充当管学官，侧面反映了由端溪书院改办的肇庆府中学堂仍是地方最高学府。

《同学录·监督》："内阁中书陶邵学（番禺人）、三品衔 特授肇庆府知府 赖清健（紫阳人）；拣选知县 举人 任世杰（番禺人）。""主校事者曰监督"④，学堂之"监督"，即堂长⑤，相当于古代书院院长。著名学者、番禺陶邵学于光绪年间受知府张曾敫聘请为肇庆星岩

---

① 林有能撰：《广东端溪书院述略》，《学术研究》1993 年第 4 期。
② （清）赵敬襄、傅维森编，赵克生、宋继刚标点：《端溪书院志（二种）》，岳麓书社 2015 年版，第 15—17 页。
③ 马呈图等纂修：宣统《高要县志》卷十二，页十四、十五。
④ 梁鼎芬等修，丁仁长等纂：《番禺县续志》（民国二十年刊本）卷十一，页三。
⑤ 《同学录·序》言"予（任世杰）忝居堂长"。

书院主讲，二十九年转任端溪书院院长，至三十一年忝居首任肇庆府中学堂监督。知府赖清健既为管学官，又任监督。试想一郡之长官不大可能亲自主持、料理一学堂具体之事务，则赖知府或为名誉上之"监督"，或为陶监督退任之后临任之"监督"，亦未可知也。宣统二年，时任肇府中学监督任世杰为《同学录》作序。

《同学录·监学》："廪生 陈德彬（高要人）、廪生 范锡谋（高要人）、优贡生 黎锦文（高要人）、附生 梁焕乾（高要人）。"

《同学录·文案》："现署西宁县训导、举人 刘会兴（三水人）。"

《同学录·会计》："五品顶戴 新会县典史 刘兆熙（侯官人）、监生 沈穆（山阴人）。"

《同学录·庶务》："拔贡生 孔昭浦（高要人）、附生 冯誉棠（高要人）。"

《同学录·掌书》："附生 周士怡（高要人）、附贡生 张殿元（高要人）。"

四位监学、两位庶务均聘用本地高要人，可能是为便于协助监督处理、应付各种办学事务。

三 肇庆府中学堂的学制、课程和教员

（一）学制与课程

光绪二十九年十一月（1904年1月），清政府公布了《奏定学堂章程》（包括《中学堂章程》），这是中国近代由中央政府颁布并首次在全国施行的法定学制系统，称"癸卯学制"。

该学制分初等教育、中等教育、高等教育三个阶段。中等教育设中学堂，学制5年。[①] 肇庆府中学堂成立于光绪三十一年（1905），第

---

① 孙培青主编：《中国教育史》（修订版），华东师范大学出版社2000年版，第345页。

一届学生（甲班）于宣统二年（1910）年毕业，正好5年学制，与全国各地中学堂一致。

民国《恩平县志》："宣统元年奏改中学堂学科分为文科、实科。文科：读经讲经、中国文学、外国语、历史、地理、修身、算术、博物、体操、法制、理财。实科：外国语、算学、博物、修身、读经讲经、中国文学、历史、地理、图画、手工、化学、物理、法制、理财。均五年毕业。"① 可知，中学堂公共课程有读经讲经、中国文学、外国语、历史、地理、修身、博物、法制、理财。文科兼修算术和体操两门课程，而实科兼修算学、手工、化学、物理四门课程。

据《同学录·教员》，知肇庆府中学堂教员中，既有县教谕、举人、贡生等传统文人，又有来自两广师范简易科、两广游学豫备科、广东将牟学堂、广东水陆师学堂、法政速成、香港皇仁大书院、日本体育会体操学校、美国北纪利高等学校理科、（美国）檀香山阿亚胡专门学校等新式学堂（学校）的毕业生，基本涵盖了当时一般中学堂文、实科所必需的课程。

（二）教员

《同学录·教员》载：

> 五品衔 现任东莞县教谕 冯祖禧（高要人）、拣选知县 举人黎佩兰（高要人）、候选通判 罗照沧（南海人）、县丞衔 广东水陆师学堂②毕业生 叶树荣（南海人）、潘文溥（南海人）拣选知县 举人 梁赞燊（高要人）、附生 廖景曾（南海人）、前广东补用

① 《恩平县志》（民国二十三年铅印本），余丕承等修、桂坫等纂，卷九，页十二。
② 广东水陆师学堂，《番禺县续志》（页十六）载"在黄埔，初名实学馆……（光绪）十一年，总督张之洞改称博学馆；十三年，复奏请就博学馆改设（广东）水陆师学堂"。

副将 广东将牟学堂毕业生 毛翔兴（桃源人）、陈庆嵩（新会人）、中书衔 拔贡生、两广师范简易科①毕业 伍瑶光（恩平人）、廪生 两广游学豫备科②修业 梁枢（德庆人）、附生 两广师范简易科毕业 张士俊（南海人）、两广师范简易科毕业生 王文灏（番禺人）、两广游学豫备科修业生 何刚（顺德人）、香港皇仁大书院③毕业生 梁誉祺（高要人）、美国北纪利高等学校理科毕业生 陈宪生（东莞人）、檀香山阿亚胡专门学校毕业生 陆岐生（三水人）、日本师范学校 东京明治学院④毕业生 竹林寅藏（日本东京府人）、日本横滨大同学校毕业生 郑简如（香山人）、福建试用盐大使 附贡生 法政速成毕业 李良骥（番禺人）、钟景福（新安人）、广西陆军学堂毕业生 滕树屏（邵阳人）、日本体育会体操学校⑤毕业生 蒙柏坚（番禺人）、监生 陈鉴（番禺人）、拣选知县 举人 刘振躯（高要人）、檀香山阿亚胡专门学校毕业生 何望（归善人）、县丞衔 香港皇仁大书院毕业生 何翰邦（南海人）。

以上肇庆府中学堂教员共 27 人，其中广东籍 23 人（南海 6 人，高要 5 人，番禺 4 人，新会、恩平、德庆、顺德、东莞、三水、香山、归善各 1 人），湖南籍 2 人，河南籍 1 人，日本籍 1 人。从中外新式学堂（学校）毕业的人次为：两广师范简易科 3 人、两广游学豫备科 2 人、广东将牟学堂 1 人、广东水陆师学堂 1 人、广西陆军学堂 1 人、香港皇

---

① 两广师范简易科，即两广初级师范简易科馆。《番禺县续志》（页七）载"两广初级师范简易科馆。……光绪三十一年开学，三十二年六月毕业"。
② 两广游学豫备科，即两广游学预备科馆。粤秀书院于光绪二十九年（1903）改两广学务处，三十一年两广学务处迁至广雅书局，遂改建为两广游学预备科馆。
③ 香港皇仁书院前身是创立于 1862 年的中央书院，1894 年更名为皇仁书院。
④ 东京明治学院，设立于 1863 年。
⑤ 日本体育会体操学校，设立于 1893 年，今日本体育大学前身。

仁大书院 2 人、日本学校 3 人、美国学校 3 人。可见，约有三分之一教员毕业于内地新式学堂，近三分之一教员有香港或海外留学的经历，这反映了肇庆府中学堂是一所中、西学兼习的新式学堂。

四　肇庆府中学堂的生源

广东肇庆府，明代下辖高要、四会、广宁、开平、恩平、阳江、阳春、新兴、高明等县和德庆州（包括其所属的封川、开建二县），清康熙年间辖境增加鹤山县，"（光绪）三十二年（1906），总督岑春煊奏谓改阳江为州，以开平、恩平、阳春属之。其后恩、春改隶，开平免改"①。

（一）《同学录·甲班》

甲班同学共 23 人，其中开平 8 人、高要 4 人、德庆 4 人、恩平 4 人，高明 1 人、阳春 1 人、广宁 1 人。生源具体信息如下：

序号	姓名	等次	别号	年龄	籍贯	住址	邮寄处
1	张鼎彝	中等	勉阶	26	开平	沙岗乡	开平金山浩利石店、省城隍庙前天源
2	周钟岳	中等首	毓初	25	开平	波罗乡	开平长沙埠江盛　缆店、香港上环东生荣油店周振筹处
3	聂锡龄	中等	坚芝	25	恩平	南闸乡	略
4	鲁登龙	中等	浦云	25	阳春	附城榖步街	

① 《开平县志》卷二十一，民国二十二年铅印本，页二十一。

续　表

序号	姓名	等次	别号	年龄	籍贯	住址	邮寄处
5	关海清	中等	仲超	25	开平	石溪乡	开平赤坎埠普华安药房、省城上九甫广吉祥
6	何棣科	优等首	叶芙	25	德庆	悦城上八都	略
7	陈梓芳	中等	舜初	25	德庆	悦城太宪村	
8	关文渊	中等	倬云	25	开平	驼　樟溪乡	开平赤坎上埠三利皮店羊城马鞍街光商衣店
9	谢秉钧	中等	国衡	24	开平	羊子冈乡	开平城天福堂或省城十三行杨枝馆
10	曾宾	中等	襄廷	24	高明	泽河乡	略
11	关祖培	优等二	菊初	24	开平	龙背村	
12	吕其彬	中等	鉴周	24	高要	新江	
13	刘炳瑜	中等	星岩	24	恩平	岐岭乡	
14	陈槐新	中等	枝三	24	德庆	附城西湾	
15	梁德超	下等	紫垣	24	高要	凤冈乡	
16	莫培经	中等	佩纶	24	恩平	南塘	
17	吴兆栋	中等	黻卿	23	恩平	高园乡	
18	司徒荣		柳桥	23	开平	塘边乡均安里	开平赤㙟（坎）同仁堂或茂隆省双门底文明书局
19	周一毂	中等	艺五	23	开平	茅冈河洲里	开平赤坎上埠福源香港上环海傍东生荣
20	贾毓骥	中等	镜南	22	德庆	中峒村	略
21	俞宜椿	中等	仲彭	22	高要	小湘	
22	郑衡	中等	春畦	22	高要	桂林	
23	陈作巍	中等	华轩	21	广宁	护国坊	

（二）《同学录·乙班》

乙班同学共50人，其中开平12人、德庆9人、新兴9人、鹤山4人、高要3人、高明3人、阳春3人、广宁2人、四会2人、恩平2人、开建1人。生源具体信息如下：

序号	姓名	等次	别号	年龄	籍贯	住址	邮　寄　处
1	陈元煇	优等	焜南	28	阳春	白水洞鱼塘村	
2	谭熙光	中等	柳庵	27	开平	秘溪龙湾村	
3	黎民安	中等	伯昌	27	鹤山	黎村鸡林里	
4	杜家珍	中等	寿南	26	高明	黄鹏堂	
5	欧大纶	中等	徽南	26	阳春	新陂乡	
6	董遇春		云波	25	新兴	布午	略
7	冯廷瀚		碌夫	25	恩平	仕洞村	
8	陈肇铢	中等	绮园	25	广宁	县城南门外护国寨	
9	颜启纯		仲图	25	阳春	长塘乡	
10	覃丽清	优等	荷轩	25	德庆	金林乡	
11	曾鉴清	优等	豁轩	25	高明	泽河乡	
12	周兆祥	古人	植生	25	开平	蚬岗	香港新广合、开平百合同源店

续　表

序号	姓名	等次	别号	年龄	籍贯	住址	邮　　寄　　处
13	顾云鸢	优等	松栋	25	新兴	附城司前坊	
14	关若川	优等	济舫	24	德庆	马山村	
15	区应麟	下等	梦贤	24	高要	新桥区村	
16	易鹏举	中等	际云	24	鹤山	玉桥乡莺萌坊	
17	刘典康	优等	文灿	24	四会	大东乡	略
18	林树冀	优等	泽溥	24	高要	淳村乡	
19	谭荫光	最优等	质庵	24	开平	秘溪龙湾村	
20	谢英明	最优等	镜洲	24	开平	潭边院	
21	李穆清	最优等	筱川	23	开平	杜冈乡	江门浮石街广利、香港德辅道协隆泰李成迪处、开平楼冈墟宝祥当
22	许坤珍	优等	翼俞	23	开平	那围乡龙见里	羊城新荳栏养和堂、开平单水口俱隆
23	司徒灿	优等	耀庭	23	开平	蚬岗高好岭村	
24	何焘雄	优等	煦普	23	高要	广塘乡	
25	黄绍棠	优等	召诒	23	广宁	赤坑	
26	梁大骥	优等	梦苏	23	德庆	城内	
27	徐人鎏	中等	士超	23	德庆	城内	略
28	陈达时	优等	伯通	23	德庆	悦城乡双官村	
29	谭炳儒	优等	文坡	23	新兴	天堂墟	
30	叶絣兴	优等	松逵	23	新兴	城内州学坊	
31	高镇崧	优等	日初	22	四会	仓冈坊	

续　表

序号	姓名	等次	别号	年龄	籍贯	住址	邮　寄　处
32	谭凤沄	优等	澄佳	22	新兴	城内三秀坊	略
33	黎汝梅	下等	羹臣	22	高明	布社乡	
34	何锡琪	优等	玉珊	22	德庆	双汶村	
35	梁炳麟	优等	培生	22	开建	金冈	
36	周国铿	最优等	以藩	22	开平	羊溪	省城新基公利洋行、赤堪（坎）上埠奇兰沙洲墟茂源
37	岑岳华	最优等	乔五	21	恩平	大江乡高朗里	略
38	周锦波	最优等	洽生	21	开平	李村洞	
39	周耿光	最优等	文剑	21	开平	茅冈	
40	吴道一	最优等	伯乾	21	开平	楼冈	
41	顾焕章		飏廷	21	新兴	城内司前坊	
42	苏颂彝		少常	21	新兴	布坪村	
43	何宝璇		冠璠	21	德庆	悦城乡古有村	
44	董佐谋		鞠轩	21	德庆	悦城乡双栋村	
45	陈勤萧		梅伯	21	新兴	庞村	
46	古振儒		镇百	21	鹤山	古劳	
47	甘赓飏		翊韶	20	新兴	南城外钜锡坊	
48	张以湘		柳亭	20	开平	流津美	赤坎上埠有隆店、省城濠畔街大盛店
49	易瑞麟		毓石	20	鹤山	玉桥乡龙潭里	略
50	江澈		保如	19	德庆	金林乡	

（三）《同学录·丙班》

丙班同学共 45 人，其中开平 15 人，高要 11 人、德庆 10 人、新兴 3 人、广宁 2 人、封川 2 人、四会 1 人、开建 1 人。生源具体信息如下：

序号	姓名	等次	别号	年龄	籍贯	住址	邮　寄　处
1	程显铨		季权	22	高要	新峒乡	
2	梁冠珍	甲等	聘臣	22	德庆	新村	
3	戴文海	甲等	卫瑱	22	德庆	悦城上七都	
4	张诰华		芍衮	22	新兴	楪村乡	
5	周文辅		以仁	21	开平	茅冈上洞北安里	
6	何衮华		锦卿	21	高要	棠下乡	
7	梁耀祖		绳武	21	开建	金岗村	
8	潘勤勷		子兢	20	开平	肇龙里	略
9	周天震	甲等	心孚	20	开平	里村乡中间巷	
10	莫敏惠		璧臣	20	广宁	严洞村	
11	梁伟璠		配玑	22	德庆	新村	
12	陈汉桢		柏轩	20	德庆	悦城下七都双峰村	
13	伍学熙		明甫	20	封川	贵仁乡江尾村	
14	杜培世		冠斋	20	德庆	附城	
15	梁纯学		华臣	20	德庆	金林乡	

续 表

序号	姓名	等次	别号	年龄	籍贯	住址	邮 寄 处
16	邓兴麟		宾韬	20	高要	百丈乡	
17	陈耀棻		岫初	20	新兴	渡头乡	
18	甘焕昭		仁甫	20	高要	水南乡	
19	冼维干		质立	20	高要	大湾西坑乡	
20	李召棠		尊邨	20	广宁	石洞乡	
21	张千年		璧东	20	四会	石溪乡	
22	梁庆澂		湛园	20	高要		
23	梁祖谞	甲等	孝直	19	德庆	城内永宁坊	
24	陆炳铨		逊职	19	德庆	城内	
25	陈耀宗		步曾	19	新兴	渡头乡	
26	邓翰荃		香朋	19	高要	百丈乡	
27	梁应恩		泽如	19	德庆	附城	
28	焦汉杰		功普	19	高要	新桥墟	
29	邓祖培		润生	19	开平	牛溪洞龙安里	
30	周廷规	甲等	超良	19	开平	茅冈乡上洞南兴里	

序号	姓名	等次	别号	年龄	籍贯	住址	邮　寄　处
31	周朝灿	甲等	英三	19	开平	沙口乡莲洲里	
32	周景骞	甲等	亦闇？	19	开平	波罗乡南阳里	
33	张煜怡		蔼生	19	开平	新屋村南安里	略
34	邓成和		伯礼	19	开平	永安里	
35	戚之卿		伯相	19	开平	高园乡仁厚里	
36	许植芳	甲等	景庐	18	开平	那面乡龙见里	羊城新荳栏养和堂、开平单水口俱隆
37	周戆	甲等	述仁	18	开平	里村西成里	羊城靖海门瑞珍、或开平里村广源
38	关广智		睿可	18	德庆	附城	
39	伍学清		道一	18	封川	贵仁乡江尾村	
40	黄发菖	甲等	鼎可	18	高要	附城东	
41	张燮尧		稽初	18	开平	沙岗乡	略
42	陈明焕	甲等	镜堂	17	高要	城内	
43	梁庆锃		醒民	17	高要		
44	张作霖		雨苍	16	开平	现龙里	
45	林叔口		旭如	18	开平	林屋乡	赤水普济堂、赤水圩丽源、香港岛宝恒

以上三个表格中，（1）为避免本文篇幅过长，"邮寄处"文字内容除了"开平"部分保留以便后文论述需要，其余从略；（2）原《同学录》刊印本并无"等次"一栏，应是收藏者周爨后补墨书；（3）"别号"一栏，主要为学生之"字"；（4）从"年龄"一栏可以看出，甲乙丙三班同学名录大致是各按年龄由大到小排列的。

（四）生源入学年龄

统计比较甲乙丙三班同学的入学年龄（如下表格），可知：（1）第一届甲班人数最少，年龄跨度最小。第二届乙班人数最多，年龄跨度也最大；（2）从三班入学年龄集中段来看，甲、乙二班年龄偏高，集中在19岁左右，而丙班集中在16岁左右，这与当时官方要求的一般入学年龄（中学堂学制：16—21岁）相一致。

	甲班	乙班	丙班
入学年份	光绪三十一年（1905）秋季	光绪三十二年（1906）春季	光绪三十三年（1907）
毕业年份	宣统二年（1910）	宣统三年（1911）	民国元年（1912）
总人数	23人	50人	45人
入学年龄（年龄跨度）	17—21岁（4岁）	15—24岁（9岁）	13—19岁（6岁）
入学年龄集中段（百分比）	19—20岁（65.2%）	17—21岁（82.0%）	15—17岁（75.6%）

（五）生源籍贯

	籍贯	甲班	乙班	丙班	累计	百分比
肇庆府	开平	8	12	15	35	约30
	德庆	4	9	10	23	约20
	高要	4	3	11	18	约10
	新兴	0	9	3	12	约25
	恩平	4	2	0	6	
	广宁	1	2	2	5	
	高明	1	3	0	4	
	阳春	1	3	0	4	
	鹤山	0	4	0	4	
	四会	0	2	1	3	
	开建	0	1	1	2	
	封川	0	0	2	2	
	阳江	0	0	0	0	
共计		23	50	45	118	—

统计比较甲乙丙三班同学的籍贯（如上表格），可知：（1）开平是肇庆府中学堂每届生源最多的地方，前三届约占总数的30%。从开平籍学生"邮寄处"有15人次寄往省城广州（羊城）或香港来看，推测华侨之乡开平对教育的重视以及培养子女出国的现实需求；（2）德庆作为肇庆府下辖唯一的州，生源占总数约20%。高要县治与府治同城，生源占总数约10%。新兴、恩平、广宁、高明、阳春、鹤山、

四会、开建、封川 9 个县的生源占总数约 25%。（3）光绪三十一年秋，肇庆府中学堂成立并开始招生，阳江县于次年改为州（不再归属于肇庆府），所以不在肇府中学招生地域范围之内。恩平、阳春两县在肇府中学首届（甲班）和第二届（乙班）招生中均有生源，第三届（乙班）于光绪三十三年招生时两县已改隶阳江州，故不在肇府中学招生之列。

（刘晓生：肇庆市博物馆、文物博物馆馆员）

"南越封疆之华表"

——明清以来广州府番禺县"莲花山"之山、塔、城名演变考

朱光文　陈铭新

新石器时代，莲花山是珠江三角洲古海湾内番禺大谷围东缘一座孤悬于狮子洋——虎门汪洋中的长条形石岛。[①] 有学者认为秦汉之际的南越国修筑南越王墓（应该是"王陵"）的"石头是从广州东 20 海里的莲花山采运而来的"[②]。明清时期，莲花山位于广州府番禺县茭塘司（今为广州市番禺区石楼镇辖区），东临狮子洋，西隔水道与番禺大谷围相望，曾经在广州城的风水格局中占据重要地位，是广州城几大镇山之一。因地处"省会水口"的特殊地理位置，莲花山被赋予了风水、祈求文运的文化意义和作为广州港的航标之一。《广东新语》卷二《地语·禁凿石砺》称之为"南越封疆之华表"[③]，雍正《广东通志》称之为"郡城门户"[④]，清初以来，莲花山的军事海防意义被

　佛山地区革命委员会《珠江三角洲农业志》编写组：《珠江三角洲农业志·一》（初稿），《珠江三角洲形成发育和开发史》，1976 年。

②　参见麦英豪《广州西汉南越王墓及出土珍品小记》，广州市文物考古研究所编《广州文物考古集》（广州考古五十年文选），广州出版社 2003 年版。

③　（清）屈大均：《广东新语》卷二《地语·禁凿石砺》，中华书局 1997 年版。

④　（清）雍正《广东通志》卷十。

凸显出来。屈大均《广东新语》等文献均对莲花山对于广州城的意义进行过描述：

> 石砺山，在番禺茭塘都，四周裹海，磅礴中流。外即牂牁大洋，中有石壁，蹲踞状如狮子，狮腹中空，可坐六七人，飞泉百丈，为虎门捍山。一岩名锦廊，石如回廊，可百余步。形家以山为南海捍门，控制内外，险若金汤，故筑城置埭，以为御寇重地。予尝有公揭云：粤省灵秀，全注于牂牁巨溟，所恃狮石、虎门、南冈头诸山，屹然横峙，以峻外防，而留旺气。所谓水口之重关，海门之金锁，非耶？①

可见，莲花山特殊的地理位置决定了它特殊的文化和军事意义，地方文献赋予了其为"郡城门户""南越封疆之华表""虎门捍山""南海捍门""水口重关""海门之金锁""御寇重地"等风水、军事、文化意义。同时，由于莲花山盛产红砂岩"砺石"，成为番禺和珠三角各地盗采的对象。为了保护莲花山，保护广州城的海上门户和水口镇山，明中后期以来，地方官府、茭塘司的著名士绅、部分地方宗族人士等积极推动封禁，对莲花山作出种种保护的努力。② 在此过程中，从明代中后期到民国后期，莲花山及其上的塔、城之名经历了一系列复杂的演变过程。本文试图通过系统梳理地方志及其所附的地图，官方所绘制的大量地图、乡土文献等还原这一演变过程及其原因。为了表述方便，本文以该山今名"莲花山"作为泛称，以区别不同时期的"莲花山"名称。

---

① （清）屈大均：《广东新语》卷三《山语·石砺山》，中华书局1997年版。
② 关于这一主题，笔者将另文展开论述。

一　明代中后期"莲花山"名为"石砺冈（山）"

（一）明代中后期，被称为"石砺"

明代，在《明代广州府番禺县之图》和《广州府境之图》中并没有标注莲花山的位置。[①] 另外一个彩色明代版本的广州府地图中也没有标注莲花山的位置。[②]

嘉靖七年（1529），大岭举人陈昊贤为其伯父陈嗣祯（字松涧）撰的墓志铭就提到了莲花山：

> 因肆力于树畜之利，环大岭南坑、莲塘、石砺诸山，植松如栉，以壮风水，樵爨之余，售巨万……[③]

可见，从明初到弘治、正德之间，大岭陈嗣祯、陈嗣祥兄弟开始大量开拓家族田产，在包括今莲花山在内的大谷围东部丘陵地带植树造林。值得注意的是，这时候的"莲花山"被称为"石砺"。这是笔者所见地方文献中最早关于莲花山早期名字的记载。

同样是明代中叶，在官府的文献中，莲花山也被称为"石砺"。同治《番禺县志》有一大段关于莲花山盗采和封禁的文献记载。其中，崇祯二年（1629）的一段按文中就多处提到万历年间这座山被称为"石砺"：

> 据通省乡官崔奇观等呈称，波罗对面有石砺山，下捍虎门，上卫羊城，合省风水，倚为重镇。先年有棍开凿，万历四十四

---

① 两图均选自（明）永乐《广州府志辑稿》所附的永乐番禺县地图中。
② 该图收入广东历史地图集编委会《广东历史地图集》，广东省地图出版社 1995 年版。
③ （明）嘉靖七年（1528），陈昊贤撰《大岭祖山碑》。

年，通省乡官举贡监生员张宇让等，呈察院田，蒙准委县亲勘，封禁在案。讵猾匠李黄佐等假称炮台为名，瞒呈开凿。观等窃见，石砺乃省会华表。先年蒙宪批给造塔，尚欲增之使高，岂宜奸瞒开凿，倾之使陷，致伤风水，乞批严禁，等情。奉批，仰广州府查禁。奉此，案查先据通省答应石匠李黄佐等呈，为筑建炮台重务，取石最紧，已给示开采。去后，今奉前因，合行给示严禁。为此，示谕当班石匠及地方人等知悉，即将乡官所呈开采石砺冈有伤风水，即刻封禁。各匠今后不得仍前借示开采，敢有故违，该处地方人等拿送本府究治，决不轻贷。①

而崇祯五年（1635）的按文中也提到万历年间这座山也同样提到莲花山早期名字——石砺：

广州府番禺县为"蔑宪背示、大伤地脉、全粤隐忧"事案，查先奉本司批，据梁华抱义父礼部主事梁衍泗呈，为修筑基围，非石难坚，用价批到番禺大岭乡陈思肖天无碍荒山，土名石砺、邓坑、曾坑、榄坑、水边基等处，开凿修筑等情，奉批仰番禺县查确。……为此，合示谕军民地方人等知悉：即将乡官所呈石砺、邓、榄、曾坑、水边基等山，关系省会风水，原经封禁，以后不许奸民投势射利，朦胧冒呈开凿，敢有故违，许即呈官究治，决不轻贷。②

（二）"石砺"之名源于"石蛎"附生其上

由上可知，明代中后期，不管是地方还是官府均称今莲花山为

---

① （清）同治《番禺县志》卷四《舆地略二》。
② 同上。

"石砺"。关于"石砺"一名的由来，根据何品端先生的说法，石砺之"砺"为磨刀石，"石砺"一名源于一名叫"阿砺"的磨刀石工人，说得牵强。① 况且，莲花山石头用处颇多，主要用于建筑材料，用于磨刀的石材可谓微乎其微，一个普通的石工之名能被改叫"砺"，那是要稍高的文化水平才能理解得了的。因一石工而取山名，恐怕讲不通。其实屈大均在《广东新语》中已经明确说道："番禺茭塘村多蚝，有山在海滨，曰石蛎，其高大，古时有蚝生其上，故名。"② 同治《番禺县志》亦记载："蛎石，产茭塘石蛎冈，色淡紫，质坚洁，不生咸潮。"③ 屈大均《广东新语》和同治《番禺县志》中所用的字就是蚝蛎的"蛎"，而非"砺"字。由此可知，"石砺"之原名应该为"石蛎"。

"石蛎"是蚝的一种，附生于咸淡水交界处的石岛上，死后就变成"龙骨"即蚝壳带。莲花山初名不叫"砺石"而叫"石砺"，恰恰就显示"石砺"是由"石蛎"转过来的。据宣统《东莞县志》载"猎德而下至于虎门，所有沿海坦田多系蚝壳基址"④，说明至迟到清代，从广州城附近的番禺县鹿步司的猎德乡到东莞县的麻涌之间就存在一条宽大的蚝壳带。也就是说，处于这条蚝壳带上的番禺县南部的沙茭地区周边水域以及沙田区是珠江三角洲蚝壳分布最为密集的地区之一。而莲花山与从广州猎德—东江—虎门的蚝壳带成一线，在海岸分界线时，其环山皆蛎。屈大均在《广东新语》中提到莲花山一旁的"番禺茭塘村多蚝……掘地至二三尺，即得蚝壳，多不可穷"。⑤ 可

---

① 何品端：《石砺岗得名说》，《番禺日报》1989 年 7 月 7 日。

② 清官方绘制，不早于清康熙二十四年（1685 年）。中国第一历史档案馆、广州市档案馆、广州市越秀区人民政府编著：《广州历史地图精粹》，中国大百科全书出版社 2003 年版。

③ （清）同治《番禺县志》卷八《舆地略五》。

④ 《禁止猎德至虎门挖蚝壳》，参见（清）宣统《东莞县志》卷三十五《前事略六》，中国方志丛书，（台北）成文出版有限公司 1974 年版。

⑤ （清）屈大均：《广东新语》卷二十三《介语》，中华书局 1985 年版。

见，今天的莲花山，就是因为水下石体上附生大量的蚝（又名"石蛎"），故名"石蛎山"（后"蛎"改为"砺"）。且莲花山旧为采石场，采石兼采蚝壳。蚝壳用处颇多，宣统《番禺县续志》就记载了番禺境内曾有十二处挖掘蚝壳矿的地点，大部分位于南部的沙菱地区："海中产蚝，其肉可食，其壳可累墙，又可烧灰，相叠成山，蔓延甚广。承办壳矿，在昔颇盛：沙湾海则江惟俭，石冈一带则巫为梁，大沙面则梁伟南，大沙尾则陆达，大沙石外海沥则雷梓怡，新沙萌则郭日晖，新沙萌西头则黄振兴，观音沙则张康泰，江鸥沙则黄维庆，四沙海则韩英，五番船沥则苏同云，张彭一带则黄来。但开采壳矿，必坏禾田，甫经批准，旋即封禁，故至今无业此者。"① 挖掘蚝壳矿在莲花山一旁的石楼乡陈族所控制的沙田中也时有发生："宗祠尝田数百顷，名'海心沙'。有土棍潜率小艇数十艘，偷挖沙边蚝壳以牟利，族人以沙成于壳，壳陷则沙沉，讼之官。而壳棍贿弄万端，卒以景伊理直，于同治十一年（1872），地方官勒碑示禁，事始寝息。"②

二 清康熙到乾隆年间"莲花山"及塔、城名之变化

（一）清康熙到乾隆年间的"狮子(石)山"和"石砺冈（山）"

不早于清康熙二十四年（1685）的《广东总图》③ 中，所绘的莲花山为四面环水的岛屿状态，上绘有塔并标示"狮子塔"三个字。绘

---

① 民国《番禺县续志》卷十二《矿业》。
② 民国《番禺县续志》卷二十《人物志三》。
③ 中国第一历史档案馆、广州市档案馆、广州市越秀区人民政府编著：《广州历史地图精粹》，中国大百科全书出版社 2003 年版。

于清康熙二十四年（1685）到雍正年间的《广州府舆图》①中亦绘有岛状的"狮石山"和塔，但并无标示文字。②清康熙年间所绘的《广东全省图》中的莲花山亦为岛状，上绘有塔并标示"狮子塔"三个字。③同治《番禺县志》中关于康熙三十三年（1694）莲花山保护的一段按文中也提到"石砺"之名："……石砺山业经奉宪批饬行永禁，敢有奸徒再违禁令，霸占盗凿，许该地方里民指名密报县司，转报本府，如系营宦密揭特参棍徒，严拿重处，等因，奉此合再出示严饬。为此，示谕诸色人等知悉，石砺禁山，今奉宪批饬行永禁，不许采凿……"④康熙三十八年（1699）的《江右王邦寀国师石楼风水论》亦提到"石砺"之名："按图详观，盛乡……左肩则有石砺渡头侍卫。西有……此真山清水秀，对向天然者也。"及"兹观盛乡有石砺之文塔矗立其前，马鞍冈之秀丽环其后，其左侧狗趾一冈耸然而特立其右侧，红、乌两冈窈然而深藏，诚番邑之名区，禺山之胜薮也。"⑤

值得注意的是，在康熙《番禺县志》的《番禺县境图》中，这时的"莲花山"所在的岛屿有宽阔的水道与大谷围隔开，绘图者不但把"砺山""狮子岭""石砺塔"（即今称莲花塔，只画了图，未标注文字说明）标注在邻近的不同位置，且本来应与石砺塔放在一处的"砺山"却被明显地分开标注，表明绘图者对莲花山附近的地貌和地名等情况并不熟悉。⑥这里显示，当时的莲花山很可能同时被称为

---

① 选自《广东广州府舆图》，绘于清康熙二十四年（1685年）以后，雍正年间以前。中国第一历史档案馆、广州市档案馆、广州市越秀区人民政府编著：《广州历史地图精粹》，中国大百科全书出版社，2003年5月。

② 中国第一历史档案馆、广州市档案馆、广州市越秀区人民政府编著：《广州历史地图精粹》，中国大百科全书出版社2003年版。

③ 同上。

④ （清）同治《番禺县志》卷四《舆地略二》。

⑤ （清）康熙己卯（三十八年，1699）《江右王邦寀国师石楼风水论》。

⑥ （清）康熙《番禺县志》《番禺县境图》。

"砺山"或"狮子岭",标注同一座山的"砺山"或"狮子岭"在官府所绘的地图中竟然被误以为是两座不同山的名称。同治《番禺县志》中关于康熙五十八年（1719）莲花山的一段的按文中，莲花山则完全被称为"狮山"或"狮子山"："署广州府知府沈澄，审得番禺狮子一山，历任院宪严禁开采。今有东莞县翰林陈似源、番禺县进士蔡名载二宦，皆以采石建坊为名，陈则于狮山之脚开狮公坑落牛步洞九处，蔡则于狮山之腰并狮山之脊开冈背、邓坑共洞一十六处，深为地方隐忧。狮山塔脚炮台管队弁张功所以有乞行封禁之请，该管据情转详，蒙提督咨明督抚二宪备，蒙转行到府。……"①可见，这时的莲花山被称为"狮子山"或简称"狮山"，其上的塔被称为"狮山塔"。

在雍正至乾隆初年，官府所绘的地图及相关文献中，莲花山亦被称为"狮石山"或"狮子山"，如康熙年间屈大均在《广东新语》中说道："石砺山……中有石壁，蹲踞状如狮子，狮腹中空，可坐六七人，飞泉百丈，为虎门捍山……"② 雍正《广东通志》亦载："狮石山，在城东南八十里，屹立海旁，高一百丈，周围十余里，绵亘四十余峰。亦名'砺山'。山巅有狮子塔，为郡城门户。"③ 至于这座山被以"狮子"命名的原因，同治《番禺县志》亦载："石砺山，在城东南八十里，屹峙海旁，高二百余丈，绵亘四十余峰，为虎门捍山。一名'狮石山'，以东南有石壁，峻削状如狮子，故名。"《石楼陈氏家谱·序》亦载："砺山，在县东南八十里，屹峙海旁，高二百余丈，绵亘四十余峰，为虎门捍山。一名'石狮山'，东有石壁峻削，状如

---

① （清）同治《番禺县志》卷四《舆地略二》。
② （清）屈大均：《广东新语》卷三《山语·石砺山》，中华书局 1997 年版。
③ （清）雍正《广东通志》卷十。

狮子，故名。"① 以上两段文字说明"狮石山"或"石狮山"均因"东有石壁峻削，状如狮子，故名"，同时亦表明此时"石砺"之名仍旧流行，并与"狮石"或"石狮"并行。

乾隆《番禺县志》所附的番禺县地图中标注"莲花山"及周边的情况与康熙《番禺县志》的情况类似。乾隆年间的《广州府图》和《番禺县全图》均将当时的莲花山标注为"石砺冈（山）"或"狮子岭"，且狮子岭与石砺冈或砺山分开标示，说明官府对"石砺冈""砺山"或"狮子岭"同属一座山之名的认识仍比较模糊。而实际情况可能是在乾隆年间的官府文献记载中"石砺"和"狮子"之名是并行的。如同治《番禺县志》中关于乾隆二十九年（1764）莲花山的一段的按文中，当时莲花山在地方官府的记述中被称为"石砺山"："……乾隆二十九年六月初六日，奉巡抚部院明批本司呈详，伏查石砺山场，原为省城捍卫，宜加保护以厚地脉，不宜采凿伤残。……前经本司行据该县确勘查覆，各商所承土名虽别，其实总在石砺一山之内，又经本司便道亲诣该山勘明，情形无异，是石砺一山，确应封禁以厚省城地脉，未便任商弊混采凿，致有伤残，应如绅士等所请，勒石永禁，以垂永久。……为此，牌仰该府官吏遵依事理，即便转饬遵照，速将石砺山场勒石永远封禁，不许开采……"② 又如乾隆《番禺县志》载："自珠江下流至波罗江三江之水会流于黄木湾以入大洋，琶洲、赤岗双塔并峙，而狮子山屹立中流，虎门蹲踞海口，为夷船聚泊之所，尤邑之险隘也。"③ 这里就把"莲花山"称为"狮子山"。

---

① （清）光绪十一年（1885）《石楼陈氏家谱序》，《山川》。
② （清）同治《番禺县志》卷四《舆地略二》。
③ （清）乾隆《番禺县志》卷一《舆图·县境图说三》。

（二）清康熙到乾隆年间"狮子塔""浮莲塔""石砺塔"的
相继流行与"莲花城"

如前文所言，雍正至乾隆初年，山上的塔被称为"狮子塔"。此外，雍正初年的《广州府图》① 中所绘的莲花山为岛状，上绘有塔并标示"狮子塔"三个字。② 雍正十一年到乾隆三年之间所绘的《广州府图》③ 中绘有塔并标示"狮子塔"三个字。④ 同样是雍正十一年到乾隆三年之间所绘的另外一幅《广州府图》⑤ 中绘有塔，并两次标示为"狮子塔"。⑥

关于山上的塔之名字，还有"浮莲塔"一说。屈大均曾在《广东新语》中三次提到莲花山（时称"石砺山"）上的塔，并称之为"浮莲塔"。如《坟语·四塔》"而虎门之内，又有浮莲塔以束海口，使山水回顾有情，势力逾重，是为江上之第三道塔云"⑦。《山语·石砺山》："近者牛口一屯，喷流黄血，浮莲一塔，迸出黑烟，崖倾石坠，

---

① 选自《各省地图》，图集绘刻于（清）雍正初年，与《古今图书集成》所收地图同源。中国第一历史档案馆、广州市档案馆、广州市越秀区人民政府编著：《广州历史地图精粹》，中国大百科全书出版社 2003 年版。

② 中国第一历史档案馆、广州市档案馆、广州市越秀区人民政府编著：《广州历史地图精粹》，中国大百科全书出版社 2003 年版。

③ 选自《广东各府舆图》，雍正十一年（1733）以后，（清）乾隆三年（1738）以前所绘。中国第一历史档案馆、广州市档案馆、广州市越秀区人民政府编著：《广州历史地图精粹》，中国大百科全书出版社 2003 年版。

④ 中国第一历史档案馆、广州市档案馆、广州市越秀区人民政府编著：《广州历史地图精粹》，中国大百科全书出版社 2003 年版。

⑤ 选自《广东各府舆图并说》，（清）雍正十一年（1733）至（清）乾隆三年（1738）间。中国第一历史档案馆、广州市档案馆、广州市越秀区人民政府编著：《广州历史地图精粹》，中国大百科全书出版社 2003 年版。

⑥ 中国第一历史档案馆、广州市档案馆、广州市越秀区人民政府编著：《广州历史地图精粹》，中国大百科全书出版社 2003 年版。

⑦ （清）屈大均：《广东新语》卷十九《坟语·四塔》。

岁岁压死多人，鬼哭连村，山灵哮怒。"①《地语·禁凿石砺》："有一浮莲塔，上蠹云霄，与赤冈、滘洲二塔东西相望，为牂牁大洋之捍门，南越封疆之华表，盖一郡风水之所系焉者也。"②

　　屈大均在康熙三十五年（1696）去世，《广东新语》成书于屈大均晚年。因此，"浮莲塔"的叫法应起码在康熙三十五年之前。屈大均为茭塘司沙亭乡人士，对莲花山一带地名应该了如指掌，且三次提及当不会是误说。石楼也有另外一座建于浮莲冈上的塔。康熙己卯（三十八年，1699）江右王邦寀国师石楼风水论其中有一段话："一、文笔宜建于青龙浮莲巽峰顶上，高丈余，大四、五尺，以砖为之，不抹红紫，塔上建文武帝祠。一可兴起文运，文官至内辅一品，武将至外统三军。一可镇砥水口，富必堆金积玉，千仓万箱，富贵双至。此峰宜亟建也。"③ 以上说明石楼乡的"浮莲塔"始建于康熙三十八年（1699）邀请王邦寀睇风水之后，起码晚于康熙三十五年。且石楼乡这个浮莲塔只"高丈余，大四、五尺"，与屈大均所说"上蠹云霄"的"浮莲塔"高度相去甚远。因此，可以肯定屈大均所指的"浮莲塔"就是莲花山之上的塔。

　　不早于清康熙二十四年（1685）的《广东总图》④ 上已绘有塔并标示"狮子塔"三个字。同治《番禺县志》中关于康熙五十八年（1719）莲花山的一段按文中，称其上的塔为"狮山塔"。⑤ 从前文提

---

　　① （清）屈大均：《广东新语》卷三《山语·石砺山》。
　　② （清）屈大均：《广东新语》卷二《地语·禁凿石砺》。
　　③ （清）康熙己卯（三十八年，1699）《江右王邦寀国师石楼风水论》，（清）光绪十一年（1885）《石楼陈氏家谱序》，《前事》，残缺部分据内容相同的手抄本《石子头阳宅各向所宜兴造饬风水论》补录入。
　　④ 中国第一历史档案馆、广州市档案馆、广州市越秀区人民政府编著：《广州历史地图精粹》，中国大百科全书出版社 2003 年版。
　　⑤ （清）同治《番禺县志》卷四《舆地略二》。

到的直到雍正至乾隆初年官府所绘的地图上，仍将莲花山上的塔称为"狮子塔"，说明"狮山塔"或"狮子山"可能是晚于"浮莲塔"之名或者与"浮莲塔"之名同时存在。而在康熙三十八年（1699）的《江右王邦寀国师石楼风水论》已提到"石砺塔"之名："一、涌口宜收起向石砺塔而出，以接大河，用塔锁水，更建一小庙以镇之。""兹观盛乡有石砺之文塔矗立其前，马鞍冈之秀丽环其后，其左侧狗趾一冈耸然而特立其右侧，红、乌两冈窈然而深藏，诚番邑之名区，禺山之胜薮也。"①

综上所述，屈大均在《广东新语》中所说的"浮莲塔"之名，很可能在"狮子（山）塔""石砺塔"［两名在当时同时流行了一段时间，后"狮子（山）塔"之名被"石砺塔"之名取代］两名出现之前便已经出现，或者与"狮子（山）塔"之名并行了一段时间。

乾隆以后，莲花山上的塔被改称为"石砺塔"。乾隆《番禺县志》载："……万历四十年邑举人李惟凤、刘如性、林彦枢、崔知性、梁瑛等告官封禁，复建浮屠其上，今呼'石砺塔'，高九层……"②同治《番禺县志》亦载："石砺山……万历四十年（1612）建浮屠其上，高九层，今呼'石砺塔'。"③

此外，康熙三年以来，莲花山还出现了一座"城"。乾隆年间的《广州府图》和《番禺县全图》都无标示"城"的名称。到乾隆年间，"城"改称为"莲花城"。乾隆《番禺县志》载："……康熙三年，徙海民于内地，划山属禁界外，设立砖城、营房、墩台于其上。

---

① （清）康熙己卯（三十八年，1699）《江右王邦寀国师石楼风水论》，《石楼陈氏家谱·序》（点注本）十三《前事》，残缺部分据内容相同的手抄本《石子头阳宅各向所宜兴造饬风水论》补录入。

② （清）乾隆《番禺县志》卷之四《山水十一》。

③ （清）同治《番禺县志》卷四《舆地略二》。

今名莲花城。"① 同治《番禺县志》载"石砺山……国朝康熙三年（1664），徙海民于内地，划山属禁界，外设立砖城，营房、墩台于上，今名'莲花城'"②。

三　清嘉庆到民国时期"莲花山"及塔名之变化

值得注意的是，从清嘉庆到同治之间的时期内，在官府绘制的地图中，莲花山的总称似乎出现了"真空"，因为这些地图中只暂时标注了山上的塔和城等局部的景观名称。如清嘉庆二十年至同治五年（1815—1866 年）间的《广州府总图》③ 莲花山位置只标示了"莲花城"三个字。④ 同一时期的《番禺县图》⑤、清同治《番禺县志》的茭塘司图，同治年间（？）的《番禺县十七乡堡舆图》等地图上均只在"莲花山"的位置标注了"莲花城"和"石砺塔"。不过，道光年间，在地方人士的笔下，莲花山仍被称为"石砺"。如《石楼八景诗集》在介绍石楼八景之一的"狮江帆影"时说："村之东，石砺山外，流枕狮江，夷舶贾船，帆樯上下，交加倒影，备极奇观。"⑥

---

① （清）乾隆《番禺县志》卷之四《山水十一》。
② （清）同治《番禺县志》卷四《舆地略二》。
③ 选自清嘉庆二十年至同治五年（1815—1866 年）间官方绘制的《广东省图》。中国第一历史档案馆、广州市档案馆、广州市越秀区人民政府编著：《广州历史地图精粹》，中国大百科全书出版社 2003 年版。
④ 中国第一历史档案馆、广州市档案馆、广州市越秀区人民政府编著：《广州历史地图精粹》，中国大百科全书出版社 2003 年版。
⑤ 选自（清）嘉庆二十年至同治五年（1815—1866 年）间的《广东省图》。中国第一历史档案馆、广州市档案馆、广州市越秀区人民政府编著：《广州历史地图精粹》，中国大百科全书出版社 2003 年版。
⑥ 参见（清）道光年间陈龙韬等辑《石楼八景诗集》。

（一）关于"莲花山"一名的出现的说法

关于"莲花山"一名出现的时间和原因，流行着多种说法。

第一种是将位于鹿步司的莲花山、莲花塔及其相关传说与茭塘司的石砺冈、石砺塔混淆。① 清前期的广州城附近有的莲花山、莲花塔，不过并非今番禺区的莲花山、莲花塔，而是位于广州城东的番禺县鹿步司。乾隆《番禺县志》所附的番禺县地图中就同时标注了与石砺塔并存的鹿步司石岗及其上矗立的"莲花塔"。同治《番禺县志》载："莲花山，在相对冈东五里。顶上大石峰锐如千叶芙蓉，故名。又名'乱石冈'。"② 同一志又载："石冈，在相对冈西五里，茅冈村飞鹅岭西南二里，雍正六年（1728）建文阁三层于冈上，左有石冈书院。"③ 光绪《广州府志》亦载："相对岗在城东南四十里……石岗在相对岗西一里，顶平多石，上建萃堵陂三层，名'莲花塔'。旧有谶云'鹿步一都无进士，除非石上起莲花'。自立塔后，里人钟狮丁巳登进士，林诞禹甲戌入翰林……"④ 可见，即使是番禺县鹿步司的"莲花山"（乱石冈）与雍正六年（1728）所建的"莲花塔"亦并非位于同一处地方。上文显示，莲花山在相对冈东五里，上有石头状如莲花，而修建莲花塔的石岗则在相对岗西一里，石岗顶平多石，并无莲花石头。

第二种是认为1949年前"莲花山"之名从未出现过。有研究认为清乾隆之后，莲花山和山上的塔从未被冠以"莲花"之名，唯城叫"莲花城"。直到民国时期，"砺山"或"石砺山（冈）"才开始被称

---

① 陈树明：《石子头野史拾遗》。
② （清）同治《番禺县志》卷四《舆地略二》。
③ 同上。
④ （清）光绪《广州府志》卷十。

为"莲花山"。① 《石楼风物》亦载："假如要在番禺县的民国版《番禺县续志》中查找'莲花山'这个地名，肯定是查不到的。为什么？因为解放前，凡番禺的文献，均没有载'莲花山'这个地名。"②

第三种是有地方人士认为"莲花山"一名是从 1937 年后才开始使用的。他们认为"七七事变"后，日本驻华特务机关派遣汉奸特务化装成僧人潜入禺南地区，以宗教迷信作掩护进行间谍活动，目的就是绘测珠江口虎门一带的山川、村落的地图，以便侵华日军从水路进入广州。据说国民党当局将绘制的地图收缴后，发现图中对狮子洋一带水道、山川、地域的标名，见图中将"石砺冈"标注为"莲花山"，便沿袭"莲花山"之名代替了旧日的"石砺山"。③ 而以上原文作者则坚持，"莲花山"名字的由来，实赖"莲花岩"而得名，非由美丽传说而得之，更（非）赖不光彩的政治背景而传名也！④ 此说不无道理，因为"莲花岩"在道光年间已成为名闻省垣的景点，且被评为石楼八景之一的"莲岩忏佛"⑤，且石楼举人陈龙韬等辑的《石楼八景诗集》里已有诗句将山上的塔称作"莲花塔"了（下面另有专章说明），⑥ 故在此时"莲花山"很可能已因"莲花岩"而得名，并与石砺塔之名并称。

---

① 康薇：《方志所见番禺莲花山、塔与城名小考》，广州市文化广电新闻出版局、广州市文物博物馆学会编《广州文博（捌）》，文物出版社 2015 年版，第 207—209 页。
② 石楼镇人民政府编：《石楼风物》，2007 年 12 月。
③ 据父老言，这些地图绘制得十分精细，石楼的大井头、白马庙，赤岗的"毓秀里"的位置，都有清晰的文字标明。甚至大岭、赤山、明经、潭山、石碁、大龙、官涌等大村落蓄养的犬只的数量及处的位置，都有详细的记录。其中，有关石砺岗的地形图上，标明"莲花山地形图"六个醒目大字。并在"莲花岩"的位置上，注明"莲花岩，状似莲花"七字。从此，"莲花山"的名字便开始在珠三角一带流传开了。
④ 陈树明：《石子头野史拾遗》，2014 年 12 月。以上参见陈树明《石子头野史拾遗》，2014 年 12 月。
⑤ 参见（清）道光年间陈龙韬等辑《石楼八景诗集》。
⑥ "石楼八景诗"评选的第一名、南海举人何子彬《石砺归樵》诗句"莲花孤塔耸江边"，第十七名、番禺生员崔廉《石砺归樵》诗句"莲花塔影卧斜晖"，道光年间陈龙韬等辑：《石楼八景诗集》。

（二）清同光年间"莲花山"一名出现的证据

其实"莲花山（冈）"之名早在同治、光绪年间的地方文献已正式出现了。据收录于石楼族谱资料中的一篇同治十年（1699）《江西朱子谟石楼风水论》（残本）载："（善世堂）一、接莲花山筑基至大浮莲止，多种高树，一则遮护马颈脉，不受海风吹劫；二则遮护通乡四风。"① 同一文中的涉及尚朴公祠（即行恕堂）的文字亦提及"莲花"之名"盛祠催官在巽，现巽位有莲花冈文塔。"②

除了地方文献外，在光绪年间官府绘制的地图中也屡屡出现"莲花山"之名。这一时期的多幅地图（包括两幅广州府图和两幅番禺县全图等）此前的"石砺山（冈）"确实已经被雅化改为"莲花山"。光绪十三年（1887）以后的《广州口图上》③ 莲花山的位置标示了第二浅滩塔（即今莲花塔）和炮台（即莲花城或莲花炮台)④ 光绪十八年（1892）的《广州府图》⑤，清光绪二十三年（1897）《广州府附佛冈厅赤溪厅图》⑥，清光绪二十三年（1897）《番禺县图》⑦ 莲花山的

---

① （清）同治十年（1699）《江西朱子谟石楼风水论》（残本）。

② 同上。

③ 选自光绪十三年（1887）以后的《沿海七省口岸险要图》。中国第一历史档案馆、广州市档案馆、广州市越秀区人民政府编著：《广州历史地图精粹》，中国大百科全书出版社 2003 年版。中国第一历史档案馆、广州市档案馆、广州市越秀区人民政府编著：《广州历史地图精粹》，中国大百科全书出版社 2003 年版。

④ 中国第一历史档案馆、广州市档案馆、广州市越秀区人民政府编著：《广州历史地图精粹》，中国大百科全书出版社 2003 年版。

⑤ 选自光绪十八年（1892 年）三月两广总督李瀚章等撰写进呈的《广东舆地图说》。中国第一历史档案馆、广州市档案馆、广州市越秀区人民政府编著：《广州历史地图精粹》，中国大百科全书出版社 2003 年版。

⑥ 选自清光绪二十三年（1897 年）广州石经堂承印出版的《广东舆地全图》。中国第一历史档案馆、广州市档案馆、广州市越秀区人民政府编著：《广州历史地图精粹》，中国大百科全书出版社 2003 年版。

⑦ 同上。

位置亦只标示了"莲花山"三个字。另外一幅《番禺县图》① 亦只标示"莲花山"三个字。不同的是，前者"莲花山"一旁的位置标注了"独洲"，而后者同一位置标注了"茭塘"。根据以上两个版本的地图上均标注了光绪年间修建的"沙路炮台"，初步判断其均为光绪年间绘制，介于同治和宣统之间。清光绪二十五年（1899）的《广州府图》② 莲花山的位置只标示了"莲花山"三个字。③

宣统修、民国版的《番禺县续志》的文献记载和所附的分块地图显示，该志不但延续了光绪年间"莲花山"的叫法，而且已经显示等高线和标高，其上的景观更为具体化了。

《番禺县续志》在正文中以提到"莲花山"之名。如卷二《舆地志二》载："又东南八里为飞鹅岭，迤东为荔枝冈，又东为莲花山，南为浮莲冈，去城东南四十八里。"④ 卷二《舆地志二》（谨按）部分又载："又东莲花山，有莲花城、石砺塔，与浮莲冈对峙，又南浮莲冈有浮莲塔，东濒狮子洋，去城东南五十里。"⑤ 卷二《舆地志二·水源》又载："鹿步水自西来注之（鹿步滘水自东江别出）。又东南经南江口，东江自东北来会。又东南为狮子洋。又南经莲花山，又南分流绕海心沙复合。"⑥《续志》《番禺县全图中》中并没有标注"莲

① 《（地图三）华南海盗掳掠珠江三角洲内河地区图》，（清）袁永纶著《靖海氛记》[道光十年刊、丁酉年（1837）续刊，萧国健、卜永坚笺注] 中所附地图，《田野文献：华南研究资料中心通讯》2007 年 1 月 15 日，第 46 期。"（清）袁永纶著〈靖海氛记〉笺註专号"。从该图中已经出现沙茭局，且与永宁通判并存的情况看，该图绘制于咸丰以后光绪之前。

② 选自成书于清光绪二十五年（1899 年）的《大清会典图》。中国第一历史档案馆、广州市档案馆、广州市越秀区人民政府编著：《广州历史地图精粹》，中国大百科全书出版社 2003 年版。

③ 中国第一历史档案馆、广州市档案馆、广州市越秀区人民政府编著：《广州历史地图精粹》，中国大百科全书出版社 2003 年版。

④ 民国《番禺县续志》卷二《舆地志二》。

⑤ 同上。

⑥ 民国《番禺县续志》卷二《舆地志二·水源》。

花山"位置，只在其分块地图中"莲花山"的位置标注了莲花炮台（即原来的莲花城）、石砺冈、狮子岩、莲花岩四处景观。从分块地图上看，尽管整座山尽管已经没有标明"莲花山"，但从标示的位置看，石砺冈与狮子岩、莲花岩、莲花炮台一起都被作为莲花山的局部景观来处理，且石砺冈只是被标示在莲花山主峰的位置上，不再作为整座山的全称，而塔则没有标示，很可能与该塔当时被荒废有关。①

民国建立以后，官方绘制的一些地图基本延续了宣统修、民国版的《番禺县续志》所附的分块地图标示的内容。如民国六年（1927）4月再制版的《广东省粤海道番禺县石楼乡》②图延续了宣统元年刊图对莲花山的标注。20世纪30年代黑白版本的番禺县南部地图上"莲花山"的位置标注了莲花炮台、石砺冈、狮子岩、莲花岩。1930年的彩色版本的番禺县南部地图上"莲花山"的位置标注的内容与黑白版本的相同。③ 1949年版本的番禺县南部地图上"莲花山"的位置上只标注了莲花炮台、狮子岩（没有"石砺冈"），标注的文字的顺序已经改为从左到右的顺序。④ 到了20世纪30年代所绘的地图1917年的《广州进口水道图》⑤上莲花山的位置标示了"莲花山"三个字，山体绘有等高线。

---

① 乡间有谚云："（石砺塔）予烂唔予塌，（浮莲塔）予新唔予旧。"石砺塔在抗战期间，曾被日寇作为靶子用大炮轰击，第四层、第七层被炮弹轰击了一个大窟窿，但依然屹立不倒。

② 广东陆军测量局：《广东省粤海道番禺县石楼乡》，宣统元年刊图，民国六年四月再制版。

③ 广东陆地测量局：《番禺县黄埔》，中华民国十八年测绘，十九年制版。

④ GSGS4691 – M8 – SE – Kuang – Chou – 广州，– Kwangtung – 50K_ 1949。

⑤ 该图由1917年督办广东治河事宜处实测。中国第一历史档案馆、广州市档案馆、广州市越秀区人民政府编著：《广州历史地图精粹》，中国大百科全书出版社2003年版。

（三）"莲花塔"一名的出现

至于这一时期"莲花山"上的塔的名称，清嘉庆二十年至同治五年（1815—1866 年）的《番禺县图》①，清同治年间绘的番禺县全图和茭塘司图，同治《番禺县志》的茭塘司图，同治年间的《番禺县十七乡堡舆图》等均没有山的总称，只在山上标注了莲花城和石砺塔。同治《番禺县志》正文中亦仍称之为"石砺塔"："石砺山……万历四十年（1612）建浮屠其上，高九层，今呼'石砺塔'。"② 可见，从嘉庆到同治年间的官方文献和地图中看出，这一时期"莲花山"上的塔的仍被称为"石砺塔"。

然而，从道光年间《石楼八景诗集》收录的诗中有"莲花孤塔耸江边，岩洞真修面壁年"③；"莲花塔影卧斜晖，几队樵夫下翠微"④ 的诗句。可见，道光年间"莲花山"上的塔在地方已被明确称为"莲花塔"，20 世纪 80 年代重修山上的塔，并嵌上了"莲花塔"三字的题匾，莲花山成为旅游区之后⑤，"莲花塔"之名更广为流传了。

四　结语

明代中后期，不管是地方还是官府均称番禺"莲花山"为"石砺"，就是因为莲花山水下石体上附生大量"石蛎"，故名"石蛎山"

---

① 选自清嘉庆二十年至同治五年（1815—1866 年）间的《广东省图》。中国第一历史档案馆、广州市档案馆、广州市越秀区人民政府编著：《广州历史地图精粹》，中国大百科全书出版社 2003 年版。

② （清）同治《番禺县志》卷四《舆地略二》。

③ "石楼八景诗"评选的第一名、南海举人何子彬的《石砺归樵》诗句，道光年间《石楼八景诗集》。

④ 同上。

⑤ 1981 年 3 月 28 日莲花山旅游区建成，并正式对外开放。参见番禺市地方志编纂委员会办公室编《番禺百年大事记》，广东人民出版社 2000 年版。

（后"蛎"改为"砺"）。同治《番禺县志》亦称该山所产之石为蛎石。屈大均在《广东新语》中已经明确说到今莲花山初名不叫"砺石"而叫"石砺"，恰恰表明"石砺"是由"石蛎"转化过来的。而明万历年间在山上修建的塔在当时的文献和地图上均没有明确标示其名称。

清康熙、雍正、乾隆年间，番禺"莲花山"除了延续明代中叶以来就在当地流行"石砺冈"的叫法之外，还因山上有石状如狮子，被冠以"狮子"或"狮石"①之名。这一时期实际上同时并行着两组不同的叫法：第一组是被称为"狮石山""狮山""狮子山""狮子岭""石狮山"；第二组是被称为"石砺""石砺山""砺山"。从清嘉庆到同治之间，在官府绘制的地图中，莲花山的总称似乎出现了"真空"，因为这些地图中只暂时标注了山上的塔和城等局部景观名称。而乾隆年间以前山上的"塔"被称为"浮莲"和"狮子"或"狮山"，到乾隆年间则改称为"石砺"。山上的城，从乾隆年间名为"莲花城"之后就一直没有更名。

同光年间，番禺"莲花山"的"莲花"之名出现并与"石砺"之名并行。"莲花山"一名首先出现在一篇同治十年（1699）的《江西朱子谟石楼风水论》中。而光绪年间官府绘制的两幅广州府图和两幅番禺县全图等图中也屡屡出现"莲花山"之名，证实"石砺冈"确实已经被雅化改为"莲花山"。到宣统修、民国版的《番禺县续志》的文献记载和所附的分块地图中亦显示，该山当时继续被称为"莲花山"，且很可能被作为包括石砺冈、莲花岩、狮子岩、莲花城等在内的整座山的总称，而"石砺冈（山）"则只标示在莲花山主峰的

---

① 狮子洋的得名很可能亦因山上有石"状如狮子"而得名。

位置上，被作为局部景观名称来处理。同时，"石砺冈（山）"之名仍在地方社会仍被保留，广为流传于邻近乡村，继续作为整座山的俗称。到民国以后，与莲花山相关的地图除了更为精确化外，基本延续了清末民初的地图标示方式。至于山上的塔，从嘉庆到同治年间的官方文献和地图中，仍被称为"石砺塔"，到道光年间已被地方明确称为"莲花塔"，与同期官方文献和地图中的"石砺塔"叫法并行。当代重修后，更直接嵌上了"莲花塔"三字的题匾。20 世纪 80 年代以来，"莲花山"及其上的塔、城全部被命名为"莲花"，成为"番禺莲花山旅游区"的组成部分之一。

（朱光文：番禺区文化馆非物质文化遗产保护中心）

人民流聚与清代粤桂界邻的开发

——以封开、怀集、昭平等地方志及谱牒为考察对象

陈宇思　余天佑

两广地区从汉代并入中国版图以来，一直接受中原移民的迁入。至清代康雍乾时期，迎来了一波大规模的移民开发浪潮。一般观点认为，康雍乾时期的大移民大开发浪潮是国家为了解决人口增长与粮食生产的矛盾而鼓励的全国性迁徙活动。从两广边界地区的方志与谱牒体现的人民活动反映，西江北岸的粤桂边界开发掺杂了主客观现象，明末土民向周边山区拓殖是主观行动，客观现象为清初为应对瑶族起义而迁徙人民充实山区，因清初迁海令而导致移民西迁。局势稳定后，在乾隆年间的开发则带动了当地的商品经济发展，然而存在地区贫富差异。

一　明末以来当地土民的拓殖

明代的粤桂边界被西江分隔南北两段，北段的封川县与开建县，地处两广边界，与梧州府城、怀集县（当时属广西梧州府管辖）、德庆州城毗邻，封川是除梧州府城外的边界重镇，而开建县则深入山区。水路是该地区较为通畅的交通路径，封开地区西江是连通梧州府

城与德庆州城的主要水上交通要道，西江的各小支流沟通封川县城、开建县城与下属各乡，"贺江出临贺岭，西南至贺县，为贺江。又南至开建县，或称开江。又西南至封川境，亦名封溪。"① "东山河出续岭，合桃源、替田、仙洞诸水，南流二十里经东塘绕城南以入西江，为县治之襟带也。又东至水口汛丰溪水南注之……铜锅山诸水又北至凤村墟，受河村小水，又东北入西江，江中有新妇石、鸦头石，秋冬水涸则见。又东北四十里至德庆州界，碌水东注之。"② 封川县三面环山，"留连山在（封川）县北一百三十里，县之祖山也（一名黄冈山）。跨德庆、四会、怀集、封川境，万峰切云，绵亘无际，深树丛篠，人迹罕到，中有筋竹坪等三十二处尤为险要。"③ 开建县被群山包围，与怀集交界，县境内的山地地形复杂，拥有可藏匿人员的山洞，"昭埇山在县东二十里，路通广西怀集，有鼠石，旁有三穴，可容数十人……野埇山、水石岩俱在县东二十五里，峰峦森立，中有岩穴。昔者秉炬而入，曲折奇怪，不可殚述。穴中有流水，莫知其源，相传潜通怀集燕岩，灌四千余顷。"④ 渺无人烟的山区长期以来是汉人禁步的地区，其分布的区域多集中于沿河地带与地势不高的山地。

粤桂边界的汉人早在汉唐时期已定居，即清代方志中所提及的土民。土民的身份多是谪守岭南的官僚与士兵之后代，封开莫氏是当地定居历史最为悠久的汉人群体之一，在他们的记忆中，"首先就莫氏入广东始祖之世系而言，据史料记载是建苍公，他是莫氏第五十四祖将兴公之孙，系五十五世祖莫莫公之子，原住金陵（今南京）城北珠

---

① 道光《封川县志》，《山川》，《中国地方志集成·广东府志县辑》第50册，上海书店2013年版，第520页。
② 同上书，第520页。
③ 同上书，第511页。
④ 同上书，第722页上。

玑巷，他于唐德宗建中四年癸亥（公元 783）离开金陵到闽中莆田（今福建莆田）谋生。殁后安葬于广东南雄猪嵲山。生子辅廷（号莫伦），进士，奉政大夫，唐宪宗元年（公元 806），偕父建苍，携夫人窦氏赴岭南道绥州（今广东怀集、广宁）任郡守。"① 在元明时期，土民扎根帝国边疆，成为对当地施加影响的族群，在莫氏族谱中，存在着桂薰公介入元末宗室争斗的传说②，这是土民对于自己定居岭南合法性的构建，同时也可以窥探出土民在当地的势力规模。尽管一些汉人在明初已成一定规模，但明代粤桂边界的汉人数量并不庞大，从方志中对贺江沿岸的人口规模的描述中即可见一斑："贺江自大洲以上分为两派，左通苍梧、东安、石鼓、九山，右连大滩、怀集、富川、贺县，沿江水陆四百余里居民寥落。"③

　　除汉人群体相对较为弱小外，除了原居本地的壮族各支外，粤桂边界的山区吸引了瑶族的迁入，他们居山、耕山，长期以来形成了自己独特的生产生活方式："猺则僻处深山，不伍乡俗，不谙文字，不事田亩，不股征徭。惟采山斩木以为生。"④ "封川旧有瑶山五十二处，在坊场、修泰乡者八……在德宁、归仁乡者十有四……在文德乡者三十……"⑤ 开建县瑶族聚居地分布于大玉山、归源山、鹤塘山、

----

① 《广西昭平莫氏族谱》，1997 年版，第 3 页。
② 同上书，第 5 页。
③ 道光《封川县志》，《舆地》，《中国地方志集成·广东府志县辑》第 50 册，上海书店出版社 2013 年版，第 489 页。
④ 道光《开建县志》，《风俗·猺獞》，《中国地方志集成·广东府志县辑》第 50 册，上海书店出版社 2013 年版，第 734 页下。注：为忠实引用史籍需要，本文在引文中对一些历史上特定的族群称呼，如猺、獞、獠等采用原文录用原则。在正文叙述中，则依据国家公布的少数民族规范名称。
⑤ 道光《封川县志》，《舆地》，《中国地方志集成·广东府志县辑》第 50 册，上海书店出版社 2013 年版，第 480 页。

小玉山、观埔山、羊梯山、谭白莲山、啰山、南令山、金口山。① 封开地区的山区洞穴成为他们聚居的理想地区。

然而明代的族群隔阂较大，汉瑶几乎不通婚，汉瑶多存在有限的贸易往来，由于各种主客观原因，明代的族群冲突占据了粤桂边界的主题，瑶族多畏惧地方官府，"高山、花肚绝不识字，甚畏官讼，人有讼之者，多窜匿，亦不知官之大小、上下，或有见官者，四时常道中间坐的且不怕，只怕两旁鸡毛官，鸡毛官谓皂隶也"②。畏惧官府的背后则是下层官吏对族群关系的粗暴处理，将汉人民众视为与官府一丘之貉的群体。而在汉人编制的方志中，瑶族四处寇掠乡里，百姓遭殃，甚至动乱波及西江水路，"嘉靖间猺人为乱……估舶往来，屡被劫掠，始则归咎于保甲，继且波及于村民，行者、居者无宁岁矣"③。为了应对族群冲突，山区土民则养成了性勇斗狠的习气，"岑一麒曰，修泰之民岁与罗旁猺贼接刃，器械完固，勇锐足恃"④。明代一些中原人民则带着军职的身份先迁徙珠三角，后定居粤桂边界，如封开伍氏家族先祖"正安公是氓公十世孙，官高要学政，遂入籍高要银岗都（今新桥）唐边村居住，为入高要之祖。正安公生一子，曰翘天，号卯孙，生有九子。公葬新桥九子坑前虎山。世值沧桑，为军务所迫，于明弘治十五年（1502），孙媳温氏携带二子宇圣，号源本（在杏花排为三房），从肇庆活村

① 道光《开建县志》，《山川·猺獞》，《中国地方志集成·广东府志县辑》第 50 册，上海书店出版社 2013 年版，第 724 页下。
② 天启《封川县志》卷二十二《杂事·猺獞》，故宫博物院编：《故宫珍本丛刊·广东府州县志》第 22 册，海南出版社 2001 年版，第 469 页下。
③ 道光《封川县志》，《舆地》，《中国地方志集成·广东府志县辑》第 50 册，上海书店出版社 2013 年版，第 489 页。
④ 同上书，第 494 页。

迁往封川水斗居住"①。伍氏迁徙的背景恰好与明中期以来两广地区寇乱频仍相吻合，所谓"为军务所迫"而从高要迁徙至封川，则离不开因稳定地方局势而驻扎在当地的需求。伍氏一支举家迁徙，"自弘治至正德年间，我伍姓自高要迁来者先后盖五六房比屋而居，遂成巨族"②，颇有随军迁徙的色彩。明代汉人开发山区的主力为军户，长时间之后，其身份逐渐演变为民人，而伍氏则是这一历程的写照，"有定自明初者，曰落山民；有奉调守御而领田正户者，曰军民；军民二籍，旋安于俗，具载版章，今军俱改为民，旧制已更矣"③。

粤桂边界的土民原无敬宗敦族的意识，明末以前的聚居较为零散，从清代的序文看，他们在明万历时期开始形成庶民化宗族思想，"然据伍光宇请族谱序于白沙先生，撰于明朝成化七年（1471）辛卯，亦无立宗派之文。惟伍应期续修绿围伍氏大成家谱序内云：'辩昭穆，莫先于立派，派立，则昭穆明'；又云：'万历六年（1578）戊寅宗派尤未立也。'又云：'于是为之立派，以别尊卑，定昭穆，则世次井然有条，越数岁，告成于族'云云。题云：万历十三年（1585）岁在乙酉，孟秋吉旦，礽孙应期栋润谨职"④。敬宗立族的出现，为汉人大规模拓殖奠定了基础。万历之后，两广的地方局势稍微稳定，汉人的拓殖足迹沿着粤桂边界向北、向南拓展。向南者，如杏花伍氏在封川定居，大约二三世后，则有支系向西宁新县与广西迁徙，"佛保居洞心村，迁西宁十四都（郁南县桂圩镇社村）居住……魁先居洞心，迁往广西岑溪古藏村居住。恒表，迁西宁十四都（郁南县桂圩镇社村）

---

① 《封开杏花伍氏族谱》，1995 年版，第 1 页。
② 同上。
③ 民国《怀集县志》卷一《舆地志·风俗》，台北成文出版社 1975 年版，第 82 页。
④ 《封开杏花伍氏族谱》，1995 年版，第 2 页。

居住……奉天公迁往西宁（今郁南）东坑居住"①。在伍氏族谱中还书录了两个广西支派：广西天雄房字派、广西容县良村房字派，在族谱中存在这种认同说明伍氏的足迹到达了广西容县。而天雄房字派，"孔祥公以后传起，初时只有十字派，即'仁义礼智信，嗣世永嘉昌。'至清康熙元年（1662），四房安卿公再增十代字派为：忠孝传家国，训行谨狄光"②。可见，伍氏迁入广西也在明末。北上者，则沿开建、怀集北上至昭平、贺县一带。

二　清初的粤桂边界局势

1644 年 3 月，李自成攻占北京，崇祯皇帝在煤山自缢。4 月，清军入关，很快击退了李自成的大顺军，定鼎北京。虽然北方政权更迭，但两广仍然维持明朝的体制。随后，清军在 1645 年 6 月再一次强化推行民族压迫性质的"剃发令"，全国立即陷入了南明与清的胶着混战状态。1646 年，清军兵临岭南地区，进兵西江流域，西江南岸被清军攻陷，"十二月，总督佟养甲，提督李成栋出闽入粤，定潮、惠、广、肇四郡……四年春正月，参将商之盘由省会领兵护知县陈曜取西宁。原参将赵千驷，署县倪在翰率民薙发归顺"③。同年十月初十，广西巡抚瞿式耜拥立桂王朱由榔为永历帝，南方的汉人有了一个抗战的中心。粤桂边界的山区迅速成了反抗压迫的根据地，因为政权更迭促使当地产生权力真空，民间势力、清兵、明朝将领三股势力纠合一起，山区城乡容易成为一些野心家进行投机活动的场所，在西江

---

① 《封开杏花伍氏族谱》，1995 年版，第 1 页。
② 同上书，第 2 页。
③ 民国《西宁县志》卷三十一《前闻一》，《中国地方志集成·广东府志县辑》第 51 册，上海书店出版社 2013 年版，第 303 页下。

南岸，1647 年正月，原已降清的朱家臣据西宁县城反清，原因则是不能领取饷银，"自称都督行事，辖明兵备道叶天陛、知州邹德淇取饷不应，统兵登城，鼓噪劫夺"①。而占主流的则是汉人的反抗行动，西宁县"（1647）七月十三日，西寇莫黎纠合亡命及各山猺围城"②。在广西岑溪，1646 年 11 月，明臣丁魁楚集结民间武装进攻县城，"魁楚因土镇徐海、徐泓入岑北科为避地，计会连城土寇吴洪纠党数千将攻岑"③。西江北岸的开建、怀集县至 1647 年则多处于民间势力掌握中，"丁亥正月，大兵破肇庆，时瞿式耜从王奔桂林，时土贼破怀集"④。

1647 年开始，随着李定国部在与清军反复争夺两广的战斗中获得了一些胜利，出现了有利于南明方面的形势。在这一背景下，粤桂边界的基层社会掀起一股反清高潮。岑溪很快处于南明势力的控制下，"土寇杜凤、刘国泰自容入岑，自是数年皆为土寇窃据"⑤。杜凤还计划进攻西宁县城，"越十日，西寇杜姓复纠众猺蛮及四方亡命二万余直抵校场，分遣驻扎攻城"⑥。后被清参将商之盘击溃，损失惨重。"八月，广西伪帅檄商之盘、陈曜称明，立范士奇据守"⑦。开建县"国朝顺治四年七月，广西伪参将管大胜据县城寻往梧州。十一月伪总兵杨昭率党据县城"⑧，这场反清浪潮在李成栋反

① 民国《西宁县志》卷三十一《前闻一》，《中国地方志集成·广东府志县辑》第 51 册，上海书店出版社 2013 年版，第 304 页上。
② 同上。
③ 乾隆《岑溪县志》卷二《大事志》，台北成文出版社 1967 年版，第 109 页。
④ 民国《怀集县志》卷八《县事志·清》，台北成文出版社 1975 年版，第 571 页。
⑤ 乾隆《岑溪县志》卷二《大事志》，台北成文出版社 1967 年版，第 109 页。
⑥ 民国《西宁县志》卷三十一《前闻一》，《中国地方志集成·广东府志县辑》第 51 册，上海书店出版社 2013 年版，第 304 页上。
⑦ 同上。
⑧ 道光《开建县志》，《舆地·兵寇》，《中国地方志集成·广东府志县辑》第 50 册，上海书店出版社 2013 年版，第 730 页上。

清后达到高峰，随后因为南明阵营内部的权斗，清军反扑，西江南岸的广东城寨悉数被陷。而广西的城寨则处于拉锯争夺状态，开建县"八年伪寇梁用韬作乱，十一月执之戮其首级"①。直到1653年，形势再一次倾向于南明阵营时，李定国率军进攻广东，声势浩大，西江诸县均重入南明势力范围，"（顺治）十年三月，明安西将军率众十万余，大象二十四只，至一都大岗村驻扎数日，由封川、德庆往肇庆府"②。在广西岑溪县，反清的民间武装控制县城，清的统治秩序濒于瓦解，"顺治九年，群盗据岑溪……土寇张隆称宁西军门，据连城，陈选称武卫军门，据西南乡，宋国相称总兵，据永业。城墟无人，县令寄居谢村"③。然而，永历七年的攻势昙花一现，李定国随后丧失了两广，撤向云贵。顺治十七年，两广完全被纳入清的统治秩序，地方官僚开始招民开垦。南明与清对两广的争夺加剧了当地人民的苦难，在拉锯混战当中，饿殍遍地，生灵涂炭，只是在清代编纂的方志中，多将反清武装刻画为剽掠乡村，屠杀人民的盗贼。防范汉人反清的同时，也为了防范瑶族利用山区进行反清斗争，清朝地方政府强行迁徙旁县居民充实边界地区乡村人口，封川县"国朝以来，转徙旁县五十二处尽为民居，复无肘腋之患"④。

尽管南明势力在顺治末年退出两广，但是康熙朝的一件大事则对粤桂边界发挥着影响。为了断绝海上反清力量与人民的联系，顺治十八年，清廷开始实行迁海令，康熙元年，重申迁海令，沿海各省居民

① 道光《开建县志》，《舆地·兵寇》，《中国地方志集成·广东府志县辑》第50册，上海书店出版社2013年版，第730页上。
② 同上书，第730页下。
③ 乾隆《岑溪县志》卷二《大事志》，台北成文出版社1967年版，第110页。
④ 道光《封川县志》，《舆地》，《中国地方志集成·广东府志县辑》第50册，上海书店出版社2013年版，第480页。

内迁五十里。广东处于迁海令实施的范围,学界以前多谈及迁海令对沿海地区的影响,而未谈及迁海令对其他地方的影响。从两广一些地区的谱牒叙述看,清初的迁海令对粤桂边界的开发有着一定的间接影响。封开刘氏原籍广东佛山南海,"吾凤村刘族原籍南海县主簿,司九江乡七十九图四甲"①。"至六世祖碧日公迁居凤村,而庐墓自此始焉。"② 碧日公"生于万历丙午三十四年九月二十六日酉时,终于康熙己巳二十八年十月十三日戌时"③。碧日公的子嗣多在崇祯年间,最小的国全公则在顺治七年出生,均在康熙年间去世。结合他们生卒时期及碧日公为迁徙封开凤村的始祖的事实推测,碧日公迁徙封开的时间应为康熙初年前后,而这段时间恰好是清廷强化实施迁海令的时期,从方志中发现,康熙初年的梧州城迎来了大量的广东移民,应与迁海令的直接后果相关,"(康熙)三年自五月至十月,广东徙民至梧者数千人。知府黄龙查给钱米,仍随地安插,岁时赈恤,愿往别邑者,量给路费,全活甚众。闻有奸棍略卖子女,皆重惩之"④。说明沿海居民的西迁,不乏在粤桂边界落脚,间接也充实了当地人口。

三 雍乾朝以来的开发与地区发展差异

康熙中期开始,得益于全球逐渐结束了 17 世纪小冰河期的极端气候,中国开始进入稳定的发展时期。这一良性的社会发展一直持续到雍正与乾隆年间,而发展的特征主要集中在农业方面,

---

① 刘锦裳重修:民国《封开刘氏族谱》,梧州大文堂,1925 年,第 2 页。
② 同上。
③ 同上书,第 52 页。
④ 乾隆《梧州府志》卷二十四《杂记上》,《故宫珍本丛刊·广西府州县志》第 7 册,海南出版社 2001 年版,第 501 页下。

全国范围的开垦荒地成了国家注重的方向，粤桂边界亦不例外。山水交融的地理特征孕育出当地多元化的农业耕作模式，封开"通县之田，山居其八，洞得其二，以区别之目有六：曰洞田，曰山垌田，曰梯田，曰高垴田，曰低水田，曰地面。洞田者，村落之田也，陂泽灌之。山垌田者，山沟之田也，山水灌之，皆不受旱。梯田，山顶之田也；高垴田者，山陂之田也；不能筑陂，常苦旱。低水田者，濒江之田也。地面者，水滨余地也"①。清代粤桂界邻地区的一个明显的变化则是瑶族的生存区域逐渐缩小，汉人逐渐占据山区。

明清时期粤桂边界民族分布对比图②

---

① 道光《封川县志》，《舆地》，《中国地方志集成·广东府志县辑》第 50 册，上海书店出版社 2013 年版，第 479 页。

② 图片来源：广东省地方志编纂委员会《广东省志·少数民族志》，广东人民出版社 2000 年版，彩页。

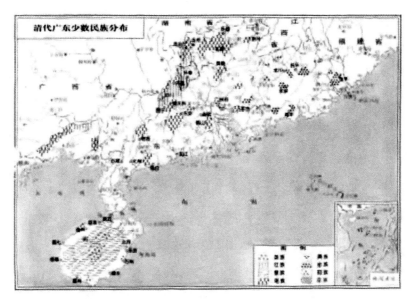

明清时期粤桂边界民族分布对比①

比对学界绘制的两图，明代粤桂边界的山区、洞穴几被瑶、壮等族群占据，规模庞大，居山者尤以瑶族为最，从贺州、怀集、封开直下至西宁（今郁南）岑溪交界，信宜容县交界均是瑶族聚居之处，各瑶族山寨相互联络，沟通两广。至清代，瑶族聚居地规模极大缩小，仅聚集连州、东安（今云浮）、信宜等零散地区，而明清壮族的规模则未有太大改变。汉人人口占压倒性优势则要归因于雍乾年间吸引了又一波大移民潮，其大多从事山区开发，封川"修泰各村多有客户，皆外县贫民，随山种作，言语风气与土著不同，其良者，开垦荒山，地无余利"②。同时沿河的土民北上迁徙，在北部的边界山区落户，成为当地的"客民"，怀集县"客民各省俱有，

---

① 图片来源：广东省地方志编纂委员会《广东省志·少数民族志》，广东人民出版社2000年版，彩页。

② 道光《封川县志》，《舆地》，《中国地方志集成·广东府志县辑》第50册，上海书店出版社2013年版，第494页。

惟东省尤众"①。居封开的莫氏一族既有两支支系在雍乾年间往北部迁徙，自经公总支，"原籍广东省封川县（今封开）文德乡庙历村（罗董镇自历村），于清雍正年间（1723—1735）迁到广西昭平县福恩坊（今福城街）居住，"② 振瑞公一支，"原住广东肇庆府封川县德宁乡庙历村（罗董镇自历村，可能民间传抄时存误，应与自经公支同一始迁地。），于清乾隆元年（公元 1730 年，原文有误，应为 1736 年）到广西昭平邑安居乐业"③。由此可见，人民开发的脚步以往渺无人烟的山区里全面铺开。

至清中期，边界山区的耕作技术仍然沿用粗放式经营模式，"故田不用多粪，而五谷自生"④。促使农获不丰，人民终岁劳作，花费大量的精力人力于田亩之上，仅能温饱，开建县的士人"多分身于农事，一年中横经负末，每参半焉"⑤。民人男妇均需要下田劳作，"其妇女锄地，萌粟、麦、薯、芋种"⑥。进西江大河处城县，农耕技术稍高，民人多采取集约式农业经营方式，"大约粪田，兼用草灰。文德乡有石灰者，上田粪足，每亩收四五百斤，中田二三百斤，下田不过百余斤"⑦。即使沿河地区比山区稍为丰饶，民人生活依然捉襟见肘，贫富差距较大，"农夫手足胼胝，竭终岁之力，往往煮地瓜、薯、芋以为食，而以稻易钱，不足则贷于富者，及穫而偿息者，十之四、

---

① 民国《怀集县志》卷一《舆地志·风俗》，台北成文出版社 1975 年版，第 82 页。
② 《广西昭平莫氏族谱》，1997 年版，第 92 页。
③ 同上书，第 53 页。
④ 道光《开建县志》，《风俗志·民事》，《中国地方志集成·广东府志县辑》第 50 册，上海书店出版社 2013 年版，第 733 页上。
⑤ 同上。
⑥ 同上。
⑦ 道光《封川县志》，《舆地》，《中国地方志集成·广东府志县辑》第 50 册，上海书店出版社 2013 年版，第 479 页。

五，下农之产几亦希矣"①。同时，大量客民的迁入，使得土地问题日益凸显，围绕土地的争端与械斗日益加大，"司土者，因噎废食，往往操切以绳之。主客之分太明，水火之争益甚"②。在土地矛盾日益紧张，人民生活日益穷困之时，粤桂边界的农村社会出现了一些变化，濒临西江大河，沟通两广之处首先得到发展，封川县至乾隆时期，商品经济得到长足发展，县内出现了因地制宜的雇工工坊，"封川之利，纸、炭二厂为大，一人商之，工与运者百人。十人商之，工与运者千人。农忙则归田，农源则受雇，其食于厂者，多矣"③。不仅造纸与作炭工坊规模庞大，经济作物种植，修船业也获得大发展，出产多售于大埠，"数十年前（指乾隆年间），黄岗山中有炭厂、纸厂、农具厂、船筋厂、浮炭厂、香粉车、石灰窑及蓝靛、香菌之类均由渔涝河出至河口，又有大洲、东安等处，柴船、竹簰浮江而下，售于广州，岁不下十数万，亦利薮也"④。深入山区的开建县，交通不便，无法与封川县一样发展出繁荣的商品经济，县内的雇工工坊惟金矿，民人多谋食于农业、樵采，然而矿业与当地官府有利益纠葛，官府时禁时开，未能形成气候，"开建矿徒聚挖致移，营员设乡勇弹压，岁糜工食银三百余两，始获安堵。乾隆九年，又准县民苏鹏贵试采，旋因台议无裨，鼓铸停止"⑤。即使存在各种客观限制，边界山区商品经济在清代得到发展，但多是珠三角迁徙过来的人民掌握了县内的商业与经济作物种植，怀集县"仰机利而食多高要、高明人，盐商、木客列肆当

---

① 道光《封川县志》，《舆地》，《中国地方志集成·广东府志县辑》第50册，上海书店出版社2013年版，第479页。
② 同上。
③ 同上书，第484页。
④ 同上。
⑤ 道光《开建县志》，《风俗志·物产》，《中国地方志集成·广东府志县辑》第50册，上海书店出版社2013年版，第737页下。

庐，多新会、顺德、南海人，惠、韶、嘉及清远人多就地种蓝"①。这种现象的出现，这符合了李伯重描述下的"斯密型增长"，"'斯密型成长'的动力是劳动分工和生产专业化（包括生产过程的分工与专业化，以及生产的地域分工与专业化），而这种分工与专业化一直要到明代后期在江南才变得比较明显，而且成为此后江南经济发展的主要动力。换言之，只有到了此时，"斯密型成长"才成为江南经济成长的主要方式。因此，如果说江南有"经济革命"的话，那么应当是发生在明代后期的大约一个世纪内"②。因为沿河与山区的特点不一，因而产生了不同分工与生产专业化，在持续稳定的社会环境下，这种"斯密型增长"方式从江南地区扩散到边远的粤桂界邻地区。

尽管清代边界地区商品经济得到一定程度的发展，但规模及专业程度仍然不能与珠三角地区相比，其中一个重要原因在于"本末之争"在当地人民意识中依然根深蒂固，以封川为例，纸厂与炭厂已成规模，从业人员脱胎于农人，但当地农人只视其为农闲时期的业余谋食之所，由于工商业生产占据人口与土地，在农业生产面前，当地农人均选择工商业退居其次，"然而阡陌之间，肩摩踵接，蹊田之怨有焉。议封厂者，得无因噎废食耶"③。雇工工坊不能起到消化地区多余人口就业的作用，因而不可能对经济转型起到良性的引导作用，这是中国三百年来商品经济曲折发展的一个缩影。

---

① 民国《怀集县志》卷一《舆地志·风俗》，台北成文出版社 1975 年版，第 82 页。
② 李伯重：《理论、方法、发展、趋势》，浙江大学出版社 2013 年版，第 119 页。
③ 道光《封川县志》，《舆地》，《中国地方志集成·广东府志县辑》第 50 册，上海书店出版社 2013 年版，第 484 页。

结　语

　　考察清代西江北岸诸县社会经济发展历程得知，当地土民为明代及明以前移居的汉人居民，其身份为官吏谪守或军户身份，明末时，因地区族群冲突的平定，这些土民主动启动了沿粤桂边界山区迁徙的脚步。明清易代，两广边界成为明清势力反复争夺的区域，人民无法进行生产，死于兵火者众，而山地又成为反清势力据守的地方，交战甚为惨烈。为防止汉瑶人民反抗，清政府迁徙旁县人民充实地方人口。同时，从谱牒中得知，因迁海令而造成的人口大迁徙，有一部分移民落户粤桂边界，充实了当地人口。至局势安定后，粤桂边界的经济获得了发展，发展体现主要在于客户的大量迁入促成了山区荒地的开发，沿河的居民往北部山区迁徙，客户的开发也包括了经济作物的种植。但也带来一些负面现象：人口与土地矛盾突出，人民生活日益贫困。粤桂边界的开发造成了地区发展差异，沿河地区农耕技术高于山区，沿河地区的工商业发展呈现多样化态势，而山区商品经济发展局限于山货、木材交易。但"本末之争"在当地农人心中根深蒂固，当地人多关心农业生产，这严重限制了粤桂边界地区工商业的发展。

　　（陈宇思：武汉大学历史学院专门史在读博士；余天佑：梧州学院西江研究院特聘研究员）

汇纂历史文献典籍　传承推广城市文化

——《广州大典》的编纂及其文化意义

纪德君

2005 年，广州市政府决定出资 2000 万元编纂一部大型地方文献丛书《广州大典》。2005 年 4 月 30 日《广州大典》的整理编纂工作正式启动。2015 年 4 月 30 日，《广州大典》的编纂、出版大功告成，举行了首发仪式。广州市政府为何要出巨资编纂这部丛书？这部丛书又是如何编纂而成的？它的主要价值和意义何在？探讨这些问题，不仅可以增进读者对《广州大典》的认识与理解，而且也有助于从侧面了解广州市政府在传承历史文献典籍，推动城市文化建设方面所做的重要贡献。

一　《广州大典》的编纂缘起

广州是一座有 2200 多年历史的中国文化名城。它是中国岭南文化的中心地、中国古代海上丝绸之路的发祥地，同时也是中国近现代民主革命的策源地、当代中国改革开放的前沿地，以及中外文化的交融地。广州历史文化资源丰厚、文化典籍众多，它们在各自所处的历史阶段，从不同方面，以不同形式载录了广州城市的历史风貌。然而，由于年代久远，历经自然风化、蠹鱼蛀蚀、兵燹水火之灾，很多文献古籍漫漶、老化、破损严重，濒临毁坏、失传。

为了整理、保护珍贵的古代文献典籍，广州在历史上曾有两次整理、出版文献的高潮。第一次是阮元倡导的学海堂刻书。清代嘉庆年间，著名学者阮元出任两广总督，以提倡学术文化为己任，创办学海堂，开始大规模刻书，历经道光、咸丰、同治、光绪四朝，共刻书3000余卷，如《学海堂集》90卷、《皇清经解》1400卷、《学海堂丛刻》28卷、《国朝岭南文钞》18卷等。第二次是两广总督张之洞倡导的广雅书局刻书。张之洞于光绪十二年（1886）创设广雅书局，先后刻印了经、史、子、集、杂著、丛书等上千余种，包括刻印《广雅丛书》、翻印《武英殿聚珍版丛书》、辑刻《纪事本末汇刻》等。

在广雅书局之后的百余年，广州没有出现过更大规模的文献编撰与书籍刊印。为了及时抢救、保护、开发和利用现有的珍贵历史文化资源，推动广州城市文化建设，中共广州市委宣传部、广东省文化厅、广东省立中山图书馆、中山大学图书馆于2005年开始策划、启动《广州大典》的编纂工作，由此揭开了广州历史上第三次大规模的文献整理与刊印的序幕。

二 《广州大典》的编纂体例

《广州大典》是一部旨在系统搜集整理和抢救保护广州古代文献典籍和传播广州历史文化的大型地方文献丛书。

其收录文献范围，包括广州人士（含寓贤）著述、有关广州历史文化的著述及广州版丛书；时间范围为1911年以前，个别门类延至民国；地域范围包括清代中期广州府所辖南海、番禺、顺德、东莞、从化、龙门、增城、新会、香山、三水、新宁、新安、清远、花县，以及香港、澳门、佛冈、赤溪。

其编纂方式，按经、史、子、集、丛五部分类编排，其中丛部收综合性丛书与专科性丛书。各部分辑编排，未能及时入编相应各辑者，留待日后汇辑出版。个别内容完整、史料特殊的文献，独立成辑出版。

其编纂原则，坚持"不选、不编、不校、不点"的"不干预"原则，力求保持所收历史文献的完整性、真实性和科学性。

其版本择用，以广东省立中山图书馆和中山大学图书馆藏书为基础，海内外各公藏机构和个人藏书为补充，对符合收录范围的文献一般不作裁选，以保证收录的系统性和完备性。同一种图书有多个版本，择善而从；个别有特殊价值者，可多个版本并用。在版式规范上，按统一规格缩印，个别特殊者另行处理。底本原有的批校、题跋、印鉴和刻印的墨迹等概予保留。底本版面漫漶缺字，概不描修。底本有残缺者，仅以相同版本补配；有缺页者，在相应位置标注。每种文献均标明书名、卷数、著者、版本、版框尺寸及底本收藏者。

其索引编制，各辑编讫，另编制总书目、书名索引、著者索引，以便检索。

其书籍装帧，采用国际通行的大16开本，天然丝封面，纯棉纸，精装。每页大体按四合一拼版，保留古籍原来的版式和内容。每册800页左右。书名"广州大典"字体集自秦木简字，暗寓岭南文化始自秦赵佗，四字古拙朴茂、峻秀遒劲，力透纸背，别具一种沧桑历尽的韵致。

三 《广州大典》的文献征集

根据主编陈建华先生制定的"底本征集要全""底本选择把关要严"的编纂方针，广州市委宣传部理论处和《广州大典》编辑部邀请相关专家学者组成课题组对广东文献进行普查，全面了解国内外广东文献的收藏情况、存佚情况、版本源流、作者（或辑者）基本情况、基本内容、文献价值、前人研究情况、编纂特点等，并提出入选《广州大典》的建议。

在此基础上，《广州大典》编辑部再组织专家学者对经、史、子、集、丛五大部类的入典书目进行反复论证，确定了3000多种拟入典的文献。后来，又陆续有所增补，成书的《广州大典》实际收录文献达到4000余种。

《广州大典》编纂中最为困难和关键的工作，是底本的搜罗与征集。4000余种拟入典的文献，大部分集中在广东省立中山图书馆和中山大学图书馆，其余分藏于海内外近百家文献收藏机构，征集十分困难。为加快出版进度，《广州大典》编辑部采取的主要做法：一是积极争取文化部、国家图书馆及各文献收藏单位的支持；二是底本征集责任到馆、归口落实；三是底本征集、书目整理、底本扫描同步推进。其征集文献的要求是：

• 时间、地域范围：古代—1949年以前出版；地域包含今广东省、海南、香港、澳门等地。

• 内容：反映上述区域政治、经济、军事、文化、社会等方面图书、期刊、报纸、地图、拓片、信函、票券、照片等。

• 方法：各公、私藏机构和个人可先向编辑部提供所藏广东文献目录，经编辑部选定后，将汇编入《广州大典》。若收藏较多的机构与个人，其提供的文献可酌情独立成辑出版。欢迎捐赠、出让文献底本，也可由编辑部复制后奉还文献底本。

• 奖励：图书出版后，提供文献的机构和个人享有相应的署名权，并可获按国家规定的相应稿酬和由编委会颁发的荣誉奖状。

10 年来，通过多方努力，共征集到国内外 77 家图书馆 4456 种底本（包括木鱼书）。其中，广东省立中山图书馆 1558 种，中山大学图书馆 246 种，内地其他 54 家图书馆 2450 种，港澳地区 3 家图书馆 27 种，美国、英国、法国、加拿大、德国、日本等国外 18 家图书馆及私人藏书家珍藏 175 种。

四 《广州大典》收录的文献

《广州大典》第一次发掘性地将海内外珍藏的广州文献典籍几乎尽收其中，入选文献范围之广泛，内容之丰富，数量之浩大，令人叹为观止。《广州大典》按经、史、子、集、丛五部分类，采用边整理边出版的方式，先编纂出版广州版丛书，然后再出版经史子集各部文献，先后共编纂、出版图书 540 余册，收录广州古代 2000 余位作者文献 4000 余种。兹将各部分内容简述如下：

《广州大典·丛部》收入文献 37 种，共分为 102 册。其内容包括综合性丛书和自著丛书两类。综合性丛书，收录了《广雅丛书》《海山仙馆丛书》《粤雅堂丛书》《岭南遗书》等广州版丛书 14 种。自著丛书，收录粤人著述 23 种，所录明清广州知名学者湛若水、陈遇夫、林伯桐、梁廷枏、何若瑶、陈澧、桂文灿、朱一新等著作，全面、集中、客观地反映其一生行事和整体性学术成就，为后人研究提供了完整、丰富、直接的第一手资料；凸显了明清广州乃至广东学术发展脉络；著述涉及广泛的社会历史、文化风俗、佚闻掌故诸问题，深度反映广州数百年社会历史风貌。

《广州大典·经部》收入文献 133 种，共分为 56 册，辑录自晋代尤其是明清以来广州学者有关经学著述，分为总类、易类、书类、诗类、礼类、乐类、春秋类、孝经类、四书类、群经总义类、小学类 11

类，比较全面地反映了历代广州学者在经学上的研究成果。

《广州大典·史部》收入文献 1011 种，共分为 198 册，辑录从汉代至清代，尤其是明清两代广州史学著作，分为纪传类、编年类、纪事本末类、杂史类、诏令奏议类、传记类、史钞类、时令类、地理类、方志类、职官类、政书类、目录类、金石类、时评类 15 类，内容宏富，比较系统地反映了民国以前广州政治、经济发展的轨迹，广州史学发展演变的脉络，对研究广府经济、政治、文化、社会具有极为重要的价值。《史部》中也收录了不少外国人撰写、广州人翻译的文献，如日本人中村五六编的《万国地理志》、秋鹿见二撰写的《世界诸国名义考》、日日新闻社纂的《明治政党小史》、山本利喜雄撰写的《俄罗斯史》、松平康国撰写的《英国宪法史》，英国人艾约瑟 辑译的《罗马志略》、罗柏村撰写的《公法总论》、玛体生撰写的《考工记要》，德国人花之安撰写的《德国学校论略》、来春石泰撰写的《德国军制述要》，等等。这些译著比较集中地反映了清末广州人主动接受国外先进文化、变革图强的精神。

《广州大典·子部》收入文献 523 种，共分为 63 册，内容涉及自晋至清百余名广州府学者及寓贤的有关文献，包括儒家类、兵家类、农家类、医家类、天文算法类、术数类、艺术类、谱录类、杂家类、小说类、类书类、释家类、道家类、诸教类、蒙学类 15 类，内容包罗万象，可谓古代广州的一部百科全书。《子部》中也收录了不少国外人撰写的文献。如英国利稼孙与华得斯辑、傅兰雅翻译的《制火药法》，英国仲斯敦撰、秀耀春译的《农务化学问答》，法国麦尔香 撰、朱树人译的《稿者传》，美国夫敦氏撰写的《畜疫治法》，美国嘉约翰撰、孔庆高译的《内科学》，以及日本吉田健作撰写的《草木移种新法》、奥村顺四郎撰写的《烟草精制法》、日本池田日升三撰写的

《农事会要》等，这些书无疑也反映了广州人积极地汲取外国先进的器物文化为我所用的文化心态。

《广州大典·集部》收入文献 1824 种，共分为 123 册，辑录广州古代诗文、词曲和文学评论等著作，作者众多，内容丰富，分为别集类、总集类、诗文评类、词类和曲类，比较全面、充分地反映了广州地方文学特色之全貌，是研究广州乃至广东古代文学的重要典籍，对研究各个历史时期的社会政治、经济、文化、民族、中外关系等问题也有重大参考价值。

五 《广州大典》的主要价值

《广州大典》作为地方文化部门主持编纂的大型文献丛书，对传承广州的历史文化，培育世界文化名城，建设新岭南文化中心等有着不可估量的重要意义。

首先，《广州大典》是迄今为止最为全面的广州历史文化史料著作的集成，抢救和保存了有关广州历史文化的大量珍稀文献。它所收录的文献来自海内外近百家图书馆和文献收藏单位，许多文献长期藏在深闺难得一见，而大典的整理编纂，使得一大批长期束之高阁的珍稀古籍文献变得为人所共知，为人所易得。例如《广州大典·史部杂史类》收录的《夷氛闻记》《触藩始末》《英吉利广东入城始末》《赵沅英稿本》《粤东军变记》（稿本）等为研究鸦片战争以来广州政治、军事提供了珍贵的史料；政书类收录的《善善堂租簿》《买物归来价值记》等稿本对于探究晚清广州社会经济颇有价值，而大量广东咨议局的档案报告更是晚清立宪史研究的第一手资料；传记类所录大量晚清广东乡试课卷则是研究清末广东科举历史、教育变迁的原始资料；地理、方志类广录历朝府、州、县志、乡土志和山水专志等，除《中国地方志联合目录》所录广州地方志咸备外，新发现并收录一些罕见方志，如康熙《清远县志》等；子部农家类收录的番禺赵古农撰《龙眼谱》《槟榔谱》《烟经》为古代岭南关于这些作物的唯一专谱；南海区金策撰《岭海兰言》是广东历史上唯一的一种兰花谱；南海陈启沅撰《广东蚕桑谱》则是清以前广东最早的蚕书，地方特色鲜明，文献价值大。

其次，《广州大典》作为地方文献丛书，辑录了众多直接反映广州历史文化与风俗民情等方面的书籍。如史部地理类中收录的南朝沈怀远的《南越志》，唐房千里的《投荒杂录》、刘恂的《岭表录异》，宋周去非的《岭外代答》，清吴震方的《岭南杂记》、邓淳的《岭南丛述》、屈大均的《广东新语》、李调元的《南越笔记》、范端昂的《粤中见闻》、仇巨川的《羊城古钞》等。子部杂家类收录的清代钱以垲的《岭海见闻》、张渠的《粤东闻见录》、关涵的《岭南随笔》、檀萃的《楚庭稗珠录》、刘世馨的《粤屑》、罗天尺的《五山志林》、黄芝的《粤小记》、陈徽言的《南越游记》、梁松年的《梦轩笔谈》、颜嵩年的《越台杂记》等。集部总集类的《岭南文献》《广东文集》《广东文选》《广东文献》《粤东诗海》《粤东文海》《羊城竹枝词》《西关集》《岭南即事》等。这些古代文献典籍，真实地记载了广州2200多年历史文化绵延发展、一脉相承的历史轨迹，为广州留下了弥足珍贵的城市记忆。例如，我们从不少文献典籍中就可以探寻广州这一海上丝绸之路重要发祥地的变迁和发展轨迹。如《史部》收录的《广东通志》《粤海关志》《南海县志》等方志和游记，均详细记载了我国在海上丝绸之路上对外经贸往来和民间交流的历史。《子部》记载了伊斯兰教从海上传入的重要过程。《丛部》里的《海山仙馆丛书》收集了很多明清传教士如利玛窦、汤若望等写的几何学、天文地理和火器制造类的书籍，是清代人了解西方科学的重要平台，也是丝绸之路文化交流的见证。《集部》里收纳的明清两代学者诗人的文集中，大量诗文谈及外商到广州经商及海上丝绸之路上中外贸易的情况。诸如此类的文献记载，不仅翔实地反映了广州海上丝绸之路的历史原貌，而且为我国海上丝绸之路研究提供了重要的文献支撑。

最后，《广州大典》具有独特的城市形象宣传价值，为广州历史文化的传播与弘扬提供了有效途径。一座城市的历史、文化、精神，往往浓缩在其所在地域的文献典籍中。《广州大典》的编纂出版汇聚了分散在世界各地的广州珍贵文献，这个由分散到集中、由集中到广泛传播的过程，既传承弘扬了广州的历史文化，增强海内外研究者对广州历史文化的关注和兴趣，又能增进海内外对广州这个千年商都的全面认识，极大地提升广州的城市形象与文化影响力。

六 《广州大典》的研究与传播

《广州大典》的编纂出版，为繁荣广州的学术文化研究创造了有利条件。目前，广州市有关部门已采取了多种措施，全面开展《广州大典》的研究与推广，力求为繁荣地方学术文化研究、推动城市文化建设奠定扎实的基础。

其一，政府设立专项研究资金，开展深层次的历史文化研究。2013年，广州市社会科学研究规划办公室设立了"《广州大典》与广州历史文化研究资金"，每年安排300万元，支持、鼓励和引导海内外专家学者积极利用大典丰富的文献资源，从政治、经济、科技、学术、文化等方面进行深入发掘与研究，组织开展目录学、版本学、文献学、民俗学、城市史等方面的专题研究，深入研究收录文献的史料价值和丰富内涵，深入研究著者生平和文化贡献，深入研究广州城市发展的历史渊源与独特创造，深入研究广州历史传统文化的价值理念与鲜明特色，争取逐年出版一批学术价值高的研究成果，逐步培育"广州学"品牌，增强广州人的文化自信，提升广州的文化影响力。2014—2015 年，广州市社会科学研究规划办公室就立项资助了 67 个有关《广州大典》的科研课题。

其二，成立大典研究中心，凝聚高素质专业人才队伍。为了更好地推进《广州大典》的研究，2012 年广州还专门设立了"《广州大典》与广州历史文化重点研究基地"，组织中山大学、广州大学、中山图书馆、广州图书馆专家开展大典专项研究；同时，还在广州图书馆成立《广州大典》研究中心，设事业编制，拨给专项经费，从事专职研究工作；并且以研究中心为依托，汇聚和整合广州地区高校、科研院所、图书馆等机构人才力量和相关资源，深入系统开发和利用广州文献资源，条件成熟时还打算建立博士后工作站。研究中心立足长远，放眼世界，持续地、更广泛地收集与广州有关的历史档案文献、海外出版文献等，目前已启动《广州大典》（1911—1949、1949—1979）续修计划课题研究。研究中心还将发挥专业培训、文化交流、学术研讨等功能，力争在编纂出版古籍文献精品的同时，培养一支高水平的、具有国际视野的古籍学术研究队伍和编辑出版队伍。

其三，构建网络共享平台，开展全方位面向公众服务。文献典籍数字化和数字化资源开发，是发挥《广州大典》文化学术功能的重要环节。为此，广州市依托广州图书馆，来着力推进《广州大典》数字资源库（官网）建设。研发大典全文数据库，建立集文本、图片、声像为一体，提供网络信息查询、共享、交换功能的数字化特色文献信息数据库，使广大读者能通过网络平台浏览和欣赏广州珍稀古籍文献，提高《广州大典》的使用频率和效率。在大典数据库建设的基础上，逐步建设一个开放性的网络共享平台，及时呈现大典编研动态和研究成果，既作为专家学者整理、研究广州文献典籍的科研平台，也是广大读者学习、了解《广州大典》与广州历史文化的共享平台。通过网络共享平台，推动广州历史文化研究成果的交流与转化应用，增强大典的文化服务功能。

其四，加强宣传策划，广泛传播，不断提升《广州大典》的品牌影响力。《广州大典》既是研究广州乃至整个岭南地区历史和文化的基本文献，又是广州的标志性文化出版工程，承载了广州两千多年的历史文化。为此，广州市在《广州大典》的编纂出版过程中，通过精心策划，利用海内外报纸、电视、广播、网络等各种媒介形式，多渠道、全方位开展传播工作，产生了广泛的社会影响。如《人民日报》《光明日报》《中国文化报》《南方日报》《羊城晚报》《广州日报》《香港大公报》《澳门日报》《香港文汇报》等报纸，中国国际广播电台、广州电视台、广州电台，以及中新广东新闻网、新华网广东频道、网易、新浪等，不断地跟踪报道《广州大典》的编纂、出版工作进展，宣传其编纂的宗旨、体例、价值等，有效地扩大了《广州大典》在海内外的社会影响。

广州市编纂出版《广州大典》，还有一个重要目的，就是以此促进国际文化交流、推动广州文化走向世界。2012 年上半年，陈建华市长在出访美国休斯敦、纽约、智利圣地亚哥城、科威特城、迪拜等国际友好城市交换赠品时，赠送了已出版的《广州大典》丛部，对方如获至宝，由衷惊叹广州源远流长的城市历史和博大精深的城市文化，加深了对广州的认识，这就是一套古籍丛书所产生的巨大魅力。2013 年下半年，陈建华市长出访摩洛哥首都拉巴特、法国里昂等市，并赠送《广州大典》；2014 年年底，陈建华市长以《广州大典》作为友好城市之礼，赠予悉尼、洛杉矶、奥克兰等友好城市。2015 年《广州大典》全部出齐后，广州市政府专门制订了赠送计划，将《广州大典》作为珍贵礼品向国内国际知名图书馆、国际友好城市、国际友好合作城市、各大学及科研机构图书馆、博物馆等 200 多家单位赠送，并向海内外发行。如今《广州大典》已成为广州对外交流的珍贵礼品，赠送到国内外的姐妹城市和国内外重要的图书馆。通过全方位的宣传推广，《广州大典》已逐渐成为广州历史文化的一面旗帜、传播广州城市形象的文化名片、广州培育世界文化名城的一块厚重基石。

（纪德君：文学博士，广州大学广府文化研究中心主任；人文学院院长，教授）

体验经济下广府传统村落生产性
农业景观设计

黄　莉　邓小飞

广府传统村落是指那些民国以前建村，分布于以珠江三角洲为中心及珠三角周边的粤西、粤北部分地区和桂东南地区，根源于秦朝遗民，以粤语广府片为母语，以珠玑巷为民系认同，有着自己独特文化、语言、风俗、建筑风格的汉族民系所聚居的村落①。从 2012 年至 2016 年年底，国家住房和城乡建设部、文化部与财政部先后公布的四批《中国传统村落名录》中，全国国家级传统村落共 4157 个，广东省内国家级传统村落 160 个，其中：客家传统村落 57 个，潮汕传统村落 23 个，清远市连南瑶族自治县瑶族传统村落 5 个，广府传统村落 75 个。上述广府传统村落分布于广州、佛山、肇庆、清远、东莞、深圳、珠海、惠州、中山、江门、阳江、茂名、云浮等地区。桂东南地区包括广西的玉林、梧州和钦州等地区，有国家级广府传统村落 8 个。

---

① 黄莉：《广府地区古村落的乡土景观营造策略》，《广府文化》（第三卷），中山大学出版社 2016 年版，第 8 页。

一　广府传统村落保护现状及面临困境

广府传统村落是广府地区长期农耕文明传承过程中，逐渐形成的是民族的瑰宝和人类重要的文化遗产。广府传统村落凝结着历史的记忆和文明的进程，体现着当地建筑艺术、传统文化和村镇空间格局，集中反映村落与周边自然环境的和谐关系，是一种不可再生的、潜在的旅游资源和民俗文化资源，是发展乡村旅游、创新农村产业发展道路的重要途径。从被列入《中国传统村落名录》进行保护开发来看，它们的重要地位和历史传承作用已经被人们认识和重视。但是，广府传统村落的保护面目前仍临以下困境：

1. 在城乡一体化建设进程中，对传统村落文化保护的理论与实践经验不成熟，放任自流不保护，或保护性的破坏导致村落乡土特色景观的消失，形成"百村一貌""千镇一面"的窘境。

2. 城市经济的迅猛发展吸引大量青壮年村民背井离乡到市区打工，留下老人、妇女和孩子，乡村人口减少，乡村"空心化"日趋严重的问题。

3. "空心化"村落导致传统村落面临逐渐消失的传统生活方式和文化习俗以及民间建造修缮工艺，增加了广府传统村落保护过程中工作的难度和复杂性。

4. 很多传统村落在被当地政府或民间经营资本保护性开发的初期信心百倍，轰轰烈烈，但是因为没有很好的经营特色项目和核心竞争力产业作为支撑，一旦旅游观光的经营业绩不理想，村落里的青壮年没有良好的收入来源维持生计，被保护开发的村落仍将再次陷入衰败和"空心化"，致使传统村落保护性开发与利用的可持续性得不到保证。

二 体验经济的认识与旅游体验

广府地区传统村落的保护和更新实践工作经过了被列入《中国传统村落名录》保护，进行博物馆式的定点保护和民俗园、民宿观光式的旅游开发这些阶段。这些年对传统村落基础设施的改善和村落空间梳理优化等方面做了很多工作，使村民初步具备适应现代生活的基本生活条件。但是，传统村落的居住环境和卫生条件改进后，仅仅依靠旅游观光、农家乐、民宿、土特产销售等第三产业，缺乏可持续发展的现代生态农业生产和产品加工产业链，村民不能具备适应现代生活方式的收入来源，传统村落在保护和更新发展这两个问题上终将是静态保护容易，活化更新发展困难。

我们生活在信息产业特别是互联网技术的快速发展的时代，人们的生活和消费习惯发生了巨大的改变和飞跃：购物、理财、点餐、出行购票、订酒店、居家办公等诸多事情都可以让人足不出户地借助互联网络方便完成，互联网的发展为人们"宅"在家里提供了技术支持，生活方式的改变随之而来的是消费方式的改变，体验经济进入人们的视野，许多发达国家已经成为体验经济的先行者和实践者。

1999 年 4 月，美国哈佛商学院出版社出版了美国学者约瑟夫·派恩和詹姆斯·吉尔摩两人合著的《体验经济》一书，有关体验经济的文献在中国首次出现。派恩和吉尔摩认为：体验经济是一种以商品为道具，以服务为舞台，通过满足人们的各种体验而产生的经济形态，是一种最新的经济发展浪潮，它超越了传统简单的买卖形式，使人们在得到物质享受的同时得到精神享受。① 体验是一种新的经济提供物，是继产品、商品、服务之后的第四种经济提供物。体验是通过顾客参与、顾客互动、顾客创造等方式，来满足顾客的情感需求，实现顾客是自我价值，它与前三种经济提供物之间的区别在于它与消费者之间产生了情感与互动。从人们的体验和感知程度这个角度，旅游体验可以分为表层体验、中度体验和深度体验。

旅游业发展初始，大多数旅游产品为观赏游览性质的观光游，游客在满满的行程安排中走马观花，体验感觉大多停留在表层体验，通常很消耗体力很劳累。旅游业发展中期，很多深度游、自由行的旅游产品行程开放自由，直接参与互动和实际感受的环节增加，时间相对宽松，但旅游者还是以客体的角色旁观或被动参与，属于中度体验层次。享乐主义消费观的兴起导致了为消费者提供难以忘怀的享受体验的营销策略，根据体验的内容，伯恩德·H. 施密特将体验分为：感官体验、情感体验、思考体验、行动体验、关联体验。体验式旅游带给游客的体验不是粗浅和单一的，而是以追求丰富的旅游体验为目标，它要求旅游者完全融入所塑造的环境和氛围中，不是以客体而是以主体的角色参与沉浸其中。

由于传统村落特有的"不可再生"性，必须在保护和传承其"完整性"和"原真性"的基础上开发潜在的乡村旅游资源，通过深入挖掘与整合乡土景观资源、建筑景观资源、文化景观资源、产业景观资源、自然生态景观资源等要素，将其融入传统村落景观营造与开发的运营中，走生产性农业休闲产业与空心型传统村落的景观资源相结合的道路，探寻广府传统村落一种可持续发展的途径。

---

① ［美］约瑟夫·派恩、詹姆斯·吉尔摩：《体验经济》，机械工业出版社 2002 年版，第 8 页。

三 体验式经济的广府传统村落农业生产性景观设计

生产性景观来源于生活和生产劳动，是一个由不同土地单元镶嵌而成、具有明显视觉特征的地理实体，是一种有生命、有文化、能长期继承、有明显物质产出的景观。它融入了生产劳动和劳动成果，兼具经济、生态和文化等多重价值，包含人对自然的生产改造（如农业生产）和对自然资源的再加工（工业生产）。生产性景观一般面积较大，人类活动痕迹明显，是人们生产活动与自然及自然资源的综合作用，既有自然之美又有创造之美，是人对自然的利用和美化。生产性景观内容丰富、形式多样，包含了种植业、林业、畜牧业及渔业所形成的农业景观；具备生态产出功能性（如调解微气候、净化空气等）的景观，或能源产出功能性（风力、水力等）的景观。

由于目前广府地区国家级传统村落中能够保存比较完整，遭到改变和破坏比较小的村落，大多数位于经济不太发达、交通不太便利的山区和乡村，所以，这里我们重点讨论广府传统村落的生产性农业景观的设计与研究。一般来说，生产性农业景观有五种表现形式：土地利用肌理、农作物、农业设施、农业生产场景活化和农民生活场景再现。它们都属于持续进化的景观形式，其自身的演变伴随着传统村落生活的各种变化一直在演化进行中。体验类型的多样性是吸引游客、保持旅游地持续发展的动力，一般来说体验类型越丰富，对旅游者的吸引力越大。根据约瑟夫·派恩和詹姆斯·吉尔摩的研究：让人们感觉最丰富的体验是同时包含娱乐、教育、遁世、美学四个类型"甜蜜地带"[①]。所以，体

---

① ［美］约瑟夫·派恩、詹姆斯·吉尔摩：《体验经济》，机械工业出版社2002年版，第8页。

验经济下广府传统村落农业生产性景观的设计应围绕教育体验、娱乐体验、美学（审美）体验、遁世（逃避现实）体验这几个方面目的来展开。

第一，从土地利用肌理和农作物来说，设计种植类景观。利用以农作物产出为主导的植物景观，考虑农作物产出经济收入外兼顾审美和生态效益，为人类提供生产资料、生活原材料和大尺度大地美景。

1. 稻田画景观。这是适合水稻产区的农业生产性景观类型，是一种大尺度的大地艺术。对于肇庆市德庆县官圩镇金林村这样藏在山野林海里的明代传统村落，全村总面积 5.5 平方公里，其中水田 1234 亩，旱地 50 亩，山林面积 6589 亩。借鉴日本青森县的田舍馆村的成功经验，以"麦田怪圈"的巨大图案为灵感，使用不同颜色不同品种的野生水稻在水田中绘出巨型画作，结合村落的特有的历史和文化，在稻田"种出"大尺度的地景艺术，利用稻田图案艺术"种出"乡村休闲旅游业。

2. 花海景观。植物景观的设计，没有量很难产生令人震撼的美，设计中根据生产劳动过程，选择相对平坦的旱地，大片种植向日葵、油菜等经济作物形成花海。在山间林地种植李树、桃树，柑橘树和色叶林，使山林各片区呈现不同季相的不同阶段性景观体现，每个季节都有可以观赏的景色和特点（如图 1）。

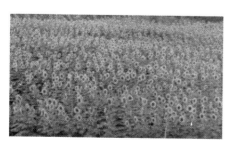

图 1　向日葵和油菜花海

　　肇庆市怀集县中洲镇邓屋村、凤岗镇孔洞村、大岗镇扶溪村，肇庆市德庆县官圩镇金林村、悦城镇罗洪村、永丰镇古蓬村，肇庆市封开县罗董镇杨池古村、肇庆市广宁县北市镇大屋村，这些山区可以结合周边山坡林地进行种植规划设计，在旱地种植油菜花和向日葵观花海，在林地种植果树赏花尝果。实现一二月看雪白的梨花李花，三四月观娇艳的桃花，俯瞰油菜花海，五六月看向日葵葵花园，七八月吃李尝桃，九十月秋天看美丽的树叶，十一二月欣赏冷风里馨香的梅花花海果园景观效果。

　　始建于清乾隆年间距今240多年的广州市增城区正果镇新围村里有着客家围屋建筑，也是广州市水果专业村，专业种植名优水果冰糖橘1500亩。对这些山地型传统村落，如清远市清新县龙颈镇凤凰村、清远市佛冈县高岗镇社岗下村、清远市佛冈县龙山镇上岳古围村，进行农业生产性景观设计时，可以考虑在橘园里设计户外徒步探险路线，通过设置景观廊道，观景平台，休息站点，吸引户外爱好者在橘子花开的时候，在花香四溢的橘林山间尽情徒步旅行。同时结合农家原生态美食，增加游客停留的时间，产生更多的需求和消费，增加游客的户外游憩体验并体验自由自在的乡村果园风光（如图2）。

图2　生态茶园与柚子果园

3. 梯田景观。清远市连山壮族瑶族自治县太保镇欧家村的清远欧家梯田作为国家有机稻种植综合标准化示范区基地，示范规模为面积 700 亩，农户 200 户，示范地点选址位于太保镇沙坪村委会鸥家村。

连州市农业局通过示范区建设，制定有机稻标准，形成产业化规模优势，提高连州有机稻品牌的市场竞争力，使"连山大米"获得国家质量监督检验检疫总局颁发的"国家地理标志保护产品"，从而实现农业增效、农民增收。上述"公司＋农户＋标准＋基地"的有机水稻种植模式，可以在清远市连州市西岸镇冲口村、马带村，连州镇沙坊村、龙坪镇元壁村、西岸镇石兰寨、东陂镇白家城村、保安镇卿罡村，清远市连南瑶族自治县三排镇油岭村、三排村和南岗古排这十个地理位置相近，地形相似的广府传统村落设计实施，一方面获得很好的农作物产出收入，作为农村第一生产力发挥支柱作用，另一方面为这些传统村落周边梳理出清晰的土地利用肌理，形成广府传统村落浓郁的乡村田园风景意象（如图 3）.

第二，从农业设施来说，设基塘景观和渔业景观，广府传统村落的水乡环境和空间格局包含两种基本形态：成群连片，波光粼粼的基塘景观和纵横交错，密如织网的水系带来的渔业景观。

1. 基塘景观。三基鱼塘避免了洼地水涝，营造出十分理想的生态环境，是位于珠江三角洲的河涌水网传统村落非常合适的生产性景观类型。

珠江三角洲地势低洼，夏季时常台风暴雨肆虐，洪涝灾害威胁着人民的生活和生产。桑基鱼塘这种基塘种桑、塘养鱼、桑叶饲蚕、蚕屎饲鱼、塘泥培桑的生产方式，形成蚕粪喂鱼、塘泥肥桑、栽桑、养蚕、养鱼三者有机结合，使蚕、桑、鱼、泥之间相互依存促进，在创造经济效益的同时营造了循环经济的理想生态环境。

对广州市荔湾区冲口街道聚龙村、广州市海珠区琶洲街道黄埔村、广州市海珠区华洲街道小洲村、广州市番禺区沙湾镇沙湾北村、广州市番禺区石楼镇大岭村这些水塘众多的广府传统村落，其边缘景观主要由松杉河道，农塘藕塘，桑基鱼塘和果林花卉等组成，景观设计时应该结合现代田园休闲农业的特点，适当增加参与性强的景观节点：垂钓台、荷花、莲蓬采摘路径，停靠船坞，喂鱼、观鱼台，养鸭、养鹅台等，提高游客参与的兴趣，让游客不光感受传统村落的古朴氛围，还体验一望无际的原野乡村形态和田园生活的乐趣，从而留下深刻的印象（图3）。

图3　清远太保镇鸥家梯田景观

2. 渔业景观。位于珠江三角洲的广府地区，支流繁多，水网错综复杂，广东全省河流、水道共1006条，其中属珠三角河网的水道就有823条，这些地区的传统村落应以与水密切相关的农业和渔业为主。

对佛山市南海区桂城街道茶基村、佛山市南海区西樵镇松塘村、佛山市三水区乐平镇大旗头村、佛山市顺德区北滘镇碧江村这些水乡村落可以利用位于河边水畔间的软泥或砂泥地带加以平整，筑堤、建坝等进行渔业养殖如海（河）虾、海（河）蟹、紫菜、海带等形成海洋、江河沿岸渔业生产性景观共人们学习欣赏，设置捕捞、海钓的亲水平台，戏水沙滩来提高游客的参与到水产品的养殖和捕捞流程（如图4）。

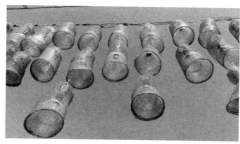
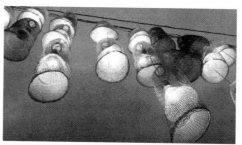

图4 渔业景观：虾笼灯 渔船装点祠堂前水塘

第三，从农业生产场景活化和农民生活场景再现来说，生态种植园类景观除具经济产出价值外，生态价值也是农业生产性景观的一种产出。

1. 生态农业观光园。利用现有的农村基础设施和地理空间优势、生产场地、农副产品、农业经营过程、自然生态环境等资源，经过规划和设计，发挥农业观光与劳作体验相结合的优势，增进旅游者对农村活动、农业生产过程和农民生活的体验。

依托得天独厚的地理位置及自然环境，整合优势资源，调整产业结构，设计规划观光农业，体验农业，充分挖掘农产品的研发和加工能力，把农业旅游、农副产品展示和经贸活动有机结合起来，依托农产品生产、加工龙头企业建立完善的交易市场，借助农业博览会等形式把农村观光旅游资源和经贸活动结合起来，进行旅游产品和农产品的同时推广。对广州市花都区花东镇港头村、广州市增城区新塘镇瓜岭村、广州市花都区炭步镇塱头村、广州市增城市正果镇新围村、广州市从化市太平镇钟楼村、广州市从化区太平镇钱岗村这些离大都市广州很近的传统村落，设置生态农业观光园可以使市民了解农业生活、放松心情，享受乡土情趣，还可进行住宿、休闲、游乐，深度体验慢生活（图4）。

2. 农业教育体验园。该模式集农业生产与农业科普教育为一体，在国际上具有代表性的有法国的教育农场、日本的学童农园及（中国）台湾的自然生态教室。农业教育体验园可以种植以下几种类型的植物：

食用作物型：以提取食用的蔬菜、果物等为目的，包括蔬菜类、果物类、野菜类等。湿地水面区域造景水际种植水杉、垂杨、杨树、斑茅、芦竹、乌桕、柳、斑茅、伞房决樈树、蒲苇明；水中种植荷花（产藕）、野芋、田字萍、茭白、莼菜、菱角、水芹、荸荠、水稻。

饲用型：以提供饲料为目的，为家畜、家禽提供新鲜优质饲料。湿地水面区域造景水际种植朴树、南川柳、樈树、苎麻、水竹、荭草。水中种植野芋、香菇草、满江红、水禾、槐叶萍、凤眼莲、大藻，围隔种植水中漂浮植物以防满铺。

药用型：种植药用植物（包括湿生药用植物），生产传统中药材。湿地水面区域造景水际种植香樟、乌桕、构树、江南杞木、接骨草；

水中种植香蒲、水蓼、紫芋、菖蒲、鸢尾、水芹、香菇草、泽泻、马蔺。

供材型：以提供生产、生活用材为目的。湿地水面区域造景水际种植水杉、落羽杉、香樟、榉树、蒲苇；水中种植芦苇、灯芯草、水毛花、荷花。

建村距今已有700多年的广州市黄埔区九龙镇莲塘村莲塘村，20世纪90年代中期开始为许多香料制造厂家提供白玉兰花，作为提炼香料的原材料，九龙镇莲塘村白玉兰生产盛极一时。目前结合中新广州知识城的开发建设，村里的白玉兰森林公园、龙眼黄皮果园、生态景观苗木栽培园成为现代新型生态景观建设的典范。将农业教育体验园分为作物生长区供农民进行劳作，根据不同的季节对市民开放，并由专人对作物生长及生产活动进行讲解，满足游客获得知识的渴望。

3. 森林公园——这种模式的景观设计和植物设计，以生态防护为主，兼顾审美与生产。

护堤型森林公园在水际近堤岸处种植水生植物，减缓舟行对堤岸的冲刷和破坏，起到消浪护堤的功效，在岸边上种植深根湿地植物，有效防护堤坡，减少水土流失。

拦集型森林公园通过种植耐污能力强，有效吸收氮、磷等和富集金属离子的植物，采用上中下多层复合模式有效减轻污染。

益生亚型森林公园种植有益于鸟类、有益昆虫、水生动物活动，并为它们提供食物和栖息场所的特色植物，以增加生物多样性。又可以细分为益鸟类、益虫类和益鱼类3种。

森林公园的体验模式，需要对不同的资源进行规划和整合，适用于清远、连州这些森林资源丰富的山区进行包括山水主题旅游、生态农业种植、山地风味餐饮、森林度假、徒步穿越探险等项目。

四　结语

重视生产性农业景观的设计，关注传统村落周围土地利用肌理，结合生产模式进行场景设计，在体验经济大潮下，从增加游客的游憩经历，提高游客体验参与度和趣味性出发，系统分析和总结与广府传统村落的产业发展模式相适应的农业生产性景观的景观呈现模式和产品供给模式，将是广府传统村落整体保护成功的一个好途径。

（黄莉：广州大学建筑与城市规划学院副教授；邓小飞：广州大学建筑与城市规划学院副教授）

宗教与民俗

封开佛教的传播与多元文化的交汇

刘正刚　杨宪钊

　　封开在秦汉岭南被纳入王朝统治版图之时，直到唐代，都是岭南地区社会开发的政治、经济、文化中心。据陈春声教授研究，两汉时期，岭南与中原的交流往来之路，是经过湘江和漓江的灵渠进入今广西桂林，再通过漓江、桂江入西江；或者从湘江支流潇水过萌渚岭，下贺江经今广东封开县入西江，顺西江而进入苍梧郡，再由北流江下南流江，经徐闻港，出北部湾海域远达东南亚地区。汉代岭南"开发最早是沿着西江和西江以南的沿海地方发展起来的"①。封开的历史文化底蕴深厚，历史上是各种文化的交汇地，本文着重从佛教在封开的传播为视角，讨论封开文化的多元现象。

一　佛教由海路传入交州

　　封开古称广信，又称苍梧。"北控临贺，西扼苍梧，当三江之口，为两粤之交。"② 地缘位置极为重要。汉朝元鼎六年（公元前111）设

---

　　① 陈春声：《广东发展史》，《广东学习论坛报告选》，广东人民出版社2006年版，第136页。

　　② 崇祯《肇庆府志》卷9《地理志》，岭南美术出版社2009年版，第271页。

苍梧郡，府治即在广信，至三国东吴时一直是岭南政治经济文化中心。西汉武帝开辟以徐闻、合浦为始发港的海上丝绸之路，其后果直接辐射到今封开一带，史书记载的广信女性苏娥跨境贩运丝缯，就是明显受到此影响。①

海上丝绸之路的开辟不仅带来了物质交流，也开启了中外文化交流，印度佛教随着海上贸易逐渐传入岭南地区。东汉时期，苍梧属于交州所管辖，有研究表明，交州佛教原是由海路南来，并由此北上中原，成为佛教传入内地的另一渠道。② 罗香林认为"今日柬埔寨与越南中部北部，及两粤等地，自汉至西晋，在佛教传入上，均属同一区域。而此区域之佛教重心，则初为交趾，即今越南东京一带，与苍梧广信，即今梧州与封川等，及扶南国，即今柬埔寨一带"③。由此可知，封开地区得风气之先，成为佛教由海路传入我国的重要传播地，且出现了著名佛学家牟子。牟子在其所著《理惑论》中已记载自己"锐志于佛道"④，说明他修佛的活动比较多，从《理惑论》看，苍梧的佛教义学在东汉末已相当成熟。而封开作为当时交州刺史的所在地，也应受到佛教的影响。

由于史料的缺失，我们无法获悉唐代之前封开的佛教传播情况。但唐末刘谦、刘隐父子长期担任封州刺史，后刘隐之弟刘龑建立南汉政权，封开也就成了"南汉霸业所肇基也"⑤。南汉是个佛教昌盛的

① 刘正刚：《历史文献虚拟的妇女"言论"探析：以苏娥诉冤为例》，《学术研究》2014 年第 8 期。

② 杜继文主编：《佛教史》，江苏人民出版社 2008 年版，第 88 页。

③ 罗香林：《唐代广州光孝寺与中印交通之关系》，（香港）中国学社 1960 年版，第 11 页。

④ （东汉）牟融：《牟子理惑论》，《弘明集》，中华书局 2011 年版，第 9 页。

⑤ 崇祯《肇庆府志》卷 9《地理志》，第 271 页。

时代，崇重佛教是其基本的宗教政策。① 封开佛教受此影响，出现了著名高僧白云禅师，万历《肇庆府志》记载：

> 白云实性，姓陈氏，名志庠，封川人。云门嫡嗣，伪刘主尝延之。实性开山建刹名白云。余靖称为"非独玩云霞之客，同禽鸟之乐，盖将脱声利，入杳霭，湛如大虚也。"性之后有曰志文，曰契本，曰达真，曰妙光，曰惠龙，五世皆传灯具眼云。②

又，清代梁廷枏《南汉书》卷十七记载：

> 僧实性，姓陈氏，初名志庠，封州人。受记曹溪，称云门嫡嗣。文偃将死，召付以法。实性禅机圆朗，能脱然声利，颇为后主所礼。尝召至阙，赐于韶州开山建刹，名白云，因以为号，人称曰白云禅师。③

封川白云禅师是禅宗云门宗的嫡嗣传人，受到南汉后主的礼遇，宋代名士余静对其给予高度评价，法传五世。然则梁廷枏记载白云建寺在韶州，而考察天启《封川县志》、崇祯《肇庆府志》等皆记载"白云刹，五代时僧实性建"。此白云寺应在封开境内。当然，也不排除白云禅师在韶州也建立过白云寺。但无论如何，白云禅师及白云刹，皆可说明受到南汉崇佛政策影响下的封开佛教有了初步发展。

---

① 方志钦、蒋祖缘：《广东通史》，广东高等教育出版社1996年版，第681页。

② 万历《肇庆府志》卷21《外志·仙释》，《上海图书馆藏稀见方志丛刊》第199册，第486—487页。

③ （清）梁廷枏：《南汉书》卷17，《岭南史志三种》，广东人民出版社2011年版，第357页。

二　宋代光孝寺在封开的地位

封开佛教的发展期在宋代。据万历《肇庆府志》记载，宋代封开有光孝寺、西山寺、光胜寺三座寺庙，而道教信仰建筑则在元代建玄妙观。① 由此可知，佛教在封开信仰空间的领先性。宋代以后，中央集权加强，世俗政权对佛教进行积极的控制与管理，确定了系账和赐额为主体的寺院管理制度，② 但同时在具体执行时大幅度的降低赐额的标准，② 再加上宋代大肆鬻卖度牒，③ 无疑造成宋代寺院的膨胀。宋代封开寺庙皆以"寺"命名，也正是宋政府对佞佛建寺之风的政策让步的体现。宋代封开不仅寺庙广建，同时也出现了得道高僧，据万历《肇庆府志》记载：

> 僧福静，封川人，姓黎。天圣七年，方三十岁，治西山寺。识经得度，为方游，若英之峡山，韶之南华，新之龙山，无不游息。嘉祐间归住光圣寺，与郡守田开为诗友。熙宁八年五月一日，召诸弟子至，说偈跃坐而逝，年方四十有七。④

高僧福静先住持西山寺，熟读经书，自我超度，为游方僧，足迹遍及广东各大寺庙。据天启《封川县志》载，光孝寺在福静死后一年，即宋熙宁九年（1076）由僧室珍创，也就是说西山寺、光圣寺皆在光孝寺之前即已存在，两座寺庙也都烙下福静的印记。福静不仅在封开佛教历史上留下浓重的一笔，且与郡守田开为诗友，福静与郡守

---

① 万历《肇庆府志》卷 21《外志·寺观》，第 506—507 页。
② 刘长东：《宋代佛教政策论稿》，巴蜀书社 2005 年版，第 174—175 页。
③ 曹旅宁：《试论宋代的度牒制度》，《青海师范大学学报》1990 年第 1 期。
④ 万历《肇庆府志》卷 21《外志·仙释》，第 489—490 页。

的交往不仅提高了佛寺知名度，对当地士子有一定的影响，且为封开佛教发展奠定了文化基础。僧人与士大夫交往，甚至不乏共同赋诗相乐的场景，无不体现着佛教世俗化在封开地区的反映。

光孝寺是封川历史上地位最为重要的寺庙，最早对其记载的是嘉靖《德庆州志》：

> 封川光孝寺，在城西五里仁寿坊，宋熙宁九年僧室珍创。洪武二十四年立为丛林，景泰三年西贼焚毁，成化五年知县万显重修殿宇，岁为祝圣寿之所。①

光孝寺由僧建于宋代，从《肇庆历史文化风貌》一书中可以看到1983年3月在封开县封川光孝寺大殿遗址出土的两尊石雕僧像，僧像皆高20多厘米，宽十多厘米，② 如此精致僧像的出现，不仅显示了光孝寺经济雄厚，且昭示宋代封开佛教信仰氛围的浓厚。宋代光孝寺的地理位置较特殊，"大围山在西厢光孝寺后，唐宋儒学旧址在焉"③。儒学与光孝寺毗邻，何故？学子到省、县城参加科考时，需要价廉且安静的住所。佛教寺庵环境优雅，僧舍洁净，且多便宜甚至免费，是学习备考的绝佳所在，而且佛教信仰所在，学子们备考之际向寺庙祈求功名，也是心理上的最大慰藉。这就不难理解儒学与光孝寺毗邻的原因。

明初制定了对各制度化宗教"神道设教"、限制利用的基本政策，④ 佛教政策以洪武十四年（1381）六月礼部要求设僧司衙门方案为界，前期侧重于保护和提倡，后期着力整顿和限制，多次下诏归并

---

① 嘉靖《德庆州志》卷11《秩祀志》，岭南美术出版社2009年版，第93页。
② 《肇庆历史文化风貌》，肇庆市文化广电新闻出版局2005年版，第49页。
③ 天启《封川县志》卷1《舆地志一》，岭南美术出版社2009年版，第21页。
④ 赵轶峰：《明朝宗教政策合论》，《古代文明》，2007年第2期。

寺院，限制新建寺院，抑制寺院经济。① 封开的僧会司设在光孝寺，于洪武十六年（1683）建，并设官僧会一人。② 洪武二十四年（1391）清理佛教时，光孝寺被立为丛林。洪武时归并天下寺院，所保留者多为大寺院和古寺，光孝寺作为丛林，显然也反映了其在当时的规模和地位。

光孝寺"岁为祝圣寿之所"，有研究表明，圣节作为专指皇帝的生日庆典，源自唐代而定型于宋代。宋以后各朝多以宋代圣节庆典为依据而有所延续和改革。③ 州郡祝圣活动固定于寺院，始于唐代开元二十七年（739），唐玄宗敕令"千秋节祝寿就开元寺"。④ 从文化的角度来看，光孝寺的祝寿政治功能彰显出封开接受中原礼教与风俗的现象。同时这种行为也使光孝寺带有官寺的性质，体现了官方的意识形态。具体的仪式据天启《封川县志》记载：

> 凡遇圣诞、元日、长至、千秋节、国家祥瑞，先期知县帅□□师生诸光孝寺习仪，礼毕，将旗鼓仪仗引送龙亭，置县治中堂，张龙幄，竖仪仗，各衙门设斋戒牌。次日黎明，各官朝服以序入行庆贺，班叙丹墀下东偏，班定行四拜，班首官进诣香案前，致词祝赞曰广东等处承宣布政使司肇庆府德庆州封川县知县臣□等，荷国厚恩，叨享禄位，皆赖天生我君，保民致治，今兹旦长，至圣寿益增，臣等下情无任，忭跃感戴之至。毕复位，又□四拜，然后搢笏舞蹈，山呼四拜而退，惟千秋节致词祝赞后不

---

① 何孝荣：《试论明太祖的佛教政策》，《世界宗教研究》2007 年第 4 期。
② 崇祯《肇庆府志》卷 11《建置志》，第 355 页。
③ 陈怀宇：《礼法、礼制与礼仪：唐宋之际圣节成立史论》，《唐史论丛》第 13 辑，2011 年。
④ （宋）释志磐：《佛祖统记》卷 40，《四库全书存目丛书》第 254 册，齐鲁书社1995 年版。

舞蹈，山呼径行四拜而退。①

从祝贺礼仪看，光孝寺不仅承担着祝寿活动，且包括元日、冬至、国家祥瑞等一系列官方祝贺活动，地方官员通过举行一些庆祝活动，实际上向当地士民等宣告皇帝的德政举措，传达皇帝的圣意。在庆典仪式中，官僚、儒士、释僧等都到场，使得节庆礼仪成为一种复杂的政治宗教仪式，光孝寺因此成为地方官员向朝廷诉诸衷心、表达职责的象征所在。地方各级阶层通过在仪式上安排自己的特殊位置和角色，强调自身在乡里的地位，光孝寺也就成为地方统治秩序建构中士大夫身份认同的重要场域。

三　明代仕宦共建光孝寺

明代佛教政策尽管有所变化，但是每个县都保留至少一处大的佛寺，在某种意义上也说明国家对佛教仍相当重视，只是不希望其过度而已。光孝寺在封川成为佛教信仰的象征，对此，天启《封川县志》卷22《寺观》记载：

> 光孝寺在县西五里，宋熙宁九年僧宝珍创建。洪武三年僧瑞严募缘重修，兴武二十四年清理佛教，归并附郭诸寺为丛林。景泰三年被寇焚毁。成化五年知县万显命僧道晟、道心募缘重建，岁为视圣习仪之所。天启二年重建山门兼葺缮佛殿，知县方尚祖记。

在明代光孝寺的修建过程中，封开知县万显、方尚祖都居主导地位，显示了官府始终扮演着重要角色，始终在擘画着佛教信仰、官方

---

① 天启《封川县志》卷15《秩礼志一》，第116页。

仪礼与地方统治秩序的格局。而"景泰三年被寇焚毁"，据邱浚《封川县修城记》所言"近年西境之夷窃发，延蔓西东，相扇不靖，封川扼其往来必由之路"①。封川光孝寺被毁，也表明在叛军心中对光孝寺官方色彩的轻蔑。

正是源于光孝寺在封开的重要地位，因此，官府屡次兴修，据天启《封川县志》卷 20 记载，苍梧籍举人陈钦作《重修光孝寺佛殿记》记载：

> 封川县光孝寺在西郭之上，据江山之胜，距县治五里许。佛殿基于山麓，历阶而升，视两厢之地高一丈许。岁时视禧与凡禬禳之事，咸集焉，自非广殿崇阶，邃筵穹座，则不严不肃，无以昭报上之诚，而契感通之妙，岂余刹所可比哉。

> 按：寺创于宋熙宁间，岁久而颓。至国朝永乐初，县丞欧必森募缘重建。景泰三年，蛮寇流劫，寺遭残毁，惟葺茅殿草舍数楹，以蔽风雨。主寺僧道心、道晟日夜以兴复为己任，值时故□□，久而弗果。古藤万公显入尹莅政之初，慨然叹□□以智慧化导群品，有功吾民，且祝圣寿所在，□□以弗称。于是捐俸资五两以倡群下，邑民勇于□□，各施所有。道心、道晟遂以征工僦佣，遴选巨材□□大雄殿五间七架，侈其规模，舳棱岌嶪，窗牖玲□，□翚斯飞如矢斯棘成。造于成化五年正月初五□□申之吉也，落成之后，顾诸像设卑坏弗称，公又□□资二十两以塑首佛，邑民亦勇于从义，各塑一□□佛、菩萨、护法、善神，凡七躯，攻以十八阿罗汉，其□□观音大士，涌现云海间，主伴参随有天胥仰成□□成化六年十二月十一日庚申之吉也。堂庑库□以

---

① 道光《肇庆府志》卷 5。

次而完，垣墉陛闼以次而整，于是轮奂斯美，金碧禅煌，邑里新其观瞻，士庶勤其归仰，高回森严，益□其胜，真可以遗入世，超污浊矣。道心、道晟谓公起废之功不可泯也，乃伐石征文以为记。

夫宇宙间事，成坏有时，其所由兴废则存乎其入耳。寺遭兵燹因循二十载间，幸值万公善政得民，以废为兴，建栋宇无烁之余，隆香火衰坠之际，固非求利益者比，盖上存报国之心，下祈吾民之福，故尔道心、道晟素守戒行，为贤比邱，克遂兴复之愿，以阐佛祖之风。其徒圆贤、圆雄、圆意辈，同心一德赞襄哉，他日恢宏祖道，扶植教基，灯灯续熠，代代启贤，则斯寺之兴，不特所记今日而已也。邑民从义者，皆能崇重最上之法，当必增裕无疆之休，名姓列之于碑，兹不复赘。

大明成化十年岁次甲午春王正月吉旦。①

该文称，早在明初永乐年间，封川县丞欧必森就已经募集资金修复光孝寺。景泰三年因为地方动荡，光孝寺被毁，但尚存破败建筑。时住持寺僧道心、道晟在社会稳定后积极谋划修复，却没有成功。直到成化年间，新任知县万显上任，意识到佛教对地方教化的作用重要，所以带头捐资，进而引起社会大众的助金，不仅重修了殿宇，而且还修建了各种佛教人物像。在这一过程中，参与修寺的人员呈多样化，上及政府要员，下至广大民众，且"邑民勇于□□，各施所有"。借此可判知，明代封开佛教信仰的广泛社会基础，"邑里新其观瞻，士庶勤其归仰"，说明光孝寺不仅仅是士庶的信仰关怀，更重要的是一种地域文化关怀。

----

① 天启《封川县志》卷20《重修光孝寺佛殿记》，第172—173页。

陈钦站在儒家意识形态的角度看待地方官民共建光孝寺，指出官府的目的在于"上存报国之心，下祈吾民之福"，更多的是为了国家意志下的官民和谐。到了明末，再次对光孝寺进行修葺，封开的官民几乎都有不同程度的参与，其中陈氏家族的士人似乎起到了倡导的角色，这次的修葺还得到了封川县令方尚祖的关照，亲自撰《重建光孝寺山门兼缮葺佛殿僧寮记》，无疑又增加了官府的色彩，引述如下：

邑惟锦川，古为广信。地脉据鹤麟之胜，渊源会梧桂之流。万里来龙，分野当天南之星纪，一隅作镇，提封搤岭右之咽喉，介两广而接三湘，踵雕题而陬交址。山明水媚，俗质风淳，佛舣慈航，拯裙生于苦海；僧宗慧照，启觉路于空门。贝阙龙宫，远自梁唐，鼎创宝坊，金刹叠沧，浩劫冯夷，夜月晨风，虚拂幢幡之影；疏钟残磬，希闻梵呗之音。贝叶封垄，满团挂堵，城喧蛮语，阶湿蜗涎，所嗟震旦无檀旃之人，转叹比邱少苾刍之行。乃有僧如寂者，托生广海，学法曹溪，欲舍百骸，先燃三指，既辞家于英岁，遂游脚于白云，礼大士诵莲华，听寒潮而登彼岸，访名山居斯地，借香积而供伊蒲，爰思剪鹿苑之荒芜，亟欲扶雁堂之倾堕。谋诸生陈道蕴、陈佩等共矢一念精忱，普化十方善信，此缘广大，厥志孔臧，遍劝信佛达官、逃禅大众、诸天开士，有等优婆，发菩提之心，种福田之果。今生有幸，随喜结缘，或施百缗及与斗粟，贵捐余禄，贱佐一文。庸致选材千章，市瓦万片，邋展职事，刻日告成。惟其创作殷繁，实由佛力庇佑，有如天造，不涉人为。壮兰若之伟观，存菩提之故物，宝盖俯金，铺而吐彩，璇阶夹琪，树以敷阴，映冰珊楹。似蛟龙之奋起，临风瓦雀；幻霄汉之腾骞，门敞峨眉。檐半烟云，献秀灯悬，阑盾庭前，池水漾辉，信浊世之清都，为禅栖之净界。余也簿书多暇，杖屦屡过。祇慕慈悲，愧风尘之薄宦，游□涣窈，藻缋之余能，爰缀鄙文，用章盛事。天启二年清明日。①

可知，明末在官绅和僧人的共同主导下再次对光孝寺进行维修。明代仕宦为封开寺庙兴建、宣传的目的，除了将寺庙纳入王朝合法有序的轨道，更重要的是借助佛教世俗化来推行教化，在满足民众精神需求时收到移风易俗的效果。

明代封开佛教与宋代相比，显著特点是由县城向乡村发展，据万历《肇庆府志》卷21《外志·寺观》记载，封川县寺共13座，除宋代3座外，景星寺在县北登高山，万寿寺、静严寺在西厢，宁寿、集福、灵镇、兴福寺在德宁乡，广福寺在坊场乡，麒麟寺在归仁乡麒麟山，云岩寺在归仁乡蓬流村。院共六座，景福院、安福院、金钱院在修泰乡，德宁院、保福院在文德乡，灵涧院在归仁乡。② 据此可知，明代佛教对封开乡村的影响。光孝寺在城西五里仁寿坊，而同在仁寿坊的有万寿寺、静严寺、天庆观、东岳庙等宗教建筑。宗教建筑的扎堆出现，从地缘因素考虑，无疑是佛道两教为便于民众的进香行为，其最终目的是为了争取更多的香客，实现最大的利益诉求，反映了佛教从世俗供养到僧众自我供养的转变，同时是佛教世俗化的重要面相。

四　从咏寺诗看仕宦与佛教的关系

封开自古是一个多元文化荟萃之地，汉代有开岭南经学之先的陈钦、陈元父子，又有岭南第一位状元莫宣卿，佛教是多元文化中的一

---

① 天启《封川县志》卷20《重建光孝寺山门兼缮葺佛殿僧寮记》，第173—174页。
② 万历《肇庆府志》卷21《外志·寺观》，第507页。

节。在多元文化下，士大夫与佛教的关系如何呢？

　　佛教寺院既是名胜之处，其中的僧舍又洁净幽雅，所以明代封开仕宦在游历中大多与寺院结下不解之缘。僧人与文人的交往前文已述僧福静与田开的交往。此外，天启《封川县志》卷 21 记载县令黄懋中、方尚祖等，儒生苏浚、梁樀、叶高等游光孝寺所作诗：

游封川光孝寺（苏浚）

孤舟长作客，此地再逢君。江月生初夜，峰烟出断云。
多情残漏永，无诸半帆分，欲听孙登啸，寥寥不可闻。

游封川光孝寺（梁樀，封川人，贡士）

山寺无尘垢，携筇直过之。看僧缝纳子，听鸟语花枝。
江旷杯曾渡，钵空龙已飞。禅关堪僧榻，欲去复迟迟。

陪紫溪苏公游光孝寺次韵（黄懋中，明封川令）

秋风悲客思，岭外我同君。萧寺看黄菊，故乡有紫云。
断金情不浅，隔水意难分。酌酒高歌适，海风送尔闲。

游光孝寺（叶高）

梵宇景殊胜，偶来一憩之。砚中龙欲雨，松顶鹤依枝。
说法天花坠，翻经贝叶飞，惭余蹭蹬者，空劫已迟迟。

游光孝寺（方尚祖）

翠屏江作带，盘护梵王宫。花雨诸天近，松风一径通。
鸟啼疑说法，谷响悟真空。题偈看盈壁，惠能若未逢。

重游封川光孝寺用壁间韵（方尚祖）

满壁疑僧偈，看题识卯君。经台收法雨，禅室拥香云。

烦恼静中息，人天尘外分。如如眞妙谛，端不落声闻。

再次叶广文韵（方尚祖）

乘暇过初地，逢僧试话之。然香收栢子，谈柄借松□。

覆砌群花堕，归林众鸟飞。白云千□暮，清梵数声迟。

敕僧募葺光孝寺，维兹兰若，久失庄严之规，睹斯阇黎宏，发鼎新之□，因允其请，而作是语，异劝诸善以观厥成。（方尚祖）

贝阙封萝暗，金身漏日明。有僧能忍辱，稽首乞题名。

万众绿须结，三生果自成。逢人勤说法，应与宰官盟。

从这些诗句中，可以看到官绅与寺庙的亲近心态，且官绅与僧人也颇多交好，如县令方尚祖与光孝寺僧应该关系较为密切，从僧人恳请县令作募捐诗可见一斑。士人游览佛寺时留下的诗作，对寺庙知名度的提升与信众的吸引有很大的帮助，成为寺庙对外宣传的资源。

加拿大学者卜正民认为，作诗是施主对于寺庙的一种文学捐赠，文学的赞辅像经济捐赠一样，是同等卓越的伟大捐赠姿态。[①] 文人雅士、社会贤达作为社会翘楚，他们的举动具有引领群体的作用，可以吸引更多的香火钱。文笔优美的寺庙碑记对寺庙同样有着重要的宣传作用，前文所述的两篇碑记，尤以《重建光孝寺山门兼缮葺佛殿僧寮记》为著，文辞优美，无疑也是寺院自我标榜的一种方式。

---

① ［加］卜正民：《为权利祈祷：佛教与晚明中国士绅社会的形成》，张华译，江苏人民出版社2008年版，第177页。

结　语

封开在佛教由海路初传我国时已是重要的佛教传播地。南汉和宋代封开佛寺得到初步发展，并出现了规模宏大的光孝寺。随着明初佛教政策的变更，通过国家的强制力，封开光孝寺成一方丛林，成地方祝厘之所在，光孝寺被赋予了官方的意志，与官府有着千丝万缕的关系，而这种关系的主动权却掌握在官府手里，体现了政府对宗教事务的干预程度加深。明代官绅屡次兴修光孝寺，士大夫与寺庙的互动，这些背后都有多重的文化意涵，是佛教世俗化在封开地区的反映，也是封开文化发展的重要表现之一。

（刘正刚　杨宪钊：暨南大学古籍所）

佛山地方空间与非遗生产

陈恩维

非物质文化遗产，是在特定的时空中经由人们历史地选择而形成的，它既是时间的产物，也是空间的产物。因此，现今各级非项目申报书均要求填写"所在区域及其地理环境""分布区域"，在保护实践中则进行了建立文化生态保护区的尝试。然而，目前我们还较少看到讨论地方空间与非遗生产的专题论文。佛山地处珠江三角洲平原，是国家历史文化名城，素有陶艺之乡、粤剧之乡、武术之乡、岭南成药之乡、南方铸造中心、民间艺术之乡等美誉，形成了秋色、"行通济"等佛山独特的民间风尚习俗，孕育并保留了醒狮、舞龙、龙舟说唱等大量体现岭南文化精髓的民间艺术；剪纸、木版年画等传统手工技艺。其中，狮舞、粤剧、龙舟说唱、佛山木版年画、广东剪纸、石湾陶塑技艺、佛山狮头、香云纱染整技艺、祖庙庙会、佛山秋色、十番、人龙舞和佛山彩灯13个项目入选国家非物质文化遗产名录。其非遗的保护和传承具有样本意义。有鉴于此，本文选取佛山为例，以之为个案来具体探讨地方空间是如何影响非物质文化遗产的生存和发展的，以期推动我们民俗学研究的"空间转向"，也为非遗的整体性保护实践提供参考。

一 地方水系与非遗生产

水与人类文化的发展息息相关。它不仅为人们提供生产生活的资料，同时也决定了人们的生产方式。我们对于一地非物质文化遗产的整体性研究和保护，当从地方水系的研究开始。

"佛地内涌外河，相为表里。"① 外河，即指汾江河。西、北二江在佛山市三水区思贤滘合流后，在佛山沙口王借岗（今位于今佛山市禅城区张槎街道）分为两大支流：一支流向石湾东平河，至三山口止，称东平水道，登州（今顺德区陈村镇）以上称潭州水道，以下称平洲水道。一支自沙口至镇水窦，称汾江。进入今市区人民桥分流至石石肯水闸，称佛山涌。② 以上是佛山的外河水系。内涌即指遍布佛山的河涌，大多是在自然河流的基础上，人工疏浚而成。佛山内涌，不同分段有不同名称。民国版《佛山忠义乡志》记载："洛水，在祖庙铺古洛社。南起通济桥，北至都司署左孖窦止。又自通济桥迤而东，经栅下涌至石角围止，回环如三周华不注。起古洛社者，名古洛涌。栅下以下名栅溪。其实同一涌也。"③ 这段话交代得很清楚，从新涌口孖窦到栅下称为洛水，从栅下到海口文塔则为栅溪，孖窦以北的河段则为新涌，流入新涌口，再与汾江汇合。但是，由于地名的变迁，近、现代以来人们又将上述三段河涌合称"新涌"。民国《佛山忠义乡志》卷二《水利志》所云："粤地滨海，佛山据省会上游，潮

---

① （民国）《佛山忠义乡志》卷二《水利志》，《中国地方志集成：乡镇志专辑30》，江苏人民出版社1992年版，第337页。
② （乾隆）《佛山忠义乡志》卷一《舆域志》载："汾水，在乡之北。汾原作分，以西、北两江由王借岗而分二道也。东以石湾、澜石入海，西以黄鼎、街边下佛山。"清乾隆十七年刻本，卷一，第三页。
③ （民国）《佛山忠义乡志》卷一《舆地志》。

汐所到，西、北两江由佛出省河入海。……画野伊始，引海水环境为涌，遂成沃壤。"① 环绕佛山古镇的外河内涌，如血管一样，形成了一个外环内网的水系结构，为佛山居民提供生活和生产用水，又担负运河的功能，使佛山成为一方宜居的沃壤，同时也对佛山的非物质文化遗产的形成产生了重要影响。

外河带来的便利交通运输，为佛山的工商业发展创造了极为有利的条件。北宋时期在佛山栅下大塘涌设立了广州市舶使分司。这个机构的主要职责是负责税收，它的存在使商业活动正式化了，并在这个蛮荒之地创造出一种经济竞争和商业化的空间，佛山因而迅速发展，到南宋时期已经初具市镇的规模了。民国《佛山忠义乡志》云："乡之成聚，相传肇于汴宋。"② 明清时期，佛山进一步依靠优越的交通区位迅速崛起。佛山以汾江河为纽带，"控羊城之上游，当西北之冲要"③，"川广云贵各省货物，皆先到佛山，然后转输南北各省"④，"禅镇扬帆，往返才数日"⑤，故"四方商贾之至粤者，率以是为归"⑥。显然，汾江河沟通西、北江水系，形成了一条物流大动脉，对佛山的支柱产业的原料输入、产品加工和商品输出起到了至关重要的作用。以铸铁业为例，佛山本身并没有什么矿业资源，但是处于广东交通要冲的地理位置，使其成为粤北矿产南输的必经之路。史料记

① （民国）《佛山忠义乡志》卷二《水利志》。

② （乾隆）《佛山忠义乡志》卷三。

③ 《重修佛山堡八图祖祠碑记》，见广东省社会科学院历史研究所中国古代史研究室、中山大学历史系中国古代史教研室、广东省佛山市博物馆编，《明清佛山碑刻文献经济资料》，广东人民出版社1987年版，第257页。

④ （民国）《佛山忠义乡志》卷十四《人物八》，《中国地方志集成：乡镇志专辑30》，江苏人民出版社1992年版，第617页。

⑤ （乾隆五十三年）《重建戎墟粤东会馆碑记》，见苍梧县志编纂委员会编《苍梧县志·附录·重要碑刻》，广西人民出版社1997年版，第876页。

⑥ （康熙二十三年）广东布政使奉天郎廷枢修《灵应祠记》，见（民国）《佛山忠义乡志》卷八《祠祀志一》。

载，明朝中晚期"每岁浙、直、湖、湘客人腰缠过梅岭者数十万，皆置铁货而北"①。雍正年间，广东各地依靠水运运至佛山的生铁多达5000 余万斤。② 乾隆年间，佛山拥有"炒铁之炉数十，铸铁之炉百余"③，其中绝大部门沿河而立。外地输入品，如广西、罗定的桂皮、靛、香粉、茶、菜、柴，由西、北二江运至。油则由天津、上海、西江运到。咸鱼由澳门、江门输入。输出品石湾缸瓦行销于西、北江、钦廉一带及外洋各埠。④ 石湾所需的瓷土和陶土，本地不敷供应，经常由一种载重十万斤的大木船，经东江运到石湾。⑤ 在铸造、陶瓷等支柱产业的带动下，佛山其他手工行业和商贸业也蓬勃发展起来。嘉庆、道光年间，佛山的手工业发展为九大类 170 多个行业，商业分为五大类 77 行业。据资料统计，其时在佛山有手工业行会 50 个，商业行会 38 个，其中作为外省驻佛山办事机构的地缘性会馆有 8 个。以铁器制造业行会最多（32 个），此外有金属铸造业（9）、绢织物业（2）、衣料业和衣服业（6）、纽扣（4）、鞋袜帽制造业（8）、染色染料业（3）、制纸业（5）等。⑥ 当时，"四方商贾之至粤者，率以是为归，河面（汾江河）广逾十寻，而舸舳之停泊者鳞砌而蚁附。中流行舟之道至不盈数武，桡楫交击，争沸喧腾，声越四五里，有为郡会之所不及者。沿岸而上，屋宇森覆，弥望莫极。其中若纵若横，为衢为

---

① ［明］霍玛瑕：《霍勉斋集》卷十二《上吴自湖翁大司马》，广西师范大学出版社 2014 年版，第 747 页。

② 见罗一星著《明清佛山经济发展与社会变迁》，广东人民出版社 1994 年版，第 202 页。

③ （乾隆）《佛山忠义乡志》卷六《乡俗志·气候》，乾隆十七年刻本。

④ 见广东省社会科学院历史研究所中国古代史研究室、中山大学历史系中国古代史教研室、广东省佛山市博物馆编，《明清佛山碑刻文献经济资料》，广东人民出版社 1987 年版，第 346—347 页。

⑤ 参见佛山市地方志编纂委员会办公室：《佛山史话》，中山大学出版社 1990 年版，第 18 页。

⑥ ［韩］朴基水：《清代佛山镇的城市发展和手工业、商业行会》，《中国社会历史评论》2005 年，第 126 页。

街，几以千数，阛阓层列，百货山积，凡希购之物，会城所未备者，无不取给于此。往来驿路，骈踵摩肩，廛肆居民，盈逾十万"。① 佛山工商业的迅速发展，使其城市地位同步提升。明朝中叶之后，佛山成为南方商业和手工业重镇，明末与汉口、景德、朱仙并称天下"四大名镇"，清中叶佛山达到鼎盛，与京师、苏州、汉口并称天下"四聚"。② 关于佛山崛起的原因，镇人陈炎宗指出："计其图甲，佛山非有异于诸堡也，而邑必以为首称。岂惟一邑，举十郡之村落，无一足与拟者。殷乎盛哉！或谓地当省会之上游，西、北两江汇于此而后入海，实岭南一大都会，故四方之估，走赴如鹜，市镇之盛，宜矣。"③ 无论是市镇的繁荣，还是文化的兴盛，佛山都离不开汾江所连接的珠江水系的润泽。佛山现存的国家级非物质文化遗产项目，主要就集中在上述产业与行业，比如石湾陶塑技艺来源于佛山陶瓷产业、香云纱染整技艺来源于绢织物业、佛山木版年画、佛山剪纸依托于染色染料业和制纸业。而佛山十番、八音锣鼓、广东醒狮、人龙舞、龙舟说唱等民间音乐和民间舞蹈却与发展则佛山市民的文化娱乐的需求相关。如国家级非遗项目广东醒狮是融舞蹈、武术、音乐等为一体的民间舞蹈。它从唐代宫廷狮子舞脱胎而来，后随着中原移民的南迁传入佛山地区，创造出另一种狮子的外形和舞狮的形式在民间流传，以满足广大工商业者的需要。

佛山内涌对于佛山非遗项目的发展，也有重要影响。古洛涌的第一次修浚，与佛山人抵御黄萧养的进攻有关。民国版《佛山忠义乡

① （康熙二十三年）广东布政使奉天郎廷枢修《灵应祠记》，见（民国）《佛山忠义乡志》卷八《祠祀志一》。

② 清初刘献廷《广阳杂记》卷四云："天下有四聚，北则京师，南则佛山，东则苏州，西则汉口。"中华书局1985年版，第193页。

③ （乾隆）《佛山忠义乡志》卷首《佛山镇论》，乾隆十七年刻本。

志》卷一有详细记载，正统十四年六月，黄萧养（？—1450）起义军分水陆两路进攻广州，久攻不下，"闻富户多聚于佛山"①，遂于八月分兵进攻佛山。佛山堡乡民在乡绅梁广等二十二义士领导下，组织当地八图人民出备财力"立木栅、开沟堑、利器械"。佛山向无城墙，无险可凭，但四面环水，可树立木栅，于是沿铺建栅，以栅为城，"周十许里……沿栅设铺，凡二十有五，每铺立长一人，统三百余众。"② 临战前，梁广等二十二老率合镇子弟，聚于祖庙北帝神前刑牲誓众："苟有临敌退缩，怀二心者，神必殛之。"③ 由与佛山堡早有准备，且精心谋划，众志成城，所以小小佛山居然抵抗住了黄萧养军长达六个多月之久的进攻，有力支持了广州的反围城，为最终剿灭黄萧养奠定了基础。景泰三年（1452），明朝廷下诏，佛山堡被敕封为忠义乡，祖庙敕封为灵应祠，并定春秋祀典，由广东布政使、广州知府、南海知县等主祭。这是佛山首次进入正史，也是佛山地方史上划时代的大事件，对内整合了佛山社会，对外也提升了佛山的官方地位。从此佛山一举而成为南海六十四堡中的"首善之区"。民国《佛山忠义乡志》指出："佛山忠义乡，枕海通潮，导流以入，帀绕四垂。灵气所钟，洄凝且厚。涌澳之开凿，不知肇于何年，而加浚深广，则自明景泰间始。当日以木栅为城，以涌堑为池，忠义盘结，令贼不能飞渡，非宽广而深淼不为功，而吉祥遂从此兴矣。声明文物日进而上，商贾货贝日集而繁，居是乡者，可忘所自钦？"④ 可以说，佛山内涌的开凿与加深以及抵御黄萧养，对于佛山

---

① （清）黄芝《粤小记》卷三，见林子雄点校《清代广东笔记五种》，广东人民出版社 2015 年版，第 421 页。
② （民国）《佛山忠义乡志》卷八《祠祀志·祖庙灵应祠碑记》。
③ 同上。
④ （民国）《佛山忠义乡志》卷二《水利志》。

社会的内部整合和工商经济方式的确立，具有非常重要的作用加速了佛山的崛起。空间营建和历史事件直接催生了佛山两项至关重要的民俗。其一是秋色巡游。相传黄萧养起义攻佛山时值中秋，各乡里杂扮故事，彻夜金鼓震天，来犯者以为有备不敢攻，后传为美事，从此定名为"秋色"，相沿成俗。其二是祖庙北帝诞庙会。北帝，又名玄武、真武、玄天上帝、黑帝等，在珠江三角洲民间则多习称为北帝。作为北帝崇拜的载体，佛山祖庙从宋代元丰年间（1078—1085）建立以来，以其"历岁久远"，成为佛山"诸庙之首"，很早就形成了乡耆、士绅来祖庙议事的"庙议"规矩，使祖庙成为一个集政权、族权、神权为一体的著名庙宇。由于乡人认为他们不可思议的胜利是来自祖庙供奉的北帝的庇佑，因而形成了"佛山祖庙逛北帝诞庙会"这一传统民俗。每年三月初三北帝诞时在佛山祖庙设醮肃拜，除祈求北帝消灾镇邪、祈福纳祥外，还有犒劳北帝、感恩谢德之意。"佛山祖庙逛北帝诞庙会"这个国家级非物质文化遗产项目的起源，与山祖庙的修建和抵御黄萧养叛乱的历史事件密切相关。

总的说来，古洛水（新涌）成为佛山的一条城市景观带和经济文化带。佛山人深刻认识到了佛山有外河内涌构成的水网对于佛山的意义。乡志称："士大夫以为文脉，商贾以为财源，而藉余潴以灌田园，通舟楫以便行旅"。[①] 汾江和新涌哺育了千年古镇，孕育了佛山形形色色的非遗项目，也决定了佛山这座工商城市的非遗以手工技艺、民间艺术以及民俗活动为大宗的特点。

---

① （民国）《佛山忠义乡志》卷二《水利志·清浚佛山涌港记》。

二 空间营建与非遗生产

如果说地方水系决定了一个地方非遗项目的总体状态，那么城市文化空间的营建，则决定了具体非遗项目的生存和发展。

明、清以来，由于佛山手工业的进一步发展，佛山围绕其外河内涌开始了一个城市空间生产的过程。佛山最为重要的官舍、铺区、码头、神庙，均是沿河而立，佛山在明清两朝都评选过"佛山八景"。"明八景"分别是海口浴月（栅下海口）、古刹经声（塔坡寺）、石云晚唱（汾江河）、庙前鹊歌（列圣宫）、罗汉朝佛（南泉观音庙）、白马扬波（汾江河支流正埠码头）、明灯古迹（厚俗里二帝庙）、莺冈远眺（莺冈大街）。而"清八景"则为东林拥翠（东头）、庆真楼观（祖庙），塔坡牧唱（普君圩）、冈心烟市（纪纲街）、南浦客舟（南浦村）、孤村铸炼（沙塘坊）、村尾垂虹（通济桥）、汾流古渡（永安街尾）。明、清两代的八景，几乎都是沿着汾江—新涌构成的环状水道分布的，反映了佛山工商业繁荣与佛山水网交通的关系。此外，古洛水一带一直是佛山人文化娱乐的重要场所。如由汾江正埠往大基尾路程，有东胜街，"卖戏盏，有班馆，若戏船下乡演戏不能承接，故设馆代之"。又有琼花会馆，"俱泊戏船，每逢天贶，各班集众酬恩，或三四班会同唱演，或七八班合演不等，极甚兴闹"[1]。每逢端午，佛山乡人又在河面赛龙船。粤剧、龙舟说唱以及佛山传统龙舟等非遗项目的形成与分布，显然与此相关。

佛山的都市化过程，即以非农业为特征的社区人口集中过程，其空间的生产主要是围绕商品和服务而设置，不仅生产了河涌沿线

---

[1] 王庆成编著：《稀见清世史料并考释》，武汉出版社 1998 年版，第 580 页。

一个个具体的资本的空间，同时也生产了空间之间的某种隐秘的经济关系。由于镇内人口日渐增多，生活垃圾日多，对土地的需求越来越强烈，新涌的支流渐渐淤塞。乾隆时期，潘涌、仙涌已淤平，大塘涌亦成一线余脉，除了洛水一支外，镇内已无曲折交错的河涌，河涌附件大片农田被开辟为铺舍，城中形成"三圩六市九头八尾十三沙二十八铺"的商业布局，商业因之而繁荣。如由接官亭中路至祖庙程，有永安街"卖海味、牛烛、酱料"，永聚街"卖葵扇、门神、竹笼、铁器"；公正市卖"面食、糖糕、扣、土布、各袜"；由接官亭东路至祖庙程有水巷正街，"有天后庙，卖金花、醮料、千层纸、镜、挑字印。内有冬帽行会馆，铺门口年晚卖门神、红线等物。水巷直街卖祭轴、神仪、珠灯、铁线、年货、开刀、门神、通花、生花灯"① 等。乾隆年间，佛山有码头7处，桥梁9座，道光年间有桥梁19座，码头28处；民国期间，则有桥梁23座，码头62处，横水渡7处。其中汾水正埠"上有接官亭，大小文武官员赴任，下属皆在此迎接。对岸文昌、鹰嘴二沙，有广州、粤海二关税（馆）。发买鲜果、咸鱼、糖芽等物。……（接官）亭前水分三江，东通顺德、香山等处，西通三水、四会，又往西、北二江，北通省城、石龙等程。亭后路开三枝"② 。上述空间，既是经济与商业的空间，其实也是文化和信仰的空间。如佛山涌边的观音铺，地处周边四乡进入佛山古镇的关键路口，清代嘉庆年间涌边建立一个南善庙，祀观音大士，因而形成了生动的民俗景观。1936年2月9日《越华报》星期日特刊所载《三官庙上元诞之热闹》一文记载："佛山涌边三官庙，七日为上元诞。禅市及附近各乡往拜者络绎不绝，庙内

---

① 王庆成编著：《稀见清世史料并考释》，武汉出版社1998年版，第574—576页。
② 同上书，第574页。

尤拥挤。取圣水、领灯笼、添香油、索宝烛费及签筒之声不绝于耳。而香烟弥漫，中人欲泪。司祝事先在庙前搭葵棚，张灯结彩唱八音，投机小贩在此摆卖生菜、快子、红鸡蛋等物，妇女购者甚众。赌徒亦在庙前及桥旁摆设掷鹅骰、三军等赌博。是午烧丁财花炮，夜放烟花，并延僧道尼在桥畔葵棚内放三宝、水陆超幽，往观者甚众。"① 事实上，几乎佛山的所有非遗项目，都与上述空间息息相关。如永安街的酱料作坊就是佛山市级非遗项目佛山海天酱料制作技艺的传承地；贩卖门神的永聚街是"佛山木版年画"的发源地；桥亭铺的通济桥就是"行通济"民俗的发生地。

佛山的铺区制度的建立，也推动了佛山民俗的发展。以桥亭铺为例，可以看出这一点。桥亭铺原为佛山村尾村，明代修建了通济桥，在明景泰年间改称桥亭铺。由于处在水陆的交叉位置，南来北往的车船聚集在这里，桥亭铺逐渐形成了各种类型的商业街。清乾隆时期，桥亭铺尚只有 6 条街巷。但是到了道光年间，部分农田变为街区，街道增加到 14 条，有田二顷九十二亩零。直到同治年间，桥亭铺一带，仍是村落形态。② 到了民国时期，桥亭铺共有街道 43 条、铺屋 863 户、大小男女丁共 6325 口。③ 显然，此时的桥亭铺已发展为一个工商住混合的铺区。与街道的拓展相适应，桥亭铺的行政建置日益完整。在我国古代行政体制中，乡镇本无行政建置，铺里的事物和治安由"公会"和乡局兵负责。"公会"由堡绅的精英组成，"凡有公会咸至止灵应祠，旋聚旋散。"④ 铺下则街、里、社、坊并存发展。"佛山自

---

① 《越华报》，1936 年 2 月 9 日星期日特刊。
② （民国）《佛山忠义乡志》卷十五《艺文志》戴其芬《重建村尾茶亭诗》。
③ （民国）《佛山忠义乡志》卷一《舆地志》。
④ 天启七年《乡仕会记》，见广东省社会科学院历史研究所中国古代史研究室、中山大学历史系中国古代史教研室、广东省佛山市博物馆编，《明清佛山碑刻文献经济资料》，广东人民出版社 1987 年版，第 10 页。

明正统乡老梁广、冼灏通、冼光等二十二人立团御贼，佛山乡局始有乡兵。"① 嗣后，乡局适应时势的发展，屡有变更。清代乾隆时期，桥亭铺设有通济桥口子，驻兵 5 名。② 道光时期则有"汛兵十名"③。光绪年间，广州协右营派额外委一员和讯兵 8 名驻扎通济桥讯。④ 民国时期，团局更名为保卫团局，桥亭铺属远字局，公所设南济后街。同时，在局下设有更练，"助官兵以捕治盗贼"。⑤ 桥亭铺的更练设置在保安街豆腐巷，负责锦澜、桥亭二铺。这表明佛山明清时期逐渐建立了大魁堂—团练分局—更练三级地方治安自治体系。这其实是地方社会对国家权力结构的一种象征性的表达。民国初期，龙济光主粤期间，曾在通济桥外设有碉堡一座，设卡口，派兵驻守，龙下台后，碉堡被拆毁。⑥ 抗日战争期间，日军也是从通济桥攻入佛山的。⑦ 由此可见，作为西南门户，桥亭铺在捍卫佛山方面，地位比较重要。通济桥确实是具有一定的现实防御功能。而这种现实的防御功能，无疑也加重了通济桥对于佛山古镇的心理安全的意义。可以说，佛山铺区的划分，是一种城市社会空间区位的分类。原为"组织地方民间军事联防与收集地方信息而设；此后不久，官方逐渐将它用作城市行政控制的工具以及在地方上象征性地呈现帝国国家结构的手段。"⑧ 与此同时，桥亭铺的附属宗教文化设施也日益完善。首先是社坛和祠堂的增

---

① （民国）《佛山忠义乡志》卷三《建置志》。

② （民国）《佛山忠义乡志》卷十二《杂志》。

③ （乾隆）《佛山忠义乡志》卷七中《乡防志》。

④ （道光）《佛山忠义乡志》卷七《乡防志》。

⑤ （民国）《佛山忠义乡志》卷三《建置志》。

⑥ （光绪）《广州府志》卷七十三《经政略四·兵防》，见《中国方志丛书第一号》，成文出版社（台北）1966 年版，第 251、252 页。

⑦ 佛山市交通局编：《佛山市交通志》，广东人民出版社 1991 年版，第 48 页。

⑧ 王铭铭：《明清时期的区位、行政与地域崇拜——来自闽南的个案研究》，载杨念群主编《空间·记忆·社会转型——"新社会史"研究论文精选集》，上海人民出版社 2001 年版，第 79 页。

多。桥亭铺所属村尾村以前没有设坛，直到乾隆年间仍是如此。乾隆《乡志》指出："里各祀社，此民间报赛之常。乡之旧社，凡有九处，称古九社。余添设甚多，今附录麒麟社、会真社、滘边社、福德社。"① 到了道光年间，桥亭铺已有宝贤社、通云社、保安社三社，民国时期又增加了保丰社，这表明自乾隆到道光年间，桥亭铺区人口迅速增加。居住在桥亭铺一带的居民最早为冼姓，乾隆年间桥亭铺有"冼巷"说明了这一点。道光年间，陈、梁、仇姓开始在桥亭铺聚居，铺区共计有陈姓祠堂 7 座，梁氏祠堂 3 座，仇姓祠堂 2 座，罗姓祠堂 1 座。社坛则是整个村落的公共空间，祠堂是某一家族的公共空间。桥亭铺区社坛和祠堂的增多，不仅说明了桥亭铺区所居各个宗族的亲缘关系得以强化，宗族内部之间的权利分配得以明确，也说明了宗族之间的权力和关系实现了某种平衡，因此社坛和祠堂设施的完善，说明了桥亭铺社区的内部整合已经完成。与此同时，桥亭铺区的神庙，也开始增加。一是在桥亭铺富荣里建立了北帝庙。这座庙由桥亭铺公建，比之祖庙北帝行宫，用途在于北帝诞时迎接北帝神到庙奉祀。桥亭铺还有石公太尉庙。石公太尉，即石元帅五雷长，是北帝部将，"祷祀辄验"。北帝庙和石公太尉庙的修建，是北帝崇拜发展的结果。二是修建了两座观音庙。其中一座在桥亭通济桥，号南济。南济观音庙是桥亭铺的主庙，所以经历了多次重修。顺治乙未年白衣庵僧圆朗以庵改为南济庙，嘉庆丁卯重修。南济观音庙，作为桥亭铺的主庙，以桥亭铺为自己的祭祀圈，素著灵响，远近皆知。无论住家、店铺均前往祭拜。另一座在桥亭铺水便，嘉庆乙未年重修②。三是修建了张王爷庙。此庙在桥亭铺村尾，咸丰元年修。民国《佛山忠义乡志》卷

---

① （乾隆）《佛山忠义乡志》卷一《乡域志》。
② （民国）《佛山忠义乡志》卷八《祠祀志》。

十八记载:"村尾有张王爷庙。村民婚嫁多诣庙诹吉,如期行礼,亦无讹误。"① 此外,桥亭铺还有一座业祠"二圣庙",在桥亭铺黄礀,嘉庆丙辰修。"奉祀多神,并无专祀。内有尊神。"另外,据民国《佛山忠义乡志》记载,桥亭铺还有一座通济庵。② 上述神庙的设立,在桥亭铺形成了以南济观音庙为主神的大大小小的祭祀圈,居民的精神信仰空间构建已趋完善。以通济桥为中心,在正月十六形成了一项过桥民俗——"行通济"。1936 年 2 月 9 日《越华报》星期日特刊所载《犹言旧习"行通济",郑掷肥鹅取兆头》一文描写道:"每年正月十六日,佛山男女例有游"行通济"之举。八日届期,自晨至暮,迷信男女携儿带女过桥者甚众,俱绕道于尾窦方面转入庙前,再折返菜市返回桥头。长途跋涉,不以为苦。盖传言不如此则是年命运必多阻滞也。附近乡人为点缀圣地计,在桥尾一带至行运社,及通济桥亭菜市方面,摆卖生菜、快子等物者,触目皆是。且有掷鹅骰、鸡蛋骰、三军等玩意赌局,有蟠龙痴者如蚁附膻,侯六侯六之声不绝于耳。又有手持香烛往桥头南泉观音庙膜拜者,或则领取圣水、或则争扯灯带,怪状百百。而桥尾行运社葵棚③所奉之金花、送生司马等木偶,香火亦盛。其热闹情形,不亚于临海庙云。人们之所以选择通济桥,是因为通济桥通过其空间实践和文化构建,成了一个佛山人的文化之场。

总而言之,都市空间的营造,形塑了佛山众多的物质与非物质文化遗产,决定了其本质属性和发展形态。

---

① (民国)《佛山忠义乡志》卷十八《杂志》。

② (民国)《佛山忠义乡志》卷八《祠祀志》。

③ 葵棚:珠江三角洲一带盛产葵、以葵叶编织作为棚之上盖,古曰葵棚,此为广东特产。

三 空间变迁与非遗传承

空间生产与非物质文化遗产的共生关系，还反映在非遗项目的仪式细节随城市空间的改变而改变，其生存和发展受到城市空间变迁的直接影响。

佛山水乡面貌的改变首先是从内涌的淤塞开始的。有论者指出："佛山的衰落，固然是因着世界经济破产和农村崩溃等大问题的影响，但在地理的方面，仍占着很重要的因子：第一，因汾江现在是渐渐的淤塞，各船只的往来，都不在此停泊了；第二，就是广三铁路完成后，广州与西江间的货物运输与旅客的往来，都可以从这条铁路直接往返，不须再像从前的在佛山停留了。"[①] 最早淤塞的是新涌的支流。乾隆《佛山忠义乡志》卷一载："潘涌、仙涌，亦当日引流之处，但淤为平壤，今已久矣。"[②] 与此同时，佛山内涌——新涌也开始淤塞。民国《佛山忠义乡志》卷二曾痛心地指出："道光初修浚，至今垂百年矣。淤塞日久，秋冬水涸，鸡犬可过，亟应按址清复。东西两岸，本行人大路，足以限制占筑。今东岸屋角参差，有筑近涌边者，肩舆不能过；西岸本宽，铺店沿街盖瓦，又支木棚堆积杂物，突出涌外，皆足阻碍水道，亦应设法制止，以免积重难返，则农田商运两有裨益也矣。"[③] 但是，由于民国政府的内忧外患，佛山已无道光年间的财力来清浚佛山涌了。由于汾江河水位越来越低，进入到佛山新涌的水量越来越少，水难以实现有效循环，加上居民的生活污水都排到里面去，新涌从镇内航道变成了臭

---

① 沧徽：《佛山》，《中学生文艺季刊》1935 年春季号，第 43 页。
② 乾隆《佛山忠义乡志》卷一《乡域志》。
③ 民国《佛山忠义乡志》卷二《水利志》。

水沟，彻底失去通航功能。1958 年，佛山政府曾动员全市 50 万人次清挖"龙须沟"，靠铲、锄头等简单的工具，清理挖疏了 8000 多米长的"龙须沟"，还在祖庙一段砌上石坎，植上杨柳树，改善环境。但是，由于新涌口入水减少，污染依然严重。1962 年 2 月，佛山政府再次清理新涌 3.5 公里。1972 年覆盖新涌为下水道，大窦则改作下水道排水涵闸。新涌祖庙之前的一段仍然保留，1973 年曾再次治理，直至 1976 年祖庙路扩宽了从莲花路至卫国路段，设计为双向 4 车道，此段河涌才完全填埋。1982 年佛山市政府征用存院围尾窦堤段 296 米，铲低 1.2 米建设新马路——同济路，沿河筑永久式防洪石墙，代替原堤段防洪。① 至此，自新涌口孖窦到通济桥段的新涌被填埋。80 年代后期，通济桥以下到南浦村段河涌，新建南浦新村，河涌大部分被填埋，原大桥头位置被改为大桥路。目前，仅余新涌尚余南村到栅下海口段。1969 年栅下修建了丰收水闸，由南村至丰收水闸段，改名丰收涌，20 世纪 90 年代末期以来，忠义路丰收涌支涌、彩虹路处丰收涌支涌先后被覆盖。在永新村农村公寓前，仍可看到断头的河涌。丰收涌虽至今仍存，但也完全失去了通航功能。这是新涌的残余部分。新涌在佛山迅速的城市化进程中已基本消失，而新涌一带的人文景观，也已难觅踪影，相关非物质文化遗产也随之湮灭。如佛山涌边三官庙曾经热闹非凡的上元诞民俗，就彻底消失了。

河涌淤塞，原来沿河而建的堤围失去了应有的意义，于是转为了马路。与佛山水乡面貌消失同步进行的，是佛山城市的马路建设。民国以前，佛山的城市建设项目是分散的、小规模的，主要是修建庙

---

① 佛山市石湾区农机水电局编志组编：《佛山水利志》，1990 年内部资料，第 23 页。

宇、修堤筑闸，疏浚涌渠，建筑码头，铺筑同津石路，修建桥梁，街巷铺石等。有计划地大规模建设城市，则始自民国。民国25年（1936），镇内马路基本开通；加上民国十九年建成的江佛公路、禅炭公路，以及光绪二十九年（1904）建成的广三铁路，佛山镇形成了堪称便利的内外水陆交通网。新中国成立后，从1950年到1956年，佛山市政府利用工赈翻铺了全部马路。1950年开辟了新堤路，1956年开辟了文沙路和祖庙路。从1959年起，开辟锦豪路和太原坊路，解决了东西走向的交通；新开辟了卫国路、拓宽亲仁路、这些马路与祖庙路、普君路、市东路、新堤路、南堤路和中山桥、中山路、汾江桥、江佛公路一起，构成了一条环市公路。① 1985年人民东（锦豪路）、中、西路全面贯通，构成东西干道，接通福贤路、祖庙路、汾江中路和过境公路。1983年建成汾江路，成为市区主干大道。至此，镇内环状水网交通已被纵横叫的陆路交通取代，但是原有的城市文化景观遭到了巨大的破坏。2000年以来，随着新的一轮城市升级的进行，佛山开始结合历史文化街区保护了对众多文化景观的修复与重建，为一些非物质文化遗产的保护传承传承创造了条件。如佛山禅城区莲花片区的改造，重点再现古镇辉煌历史和繁华景象，拟复建琼花会馆，正埠码头、忠义乡牌坊、水上关帝庙、汾水第一楼（正埠酒楼）等众多历史文化空间。其中琼花会馆复建意义最为重大。"琼花会馆"，始建于明代中叶，是最早的粤剧行业组织，道光《佛山忠义乡志》里"梨园歌舞赛繁华，一带红船泊晚沙。但到年年天贶节，万人围住看琼花"的诗句，描绘了昔日粤剧圣地琼花会馆万人空巷的一幕。新琼花会馆的重建，将重现昔日琼花会馆在

---

① 佛山市城乡建设局编志组：《佛山市城市建设志》，广东科技出版社1990年版，第46页。

粤剧行业中的龙头作用，有力推动粤剧这项人类非物质文化遗产代表作的保护和传承。

自 1911 年现代中国民族国家建立后，佛山铺区制也随着新的地方行政政策的实施逐渐瓦解。20 世纪 20 年代与 40 年代期间，铺境行政制度为中华民国的保甲制度所取代。新中国成立初期（1949—1958）新的区街制有代替了保甲制。"集体化"以后直至"文化大革命"结束，城市空间区划效仿的是农村公社和大队。这些区划最终重新命名为"街道办"和"居委会"。① 桥亭铺一带在这一制度转型过程中也发生了翻天覆地的变化。从 20 世纪 50 年代起佛山市开始修建设地方公路，1964 年建成普君墟至澜石的公路、红棉厂至沙口水闸公路，全市 3 个公社（环市、澜石、张槎）都通了公路。普澜路长 9.3 公里，路基宽 6.5 米，砂石路面。1980 年开始普澜路扩建，将通济桥等 5 座桥梁扩建至 16 米。② 新中国成立以来至 20 世纪 80 年代初，原桥亭铺区先后开辟有同济路及市场、垂虹路、普澜公路、同济、垂虹两条新村，建设了一座同济路天桥和垂虹公园。此外、银行、市邮电局分局、县供电所、酒家、餐厅、同济小学及各工商企业的商场、公司、工厂、新式楼房、商店如林立。当时的同济路前通汾江南路、简村乡。中通体育路（佛山儿童乐园、市城区旅游公司、商业街所在地），垂虹路口通出卫国路祖庙路，尾通普澜公路和金鱼街（佛山市政府设在此），并直普君西、南、北路及福宁路。桥亭铺已经不是旧时模样。与此同时，因"文化大革命""破四旧"的影响和城市

---

① 王铭铭：《明清时期的区位、行政与地域崇拜——来自闽南的个案研究》，杨念群主编《空间·记忆·社会转型——"新社会史"研究论文精选集》，上海人民出版社 2001 年版，第 122 页。

② 佛山市交通局编：《佛山市交通志》，广东人民出版社 1991 年版，第 54—55 页。

扩建和改造的需要，原桥亭铺区所有的祠堂、设坛、神庙均先后
被拆毁，因有一定交通功能的通济桥虽然得以幸存，但其附属设
施却被拆除殆尽。与此相应，"行通济"民俗的行走路线发生了
巨大变化。行通济的传统路线是"绕道于尾窦方面转入庙前，再
折返菜市返回桥头。长途跋涉，不以为苦。盖传言不如此则是年
命运必多阻滞也"①。新中国成立以来，特别是 20 世纪 80 年代以
来随着佛山城市建设的加快和人口不断增多，"行通济"的路线
发生了明显的变化，具体表现为：金鱼街——通济桥一段核心路段
始终维持不变，周边新的城市景观不断纳入"行通济"路线范
围。21 世纪以来，由于佛山的大规模城市升级和人口增多，佛山
"行通济"的路线经历了向东西南北四个方向的两轮扩张，其涉
及的范围不断扩大。它不断把周边的新型社区，特别是新崛起的
城市干道纳入，东西向的同济东路、季华路和南北向的大福路
（岭南大道）、文华路先后纳入，整个路线范围呈回字形不断扩大。
其巡游路线的扩展，是与佛山的城市空间的扩展是一致的。同济
路的开辟、佛山乐园的建立、季华路的崛起、大福路的改造、广
佛地铁的开通文华路的提升等佛山城建事件实时加入"行通济"
巡游路线，纳入"行通济"路线范围，成为佛山城市记忆的一部
分。"行通济"由一种古老的社区民俗活动，一变而为现代都市
民俗，这与佛山的都市空间更新其实一致的。

综上所述，佛山地方水系和文化空间，不仅决定了古镇佛山
的经济发展，同时也深刻影响着佛山非物质文化遗产的兴衰蜕变。
这给我们的启示是多方面的：首先对于非物质文化遗产的研究而

---

① 《犹言旧习"行通济"，郑掷肥鹅取兆头》，《越华报》1936 年 2 月 9 日星期日
特刊。

言，真正的整体性研究应该摒弃浮皮潦草、浮光掠影式的现象描述，而应该深入揭示其与地方社会空间的系统的、整体的关联；对于非物质遗产的保护和传承实践而言，应该将众多的非遗项目与地方空间的修复、重构和建构深度融合，这样才能做到真正的整体性保护传承。

（陈恩维：广东外语外贸大学中文学院教授）

广东三祖庙文化遗产原真性保护与开发再利用策略

文一峰

近年来建筑文化遗产的保护受到社会各界的关注，特别是在中国发达地区逐渐进入后工业化时代的背景下，文化产业以及相关文化遗产保护与利用的研究更是凸显出其重要性。文化遗产的保护，不仅是遗产物质遗存的保留和维护，而且需更加着眼于文化遗产在当代经济、社会、文化各方面的意义，着眼于其在整个产业体系和社会价值建构中的地位，以及对建立和充实当代人本身的文化认同的作用。

当前，在建筑文化遗产保护的实践过程尚有不少问题有待解决。政府、学者、原住民或其他相关方往往对于文化遗产保护关注的角度不同，相互发生利益冲突的例子屡见不鲜，这些各种情形的冲突甚至最终导致文化遗产的异化、破坏和消亡的案例不在少数。遗产是一种不可再生的资源，遗产保护是一项长远的事业，如何判别一项文化遗产的保存价值？如何认识文化遗产在人类社会发展中的根本价值？涉及的一个核心概念就是文化遗产的原真性及其相关议题。何为文化遗产的原真性？如何保持文化遗产的原真性？如何在文化遗产的开发再利用中不破坏文化遗产的原真性？文化遗产如何在新时代取得适应性发展？都是一些亟待解决的理论问题和在实践中经常碰到的难题。

针对这些问题，本文首先梳理文化遗产保护理念的发展沿革；其次着重讨论文化遗传原真性的概念；最后，对文化遗产文化原真性进行种类和生态学处理，以广东三祖庙为研究重点，对不同文化遗产在当代不同的社会文化意义提出可持续的适应性保护和再利用策略。

一 文化遗产保护和原真性的理念

"文化遗产"，或者更准确地说"物质文化遗产"，这一术语指的是具有历史、美学、考古、科学、文化人类学或人类学价值的古迹、建筑群和遗址。① 主要包括纪念物、建筑群和遗址。文化遗产是"从前辈那里继承过来的、现存的并将传至后辈的物质遗物及其无形特征"，具有历史的独特性与不可代替性。② 正因为这样，文化遗产的保护成为摆在人类面前的重要课题。保护可定义为：为降低文化遗产和历史环境衰败的速度而对变化进行的动态管理。③

文化遗产分为物质文化遗产（或有形文化遗产）和非物质文化遗产（或无形文化遗产）。我国把物质文化遗产称为文物。我国对文化遗产的保护可溯源于古代对文物的收藏和研究，已有数千年的历史。在古代，对文物（古物）的研究，是从收藏和研究金石开始的，即所谓金石学。一直到清末至民国，金石学研究走向衰落，有人提出古器物学，并进一步扩大了它的研究范围。

---

① 张松：《历史城市保护学导轮——文化遗产和历史环境保护的一种整体性方法》，上海科学技术出版社2001年版，第11页。
② 赵晓梅：《中国活态乡土聚落的空间文化表达：以黔东南地区侗寨为例》，东南大学出版社2014年版，第21页。
③ 张松：《历史城市保护学导轮——文化遗产和历史环境保护的一种整体性方法》，上海科学技术出版社2001年版，第11页。

民国时期，"古物"的概念有了发展。1930 年（民国十九年）公布的《古物保存法》，1935 年（民国二十四年）公布的《采掘古物规则》，这些法规内容表明"古物"的内涵远远超过了古代所谓"古器""古物"的范围。1935 年，北平市政府秘书处编辑的《旧都文物略》出版，"文物"一词已在使用，文物所指已不仅是古代的礼器和祭器，而且已包括古代建筑等文化史迹了。1935 年成立的"北平文物整理委员会"，其任务就是研究、整修古代建筑。

中华人民共和国成立后，继承使用"文物"一词，并用法律法规把"文物"一词及其所包含的内容固定下来。20 世纪 50 年代"文物保护单位"的设立是我国文物保护与管理的重要举措。文物保护单位是由人民政府按照法律程序核定公布。分级核定文物保护单位，主要是根据它本身历史、艺术、科学价值的大小和作用（影响）范围来确定。文物保护单位分为六类，即：古遗址、古墓葬、古建筑、石窟寺及石刻、近现代重要史迹及代表建筑、其他。2002 年《文物保护法》对文物保护单位管理作出一系列明确规定，主要包括：文物保护单位的公布；划定保护范围、梳理标志说明、建立记录档案、设立保管机构；划出建设控制地带；把文物保护单位纳入城乡建设规划；在进行工程选址和设计时，应与文化行政管理部门确定保护措施；对文物保护单位进行修缮、保养、迁移时，必须遵守保护原状的原则；等等。

从文物保护单位的类别来看，都直接或间接与古建筑有关系，可以看出古建筑在不可移动文化遗产中的重要地位。建筑文化与建筑遗产保护相应地也一直是国内建筑学科的重要领域，但学科也还存在诸多尚未解决的理论及相关的实践问题。如清华大学吕舟认识到自 20世纪 90 年代以来，中国文物保护进入快速发展时期，经济建设的高速发展促进了社会对文物保护的广泛关注，保护文物、历史城镇、乡土建筑成为社会共识，然而对文物保护界自身而言，却仍然存在着一些尚未解决的基本问题，其中一个关键问题就是保护过程中如何处理建筑遗产的原真性问题。① 同济大学阮仪三常年活跃在建筑与城市文化遗产保护的第一线，抢救了包括平遥古城（世界文化遗产）在内的一大批优秀建筑文化遗产，但也看到由于城市发展的速度和人们对历史风貌与文化遗产保护认识上存在差异，有时保护还是无能为力，新的建设改变或者破坏了历史街区的整体风貌。常青在风土建筑谱系研究的基础上，认识到被动式地保护建筑物质遗产常常会遇到困难，在相关实践中，提出适应性的灵活保护策略。

近年来，建筑文化遗产保护取得了成绩，但也引发了一些问题：如过去强调物质遗存原真性的传统保护方法，往往造成遗产难以发挥其应有的社会效益；隔离式的被动保护易造成遗产脱离当下的现实生活，甚至形成城市中的遗产孤岛、历史文化名村空心化等现象。保护工作也往往会遇到各方面的阻力。近年来从全面的文化视角进行活态遗产的保护越来越受到关注，并逐渐形成这样的共识：人类文化遗产的整体领域是无形的，因为它存在于人的精神世界之中。保护的基本目的不是要留驻时光，也不仅仅是为了怀旧，而是要敏锐地调适和控制变化的力量。保护历史产物是为了对话和对当代的更好理解，是着眼于其对当代人本身的文化认同的建构和充实作用。

在国际上，文化多样性与非物质遗产的提出使人认识到活态文化的重要性。遗产的概念扩展为一种"文化过程"，即"纪念与创造记忆的过程"，强调物质遗产与非物质文化遗产的交互作用和文化的传承延续。按照《国家级非物质文化遗产代表作申报评定暂行办法》的

---

① 吕舟：《〈中国文物古迹保护准则〉的修订与中国文化遗产保护的发展》，《中国文化遗产》2015 年第 2 期，第 4—24 页。

规定，非物质文化遗产指各族人民世代相承的、与群众生活密切相关的各种传统文化表现形式（如民俗活动、表演艺术、传统知识和技能以及与之相关的器具、实物、手工制品等）和文化空间。

2009 年国际文化财产修复与保护中心提出活态遗产的概念——那些"保持原有功能的遗产"即活态遗产。联合国教科文组织 1994 年的全球战略中提出了"所有活的文化"的概念，认为世界遗产可以作为"活的文化见证"、与"活的传统"相联系，在 1984 年、1992 年新增的遗产类型历史城镇与文化景观中关注了遗产的活态性。作为独立遗产类型的活态遗产概念由 ICCROM 提出。该中心于 2002—2003 年启动活态遗产项目，探讨对这一遗产的保护方法。活态遗产即仍在使用之中的文化遗产，其概念强调遗产与社区的联系，遗产的价值由社区赋予，社区居民具有遗产管理、使用和决定的优先权。活态遗产保护从过去主要由专家参与扩展至不同的参与群体和不同的利益相关者，与遗产相关的核心社区对遗产有最终的决定权。从遗产类型来说，活态遗产针对仍为建筑遗产，不过它强调建筑遗产与无形遗产的融合，是一种文化的延续。基于上述思想，各种遗产保护组织提出了遗产保护方法和进行了相应的实践。2003 年 ICCROM 的活态遗产地项目在泰国曼谷召开第一次战略会议，分别在 2006 年、2008 年与 2009 年编写了三版《活态遗产保护方法手册》。活态遗产保护方法形成了如下重要概念：遗产社区、遗产的延续性、遗产的原真性以及遗产保护的实施过程。与传统遗产保护方法相比，活态遗产不是以物质遗产为中心，而是以人及其所表达的活态文化为中心的保护方法，斯里兰卡佛教遗产阿努拉德普勒圣城的保护实践是说明活态遗产保护理念的重要案例。

国内对于活态文化遗产保护的研究尚处于起步阶段，近年来也出现了一批理论成果。如李玉峰（2012）基于世界遗产观念下的城市类型研究，提出新遗产城市的概念。李建华（2014）以文化生态学理论对西南聚落形态进行文化学诠释。赵晓梅（2014）以黔东南地区侗寨为例，研究了中国活态乡土聚落的空间文化表达。翟斌庆（2014）以西安为例，研究中国历史城市的更新与社会资本。这些研究都表明，遗产的研究和保护已不仅仅对于作为历史和文化见证的物质遗存，同时更需关注物质遗存所承载的文化传统以及这些文化遗产对于形成当代人的文化认同的重要作用，让遗产充分发挥其应有的经济、社会效益形成了共识。

整体上看来，建筑文化遗产的价值越来越得到认识，建筑遗产的保护越来越受到重视，遗产的活态文化及再利用越来越受到关注；但在实践中也存在一些问题，如一种问题是注重了建筑物质遗存而忽视了无形文化的保护，形成一种与现实生活相隔离式的遗产；另一种相反的误区是文化的活化有"表面化""表演化""外在化""工具化"等急功近利的倾向，所谓"文化搭台，经济唱戏"是其典型口号。对这些问题的探索，重新审视文化遗产保护的价值观，让遗产回归文化的视野、回到生活，就十分有必要对文化遗产"原真性"的概念进行详细辨析。

二 文化遗产的原真性概念辨析

"原真性"来自于希腊语和拉丁语，本义是表示真的、原本的、忠实的、神圣的。在中世纪，"原真性"用来指宗教经本及宗教遗物的真实性，有关宗教遗物的真实性主要依据宗教传说和轶事而不是物质的真凭实据。随着西方现代文明的进程，对原真性的追求显现出理性的、实证的时代精神和价值概念。自20世纪60年代原真性概念引入遗产保护领域。1964 年《威尼斯宪章》奠定了原真性对国际现代遗产保护的意义。由于世界遗产委员会明确规定原真性是检验世界文化遗产的一条重要原则，对申报世界文化遗产的项目，在设计、材料、工艺和环境四个方面有检验原真性的要求，因此对原真性的概念和应用就有必要达成世界性的理解和共识。

1994 年 12 月在日本古都奈良通过了《关于原真性的奈良文件》，对遗产的原真性提出新的理解，是对过去侧重于遗产在物质方面的原真性概念的补充和完善。文件指出"原真性本身不是遗产的价值，而对文化遗产价值的理解取决于有关信息来源是否真实有效。由于世界文化和文化遗产的多样性，将文化遗产价值和原真性的评价，置于固定的标准之中是不可能的"①。在《奈良文件》之后，文化遗产的多样性及与之相关的原真性概念在世界不同地区和各种保护团体之间展开广泛对话。如 1995 年亚太地区会议、1996 年美洲地区会议、2000 年非洲地区会议，都是对《奈良文件》精神的进一步补充和深化。这些讨论，都从遗产的物质实体的保护转而注重遗产的文化价值。文化遗产价值，是遗产所反映的美学、历史、科学、社会或其他方面的价值。建筑、遗址等物质实体，如果离开了它所承载的文化意义，其本身只是一堆毫无意义或不被理解的构件。②

这些研究和讨论都进一步深化和拓展了遗产"原真性"的内涵和外延，"原真性"的概念并不局限在遗产的物质实体领域，而且延伸到了对文化的主观体验和文化在新条件下适应性发展等复杂课题，这些讨论都特别牵涉文化遗产在当代的产业化（如旅游）发展的议题。

---

① 国家文物局法制处：《国家保护文化遗产法律文件选编》，紫禁城出版社 1983 年版，第 162 页。

② 阮仪三：《城市遗产保护论》，上海科学技术出版社 2005 年版，第 3 页。

在西方，MacCannell（1973，1976）在 20 世纪 70 年代对于在旅游中文化"表演原真性"的讨论，以及有关"原真性"的本质是"一种建构和一种经验"的重新阐释①②，虽然远没有获得学术界的共识，却广泛地引起了对"原真性"概念以不同方式予以重新解释的热情，如参与其中的学者有：Bruner（2005）；Belhassen，Caton & Stewart（2008）；Buchmann，Moore & Fisher（2010）；Cohen（1988，2007）；Crang（1996）；Knudsen & Waade（2010）；Lau（2010）；Olsen（2002）；Reisinger & Steiner（2006）③；Rickly – Boyd（2012）；Wang（1999，2000）分别提出三种原真性④⑤："客观的原真性"，此概念又进一步被 Reisinger & Steiner（2006）、Lau（2010）讨论；"建构的原真性"，相关的讨论有 Cohen（1988）⑥，Olsen（2002）；"存在的或主观的原真性"，Steiner & Reisinger（2006）又进一步讨论了此概念。这些概念被分别讨论，但也有把它们加以联系的努力（如：Rickly – Boyd，2012）⑦。在此基础上，"热原真性"和"冷原真性"的概念又被提出（Erik Cohen & Scott A. Cohen，2012）。Cohen & Cohen 认为原真性是作为一个社会过程，他们把"冷原真性"定义为一个物品、遗址、事件、风俗或人物被官方正式公开地宣布为原真的，以甄别于复

① MacCannell，D. . "Staged authenticity：Arrangements of social space in tourist settings". *American Journal of Sociology*，79（3），1973，pp. 589 – 603.

② MacCannell，D. . *The tourist：A new theory of the leisure class.* New York：Schocken Books.

③ Erik Cohen & Scott A. Cohen. "AUTHENTICATION：HOT AND COOL". *Annals of Tourism Research*，Vol. 39，No. 3，2012，pp. 1295 – 1314.

④ Wang，N. . Rethinking authenticity in tourism experience. Annals of TourismResearch，26（2），1999，pp. 349 – 370.

⑤ Ibid. .

⑥ Cohen，E. . Authenticity and commoditization in tourism. Annals of TourismResearch，15（3），1988，pp. 371 – 386.

⑦ Rickly – Boyd，J. M. . Authenticity and aura：A Benjaminian approach to tourism. Annals of Tourism Research，39（1），2012 ，pp. 269 – 289.

制的、假冒的、伪劣的；而另一方面，"热原真性"被描述为创造、保持、强化某物品、遗址或事件的一个"固有的、复述的、非正式的"表演或表述行为。对于 Cohen 来说，热原真性——例如旅游者的参与能够辨析、确认甚至创造、强化一个物品的原真地位，旅游者分享有重大和永恒的决定权力来确定一项文化遗产有无吸引力。由此也引出了"谁是专家？"的疑问。①

在我国，对于文化遗产原真性价值的认识现在还基本上是基于"客观的原真性"概念，而对于"建构的原真性"和"存在的或主观的原真性"等概念还很少触及。上述有关文化遗产"原真性"的多方面讨论，虽没有得到结论性的共识，却对我们的遗产保护与再利用工作带来极大启示，也为我们进一步深化对于文化原真性的探究奠定了宽阔的基础。下文将结合广东三祖庙的"案例"，继续讨论文化原真性的概念和文化遗产保护与开发再利用策略。

三　广东三祖庙文化遗产的原真性与保护、再利用策略

广州陈家祠与佛山祖庙、德庆悦城龙母祖庙合称为岭南古建筑三大瑰宝，也被学界称之为广东三祖庙。

（一）广州陈家祠

1. 文化遗产历史沿革

作为一个具有祠堂、书院和会馆三种性质的大型合族祠，陈家祠（陈氏书院）建成的时间 1894 年距今并不太长。随着洋务运动、维新

---

① Muchazondida Mkono. HOT AND COOL AUTHENTICATION: A NETNOGRAPHIC IL-LUSTRATION. Annals of Tourism Research, Vol. 41, 2013, pp. 215 – 218.

变法以及辛亥革命把中国推向一个新的历史发展阶段，中国的教育在这些社会变革的影响下也随之发生了变革。这一时期展开了学校与科举、新学与旧学、西学与中学之争。"废科举、兴学校、授西学"，成为当时人们共同的呼声。作为广州最大祠堂的陈氏书院，在不断的社会变革中先后成为几所学校的教学场所，表现出社会发展对陈氏书院的影响。陈家祠（陈氏书院）经历了如下变迁：[①]

（1）陈氏实业学堂。1905 年，科举制度废除后，陈氏书院就改办为"陈氏实业学堂"。招收对象是陈氏子弟。将旧式书院改办为新式学堂，出于康有为的提议。康有为为培养维新人才，曾于 1893 年在广州创办"万木草堂"。而"万木草堂"就是以广州的一个旧式书院为校址的。

（2）广东公学。广东公学最早于 1913 年初由米尔顿·L. 里昂（Milton L Leon）和本·Y. 李（Ben Y Lee）创设，校址原在广州西郊昌华街，1915 年迁入陈家祠。广东公学是一所私立商业专科学校。创办者们在书院进行的西方教育给满载中国传统文化的陈氏书院增添了新的历史内容。

（3）广东体育专科学校。辛亥革命以后，蔡元培提出把"军国民教育"作为新的五项教育内容之一。由此，体育运动和体育教育兴起。广东体育专科学校，又名广东体育学校，正式创办于 1928 年 11 月 11 日，学生来自华南 5 省各县，是广东第一所男女同校的体育专科学校。

（4）文范学校和聚贤中学。广东体育专科学校由于当时政局的变动，1937 年停办。此后陈氏书院又开办"文范学校"。这所学校一直

---

① 梁正君：《试论陈氏书院的教育功能》，黄淼章主编《广东民间工艺博物馆文集》第二辑，广东旅游出版社 2005 年版，第 54—55 页。

开办到日本侵略华南、广州沦陷时结束。抗战胜利后 1946 年又办"聚贤中学"，这所学校一直开办到 1951 年。

（5）广州行政干部学校。新中国成立后，党和政府就着手进行教育工作改革，实行了国家对学校的领导。陈氏书院在这种情况下成为广州行政干部学校的校址。这所学校办至 1957 年。

（6）广东民间工艺博物馆。1957 年，陈氏书院被作为市文物保护单位加以重点保护。此后又经过全面维修复原，1958 年辟为广东民间工艺馆，1962 年经广东省人民政府公布为文物保护单位。1988 年国务院公布为全国重点文物保护单位，并更名为广东民间工艺博物馆。2002 年 7 月，陈氏书院以"古祠留芳"为名入选"新世纪羊城八景"之一。

2. 物质文化遗产与活化

现在，成为广东民间工艺博物馆的陈氏书院，无论其前身的古祠堂（古书院），还是后来的各种新式学堂，其中的活态文化和相应功能都已结束，只留下一个化石般的物质躯壳。其遗产的主要价值在于保留了部分原建筑的物质遗存和完整的原建筑的形态格局，这是其客观的原真性。至于其维修后有相当部分的建筑构件和材料被更换，而仍然认可其在维修过程中保持了原工艺、原式样的原真性；这些可视为其遗产价值基于某种"社会建构的原真性"。与《奈良文件》强调在遗产中存在活态文化而不是单纯的物质客观原真性有所区别。

在 2010 年国庆节前夕，作为广州市荔湾区迎亚运工程，历时半年的陈家祠广场扩建一期工程全面竣工。扩建后的新广场比原有的绿化广场面积增加近 2 万平方米，拆除了原来位于陈家祠南面的三十二中旧校舍，陈家祠面向城市主干道中山七路的"南大门"前广场得以重新敞开，古朴风雅的古祠堂终于走出深闺。扩建工程分前区和后区。前区为绿化广场，在中山七路边正对陈家祠大门的轴线上新建了"古祠流芳"牌坊，见证了科举制度的 2 对 20 米旗杆斗在陈家祠重新复位。在后区陈家祠二、三期的扩建中，将在陈家祠后面建起岭南艺术博物馆作为博物馆功能的延续，而陈家祠将作为古建筑艺术品腾出更多空间让游客驻足观赏游览。陈家祠周边景观将围绕"一园一轴"的理念而建，一轴即指陈家祠主体建筑中轴线对应前广场南端"古祠流芳"牌坊所形成的轴线，一园是指围绕着主体建筑与扩建建筑周边的城市园林。

3. 非物质文化遗产与活态文化

陈氏书院作为古祠堂、古书院的功能和活态文化虽然存在的时间并不长久，随着时代的变迁早已消亡，其后作为各种新式学堂、学校的功能继续使用。陈氏书院现在作为广东民间工艺博物馆，主要是基于其短暂的古祠堂、古书院的历史，而不是后来各种新式学堂学校，这些新学校的历史甚至都不是市民大众所熟悉和关注的，但它们仍有重要的历史信息价值。陈氏书院非物质文化遗产的价值有以下几点：一是通过建筑直观地展示了广东民间工艺的精粹；二是通过对建筑的整体形象和格局的参观了解，完成社会对于一个传统样式大型祠堂的集体意象的建构；三是陈氏书院的变迁史，是对广州乃至整个中国近代社会变迁史的重要见证，有对广州乃至整个中国近代社会的历史意象的建构价值。

作为一个法定的全国重点文物保护单位，广东民间工艺博物馆（陈氏书院）具有客观的原真性和冷原真性。在节假日，市民和游客排着长队等候进入陈氏书院参观，说明它作为新的羊城八景所具有的吸引力，体现了其所具有的社会建构的原真性和热原真性。至于陈氏书院对广州乃至整个中国近代社会变迁的历史意象的建构价值，还有充分挖掘的潜力。如何发挥其赋予当代人历史维度和文化身份认同的建构作用，加深人们对于历史沧桑感的体验，都有进一步的文章可做。例如在陈家祠城市景观园林里面开辟文化公园，以组图式主题雕塑的形式向市民与游客展示陈氏书院历史变迁的意象，激发起对陈氏书院所包含的众多社会历史信息的理解、感悟和体验，进一步强化陈氏书院文化遗产在创造"主观原真性"或者说"存在主义原真性"的作用，是陈氏书院文化遗产活态化发展的一个方向。

（二）佛山祖庙

1. 文化遗产历史沿革

佛山是一个有深厚历史文化底蕴的城市，而祖庙是这座城市传统文化的精粹代表。佛山祖庙奉祀的是真武帝。方志记载："真武帝祠之始建不可考，或云宋丰时，历元至明，皆称祖堂。"① 祖庙从其始建，至清代初年，这里逐渐成为一座体系完整、结构严谨、具有浓厚地方特色的庙宇建筑。光绪二十五年祖庙大修，形成今日的祖庙建筑群。佛山祖庙 1996 年列为国家重点文物保护单位。祖庙的正殿里庙内还陈设了许多珍贵的文物，如 70 件 30 种兵器铜墙铁壁仪仗，直径 1.31 米的巨型铜镜、大型铜鼎、铜钟和香炉。这些陈列品集中反映了明清时期佛山高超的工艺技术，祖庙由此也被誉为"东方民间艺术之宫"。

从北帝庙始建至明景泰二年（1451），是祖庙的龙翥祠阶段。这一阶段的特点是民间自发的祭祀。从明正统十四年（1449）到清末是灵应祠阶段。灵应祠阶段又可分为前段和后段，前段是明正统十四年

---

① 冼宝干：《佛山忠义乡志》卷八《祠祀》。

到明末，这一阶段特点是官府介入民间祭祀。后段是清初至清末，这一阶段的特点是北帝崇拜衰而复起。由于佛山出现了大量侨居人口，商业和手工业迅猛发展，市民社会成熟，佛山祖庙作为地域认同的中心，整合着佛山各种不同的人群，佛山祖庙成为佛山复合地缘社会的有机统一点，并迅速向登峰造极、唯我独尊发展。

2. 物质文化遗产保护与活化

佛山祖庙为全国重点文物保护单位，其周边环境和风貌协调区受到现代城市发展所带来的压力和影响。20 世纪 90 年代中后期以来佛山大量的历史建筑被成片拆除，取而代之的是现代风格的建筑。如何处理历史文化保护与现代城市发展的关系受到各方关注，也是国内不少历史文化名城所共同面临的问题。作为广东"三旧改造"的一个先导性工程，佛山祖庙东华里历史街区改造——即"岭南天地"项目于 2008 年启动。"岭南天地"借鉴了国内这方面比较成功的例子——上海"新天地"的理念，形成传统与现代对话，创造出以历史景观为特色的新的富有魅力的时尚休闲地。佛山岭南天地以祖庙东华里历史风貌区为发展主轴，用现代化的手法保护和改造片区内的 22 幢文物建筑及众多的优秀历史建筑。项目规划用地面积 52 万平方米，总建筑面积 150 万平方米，整个片区被打造成集文化、旅游、居住、商业为一体的综合街区，本着延续佛山风情风貌的精神，打造成佛山新地标。项目分 5 期，计划于 2020 年全部完成。

在项目开发过程中，佛山祖庙原来关闭的崇敬门被重新打通启用并与岭南天地鲤鱼广场相连通；对国家重点保护文物东华里古建筑立面群进行了修葺，建筑的居住功能被置换为商业用途和特色博物馆。除此之外，岭南天地还保存了包括简氏别墅、孔庙、李众胜堂祖铺、嫁娶屋等 22 处文物建筑及街道，但大部分古民居被拆除，拆除后的留下的空地有的在原地建成其他功能的建筑，有的则依据总体规划辟为尺度适宜的开放空间。被拆除建筑的旧材料得到有效的循环利用，多用于新建建筑的外墙贴面材料，保持"修旧如旧"历史街区古韵的风格，另一方面也遵循了绿色循环建筑的理念。项目充分运用街巷空间、骑楼、锅耳式山墙、瓦脊、雕花屋檐等岭南建筑特色符号，使得佛山的历史文化风貌与城市脉络得以传承，并赋予其新的生命力。

历史文化街区的保护与开发再利用往往是一个两难问题：一方面，历史文化街区的建筑大多衰败老化，有的已成为危房存在很大安全隐患，建筑功能不能适应现代生活，社区老龄化、空心化严重；另一方面，老建筑中包含了大量的物质、能量和信息，如果大批拆除历史建筑，必然带来材料和能源的浪费，社会历史信息的丧失，随着原住民被迁移和社区绅士化，原生态文化遭到破坏。岭南天地试图调和这两方面的问题，但仍然造成了原有城市肌理遭到比较大的改变，3万原住民被迁置和随之而来的社区绅士化。岭南天地的做法是应该看作对原有文化的破坏？还是对原有文化的复兴？这些都须在文化原真性的复杂议题中进一步地探究。

3. 非物质文化遗产与活态文化

祖庙的主体部分已成为冻结式（博物馆式）的文化遗产，其主体前部的戏台和祖庙公园在重要的节日仍有演出和活动。在前些年，还可以看到有少量的佛山市民特别是老年人在祖庙崇敬门外烧香拜神，说明祖庙古老的文化和社会功效还多少残留在佛山市民的实际生活和记忆中。在新时代背景下，传统非物质文化遗产不可避免地受到新消费文化的冲击，祖庙"活"的社会功能和活态文化面临彻底丧失的危险。从活态遗产的角度来说，如果佛山老城的历史建筑遗存尤其是祖庙与现代佛山的社会生活脱节，佛山历史文化名城的保护对于佛山市民来说就成为缺乏主体意识和主体参与的外在行为。对主体文化价值的认同是广泛的历史保护的基础，建立起有效的公共参与，使其植根于城市民俗的精神领域，不但是城市遗产保护工作得以顺利进行的基础，也是城市历史文化保护的根本意义所在。城市遗产保护不仅仅是一个技术问题，而应把城市的文化看成是为创造一个人类的美好居地作为根本目标。

改革开放后，传统文化越来越受到国家相关部门的重视，民间信仰得到尊重。20世纪80年代末，祖庙开始出现在北帝诞当天群众性自发性的拜祭祈福场面，恢复北帝诞庙会传统的呼声也越来越高。2003年10月联合国教科文组织大会通过了《保护非物质文化遗产公约》，2004年我国正式加入《保护非物质文化遗产公约》。2005年10月国务院发布《关于加强我国非物质文化遗产保护工作的意见》，短时间内，在中国大地掀起了一股非物质文化遗产保护热潮。在这样的形势下，作为祖庙的管理者也本着尊重民俗传统的方针，于2003年逐步恢复举办祖庙北帝诞庙会，对庙会仪式、活动做了完整的规划和设想：以地方传统文化为卖点，打造全新的、丰富多彩和富有民间色彩的祖庙庙会，在原有的仪式上增加了舞龙、舞狮、武术杂耍等佛山传统的游艺民俗表演。[1] 一方面大大丰富了庙会的内容；另一方面，使庙会活动更加适应现代社会的发展。北帝诞庙会2006年入选广东省非物质文化遗产名录，2007年入选第二批国家级非物质文化遗产名录。祖庙北帝诞庙会有着广泛的民众参与性，既是佛山市积极打造的、体现佛山民俗文化和城市魅力的文化品牌，更应该把它当作城市文化和城市精神生活复兴的契机加以培育，使之老树发新枝重新焕发

---

① 高宇峰：《佛山祖庙北帝诞庙会与非物质文化遗产的保护和利用》，《丝绸之路》2009年第18期，第42—45页。

活力。在佛山历史文化名城保护中，适当地恢复一些历史建筑的社会功效，如民俗节日适时对市民开放祖庙，使祖庙一定程度上回归于城市的社会生活，相较于单纯博物馆式的保护和旅游开发，文化遗产的文化功效就会向更内在、更深层次发展。

基于这样的新背景，岭南天地项目设想充分挖掘佛山粤剧之乡、武术之乡、陶艺之乡、美食之乡等文化特色，引入各类文化设施及现代化设施，使其成为佛山展示城市文化精髓的综合社区和窗口，推动佛山文化名城建设。这些举措都不可避免会与历史建筑的开发利用交织在一起。在老城建筑的保护与利用中，原真性的概念应区别对待。历史遗产有考古、科学、历史、与艺术审美几方面重要价值，对某一方面价值的侧重，会引发历史建筑修复原则与技术方法策略的分歧，也成为国际领域争论不休的议题。如果涉及活态文化遗产，其原真性概念更加复杂。岭南天地项目为我们研究这些问题提供了契机，要得出具有共识性的结论，需要长时间的跟踪研究，目标是甄别出不同类型的文化遗产所适合的原真性概念，以及应当采取的适应性可持续的保护与再开发策略。

（三）龙母祖庙

1. 文化遗产历史沿革

坐落于德庆悦城镇的龙母祖庙是西江人民的圣殿，其历史悠久，可上溯至秦汉时期。龙母文化养育和滋润了西江人民数千年的文化生命，是广东省有代表性的重要文化遗产之一。龙母文化是一种典型的原生态文化，对于研究文化遗产的原真性是一个特别有价值的案例，能说明很多问题。龙母祭祀文化是基于自然崇拜的大母神原型崇拜，龙母为西江流域的信众提供了基于风土的意象群和意义丛。作为一种基于乡土的民间宗教，既有一般宗教的普遍性又有其不同于普世性宗教的自身特点。龙母崇拜作为原生态的民间宗教，与佛教、基督教、伊斯兰教等世界性宗教的区别在于：基于民间传说的民间宗教在哲理、世界观方面没有全面深入的理论诉求，而是源自于本能性的集体无意识的原始意象，这些意象最终物化为祖庙建筑群及其周边环境的风水格局之中。

2. 物质文化遗产保护与开发

龙母祖庙坐落于悦城镇名之为"珠山"的山谷盆地上。龙母祖庙又名孝通庙，始建年代无可考，现建筑成于清光绪三十三年（1907），总面积1.3万平方米，整个祖庙建筑群现保存得相当完整。由江边石级、石牌坊、广场、山门、香亭、大殿、寝宫、东裕堂、牌亭、龙母坟、西客厅、程溪书院等建筑组成。整个主体建筑群按照传统"门、殿、寝"的序列格局布置，面向西江，背靠五龙山，是中国风水文化的活教材。

1993年，县政府邀请天津大学和广东省规划院的专家，对龙母祖庙旅游度假区进行规划设计。根据规划，政府修缮了龙母祖庙和附近建筑，改造完善了道路、停车场等基础设施。1999年，开设庙东商业街，开通了庙西新街、过境街道、程溪路和河堤路。① 前些年，龙母祖庙东边地块已开发成新的旅游配套项目及停车场，旅游指示标牌等一应俱全一派现代旅游区景象。这些举措和建设也产生了一些疑问。如新建筑在风貌上很难与旧建筑协调，形成了街道两边新旧建筑风格迥异的"阴阳脸"现象。龙母祖庙主要还是一个民间宗教场所，

---

① 蒋明智：《非物质文化遗产产业化探讨——以悦城龙母文化为个案》，《华中师范大学学报》（人文社会科学版）2012年第2期，第56—60页。

政府在涉及这类活态文化遗产时应持适度参与、适当引导的态度。过度的旅游开发和不当干预，极易造成冲淡原生态文化的原汁原味的后果，造成文化遗产原真性的损坏，因之则文化遗产的开发和再利用事业本身也必然是不可持续的。

3. 非物质文化遗产与活态文化

龙母祖庙至今还延续着如龙母诞、龙母得道诞、龙母感恩节等盛大的庙会活动，龙母信众遍及西江流域、港澳地区及周边省份，这些都是龙母文化的珍贵遗产。正是因为有这些资源，引来各方对利益的追逐和对遗产的再开发利用。自 1996 年，德庆开始推出以龙母祖庙景区为龙头"龙之旅"旅游路线，官方资料显示当年统计的旅游收入有显著增长，"龙之旅"旅游热线已成为广东旅游的精品路线；但这些年当地居民却反映龙母诞已经没有以前热闹了。龙母祖庙所承载的活态民间宗教活动是其主要功能，是地方风物的主要载体，也是其文化遗产的精髓所在。在一哄而上的文化遗产旅游开发热潮中，往往偏离了文化遗产的本真意义及其更长远的社会文化功能。徐亚娟在《近百年龙母传说研究综述》一文中对于涉及中国的遗产保护事业所提出问题很具有共性，引述如下：

龙母传说在当代受到前所未有的关注，固然是因其传说本身的魅力所致，但是多个"龙母故乡""龙母发源地"在新时期对龙母超常关怀的动机并非如此简单。通过对几地"龙母情结"的实地考察，我们就会很容易地感受到隐藏在龙母文化背后的利益本性。在经济驱动下开发龙母文化，使产业文化为地方文化产业提供服务，这种做法无可厚非。地方政府能为营造龙母文化提供充足的资金保证，这看起来也是龙母传说在当代最大的收益之所在。只是传说本身是由民众信仰所支撑的文化结构，如果一味地追求经济利益来发展文化产业，而忽略了龙母传说的主体身份，忽略了龙母传说本身的文化意义，势必造成龙母传说主体性的丧失，进而造成龙母文化在市场经济时代的悲剧命运。这就引出了一系列问题：市场经济的时代如何处理文化与经济的关系？为经济搭台的产业文化将向何处发展？不能为经济搭台的文化我们还需要吗？而这些问题的答案显然目前还不得而知。①

今天有所谓梁祝故里之争，诸葛亮故里之争，曹操之争、七仙女之争，等等，这类问题在今天有广泛性。对于龙母文化资源的再利用，"外在"参与者应该是依附性的，无论是政府主导的开发计划还是外来者的观光旅游等不恰当的过度干预或参与，都有可能使龙母文化偏离其自然内在的演化过程，都会危及文化原真性本身致使文化遗产遭受异化，使文化遗产保护事业陷入一个非理性、不可持续的境地，这不能不引起我们的警觉。

四 三祖庙文化遗产原真性综合研究与结论

事实表明，过去那种采取被动式的、隔离式的文化遗产保护，或采取所谓"文化搭台、经济唱戏"之类的遗产利用策略，都或多或少地存在偏颇的动机和片面的理解，往往使文化遗产保护事业陷入顾此失彼的陷阱。探索文化遗产保护的根本目标和基本价值，寻求普遍而深刻的遗产保护的意义和评价准则变得至关重要。本文的初步结论是：第一，要使遗产保护融入当代的生活；第二，要使遗产的开发再利用做到可持续。这些都暗示必须对遗产的原真性概念进行仔细辨析。

---

① 徐亚娟：《近百年龙母传说研究综述》，《广西民族研究》2007 年第 4 期，第 134—137 页。

在遗产的保护过程中，各利益攸关方有着不同的关注角度和不同的利益诉求，可概括为如下主要类型的对立或矛盾：（1）原住民利益VS 政府或开发商利益；（2）原住民生活空间 VS 旅游空间；（3）原住民的真实生活和原真文化 VS 为吸引游客的人为表演；（4）学者对于文化遗产保护的关注 VS 政府偏于经济发展的要求。如果这些问题不能妥善的解决，就不能说我们对于文化遗产事业有全面的理解和做到可持续发展。为解开这个复杂的结，先要区分出不同的文化原真性。基于已有理论的原真性的研究，本文进一步提出"主位文化原真性"的概念，把它作为处理文化遗产原真性问题的拱顶石。概念建构的方法如下：

首先把与文化遗产相关的人群分为两类：（1）处于"主位"的人群；（2）处于"客位"的人群。主位（emic）和客位（etic）概念由莫里斯（Marvin Harris）提出①，广泛运用于文化学和民族志研究。在本文中"主位"被定义为人们以主体的身份（特别指原住民）深度介入或参加到如祭祀仪式、宗教节庆等文化活动中，强调情感的自然投入和融入真实生活而非为了观众或游客的表演。除此之外，一切其他参与者被定义为"客位（Etic Position）"，包括一般的参观者、旅游者、学者或政府部门有关人员以及开发商等。为了量化这种主位文化的原真性，本文提出"主位度"的概念 DSP（the Degree of Subjective Position），DSP 由两个量化指标的乘积而得到其数值：一是DSPp 指以主位身份参与到某一与遗产相关的文化活动中占总参与人数的百分比；二是 DSPt 指主位人群深度介入某一与遗产相关的文化活动中所占时间与总参与时间的百分比。这两项指标均可由现场直接

---

① Marvin Harris. *Cultural Materialism*：*The Struggle for a Scienceof Culture*. New York：RandomHouse，1979，p. 32.

观察计算可得，也可借助摄像统计等其他方法得到。在本文中"主位文化原真性指数"EmCAI（Emic Culture Authenticity Index）等于DSPp 乘以 DSPt：

$$EmCAI = DSPp \times DSPt \qquad (1)$$

增加观察统计的次数可增加指数的精确性和代表性，所以：

$$EmCAI = DSPp \times DSPt/n \qquad (2)$$

EmCAI 越接近于 1（100%），则主位原真性越高；反之，EmCAI 越接近于 0，主位原真性越低。黄金分割比被预先用作 EmCAI 几个定性的临界值。之所以用黄金分割比，因为它是多数与少数、主导与从属关系的最佳衡量的理想比例，但其实际效应和具体结论还需长期跟踪研究验证。当 EmCAI 值低于 0.382，这意味着文化正失去它的原真性，发生了异化。当 EmCAI 值在 0.618 与 0.382 之间，表明文化的原真性处于敏感和易转化的阶段。而当 EmCAI 值大于 0.618，文化处于固化的原真状态。今天，我们强调文化遗产与当代生活的互文性所触发的文化生产价值，主位与客位交互叙述对文化内在生命力的保持和促进作用，因此，EmCAI 介于 0.5 和 0.618 是一个被推荐的区间，这表明文化遗产不仅维持了其原真性，而且还处于良好的活性当中：文化遗产不仅发挥了其凝聚传统固态社会的作用，而且能有机地融合到当代社会，参与建构一种新的更广泛的文化认同。

把上述这些讨论摆进一个宏观的文化生态学的视野，那么"主位文化的原真性"在文化遗产相关议题中，将会更加突显出其在遗产文化生态链条处于中心生态位的地位。综合上述研究，初步给出文化遗产原真性生态学钻石模型，如图 1 所示：

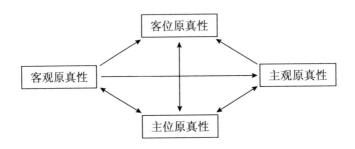

图 1 文化遗产原真性生态图

　　客观原真性，如上文所述，是指遗产物质实体的原真性。客位原真性，参照前文的论述，是指不是以主位的身份参与到文化遗产的各项活动和事业之中，主要以社会建构的方式完成遗产原真性的认可、鉴定和欣赏。主观原真性，如上文所述，其观念源自存在主义哲学，也因此称作存在的原真性，强调的是文化遗产所引发的主体性的原真体验。如果说主位原真性和客位原真性都具有一种社会集体建构的性质，而主观原真性则注重于个人的主体身份和存在的原真体验。按照主观原真性的观点，文化的原真性或者说其原真性的价值归根结底是个人存在于世的主观体验。从图 1 我们可以看出，主位原真性与所有其他原真性都处于交互的关系中；相对而言，从客观原真性到客位原真性、再到主观原真性则是单向发展的。

　　存在某种物质遗存或空间场所，是文化遗产（尤其指物质文化遗产）存在的前提，但这种客观的原真性是由主位文化的原真性建构起来的并且需要主位文化赋予其意义，他们之间存在一种互文关系。客位的原真性本身就是相对主位原真性而言，它们之间的界限不是绝对的，在一定的情形下会发生互相转换。主观原真性与主位原真性有着深度的交互作用，一方面主位原真性的参与个体一定已经是一个主观原真性的体验者；另一方面，作为客位参与者所体验到的主观原真性必然是以其体验到的主位原真性为交互条件：对于处于客位的主观原真性体验的产生，恰恰不在于处于文化主位的人群所给予的迎合式的表演，而是在于主位人群越是处于自己的文化原真性之中，就越会给予客位参与者产生自身主体性存在的原真体验。从文化的历史来看，实际上，往往由于这种深度的存在主义体验，甚至会把处于客位的人群转化成一个主位人群。

表 1　　　　　　　　　广东三祖庙主位文化原真性指数

	DSPp	DSPt	EmCAI
陈氏书院	0	0	0
佛山祖庙	0.25	0.6	0.15
龙母祖庙	0.9	0.75	0.585

用主位文化原真性来研究广东三祖庙，如表 1 中 EmCAI 所示，龙母祖庙维持了其主位文化的原真性，作为一个流传久远的原生态活态文化，在今天有弥足珍贵的文化遗产价值。这种价值超越任何外在的、短暂的商业价值，从文化生态链的角度来看，应该把它视作为一种珍贵的文化基因，珍视其对当代人的文化身份而言所具有的内在的、长远的建构作用。无疑，对龙母祖庙的最佳保护策略就是让它按照其原真文化的生命力自然发展，而不是拔苗助长式的开发和竭尽所能式的利用。

如 EmCAI 值所示，佛山祖庙文化已发送了异化。今天的祖庙庙会复兴虽然融合了某些传统文化基因，但不可避免地丧失了文化遗产的原真性所具有的深层触动作用。虽然如此，佛山祖庙作为佛山最重要的文化遗产在历史见证、城市意象和文化基质等方面有其不可替代的价值，这些价值也正在转化到诸如像岭南天地等项目的文化创意之中。从主位文化原真性和文化生态学的角度来看，如何保持原住民的文化主体身份，如何让以佛山祖庙为代表的文化遗产自然地发酵出其文化醇香，让地方民众、地方知识、地方团体成为地方文化的真正源泉和创造者？这都是像岭南天地这样的项目所面临的、或者说是所带来的重大课题。

Em CAI 值也显示出广州陈氏书院的主位活态文化已完全丧失，正因为此而成了一个民间艺术博物馆，延续其作为文化化石和历史录音带所具有的记录功能，发挥其在文教展示和旅游发展方面的独特作用。从文化生态学的角度而言，陈氏书院后续的发展方向从补短板来看，应增强它的参与性和体验性，发挥其激发"存在的原真性"的作用，如利用各种手段包括利用其周围地段，展现其见证历史变迁的沧桑意象，使游历者产生深沉的历史感悟和深层的主观体验是其进一步的发展方向。

本文提出"主位文化原真性"的概念，目的是为文化遗产保护与再利用事业提供一个视角、一个切入问题的中心点和实施"分类施策、精准施策"的理论依据，也希望借此为广东省文化强省战略提供一种思考方向。

（文一峰：广州大学广府文化研究中心研究员）

信仰空间与社会整合

——清代佛山祖庙崇拜的建构与祭祀仪式的变迁

罗一星

清代前期的佛山已发展为闻名遐迩的天下四大镇之一，全国各省的商人和省内各地手工业者云集佛山，国内商贸物流量甚至超越广州。此时的佛山与广州成为岭南二元中心市场，时人并称"广佛"或"省佛"。大量的侨寓人口涌入佛山，使佛山原有信仰群体的结构发生改变，也扩大了信仰群体的规模。适应社会经济发展的多种需要，祖庙此时在明代构建的北帝祭祀体系基础上发展出一套相当完整的北帝神明祭祀系统，这套系统包容性强，儒、释、道兼收并蓄，神明达数十种；且层次丰富，庙宇和祭祀点由镇的中心、铺的中心、街区的中心乃至里社的中心层层皆有。更为重要的是，它创造了一种含义统一的信仰模式，发挥着重要的促进社会整合的功能，成为体现清代佛山文化一体性的重要象征。

一 祖庙规制的扩大和完善

清代是北帝崇拜迅速向登峰造极、唯我独尊发展的时期，也是北帝神适应多种祭祀群体需要不断扩大祭祀范围、完善祭祀制度的时期。

　　广东官府对佛山祖庙的真正关心和支持，是在雍正十一年（1733）设立佛山分府同知衙门以后，尤其是在乾隆四年（1793）南海县知县魏绾把祖庙控制权从里排手里交到绅士手里以后，历任的佛山同知就把祭祀北帝和修建祖庙作为自己责无旁贷的任务。例如乾隆二十四年（1759）佛山同知赵廷宾倡修祖庙，镇民雀跃响应，"合赀一万二千有奇"。使祖庙焕然一新，如巍然堂寝、坚致门庭、恢拓歌舞台、筑浅廊以贮碑匾等；又并修圣乐宫及祠右之观音堂。值得注意的是，这次重修，商人的捐资占了重要部分。我们现在仍然可以看到的灵应祠正殿中间石柱，就为盐总商吴恒孚（吴荣光祖父）率领其七子同立。而灵应祠前殿石柱，亦为侨寓贡生吴文柱偕儿孙五人所敬奉。这说明侨寓商人也认同了北帝崇拜。

　　嘉庆元年（1796）佛山同知杨楷捐俸倡修灵应祠及鼎建灵宫，镇人"靡不响应"，"金捐工费银两共九千七百有奇"。祖庙经此重修，更加恢宏。与此同时也鼎建了灵宫，"崇祀帝亲，各自为尊，以正伦理"。此次重修，赖杨楷之力尤多。正如曾任粤秀书院山长的陈其燨所言："微杨公之力，其奚能为此也。继自今入庙，而睹金碧之辉煌，观瞻肃矣，敬畏起矣。宫分前后，体统昭焉，伦理正焉，尊尊亲亲之义明矣。杨公之功亦伟矣哉！"[①]同年冬天，两广总督吉庆曾到佛山谒灵应祠，现祖庙前殿木雕对联："默祷岁时常裕顺，愿登黎庶尽纯良"，就是吉庆所题。这就以广东地方最高行政长官的身份再度肯定了北帝祭祀的合法性。

　　上述佛山同知赵廷宾和杨楷对祖庙重建的关心和以时"诣祠焚香"的行动，以及两广总督的题联，表明了清代广东官府对佛山祖庙祭祀的重新介入，表明了地方官对发挥祖庙所具有的社会功能的重新重视。佛山镇商民在地方官的支持下，则把祖庙的修建作为合镇的大事举办。营造务求恢宏，雕饰务求精美。北帝崇拜再次呈现热潮。①

大概在乾隆年间，祖庙成为一个庞大的建筑群体，它由灵应祠、观音堂、流芳祠、圣乐宫、锦香池、牌坊、戏台七大部分组成，占地面积广阔（至今仍占有3000多平方米）。整个建筑群坐北向南，布局合理，结构奇特，装饰华丽，富有独特的地方风格。所有这些精心的营造与安排，无非为了一个目的，就是凸显真武神独一无二的地位。这一凸显真武神的趋向，我们也可从文人的记载中得到佐证。光绪年间佛山人梁世徵说："粤之佛山为寰中一巨镇，有灵应祠。阖镇以祀真武帝，年久而分尊，屡著灵异。共称之曰祖庙，尊亲之至如天子。"②"尊亲之至如天子"，可见北帝的地位已抬升到无以复加的地步。现在能看到的在灵应祠三门前的对联"廿七铺奉此为祖，亿万年惟我独尊"③，"庄严冠禅山群庙，灵应为福地尊神"④，也鲜明地表达了佛山人要塑造的祖庙和北帝的形象。

清代北帝崇拜在佛山的发展，是北帝神向唯我独尊发展变化的过程。在这一变化过程中，官府的重新介入祭祀和侨寓商人的认同，从不同方面加速了这一过程的发展，官府的重新介入祭祀，从政治上抬升了北帝的地位；而侨寓商人的认同，不但从经济上扩大了祖庙的财源，而且从组织上扩大了祖庙的祭祀群体，推动着北帝成为佛山祭祀系统中诸神之首，也使祖庙成为合镇诸庙之冠。从而奠定了其在佛山历久不衰的最高层次的祭祀中心的地位，成为佛山社会拱廊的拱顶石，也成为珠江三角洲北帝主神崇拜的典范。

---

① 陈其煜：《重修灵应祠鼎建灵宫碑记》，道光《佛山忠义乡志》卷十二，金石下。
② 《佛镇灵应祠尝业图形》。
③ 光绪年间冼宝桢撰。
④ 光绪年间卢宝森撰。

二　金字塔型神庙体系的确立和多重祭祀圈的形成

清代的佛山，佛教、天主教的发展都不顺利，或分化改组，或倚仗祖庙，或流入世俗，或被禁被压，究其原因，是在它们的对面，站着一个强大的金字塔形神庙系统。这个神庙系统以祖庙为首领，以各铺群庙为主体，层层构建，街街设立，形成信仰网络，联结着佛山全镇的各铺街区。联结着佛山居民的精神世界。美国著名的中国城市史研究学者施坚雅曾经指出："整个晚期帝国城市的一些寺院（神庙）是联结几个街区的地域单位的中心。"① 可见神庙在城市中的地位和作用。下面，将对清代佛山的金字塔形神庙系统及其作用进行重点讨论。

粤谚云：南海神庙，顺德祠堂。言南海人尤重神庙，而顺德人多建祠堂。佛山属南海，而神庙之多又甲于南海，"吾佛土为大镇，合二十四铺。地广人稠，神庙之多，甲于他乡"②。明代其实佛山神庙不多，仅"境内祠庙数处"而已。③ 清代佛山神庙迅速发展，乾隆十七年（1752）时有 26 座，分布在 15 铺④；道光十年（1830）时有 89 座，分布在 25 铺⑤；宣统年间有 154 座，分布在 26 铺和文昌沙、鹰嘴沙、鲤鱼沙等处，几乎遍及全镇各处。⑥ 170 座神庙所祀神明达五六十种，这说明清代佛山人神明崇拜的广泛性。对一般居民来说，不同的神明具有不同的象征意义。这是佛山神庙之多的基本原因。

---

① ［美］G. W. 施坚雅：《中国封建社会晚期城市研究》，吉林教育出版社 1991 年版，第 120 页。
② 《重修东头张真君庙记》，《南海佛山霍氏族谱》卷十一。
③ 《佛山真武祖庙灵应记》，《佛山碑刻》第 3 页。
④ 乾隆《佛山忠义乡志》卷三《乡事志》。
⑤ 道光《佛山忠义乡志》卷二《祀典·各铺庙宇》。
⑥ 民国《佛山忠义乡志》卷八《祠祀二》。

从神庙的分布情况看，有一神而数铺各建其庙者，例如有 10 铺建有观音庙，有 10 铺建有帅府庙（包括主帅庙、元坛庙和石公太尉庙），有 9 铺建有关帝庙和华光庙；也有一神而同铺各建其庙者。如汾水铺有 3 间北帝庙，3 间华光庙，2 间关帝庙；在岳庙铺有 2 间洪圣庙，

2 间花王庙；在栅下铺有 3 间帅府庙；在山紫铺和桥亭铺各有 2 间观音庙；而在丰宁铺则有 2 间字祖庙等。

其中北帝庙和帅府庙的建立，尤值得注意。乾隆年间，汾水只有一座被称为"武当行宫"的庙①，显然是北帝出游时停舆之所。但到清末时汾水一铺就有 3 间被称为"北帝庙"的庙宇。为何镇中有祖庙还建北帝庙？笔者认为可能与接祖庙北帝神到庙奉祀有关。清代祖庙设有 3 尊北帝铜圣像，可借与镇民奉祀。祖庙〈庙志〉记载："原日铜圣像三尊，其一尊被叠窖乡迎去建醮，后乃久不归。即今叠窖所建庙宇奉祀二帝圣像是也。然神护国庇民，均属一体，事远亦不深究。"② 乡人可借去建醮，本镇人当然可以迎奉。从一座武当行宫到 3 间北帝庙的建立，反映了商人认同北帝主神的历史过程。除了汾水铺外，在医灵铺、桥亭铺、明照铺也有北帝庙的建立。帅府庙所祀神明为北帝部将。乾隆年间佛山只有栅下铺一座主帅庙③，但到清末时已有各类帅府庙 13 座。史载："俗称康元帅，父康衢，母金氏，生于黄河之界，负龙马之精；赵元帅，名公明，其神为元坛；石元帅为五雷长，皆北帝部将。山紫铺、彩阳铺、医灵铺、明照铺俱有元坛庙、耆老铺、锦澜铺俱有主帅庙，栅下铺有帅府庙二，桥亭铺有石公太尉

---

① 乾隆《佛山忠义乡志》卷三《乡事志·诸庙》。
② 民国《佛山忠义乡志》卷八《祠祀一》。
③ 乾隆《佛山忠义乡志》卷三《乡事志·诸庙》。

庙，祷祀辄验。"① 可见北帝庙和帅府庙的迅速建立，是北帝崇拜发展的结果。

接下来我们要讨论上述诸庙的层次问题：上述诸庙及其祭祀圈不是平面地分布在佛山全镇各街区中，而是具有不同层次，有一铺中的主庙，祭祀圈为合铺范围；有数街的公庙，祭祀圈为数街范围；还有以一街一巷为其祭祀圈的街庙。②

一铺的主庙必须具有合铺香火庙的条件，素著灵响，远近皆知。无论住家、店铺均前往拜祭。如汾水铺太上庙，建于安宁直街。康熙五十年（1711）建，祀一顺水漂来的老君神像。"初制甚小，既而声灵赫濯，祷求如响。自是以来，地运日益旺，民居日益稠。统安宁、会龙、聚龙三社，人咸崇奉之，号为公庙。乾隆二十五年（1760），里人黄沃生捐送余地，增其式廊，并于庙右附建王母殿。香火益盛，环庙而居者，有庙左、庙右街。嘉庆己未、道光己酉、光绪丁丑三度重修，而庙貌巍峨，遂为铺中庙社之冠。"③ 社亭铺药王庙祀神农。早在乾隆年间就是香火鼎盛之庙，每日清晨庙前墟地有几千织机工人在此待雇。④ 民国二十年代关于佛山市寺庙的调查表中有如下记载："药王庙，在药王庙前街，十八街坊众公产。"⑤ 可见药王庙是社亭铺之主庙。此外，富文铺以卖"波罗鸡"著名的洪圣庙、栅下铺闻名全镇之龙母庙，都是该铺之主庙。

数街的公庙，是邻里的祭祀中心。一般佛山每铺都有 3—8 个庙宇，其中多数就是数街的公庙。如大墟华光庙，建在观音堂铺低街，

---

① 民国《佛山忠义乡志》卷八《祠祀二》。
② 主庙、公庙、街庙的称谓是笔者为区分不同层次的庙所作的一个界定，上述诸庙在清代佛山均称公庙。
③ 民国《佛山忠义乡志》卷八《祠祀一》。
④ 《梁氏家谱》《手抄本》。
⑤ 《南海县佛山市各项调查表四种》，《南海县政季报》第一、二期。

为"大墟五街公产"①。大墟五街为沙塘坊、豆腐巷、莲花地、张家巷、快子街。每年农历九月十五日在此办醮，唱戏烧炮酬神。②

街庙的祭祀圈较小。有一街一庙者，如观音堂铺低街天后庙，为"大墟直街公产"；新墟坊车公庙，为"坊众轮值管理"。有一巷一庙者，如圣母巷圣母庙，为"坊众公产"。③

上述的主庙、公庙和街庙，构成了三种不同层次、不同范围的祭祀圈，而在每一铺中，这三种祭祀圈是交叠在一起的。一个居民可以既属街庙和公庙的祭祀者，也同时属于主庙的祭祀者；一个居民可以不属某一街庙或公庙的祭祀者，但他一定属于铺中主庙的祭祀者。三种庙宇能提供给居民的东西绝不是等同的。一般而论，主庙在增加共有经验和社区沟通的程度上要比公庙和街庙多且深。从预期灵验的信任度而言，主庙、公庙、街庙也是递次减弱的。然而，三者的并存发展，正是适应了不同层次需求群体的祭祀需要。

在庙宇以下，还有社坛的祭祀点，道光年间，佛山有社坛68个④，清末时有社坛79个。⑤由此可见，即使小至社坛的祭祀，佛山都存在不同的祭祀神明和不同的祭祀群体。

此外，一些行业神明，如冶铸钢铁行的太尉、成衣行的轩辕、帽绫行的张骞，它们的祭祀是与行业会馆结合的，会馆亦称为庙，行中人就是其祭祀群体。还有商业会馆中所设神明，其祭祀群体就是该会馆的商人。

由上可见，清代佛山的神庙是以街区居民为基础建立的，不同于

---

① 《佛山市寺庙调查表》，《南海县政季报》第2期。
② 佛山市博物馆文物普查材料，朱洁女（78岁）访问记录。
③ 《佛山市寺庙调查表》，《南海县政季报》第2期。
④ 道光《佛山忠义乡志》卷一《乡域志》。
⑤ 民国《佛山忠义乡志》卷八《社祀二》。

以姓氏和自然村为基础的神庙。因其信仰人群的广泛性，神明的细分化十分明显。佛山这套神庙祭祀体系的核心部分是多层次复合、大小祭祀圈相套的主庙、公庙、街庙祭祀系统，同时也包容了超脱于核心系统之外的特殊祭祀群体。这套祭祀体系与佛山的社区结构是相吻合的，它与铺区相联系，与街坊相表里，深入到佛山社会的每一角落，成为在精神上整合和联结佛山社会的重要工具。祖庙对清代佛山社会的整合，正是通过这套神庙系统的臂膀完成的（具体分析见北帝巡游仪式）。除了神庙系统外，佛山街道也是以祖庙为中心拓展延伸。《佛山街略》就详细记载了三条起自汾水正埠码头，终点到达祖庙的主要道路，显示了祖庙在佛山城市的中心位置。

三 祖庙的祭祀仪式与佛山社区的内部关系

在传统社会里，神庙的活动及其祭祀仪式从来就不仅仅具有娱神的功能，它们是把民众束缚在一起的契约，它们是保持良好秩序的规则，它们是控制人们情感的指令，它们又是尊敬原则的发展。在佛山，祖庙的祭祀仪式是与社会控制和社会整合相联系的，它反映着佛山社区内部由于历史和社会原因造成的血缘、地缘以及各种利益集团的关系，也是传统社会差序格局的象征体现。

清代佛山祖庙的祭祀仪式，肃穆而隆重，向来是一年中佛山全镇居民最大的祀典。乾隆十四年（1749）广宁知县李本洁曾说："北帝之著灵于天下而尤著灵于粤地也久矣。如南海佛山为岭南都会之亚，而祖庙威灵，赫赫奕奕。凡其地居民童叟、四方往来羁人估客、上逮绅宦，靡不森森凛凛，洗心虔事。"[1] 可见佛山之人对祖

---

[1] 道光《广宁县志》卷十五《北帝庙记》。

庙祭祀仪式的重视与虔诚。综观佛山神庙一年中的祭祀活动，主要有四大祭祀仪式：一是北帝坐祠堂，二是北帝巡游，三是烧大爆，四是乡饮酒礼。每一种仪式都具有不同的功能和象征着不同的文化意义和社区关系。

（一）北帝坐祠堂与八图土著的社区特权

北帝坐祠堂是将祖庙北帝神像（行宫）逐日安放在佛山八图土著各宗族祠堂内，供该宗族之人拜祭的仪式。佛山的八图土著居民，是明初佛山堡开图建籍时的八图八十甲初民，是自有佛山以来最早的合法居民。北帝坐祠堂就是专属于他们的传统仪式。每年正月初六，是祖庙北帝出祠之日，也是八图土著的重要日子。正月初六日北帝由灵应祠出游时，八图八十甲每甲派两人，一共 160 个父老、士绅随行一天。至晚北帝坐落在八图祖祠（公馆），从而开始了一年的北帝祭祀活动。第二天由鼓吹仪仗送回祖庙，由轮候的宗族派人到祖庙迎神回祠拜祭。祭后送神时，各宗族并有放炮放烟火等仪式。如此一个祠堂接一个祠堂的迎送，轮完八图八十甲为止。每一次交接都在祖庙进行。如此轮祭到三月三十日。其中，正月十七日，轮到南海鹤园陈氏①二月十三日，轮到金鱼堂陈大宗。② 二月十五日，轮到猪仔市梁祠（明忠义官，二十二老之一梁广之族）供奉③。到三月初四，轮坐到水便陈大宗。因三月初三在祖庙建醮，北帝建醮后要在村尾会真堂更衣，故八图父老均到会真堂接神。④ 至此，从正月初六早至三月三十晚，前后长达 83 天的"北帝坐祠堂"活动才告结束。从上述材

---

① 《南海鹤园陈氏族谱》卷四《杂录·八图现年事务日期》。
② 乾隆《佛山忠义乡志》卷六《乡俗志》。
③ 《梁氏家谱》《本祠例略》。
④ 《南海鹤园陈氏族谱》卷四《杂录》。

料可知，正月初六帝尊到八图祖祠（当天有出游），二月十五的谕祭（当天有色队伴行），三月初三的巡游，均由八图八十甲各派人参加，是八图公务。扣去这三天，就是整整八十天，恰与八十甲的数字相等。在这八十天里，属于各宗族自理的事务，届时各族均打点头锣，召集父老，准备烟火，迎送北帝。可见，祖庙"北帝坐祠堂"的仪式必须是轮坐所有八十甲的祠堂。也就是说，在八图范围内土著居民对北帝有祭祀的共享权，而在佛山社区范围内土著居民对北帝则有祭祀的独享权。在这里，体现了不同血缘集团之间存在着享有社区权利的差别。越早合法定居的血缘集团，越享有北帝神明祭祀的特权。

北帝坐祠堂的仪式具有十分重要的功能，首先，把北帝从神圣的祖庙请出来，坐落在家居附近的祠堂里，这密切了北帝与八图土著居民的联系，满足了土著居民精神寄托的需要。同时也强化了土著居民的主神崇拜意识。其次，在接送北帝的仪式过程中，宗族父老和士绅的地位得到明确，也就是宗族内部形成的种种关系得到了重新确认，这对维系宗族组织无疑起了重要作用。最后也是最重要的，这种对北帝坐祠堂权利的拥有，强化了土著居民的"八图"认同意识，保持了土著居民的自尊和信心，同时也向所有佛山人暗示：北帝这一素著灵响、无往不胜的地方保护神是土著居民创造的。而在这种重演过程中，土著群体与侨寓人士的区别得到彰示，土著群体自身的地位和价值观念也得到再度尊重和肯定，从而加强了自身的团结。对于土著居民个人来说，仪式活动使他在群体中得到思想感情的共通与支持，而且通过对宗教经验的重演，把他与集体力量和慰藉之源沟通起来，也就加强了宗族本身的内聚力和认同感。

（二）北帝巡游与佛山社区的等级关系

北帝巡游是最有象征意义的祭祀仪式。它具有明确神明控制的社区范围，重申社区领导阶层的地位，强调社区内各神明之间和不同地缘、不同血缘群体之间的统属关系，强化人们的主神认同意识，加强社区内聚力的功能，从而维护早先确立的差序格局。

明初的北帝巡游，是在古九社的范围之内。"每岁灵应祠神（应为龙翥祠神）巡游各社。"① 但当时九社的范围并不大，所涉铺区仅有后来的6铺范围。该6铺均处于佛山东南部，约占清代佛山镇范围的三分之一。我们知道，古九社的居民后来成为八图土著居民。这一文化传统，决定了八图土著居民后来在北帝出游中的地位。清代乾隆年间，北帝巡游的范围已扩大至全镇范围。陈炎宗记载："三月三日，北帝神诞，乡人士赴灵应祠肃拜。各坊结彩演剧，曰重三会。鼓吹数十部，喧腾十余里。神昼夜游历，无晷刻宁，虽隘巷卑室亦攀銮以入。……四日在村尾会真堂更衣，仍列仪仗迎接回銮。"② "各坊结彩演剧""喧腾十余里""虽隘巷卑室亦攀銮以入"，可见北帝是在全镇巡游。当时在汾水铺设有"武当行宫"一座③，当是北帝巡游时停舆供商民拜祭之处。又从初四日才"迎接回銮"，可知当时北帝出游时间是一天一夜。

佛山博物馆保存了一张《佛镇祖庙玄天上帝巡游路径》，十分详细地记载了北帝道光年间一次巡游的日期、所经街道及其巡游队伍的组成情况，为我们了解佛山祖庙北帝巡游的细节提供了不可多得的材料。

---

① 《南海佛山霍氏族谱》卷十一《重修忠义第一社记》。
② 乾隆《佛山忠义乡志》卷六《乡俗志》。
③ 乾隆《佛山忠义乡志》卷三《乡事志》。

　　佛山该年举行祭祀北帝飞升活动定在十月二十六日至十一月三日，一共八天。

　　北帝巡游前的准备工作，是设定巡游路线，张榜通晓镇民。凡北帝所经街道，一概要清除干净，搭建"过亭"。这与乾隆年间陈炎宗所述三月初三出游"各坊结彩演剧"有相似之处。而各街摆列之华筵，北帝只是顺道采鉴，恕不停銮。巡游队伍的组成有严格规定，随着北帝神同行的是"绅耆"和"衣冠者"，只用观音堂铺的銮舆，只许岳庙铺的一狮随行。其他各街组织与会的火篮和狮子一概恭辞。巡游是有组织有步骤进行的，凡各街要烧炮的，必须俟随神绅耆衣冠者过后方可放炮。并定于十一月初三卯时在祖庙崇升，诚心者可届时俟候。

　　从《路径》规定的整个巡游路线看，佛山的北帝巡游，不是一铺一铺递次进行的，而是各铺交叉进行的。笔者发现，北帝巡游没有在同一条街道上回头的，都是一条街道走到底（因篇幅所限，街道名略去），穷巷断街北帝是游不到的。北帝不回头是北帝巡游的一大特点。但这势必会漏掉许多街道。为了解决这一矛盾，北帝巡游采取多次绕圈而行的方式进行。这又使北帝巡游呈现出重复性的特点，即俗称之"行龟缩"。然而，每一次的反复，都不是上一次的继续。比如在街道较多且排列整齐的汾水铺，所走的路线几乎不重复。只在街道口相交处重现。而在街道较少的铺区如栅下铺，则每次绕圈都必须在一些与外铺相接的通衢上重复。南来北往，使人误以为北帝巡游是从原路返回的（佛山故老传闻行龟缩是从原路返回的）。实际上都是为了补游第一次游不到的街道。唯其如此，我们才看到明照铺和汾江对岸的鹰嘴、文昌和鲤鱼等沙只游了一次，因为它们的街道是沿河涌呈带状分布的，一次就可以全部游完。用八天的时间来遍游全镇街道，充分显示了北帝对整个佛山的统合力量。

尤为重要的是，《路径》及其所展示的北帝巡游活动，反映了佛山内部复杂的社区关系。首先，北帝巡游的仪式仍然保持着土著居民的古老权威。北帝在外巡游的七夜中，曾在五个土著大宗祠驻跸，它们是莲花地黄大宗祠、郡马梁祠、澳口梁大宗祠、细巷李大宗祠、金鱼堂陈大宗祠。除了驻跸之外，巡游中各大宗祠都重复巡游了一次以上，其中陈大宗祠重复巡游 4 次，郡马梁祠 3 次，澳口梁大宗祠 2 次，李大宗祠和黄大宗祠各 1 次。加上当夜的驻跸，上述诸祠依次为 5、4、3、2、2，这些数字表示了北帝有多次与其族人相会的机会。与诸庙和街道相比，重复 3 次以上者确属寥寥无几。这至少说明上述诸宗祠在北帝巡游中占有特殊的地位。既可迎接北帝驻跸，又多次瞻首北帝。笔者认为这种仪式所代表的文化意义与"坐祠堂"的仪式有某种相似之处，它暗喻着北帝神是土著居民祖先缔造的，祖庙首先与他们祖先（二十二老）相联系。尽管北帝巡游的内容在清中叶已大大扩充，但世代交叠的积淀作用，仍然以古老的事物维持着原始威望的存在。所不同的是，"坐祠堂"反映着原住民各宗族的平等权利，而巡游则彰示着名望大族在社区中的特权和地位。

其次，北帝巡游显现了祖庙对各铺主庙的统合关系。在巡游路径中所列出的庙宇名有 62 个，其中有 19 个是各铺主庙，而笔者根据地图查看，发现岳庙铺的武庙、鹤园铺的洪皇庙、医灵铺的医灵庙，亦在必经路径上。这就是说当时 22 铺和文、鹰二沙的主庙都是北帝巡游之处（祖庙铺、潘涌铺、彩阳堂铺、纪纲铺、石路铺无主庙）。

上文说到，当时佛山有庙宇 170 座，而北帝巡游只有近 70 座庙宇，显然是经过挑选，并有意识地巡游到各铺主庙所在位置上，公庙和街庙就不在必游之列。例如东头铺、突岐铺、仙涌铺、明照铺、黄伞铺、鹤园铺、医灵铺、真明铺，都仅游了一座主庙。其他庙宇一概不游。所游庙宇最多的是山紫铺和富文铺，因其庙宇多处于必经之路。故也"顺道采鉴"。详见下述：

北帝巡游所经各铺庙宇（黑体字者为主庙）：

祖庙铺—亲庙、圣乐宫、**祖庙**

山紫铺—南泉庙、地藏庙、二仙庙、华光庙、东岳庙、玄坛庙、北城侯庙

汾水铺—南擎庙、**武庙**、太上庙

富文铺—盘古庙、南胜庙、三界庙、车公庙、洪圣庙、鬼谷庙

大基铺—大王庙、**帅府庙**

福德铺—舍人庙、**天后庙**

观音堂铺—**华光庙**、洪圣庙、镇西庙、南善庙

栅下铺—天后庙、**龙母庙**、太尉庙

东头铺—**武庙**

突岐铺—**金花庙**

仙涌铺—**武庙**

岳庙铺—吕祖庙、花王庙、三圣宫、**武庙**

桥亭铺—**南济庙**、会真堂

明照铺—**盘古庙**

丰宁铺—**四圣庙**、国公庙

黄伞铺—**开庙**（天后庙，华光庙）

耆老铺—**金花庙**、字祖庙

锦澜铺—**华光庙**、南济观音庙

明心铺—太上庙、**塔坡庙**、文昌阁

社亭铺—**南禅观音庙**、药王庙

鹤园铺—洪皇庙

医灵铺—医灵庙

真明铺—三圣宫

石路铺（纪纲铺）—花王庙

聚龙沙（太平沙）—伏波庙、三官庙

鹰嘴沙—乌利庙、张公庙、飞云庙、华陀庙

文昌沙—武庙、太保庙、观音堂

鲤鱼沙—北城侯庙

由此可见，北帝巡游还体现了其统属庙宇系统的等级关系。只有一铺之主庙，才有资格恭候北帝的驾临。一般庙宇无此鸿福。而通过北帝巡游，强调了群庙之间的等级差别，明确了诸庙对祖庙的归属和依附关系，从而也重申了北帝的社区主神地位。

再者，北帝"过海"巡游诸沙，更体现了北帝对周边区域的统合以及周边区域对北帝的认同。诸沙多在汾江北岸，在清代以前不属佛山堡版图。如文昌沙、鲤鱼沙属叠窖堡，太平沙、聚龙沙属张槎堡。明初北帝神巡游仅在九社进行，乾隆年间的北帝巡游虽有扩大，但也不过汾江河。随着佛山工商业的发展，上述诸沙日益城镇化，"商务以文沙为盛，鹰沙以西木商最多，亦自成一市"。经济上的联系，加强了政治上的整合，咸丰以后，鹰文二沙遂设立分局，受制于佛山团防总局；太平、聚龙二沙合设一局，称平聚局，局首"由坊众公推"，其治安亦由佛山都司巡管。这样四沙亦进入佛山版图。① 由此，四沙居民自然会有进入佛山文化圈的愿望，而佛山居民也要有一个承认其合法地位及显示其统属关系的表示。北帝"过海"的巡游活动，就是

---

① 民国《佛山忠义乡志》卷一《舆地·四沙》。

在这一背景下发生的（笔者对比过《路径》与诸佛山忠义乡志的街道名，推断此次巡游当在咸同年间）。由此可见，北帝巡游活动具有强烈的明确社区范围的象征意义，具有强化社区整合结果的功能。

这种精神世界的等级关系，也暗示着现实世界的等级关系。在北帝巡游的队伍中，有资格跟在北帝后面的是"绅耆"和"衣冠者"，就是说70岁以上的耆民、科举成功之士和官宦人物，他们是社区最有地位的群体。其中的一部分是佛山自治组织大魁堂的成员，他们是佛山的精英阶层，如同北帝巡游体现了对诸庙的统属关系。这批精英在各铺区街道的巡游，也体现着他们对佛山各铺区街道的统属关系。而每一次的北帝巡游仪式，就是再一次重申他们所拥有的社会地位的机会。为了保持传统社会的良好秩序，"没有比礼仪的规则更好的东西，礼仪的规则不过是尊敬原则的发展"①。北帝巡游仪式，体现着士绅阶层与其追随者的关系，体现着各群体之间的关系，有助于人们看到和记住这些分成等级优势的现存固定关系，这对维护传统社会的差序格局、稳定已成的社会秩序，无疑是起了不可忽视的作用。

（三）烧大爆与不同地缘群体的关系

烧大爆是重要的祭祀仪式。在每年三月三日北帝诞的次日举行。所谓烧大爆，是以巨大的爆竹燃放以享神，并让众人拾抢其炮首以接福的活动。早在清初时"佛山大爆"已名震粤中。屈大均《广东新语》卷十六器语"佛山大爆"条，详细描述了这一盛况：三月上巳，祖庙门前，万头攒动，箫鼓喧耳，一年一度的佛山烧大爆仪式在这里

---

① ［美］E. A. 罗斯：《社会控制》，秦志勇等译，华夏出版社1989年版，第192—193页。

举行。放眼开去，一片辉煌，北帝神停舆的"真武行殿"，皆以小爆构结龙楼风阁，又有小爆层层叠出的"武当山"及"紫霄金阙"，四周悉点百子灯。其一灯一盖皆以小爆贯串而成，锦绣铺桥，花卉砌栏。人声喧处，一队队百人组成的"倭人"色队，牵引着一个高二米半、粗一米多的大纸爆香车走过来。大纸爆上饰锦绮洋绒及各色人物，药引长二丈有余。大纸爆过后，是椰爆的香车，亦以彩童推挽而来，椰爆直径也有二尺，上饰龙鸾人物，药引长六七丈。——在庙前空地上排开，小纸爆有数十，小椰爆有数百。合镇几十万男女，竞相观睹，簪珥碍足。燃放大纸爆时，放者攀于高架之上，以庙中神火掷之，发声如雷，远近震动。放椰爆时，人立于三百步之外燃放。响声过处，观众一拥而上，争抢"爆首"。爆首是一铁制小圈，上写有炮名，如"上元正首炮""上元十足炮"等。各炮有等次，即俗称头炮、二炮、三炮等等，拾得"爆首"有相应的奖品，如镜屏、色物等。人们相信爆首是北帝所赐之福，拾得爆首者，"则其人生理饶裕"，故人人奋力拼抢，即使人仰马翻也在所不惜。

据佛山父老传闻，抢炮者皆有炮队组织，一是以宗族"XX堂"为队，一是以会馆"XX堂"为队，一是以街坊组织"XX会"为队。队员之间互相配合，互相掩护。一旦拾得炮首，即过关斩将奔出重围，到"真武行殿"处由祖庙值事首肯，并领取奖品。如此几百爆放完。拾得者抬着奖品鼓吹欢喜而归。来年由其偿还所拾之炮。偿炮均按原炮价值偿还。屈大均说大纸爆价值银百两，而椰爆价值50两，故还爆"动破中人之产"，往往有之。佛山俗谚云："佛山烧大爆，弹子过蠕岗"[1]，指的就是有鬻子以偿爆之事。

---

[1] 光绪《南海县志》卷二十一—《杂录》。

佛山烧大爆的仪式，生活在今天的人无论如何难以复见。笔者以为，这种隆盛的烧大爆仪式，似与重现北帝出生之日的情景相联系。《启圣录》言："开皇元年三月三日玄帝产母左胁，当生之时，瑞星天花、异香宝光、充满王国，土地皆变金玉。"[①] 故而佛山人要缀以香车香花百子灯等，更要用爆竹之花撒满一地，以庆贺诞辰。以致屈大均认为是"淫荡心志之娱"。应该说，佛山人所重构的氛围是成功的，它使人"目乱烟花，鼻厌沉水"，犹如置身于北帝诞生之日。这一感受，无疑会增加人们对北帝的宗教神圣感。

更为重要的是，烧大爆的仪式，集合了全镇居民，无论男女老幼，无论土著侨寓，无论富人穷人，都可以参与这一仪式，地缘的结合因素在此压倒了血缘的结合因素，阶级的分野在此也变得模糊。人们在参与中享受着社区一分子的权利，从而强化了社区的认同意识。仪式的循环还扮演着调节群体之间关系的重要角色。在激烈的争抢中，在轰鸣的爆声中，在欢乐的喝彩声中，人们在一年之内可能形成的积怨消失殆尽，各种社区关系在此得到调和。几百个爆首当年由北帝撒向全镇居民，几百个新爆次年又由全镇居民还给北帝。接福还神，周而复始，不断循环，犹如一张无形的网络把全镇居民与北帝紧紧联结在一起。同时，在这一盛大的祭祀仪式中，个体显得那么渺小。任何一个还炮者都不可能促成此盛会。只有群体的力量，才集合了几百个大爆。因此，社区成员感受到了彼此之间的依赖程度，同时也刺激了外来群体融入佛山地方群体的意愿。从而，整个社会群体的整合程度也得到提高。

---

① 《中国民间诸神》，第 66 页。

（四）乡饮酒礼与侨土关系

祖庙乡饮酒礼和颁胙制度的废兴以及乡饮酒礼性质的改变，反映了侨寓人士社区地位的上升与八图土著支配权的减弱。

乡饮酒礼是 70 岁以上父老在春秋二祭时到祖庙祭祀后参加的饮宴。乾隆以前，乡饮酒礼和颁胙一样，曾是八图土著才具有资格参加的仪式。在传统社会里，除了绅士之外，耆老也是一种身份标志。在佛山，每逢春秋二祭，土著 70 岁以上的老人可享受北帝所赐饮福，可领取北帝所颁胙福。这是一种社会荣誉。取得了这一社会荣誉，自然享有较高的社会地位。而每一次乡饮酒礼和颁胙的举行，也就是一次显示社会地位的机会，所谓"俾后生有所观感"① 就是指此。

清代前期，外来商贾日益增多，他们之中捐输给祖庙者争前恐后，正所谓"无远弗届……靡不望祖庙荐享而输诚"②。乾隆年间，他们不满于这种把他们排斥于外的活动，群情愤愤。在这种情况下，乾隆四年（1739）乡饮酒礼被南海县官府禁示，随后土著的里排颁胙也被严加禁止。自乾隆四年禁止以后，乡饮有 60 年没有举行。然而，官府饬禁的目的，并不是禁止乡饮颁胙这件事本身，而其本意在于顺应士绅和侨寓的要求，剥夺土著里排对祖庙的支配权。当支配权转移到士绅手里时，"乡饮"就不在禁止之列了。尤其是经过反复的较量，双方的利益在新的空间范围下和条件下得到确认，两大利益集团获得了新的平衡，使得并存发展有了可能。

乡饮酒礼的恢复和性质的改变，就在这一背景下产生。嘉庆四年

---

① 道光《佛山忠义乡志》卷十二《金石下》。嘉庆四年，陈其晃《书院膏火记》。
② 道光《佛山忠义乡志》卷十三《乡禁·乾隆二十二年〈禁颁胙碑示〉》。

（1799），两广总督吉庆批准了佛山老民陈启贤要求恢复包括侨土人士七十以上者在内的乡饮。其《准复乡饮碑示》称：

> 乡饮一项，礼教攸关，务须及早举行。毋论侨居、土著，如系身家清白，持躬端谨之人，年登耄耋，皆得报名赴庙拈香就席，以为闾里矜式。①

当时恢复乡饮的地点在祖庙建筑群内的崇正社学，这与大魁堂设在崇正社学不无关系。道光《佛山忠义乡志》卷六，"乡事志"记载："每岁十一月二十四，崇正社学举行乡饮礼，以乡中年高有德行者充正宾，其次为介宾，年登七十者是日咸与焉。"冼宝干对此也有详细记载："乡饮酒礼，岁以十一月良日举行。年在七十以上皆得与席。先期赴大魁堂报名，绅士为之介绍。是日设馔于灵应祠之后楼及崇正社学，以年最者位专席。地方官授爵，余以齿序，乐奏堂下：酬酢如仪。宴毕颁胙，礼成而退。其款由大魁堂支给，复序其爵里榜之两庑，士大夫亦以得与斯宴为荣"②。据笔者所掌握的材料，侨寓人士吴升运曾为嘉庆六年（1801）"乡饮正宾"③，栅下区氏曾为乡饮大宾者，有区显扬、区儒友④。还有道光《佛山忠义乡志》卷九"人物"也记载了"乡饮大宾十人"，他们是陈耀国、劳光于，区显扬（栅下区氏）、周寿绵、邓胜万、黄兴汉、吴元演、霍昆山、钟诚。⑤ 这些人多为侨寓人士。

乡饮酒礼的恢复与其参与者范围的扩大，标志着侨寓人士社区地

---

① 道光《佛山忠义乡志》卷十三《乡禁·乾隆二十二年〈禁颁胙碑示〉》。
② 民国《佛山忠义乡志》卷十《风土一》。
③ 道光《佛山忠义乡志》卷九《人物志》。
④ 《栅下区氏族谱》第 37 页。
⑤ 参阅民国《佛山忠义乡志》卷十四《人物七》。

位的上升，标志着侨寓人士取得了合法地位，在祭祀上享有与土著一样的权利。同时也表明随着城市工商业的发展，佛山的社会整合程度也日渐提高。

上述北帝祭礼仪式所反映的佛山社区的内部关系是比较复杂的，八图土著的特权是传统的、与入住权俱来的；侨寓的地位是新兴的、是以其经济实力为后盾的；士绅的权力则与官府的力量和侨寓的实力相依托的。它既呈现出以八图土著居民为主体的社区特权的延续和减弱，又呈现出以侨寓商人为主体的侨寓集团社区地位的上升，还呈现出以士绅为首的精英集团对社区权力的掌握和加强。概言之，侨寓商人社区地位的上升，引起土著社区地位的下降和抗衡，从而导致士绅对社区关系重新进行整合，在新的水平上达成平衡。这种新的关系，是与佛山由传统农村社会转变为新兴都市社会相联系的。

综上所述，几百年来，祖庙的中心地位不断突出，北帝的联结范围日益扩大，北帝的崇拜日渐抬升，祖庙的祭祀权也在不同的社会群体之间发生转移。从明初仅有"寺庙数处"，到清末有神庙 170 座；从明初北帝仅巡游九社范围，到清末巡游全镇二十七铺范围及其各沙；从八图土著父老把持祖庙到士绅阶层控制祖庙乃至全镇，表明了向官方正统的象征意义演进发展的历史轨迹。由此可见，传统的神明祭祀是随着传统社会结构中差序格局的演变、传统社区关系的变化而发展的，它适应传统社会的多样化需要而不断精致化和复杂化，它调整着社区内部复杂的血缘和地缘的关系，延续着悠久的历史和文化传统，它完成着对传统社会不断整合的重大任务，发挥着建构传统社会的重大作用。

余　论

现在传统社会的差序格局已经打破，特权阶层把持北帝祭祀权的局面已经消失，在人人享有平等祭祀权的今天，某些祭祀仪式或者已经消失，或者失去存在意义，如"北帝坐祠堂"等仪式。但是能全民参与的酬神仪式除了"北帝巡游""行祖庙"外，还有"烧大爆""乡饮酒礼"等，有条件的地方可以恢复传承。世界非物质遗产评估有一条标准，无论你过去有多辉煌，还得看你今天是否还活着。所以，让我们的传统活起来，传下去，让中华文明弘扬千万年，成为真正的非物质文化遗产，是我们每一个历史文化工作者的责任。

（罗一星：广州市东方实录研究院院长）

明清佛山北帝崇拜的空间构建

申小红

神明的空间具有神圣与世俗两种存在模式，具有超越性精神属性的空间和物体被认为是神圣空间。相对而言，与一般生产、生活相关联的则是所谓的世俗空间。也可以说世俗空间是同质性的、中性的，神圣空间则是非同质性的，两者在本质上有所不同。我们需要从学理上对人神互构的发生机制、行为动力、表现形式、主要结果、重要意义等进行分析，在此基础上对圣俗交织的深度、广度、维度和向度等方面进行客观、指标化的研究，由此深刻地揭示宗教的社会意义。"从本质上说，人与神的关系是个体与自我、个人与社会关系的一种反映。宗教正是人神互构、圣俗交织而成的一种客观社会建制，宗教中的神介于圣与俗之间。"① 对于神圣空间与世俗空间的起源，杜尔干的论述有助于我们比较容易理解这两种空间："膜拜的基本构成就是定期反复的节日循环。现在，我们已经能够充分理解这种周期性倾向是从何而来的了。实际上，它就是社会生活节奏所产生的结果。只有将人们集中起来，社会才能重新使对社会的情感充满活力。但是，人

---

① ［法］E. 杜尔干：《宗教生活的初级形式》，林宗锦、彭守义译，中央民族大学出版社1999年版，第45页。

们不可能永远集中在一起。生活的紧迫性不允许人们无休无止地聚集，所以，人们只能分散开来，只有当他们再次感到需要这样做的时候，才会重新集合。正是这种必然的交替，才相应带来了神圣时期和凡俗时期的有规律的交替。"①

一　佛山北帝崇拜世俗空间的拓展

以佛山祖庙为代表的具有神圣性的庙宇空间广泛地渗透于普通民众生活的方方面面，增加了其与世俗文化接触与交流的机会，从而扩大了神圣空间和世俗空间相互渗透与融汇的可能性。

世俗性的商业空间逐渐向神圣空间拓展并融合，丰富了神圣空间的内涵。商业渗透至神庙，出现了各种具备祭祀和商业双重性质的"庙市"景观。同时，庙宇的神圣性又渗透到世俗空间中，并在世俗空间中得以体现。如北帝坐祠堂和北帝巡游将祖庙的神圣空间和世俗空间延伸至街巷、铺区和血缘空间，民众在巡游的各种活动、仪式的欢娱中强化了对北帝崇拜的认同。又比如说很多神庙每逢岁时节庆或神诞日，都要演酬神戏。

佛山的戏曲娱乐空间并非诞生于市廛，更多的是对神圣空间的寄生和依赖。② 所以，民间神祇崇拜对于构建世俗空间的作用，更多地是体现在一种公共建筑的民间庙宇方面，主要表现为以下几点：

其一，对于广大民众而言，传统社会时期的庙宇在他们的日常生活中常常扮演着一种休闲娱乐的场所，同时也为自己提供某种生活便

---

① ［法］E.杜尔干：《宗教生活的初级形式》，林宗锦、彭守义译，中央民族大学出版社1999年版，第457—458页。
② 参见李凡《明清以来佛山城市文化景观演变的研究》，博士学位论文，中山大学，2008年，第193页。

利。如明清时期的佛山祖庙及其附属设施，是古镇的政治与经济中心，也是广大民众日常娱乐休闲的主要场所，同时附近及周边的各种民间小吃店铺以及理发、修鞋、听书等摊点又为人们提供了多种便利。

其二，对于地方士绅而言，以庙宇为平台成立地方自治与议事机构，是身份和权力的象征。如明代万历四十二年（1614），李待问等地方士绅在祖庙旁建立维护地方安宁的武装——"忠义营"；天启七年（1627），地方士绅以佛山祖庙为依托，在祖庙内成立实现地方自治的机构——"嘉会堂"。所有关于地方的治安、稳定、纳粮、缴税等重大事件，都由或身份高贵或富有声望的地方士绅、乡老等通过"庙议"制度来完成最后决策，从明代的"嘉会堂"到清代的"大魁堂"一直延续着这种制度与传统。

其三，自明洪武五年（1372）重建祖庙开始，此后历朝历代对其均有修缮与扩建，祖庙的世俗空间不断地得到完善与拓展，也才有了祖庙今天的宏大规模，具体情况见表1。

清代乾隆以前的祖庙修缮或扩建，大多由地方士绅或里排组织发起，如明洪武五年的重修、明宣德四年的修缮、清康熙二十三年的修缮等。清乾隆以后，历任的佛山同知就把祭祀北帝和修缮祖庙作为自己责无旁贷的任务，如乾隆二十四年的大修由佛山同知赵廷宾倡导、嘉庆元年的大修由佛山同知杨楷倡导等，从代表官方的符号意义方面来说，这也是他们作为地方父母官的职责所在，因为他们是帮助朝廷来管理和治理地方社会，其中就包括对列入国家祀典行列的地方神明进行岁时祭祀，对其庙宇进行修缮与保养。

表 1　　　　　历代王朝对佛山祖庙（北帝庙）的修缮、扩建①

年号（年代）	祖庙修缮、扩建及相关事件
北宋元丰年间（1078—1085）	始建庙,供奉铸造行业祖师石公太尉,即陶冶先师,佛山民间称之为"太尉庙"
元初	改太尉庙为"龙翥祠",奉祀龙树诸神,佛山民间称之为"祖堂",水神北帝也在供奉之列,元末毁于兵燹
明洪武五年（1372）	乡人赵仲修倡议重建庙宇,供奉各行业祖师,成为公庙。明初设立图甲制度后,遂成为八图部族的议事场
明宣德四年（1429）	梁文慧提议捐资重修祖堂,改称为"庆真堂",得到众人资助,约一年的时间竣工,规模扩大。主祀北帝,故民间亦称之为"北帝庙"
明正统元年（1436）	梁文慧与冼灏通等捐资购买庙前民地 125 步,开凿灌花池,并在池的周围种植菠萝、梧桐、绿槐、翠柳,以壮祖庙风水
明景泰元年至三年（1450—1452）	佛山几大炉户联合铸造三尊北帝铜像:一尊帝王制式大铜像,重约 5000 斤,高九尺五寸（合约 3.04 米,取"九五之尊"寓意）;两尊小铜像,重约 500 斤,高约 0.8 米,其中一尊是北帝文神小铜像,一尊是北帝武神小铜像（佛山本地称之为"行宫",用于神的巡游）
明景泰三年（1452）	诏以北帝庙为"灵应祠"
明正德八年（1513）	重修灵应祠,建牌楼及灵应祠三门;建流芳祠;霍时贵倡议捐资在灌花池的右边即灵应祠三门前增凿锦香池,也称放生池

① 本表的资料源自《乾隆·佛山忠义乡志》《道光·佛山忠义乡志》《民国·佛山忠义乡志》《嘉定·南海县志》《淳祐·南海县志》《大德·南海志》《万历·南海县志》《崇祯·南海县志》《康熙·南海小志》《乾隆·南海县志》《道光·南海志》《宣统·南海县志》《佛山市志》等。

年号(年代)	祖庙修缮、扩建及相关事件
明嘉靖十九年(1540)	佛山炉户铸造直径为3尺6寸8分(约合1.3米)的大铜镜,置于祖庙中殿,是国内现存最大的明代铜镜
明嘉靖三十一年(1552)	祖庙道士苏澄辉募资在灵应祠前修建花龙照壁
明万历十六年(1588)	佛山炉户铸造"风调雨顺、国泰民安"铁香炉,重2000多斤,置于灵应祠三门前
明万历三十二年(1604)	经历李好问与弟弟李待问捐修灵应祠"端肃门楼""崇敬门楼"
明天启三年(1623)	在灵应祠大门前的灌花池上加筑一座拱桥
明天启六年(1626)	建"祖庙"牌坊
明崇祯二年(1629)	灵应祠内建钟楼、鼓楼
明崇祯八年(1635)	署丞李敬问捐资修整灵应祠,塑漆朴夹纻神像
明崇祯十四年(1641)	李待问捐资大修灵应祠,复筑花龙照壁
清顺治十四年(1657)	修灵应祠香亭
清顺治十五年(1658)	在灵应祠三门前修建戏台——华封台
清康熙二十三年(1684)	大修灵应祠,并在其左边新建圣乐宫,安放北帝父母之神位;修建灵应祠牌坊;改华封台为万福台
清康熙二十九年(1690)	修灵应祠
清康熙五十九年(1720)	修灵应祠牌坊,被梁翰章等人侵占的庙铺9间被官府划归灵应祠
清康熙六十一年(1722)	疏浚灵应祠大门前的旗带水道
清雍正初年(1723—1724)	清理锦香池中淤泥,四周加筑石栏,凿制一石质龟蛇雕像安放于池中
清乾隆五年(1740)	官府下令禁止侵占灵应祠租金,规定除用作祭祀外,余款做修葺费

续　表

年号（年代）	祖庙修缮、扩建及相关事件
清乾隆九年（1744）	重修灵应祠
清乾隆二十四年（1759）	重修灵应祠、整修流芳祠
清乾隆二十七年（1762）	佛山同知赵廷宾倡修灵应祠，新建灵宫以安放北帝父母神位；铸造大铁罄
清嘉庆元年（1796）	佛山同知杨楷倡修灵应祠，扩建灵宫，建庆真楼
清嘉庆六年（1801）	佛山"万明炉"重铸"风调雨顺、国泰民安"铁鼎，安放于灵应祠内
清道光六年（1826）	清理灵应祠庙产
清道光十八年（1838）	在灵应祠内建石雕梁枋
清咸丰元年（1851）	重修灵应祠
清光绪二十年（1894）	疏浚灵应祠大门前的旗带水道
清光绪二十一年（1895）	造"神舆"供北帝巡游之用
清光绪二十四年至二十五年（1898—1899）	造北帝巡游仪仗 106 件
清光绪二十五年（1899）	大修灵应祠；制作木雕大神案置于北帝大神像前；铸造 1000 多斤重的狮钮盖铜鼎炉，置于灵应祠主殿；新凿龟蛇石雕像，置于锦香池中

从上表中我们可以看出，从北宋至明初祖庙重建时，其规模"不过数楹"，此后随着祖庙不断增建、扩建，到清乾隆年间，已经形成了一座体系完整、结构严谨、地域特色浓厚的庙宇建筑群，自嘉庆元年修建庆真楼以后，世俗空间也达到了传统社会时期的顶峰，其主体建筑基本上也就是我们今天所看到的祖庙建筑群。

有了北帝神及其部将的神像，有了祖庙及其附属建筑群等这些世俗空间，为北帝神的显灵和灵验等神圣空间的建构提供了坚实的基础和绝佳的展示平台。

二 佛山北帝崇拜神圣空间的构建

神圣空间的构建需要通过对各种迎神赛会的如期举办、文人士绅对神明灵异故事的文学加工和广大民众对神明灵验表证的口口相传等方面来实现，"每一个神圣空间都必然包含着一个显圣，这是神圣的介入，使它与周围的宇宙氛围分开，并在本质上有所不同"，① 尤其以迎神赛会这种看得见而且参与性极强的活动最受人们欢迎。"神圣空间是集体的认同与投射，强化其集体性的道德与象征表现所构成。透过象征物承载的神圣意涵，信仰人的解读，使其象征符码再现神圣性，充斥在神圣空间，丰厚神圣空间意象，凝聚集体性的归属与认同，并营造出地方文化传承的意涵。"②

（一）北帝诞庙会等迎神赛会

明清以来，佛山祖庙因其"唯我独尊"的最高地位成为一个集政权、族权和神权于一体的官祀庙宇，北帝便成为佛山人的精神支柱。佛山祖庙和北帝崇拜在珠江三角洲、港澳及东南亚地区有着相当广泛的影响，传统社会中的统治者为加强统治、巩固政权，对北帝的崇拜推到了登峰造极、无以复加的地步。明代庙会有一个重要的特点，就是"行会"或者称为"会馆""公所"的大量兴起，使庙会更加秩序

---

① ［罗马尼亚］伊利亚德：《圣与俗：宗教的本质》，杨素娥译，（台北）桂冠图书股份有限公司2001年版，第76页。
② 杨千惠：《神圣空间中女性宗教活动研究：家、精舍、禅寺的连结》，硕士学位论文，（台北）台湾大学地理学研究所，2002年，第10—12页。

化。另外，庙会和神话传说的关系极为密切，原始神话主要反映远古氏族社会的生活，包括天地起源、人类诞生、文化发展和图腾崇拜等内容，佛山的北帝诞庙会也具有部分特质。明清时期是佛山庙会的发展和兴盛期，庙会对于佛山民众的日常生活、感情认同、文化娱乐和经济发展都产生了深远的影响，是佛山传统社会中一种重要的民间民俗文化现象。

民间庙会是传统社会的一种特殊的民间娱神和自娱形式，对广大民众的日常生活产生了十分重要的影响。庙会最早的形式是隆重的祭祀活动，是人们敬祀神灵、愉悦身心的产物。随着社会的发展，特别是经济的发展，庙会和墟市交易融为一体，成为人们敬祀神灵、交流感情和贸易往来的综合性社会活动。

佛山北帝诞庙会是一年当中北帝崇拜习俗中最为隆重的一种，因为参与的主体是热情高涨的民间民众。佛山地方八图里甲、世家大族，由于善于经营各种产业，家族富裕，他们充分利用这一平台，从祭祀仪式到酬神请戏等都积极参与和主导：一方面他们积极主动捐资或出面组织，因为凡出资者，其姓名必刻入石碑，这对其名声和所经营的产品就起到了广而告之的作用；另一方面，由于他们的资助，为祭祀内容的增加、质量的提高、活动时间的延长等提供了资金保证。因此内容丰富、质量上乘的节目会吸引更多的民众积极参与，而诞期的延长，更是刺激了人们的各种消费欲望，从而带动了以销售农产品及手工业品为主的墟市的发展。

从目前所见古籍中记录祖庙北帝诞的有屈大均的《广东新语》："佛山有真武庙，岁三月上巳，举镇数十万人，竞为醮会。"① 乾隆

----

① （清）屈大均：《广东新语》卷十六《器语·佛山大爆》，中华书局 1985 年版，第 206 页。

《佛山忠义乡志》中说:"历朝谕祭,圣代尤崇,春秋肃祀,百尔虔恭。时维三月上巳佳辰,是真君降祥之日也,……故乡人于是日也,香亭所过,士女拜瞻,庭燎彻晓,祝寿开筵,锦衣倭帽 争牵百子之爆车,灯厂歌棚,共演鱼龙之曼戏,莫不仰神威之显赫而极太平之乐事者也"①;道光《佛山忠义乡志》中对北帝诞庆典也描绘说:"三月三日,恭遇帝诞,本庙奉醮庆贺,……是日也,会中执事者动以千计,皆散销金旗花,供具酒食,笙歌喧阗,车马杂遝,骈肩累迹,里巷壅塞,无有争竞者"②,古籍记载中的北帝诞盛况可见一斑。烧香、拜神、祈福、演戏酬神,一派繁荣热闹的景象,不仅有本地居民,而且还吸引了附近各乡镇的信众前来,参与贺诞的人群把"佛山村"狭街小巷挤得水泄不通。广大民众相信,神和凡人一样有生日,所以,为酬谢神恩,每逢三月三北帝诞辰的日子,都会举行隆重的贺诞仪式。祖庙北帝诞庙会的起始时间已不可考,现存祖庙碑廊内的石碑《重修庆真堂记》记载:"自前元以来,三月三日,恭遇帝诞,本寺奉醮宴贺。其为会首者,不惟本乡善士,抑有四远之君子…供具酒食,笙歌喧阗,车马杂遝。看者骈肩累迹,里巷雍塞。"这块明代正德八年(1513)的碑记描述了元代以来祖庙北帝神诞活动的盛况。

佛山地处偏僻的南疆,开发的时间比中原地区晚,据史料推测,土著居民聚居地"佛山村"大约在唐初形成,至北宋晚期,中原士族大量南迁定居并在此地繁衍生息,为佛山的乡镇化发展奠定了人文基础,人们认为祖庙北帝神的存在,对维系乡里乡情、团结部族

---

① (清)陈炎宗:《乾隆·佛山忠义乡志》卷一《佛山赋》,佛山市博物馆藏线装书,出版者暂无定论,第26页。
② (清)吴荣光:《道光·佛山忠义乡志》卷十二《庆真堂重修记》,佛山市博物馆藏线装书,出版者暂无定论,第10页。

等方面起到了精神支柱的作用。因此北帝诞庙会不仅仅担负起人们祈福娱神的功能，而且最为重要的是发挥整合社区、维系亲情的作用，因而受到广大乡民的重视和喜爱。因此，参与程度很高，人数众多。

表2　　　　　现代佛山祖庙北帝诞庙会期间的活动安排①

日期	时间	地点	内容
12日	8:30	双龙壁前	醒狮迎宾
	9:00	双龙壁旁	嘉宾签到
	9:30	三门前	春祭
	10:00—11:30	按指定路线	巡游
	10:00—12:00	藏珍阁展厅	即席挥毫
	11:30—12:00	万福台	慈善募捐答谢
	12:00前	万福台前	大盆菜
	12:00	万福台	佛山粤剧院演出
	14:00—15:30	万福台	粤剧折子戏演出
	9:30—17:00	双龙壁后广场	非遗展示会
	9:30—17:00	庆真楼前广场	庙会
13—14日	9:30—11:00 15:00—16:30	双龙壁中心台	江西傩舞、唱龙舟、十番、中山咸水歌
	10:30—12:00 14:00—15:30	万福台	私伙局粤剧折子戏表演
	9:30—17:00	双龙壁后广场	非遗展示会
	9:30—17:00	庆真楼前广场	庙会

---

①　此表依据佛山市祖庙博物馆提供的宣传单制作，2013年。

"民间醮仪"是民祀，用"诞祀"①，是地方的归属和需求。

道教中的酬神谢恩的集体仪式称作"醮"，"凡醮都是示诚于天下，祈福神灵"②。官方的祀典仪式神圣而隆重，是地方官绅的特权，普通民众是很少有机会直接参与的，而民间酬神谢恩的"醮仪"给普通民众提供了一个参与祭祀的平台和机会，让他们与神有了近距离的接触，给了他们心灵上的慰藉。广大民众供奉北帝，虔诚地参加游神赛会，主要是是出于消灾弭患的需要，通过仪式与神明交流，确认自己与神明的联系，以求得到神明更多的顾盼与庇护。

真武庙宇的修建与重修，为民间信众的信仰准备了最基本的空间场地，而对北帝神祇的祭祀，则提供了崇拜的时间平台。据《礼部志稿》记载："北极佑圣宫即真武庙，开国靖难神，多效灵，故祀之，每岁元旦、圣旦、三月三日、九月九日、每月朔望日，俱用素馐，遣太常寺堂上官行礼，国有大事则告。"③ 此为国家祀典。及至广东地方，祭祀仪式主要为北帝坐堂、北帝出游、北帝诞等一系列活动，其中以北帝诞最为隆重，时为农历三月初三。

明清时期，佛山北帝诞（农历三月三）是一年当中佛山民众崇神仪式中最隆重的一种，其仪式包括：设醮肃拜、烧抢大爆、演戏酬神、巡游、崇升等。"故乡人于是日也，香亭所过，士女拜瞻，庭燎彻晓，祝寿开筵，锦衣倭帽，争牵百子之爆车，灯厂歌棚，共演鱼龙之曼戏，莫不仰神威之显赫而报太平之乐事者也。逮所游既遍，而真

① （民国）冼宝干：《民国·佛山忠义乡志》卷八《祠祀一》，佛山市博物馆藏线装本，出版者暂无定论，第 2 页。

② 谢路军主编：《宗教词典》，学苑出版社 1999 年版，第 85 页。

③ （明）俞汝：《礼部志稿》，文津阁四库全书本，第 198 册，商务印书馆 2005 年版，第 183 页。

君亦返辕登座，代造物以成岁功矣。"① 由此可见北帝祭祀的盛况，而烧大爆和北帝巡游更是将民间醮仪活动推向高潮。

在珠江三角洲地区，在以北帝为社区主神的乡村，北帝诞的庆典是整个社区至为重要的活动。人们在喜庆和狂欢的气氛中，感知和确认神明的存在并表达他们对神明威灵的敬仰。人们认为这种活动具有确认地域范围、增强区域认同感的功能。

明清时期，佛山各类迎神赛会活动的举行，对广大民众来说无疑就是相当于日常生活而言的一个神圣时期，他们通过各种方式营造出一种与世俗世界全然不同的空间与氛围。"在仪式中，他感到自己被某种力量支配着，使他不能自持，所思所为与平时不同。于是，他自然就会产生'不再是自己'的印象了……像这样的体验，而且是每天重复，长达几个星期的体验，怎么可能不使他深信确实存在着两个异质的、无法相互比较的世界呢？在一个世界中，他过着孤单乏味的日常生活，而他要突入另一个世界，就只有和那种使他兴奋得发狂的异常力量发生关系。前者是凡俗的世界，后者是神圣事物的世界。"② 事实也是如此。每当北帝神的迎神赛会举办之时，广大民众也在神圣的空间里，以各种途径努力去直观感受与体验神明的威灵：上香、膜拜、巡游、演戏等等，其最终的目的均在于此。也正是通过这样一些行为，使得平时"无精打采"的生活在这个时候突然有了质的改变与飞跃，神圣的空间构建起了广大民众狂欢的舞台。

在迎神赛会的神圣时空里，人们的地位暂时变得不那么重要了，

---

① （清）陈炎宗：《乾隆·佛山忠义乡志》卷一《佛山赋》，佛山市博物馆藏线装本，出版者暂无定论，第26—27页。
② ［法］E. 杜尔干：《宗教生活的初级形式》，林宗锦、彭守义译，中央民族大学出版社1999年版，第288—289页。

在北帝神面前，社会大众又平等地聚集在一起了，即使是那些平时被限制在闺房而不准出门的妇女，甚至是那些被人歧视的乞丐、游民等，此时也兴高采烈地出现在人们的视野之中。城乡之间的差别在此时也变得模糊不清了。迎神赛会期间，哪里的神明灵验，哪里的墟市热闹，哪里也很快就会成为人们聚集的中心和欢乐的海洋：忙完了农活的人们担着自家的农产品去城里趁墟，淘换自家需要的东西；而追求生活质量的城里人，会在演戏酬神期间到乡下去拜拜神，听听戏，顺便过把戏瘾，在粤剧的咿呀声中，度过几天难得的好时光，是再正常不过了。

所以，这类活动在传统社会中起着调节器的作用。一方面，它是日常单调生活、辛苦劳作后的调节器；另一方面，它是传统礼教束缚下的人们（特别是广大妇女）被压抑心理的调节器（尽管她们自己往往也未曾觉察这种心理）。更进一步看，这种调节器"起到了社会控制中的安全阀的作用"。①

（二）北帝灵异传说的流播与灵验表证的对接

佛山文人士绅对北帝灵异传说的文学加工、广大民众对北帝灵验表证的口口相传等，也是对神圣空间构建的重要推手。

初建于北宋元丰年间（1078—1085）的佛山祖庙，当时是否有初始的显圣事件或过程，目前暂未找到相关文献记载。但在其后的历代历次修缮与拓展过程中，往往伴随着各种灵异事件，并通过灵验表证，使得祖庙的神圣空间逐步被构建起来。如宣德四年（1429）重修祖庙时，由乡老梁文慧等共同出资购买祖庙门前的民

---

① 赵世瑜：《狂欢与日常——明清以来的庙会与民间社会》，生活·读书·新知三联书店2002年版，第135页。

地，并在这块地上开凿灌花池，种植菠萝、梧桐、绿槐、翠柳，以壮祖庙风水。在这之前，他们虽曾成功劝说在这块地上的冶铸炉户搬迁到他处，但这样大规模的拆迁工作对炉户来说是心存不满的，因为他们都不愿离开祖庙这块风水宝地，而祖庙的这次重修出现了火球、神旗和白蛇等一系列北帝显灵事件，这些显圣事件对抚慰那些冶铸炉户的不满情绪，显然起到了重要的心理威慑作用。当与神有关的一切活动结束时，人们又将回归到世俗的空间。所以，无形的神圣空间，从某种程度上来说也是社会的减压阀，广大民众在这里得到了想要的狂欢与心理调节，社会也因之得到了再次的整合，并获得了继续前进的动力。

明清以来的佛山北帝崇拜形成了以共同的神祇信仰为基础，以对北帝神祇的情感依赖为纽带的一个神圣空间中心。佛山文人、士绅在文字上对北帝的神圣性进行文学加工和流播，是其神圣性扎根于民间的前提，为神圣空间的民间构建打下了坚实的心理基础和构筑了良好的社会氛围。经过灵异传说的驱动，灵验故事及其表证便通过民间民众的口口相传而形成规模并大体定型，完成了人与神之间互动互构的信仰维系，并且随着时代的发展而时有更新，如果没有对北帝灵异的表证，其崇拜就会失去民间的基础和信仰的威灵，所以只有通过灵验才能进一步夯实这一基础，才能更进一步强化神的威灵，使其枝繁叶茂，根深蒂固，这实际上是引导广大民众接受劝化从而一心向善的一种教化方式。比如，元朝末年随着各地农民起义的风起云涌，元朝气数将尽："元祚将移，神亦升天矣。"但守庙僧被起义军，用污秽之物涂于神像上，认为神会因此失灵："贼乃买致守庙僧，用晕秽之物窃汙神像，遂入境剽掠，而庙宇、圣榕俱为灰烬。"俗话说恶有恶报，事不凑巧"守庙僧不数日亦遭恶死。"① 所以人们认为心存不善之人，对神大不敬之人，哪怕他是守庙僧人，北帝也是决不姑息、严惩不贷，会让其"恶死"的。有被盗者向北帝神祈求，让他惩罚偷盗者，使其病狂。刚好那位偷盗者也碰巧生病了，他认为的病情可能与偷窃有某种因果关系，遂将赃物归还失主，这事却被人们神化为北帝显灵："乡有被盗者，叩于神"，神许之，结果"盗乃病狂，自赍所窃物归其主。"② "乡间有被盗者，旦夕来神前祷告，而贼人阴怀畏惧修省之心，遂生无妄之灾，将财物以归其主也。"③。如有合伙经商而导致财务上的纠纷，他们也在北帝神前发誓，请神裁决。不久，那位有意欺瞒者也刚好亏本蚀财，人们就认为他是受到了北帝神的惩罚："有同贾而分财不明者，矢于神，其昧心者即祸之。"④ "又有同生理而财物不明，誓之于神，其瞒昧之人皆有恶报。"⑤ 而最为神奇的传说表现在佛山的黄萧养起义事件中。明正统十四年（1449），佛山南海人黄萧养率部率领农民起义军，势如破

---

① （明）霍球：《庆真堂重修记》，（清）陈炎宗《乾隆·佛山忠义乡志》卷十《艺文志》，佛山市博物馆藏线装本，出版者暂无定论，第16—19页。另见（民国）冼宝干《民国·佛山忠义乡志》卷八《祠祀一》，佛山市博物馆藏线装本，出版者暂无定论，第11—12页。

② （明）唐璧：《重建祖庙记》，（清）陈炎宗《乾隆·佛山忠义乡志》卷十《艺文志》，佛山市博物馆藏线装本，出版者暂无定论，第15—16页。另见（民国）冼宝干《民国·佛山忠义乡志》卷八《祠祀一》，佛山市博物馆藏线装本，出版者暂无定论，第11页。

③ （明）霍球：《庆真堂重修记》，（清）陈炎宗《乾隆·佛山忠义乡志》卷十《艺文志》，佛山市博物馆藏线装本，出版者暂无定论，第16—19页。另见（民国）冼宝干《民国·佛山忠义乡志》卷八《祠祀一》，佛山市博物馆藏线装本，出版者暂无定论，第11—12页。

④ （明）唐璧：《重建祖庙记》，（清）陈炎宗《乾隆·佛山忠义乡志》卷十《艺文志》，佛山市博物馆藏线装本，出版者暂无定论，第15—16页。另见（民国）冼宝干《民国·佛山忠义乡志》卷八《祠祀一》，佛山市博物馆藏线装本，出版者暂无定论，第11页。

⑤ （明）霍球：《庆真堂重修记》，（清）陈炎宗《乾隆·佛山忠义乡志》卷十《艺文志》，佛山市博物馆藏线装本，出版者暂无定论，第16—19页。另见（民国）冼宝干《民国·佛山忠义乡志》卷八《祠祀一》，佛山市博物馆藏线装本，出版者暂无定论，第11—12页。

竹，明军节节败退。在黄萧养率领农民起义军攻打佛山期间，民间传说北帝神也曾多次显灵助阵，或显示出某种征兆，无形之中增强了朝廷及佛山地方武装抗击起义军的信心，并最终以黄萧养起义失败的结果来让广大民众相信北帝神的灵验。佛山士绅将佛山民众击退起义军的功劳通过一系列的造神运动而附会在北帝神的身上，或者说民众自己杂扮故事，吓退了起义军。"黄萧养寇佛山时，守者令各里杂扮故事，彻夜金鼓震天，贼疑，不敢急攻，俄竟遁去，盖兵智也。"① 另外还有苏真人"揽沙爆"而不爆、大理石上"劏仔"死而复生、北帝神惩罚部将、偷不走的龙珠、火不烧醮棚等灵异及其灵验表证的神奇传说等。

虽然这些所谓的有关北帝神的神奇事件乃人为，如"青袍白马"似为扮色，花瓶诡作大铳，也是兵不厌诈之术，但乡人仍然把这些归功于北帝神。我们不能肯定当时的领导层"二十二老"是否也相信北帝神真的能与人合作，是否能给予人超凡的力量，抵御农民起义军，但有一点可以肯定的是，它在客观上促进和引导人们这样去相信和崇拜北帝。当一个社会群体意识到面临毁灭之时，有必要将生活在一个共同体的成员包容在一个半超自然纽带的网状系统中，以便情感通过它起作用，并把他们联合起来。这时感情本身已不同于原来的感情，那些获取感情支持的人们，原有的无拘无束的友情，自然而然地为敬畏和恐惧的色彩所代替。二十二老在祖庙弑其"怀二心者"，并每战必祷神卜吉凶，都达到了强化对神的恐惧敬畏心理的作用，从而加强了内部凝聚力的效果。于是，在原本可能被视为淫祠的民间庙宇中表现其崇拜行为的人们就会通过地方官

---

① （清）陈炎宗：《乾隆·佛山忠义乡志》卷六《乡事志》，佛山市博物馆藏线装本，出版者暂无定论，第 7 页。

员向朝廷祈求封号，以便赢得正统地位。得到朝廷封赐的祠庙，其祭祀活动就具有了合法性。"前代正统间，神捍黄萧养乱，庙遂为吾乡灵应祠，谕祭春秋祀典勿绝。"①

三　余论

一系列的北帝神的灵异事件告诉我们，佛山民众的私祀在前，士绅文人的造神在后，而造神运动最直接的后果是北帝神的祭祀由民间私祀上升为国家官祀，而且广大民众对北帝的灵验更加深信不疑：北帝神是无所不在的，不要心存侥幸；众多的灵异传说时刻提醒着人们要注意自己的一言一行、一举一动，否则就会有报应。

另外，从明代到民国期间，佛山民间还流传着北帝神奇的其他种种传说及其灵验故事，如最为神奇的传说是，得道成仙的千年狐仙居然会替代北帝到佛山司职："新会莫孝廉为贵溪令，与张真人谈及鬼神事，真人言：'神之职司若今之官府然，各有升降调罚，非长守其位也。君本省佛山北帝，明日另有神视事矣。'孝廉讶问其故，真人曰：'君试观之。'越日，孝廉至，见真人衣冠正席而坐，令孝廉在廊下窥之，戒勿惊惧。日将午，忽起巨风，木叶飘扬，有老人自天而下，毛发蓬然，被及至踵，向真人稽首者再，怀中出牒献上。真人钤以巨印与之，老人复拱揖升高而去。孝廉问何神，真人曰：'此千年老狐，隐身自炼，未尝惑人，故上帝命为佛山北帝，至此领札也。'"后来莫孝廉罢官回家，经过佛山还见到了那个司职的狐仙："既罢任归，出郡城，道经佛山，入灵应祠拜谒，见神下座，旁立以俟，孝廉

---

① （清）李锡祚：《重修灵应祠记》，广东省社科院历史研究所等编《明清佛山碑刻文献经济资料》，广东人民出版社1987年版，第15页。

拜，神答拜。既出，回顾，神仍旁立如送客然。"①

由此可见，佛山北帝神祇并不是自始至终的同一尊神，有时也会有其他神祇来佛山交换轮值。

如果说在佛山有些士绅势力和影响较强的中心地区，民间的传说还深深地渗透着士绅文人影响的话，那么在一些士绅文化相对较弱的地区，有关北帝的传说就更具民间性、普遍性。根据罗一星博士的调查，在佛山三水芦苞镇的民间传说中，北帝神祇被乡民们塑造成了一个更具亲切感的放牛仔："北帝原是个放牛仔，赤脚披发。因玉帝怀疑其曾偷吃牛只，为了证实自己的清白，放牛仔将自己的肚皮剖开，拿出肠肚让玉帝审查。肚内果然空无一物。玉帝方信以为真。放牛仔遂修成正果，得道成为北帝。其肠化为青蛇，其肚（按：胃）化为神龟。"②

佛山士绅、民众借助于这些北帝神祇显圣或灵异的传说，使得作为王朝保护神的北帝在佛山获得了重新定义，其形象也不断发生变迁，逐步成为佛山地方化的民间保护神、广大民众的心灵守护神。虽然只是口口相传，亦可看成是北帝灵异传说的另一种叙事文本，从这些叙事文本中我们也可感知北帝神祇形象的其他存在方式。

从元、明至清的地方叙事文本中，有关北帝信仰的民间传说，都可以看到国家传统宗教对民间信仰的深刻影响。但是，民间民众"在接收国家传统宗教的标准化解释的同时，也必然会按照自己的世界观和认知方式来重新定义或改造北帝形象或北帝信仰。民间民众对国家宗教象征的接受过程，常常也是一个把国家的宗教象征改造为民间民

---

① （清）黄芝：《粤小记》卷四，《清代广东笔记五种》，广东人民出版社 2006 年版，第 451 页。

② 罗一星：《芦苞祖庙与明以后芦苞的社会变迁》，《中山大学史学集刊》（第二辑），广东人民出版社 1994 年版，第 127 页。

众能够认可和接受的宗教象征的过程。"① 所以，在佛山不同时代的地方叙事文本中的北帝形象，也是随着造神运动的开展和灵异传说的深入而为其时的广大民众所认可和接受的。因为祖庙在代表地方至高权力的同时，北帝神祇也成为正义、公正和公理的象征，"是民间理想、民间道德的双重化身"②，所以北帝神对佛山人精神特质方面的影响能直至今日。如前文所述的故事及传说，宣德四年唐璧记载元末龙谭贼犯佛山被乡民击退事，正统二年霍球述圣榕植立、神木涌出、火球夜照、白蛇绕梁等事；景泰二年左参议陈赟补述黄萧养造云梯压栅及北帝暗助擒杀黄萧养之事；康熙五十九年修灵应祠牌楼、雍正元年浚修旗带水之事，嘉庆二年陈其燝记述司马杨楷擒劫匪及建筑后殿，恶木自削，不伤一人之事，皆与神灵相感应。另外青蛇出动、少年夭死、狐仙司职、放牛仔剖肚……这一系列地方性的民间传说，在普通人的信仰中占据着比那些标准化的解释更为重要的位置，构筑了佛山民间北帝崇拜习俗的心理基础。

自明代天启至后来很长一段时间里，佛山并没有专门的行政机构，在以李待问等为代表的地方士绅集团的领导下进行自治：以祖庙为依托平台，以北帝神祇为精神支柱，内设"嘉会堂"议事机构，外建"忠义营"军事组织，这使得北帝庙不仅是民间信仰的符号，也是佛山地方社会自治的权力象征。

看重"灵异"、追求"灵验"是中国民间信仰的最大的特点。如果我们把民间信仰看成一种非正式宗教生活的话，那么"生活在宗教

---

① 刘志伟：《神明的正统性与地方化——关于珠江三角洲地区北帝崇拜的一个解释》，《中山大学史学集刊》第二辑，广东人民出版社1994年版，第108页。

② 肖海明：《中枢与象征：佛山祖庙的历史、艺术与社会》，文物出版社2009年版，第6页。

的逻辑中进行，而宗教则在生活的脉络中展开。"① 灵验故事正是民间信仰在生活脉络中的一种展开和体现，同时灵验故事也是民间信仰中"灵异"的最好例证。

民间信仰衍生出灵异传说与灵验故事，灵验表证又维系着民间信仰的传播与基础。

一座庙宇是否门庭若市、来往如织，一尊神灵是否香客云集、香火鼎盛，一个关键的因素就是"灵验"与否。哪里的神祇灵验，哪里的香客就会扎堆，这是中国民间信仰的一条铁的规律。"灵验"不仅能够解释为何有些庙宇门可罗雀，而有些庙宇香火鼎盛的这种信仰消费不均衡的现象，也同样能够为民间信仰的持续发展提供重要的诠释。

也许有人会问：菩萨、神灵为什么那么灵验？这些灵验故事是真是假？灵验是否具有科学性？对于这些问题的回答已经超出了社会科学研究的范畴，宗教社会科学研究也不承担对信仰本身进行真伪鉴定与检测的责任。

至于民众为什么会认为菩萨或神灵"灵验"，陈彬、刘文钊认为，从"符号互动原理"和"信息过滤机制"② 两方面可以对此予以解读。首先，根据符号互动理论，人类相互之间总是对对方的行为作出自己的解释和定义，并以此为依据进行互动，人类的行动就是人们所创造出的"解释性行动"③。民间信仰的仪式过程其实就是一种表演，信众在迎合和配合表演的过程中，实际上向信仰的供给方——庙宇、神灵传达了这样的信息：灵验。信仰供给者从信众那里获得

---

① 任丽新：《汉族社会的民俗宗教刍议》，《民俗研究》2003 年第 3 期，第 41 页。
② 详见陈彬、刘文钊《信仰惯力、供需合力、灵验驱动：当代中国民间信仰复兴现象的"三维模式"分析》，《世界宗教研究》2012 年第 4 期，第 106—107 页。
③ 贾春增主编：《外国社会学史》，中国人民大学出版社 2008 年版，第 327—328 页。

了这个信号，信心大增，其表演的欲望更强烈了。同样，信众从信仰供给者那里获得了神秘、高明的符号表征，也进一步强化其本来就有的"信则有，不信则无""宁可信其有，不可信其无"的信仰心理。不管互动双方的实际心理状况如何，双方在互动过程中向对方传达的符号是外在的、客观的，当然也会使得双方的互动趋于更为真实的境地。

"灵验"就是信仰需求者（信众）与信仰供给者（庙宇、神灵）之间进行符号互动的产物，它又能产生两个方面的影响：一是吸引更多的人成为该神灵的信众；二是为新的灵验故事的产生创造条件。如此一来，这种符号互动便成为一个循环往复的链条，民间信仰也因此而得以不断地延续与发展。民众认为，菩萨灵验就表明能够解决自己的问题，能够解决问题就能吸引更多的信众，尤其是当问题变得捉摸不定、前途未卜的时候，信众就会来到神灵面前进行祭拜、祈求。若问题真的得到解决，她（他）就会履行当初许下的诺言：拿一些献祭的物品来祭祀神灵，或捐献一定数量的钱财给寺庙。她（他）不会专属于某个寺庙，也不必忠于某位神灵，她（他）所做的一切都是以灵验为导向的，这不能不说是中国人的神灵信仰特点。灵验就是信仰供求双方之间的一个媒介，也可以说是在他们之间打入了一个楔子，成为双方持续互动的一个内在动力机制。这样，在灵验的驱动下，信仰供求的双方互为因果、相互建构，形成了所谓的"互动仪式链"①，在宏观上便能形成民间信仰现象的持续发展，否则就不再有民间信仰，更谈不上持续发展了。

---

① 美国社会科学家柯林斯认为，宏观水平现象最终是在个人之间，由微观的相遇来创造并维持的。从本质上来说，宏观的和长期的社会结构是由"互动仪式"建立的。这种互动仪式经由时间延伸，以复杂的形式组合起来，就形成了"互动仪式链"。详见侯钧生编《西方社会学理论教程》，南开大学出版社 2001 年版，第 415 页。

　　当然，现实生活中确实存在信众的祈求并未应许、疾病没有痊愈、预测并不准确，甚至出现大量死伤等重大安全事故，按理说这种情况会有损庙宇或神灵的威望，降低信众对该神的信心，从而可能导致该庙宇或神灵的信众减少甚至门可罗雀。如清乾隆十年（1745），佛山祖庙锦香池悬灯，游人挤拥，护栏垮塌，压死童子七人；①清道光元年（1821），佛山灵应祠神回庙，醮棚失火，烧死六十余人；②民国八年（1919）六月十七日，飓风骤作，灵应祠万福台前亭倒塌，压毙二人，伤十余人③等等事故。从常理上来讲，出现以上这些重大伤亡事故，人们对北帝神祇应该心存观望甚至失望，但事实上，佛山民间的北帝崇拜还在进一步发展，这就是所谓的"信息过滤机制"。中国人对于神灵的心态大多是"宁可信其有，不可信其无"，平常无事也许不会把神灵放在心上，但一旦祭拜了神灵，不管灵验与否，都得接受，尤其是不能说神灵的坏话，更不能辱骂神灵。倘若真的很灵验，就会到处宣传，这就成了一传十，十传百的灵验事件，就会众口一词地说"某庙宇某神灵很灵验"；倘若没有灵验发生，广大信众要么就把原因归结为自己的"心不诚"而导致神灵不"显灵"，要么就选择沉默，因为不能在背后说神明的坏话。

　　由此可知，在有关某庙宇或某神灵的信息的传播过程中，由于信众心理方面的原因导致一部分不利于神灵的信息并没有传播开来，而有利于庙宇或神灵的信息就会得到迅速传播，并且不断流播。故我们耳闻的是流传于当地民众口口相传中的"灵验故事"，目睹的是悬挂

----

　　① （清）陈炎宗：《乾隆·佛山忠义乡志》卷三《乡事志》，佛山市博物馆藏线装本，出版者暂无定论，第 9 页。
　　② （清）吴荣光：《道光·佛山忠义乡志》卷六《乡事》，佛山市博物馆藏线装本，出版者暂无定论，第 15 页。
　　③ （民国）冼宝干：《民国·佛山忠义乡志》卷十一《乡事》，佛山市博物馆藏线装本，出版者暂无定论，第 27 页。

于庙宇、宫观里的"有求必应""神恩浩荡"等字样的牌匾、锦旗，这种"信息过滤机制"起到了非常重要的宣传、夸赞与推波助澜的功效。

因此，"符号互动原理"可以解释"灵异"何以产生，而"信息过滤机制"则帮助我们理解"灵验"是怎样传播的，如此而已。

（申小红：佛山市博物馆陈列宣教部）

独特的广府年俗[*]

刘庆华

广州过年有很多独特的风俗，有些为外地人熟知，并流传到全国其他地方，如迎春花市、逗利是、吃生菜、舞醒狮、拜各方神祇等等，有些则较为独特，不太为外人知悉，略举二三如下。

一　冬至大如年

广州人的过年实际上从冬至已经开始。笔者第一次听到"冬至大于年"之说是在20年前的一个晚上，当时值班去学生宿舍检查，学生很是惊讶："老师，您冬至都在学校工作呀？"这有什么好惊讶的？在我看来，冬至不过就是农历十一月份普通的一天，或是二十四节气中普通的一个节气，因为在我的记忆中从来没有过冬至之说。我曾以为只是位于长江中游的我老家那小地方不过冬至，后来查阅地方志后才知道，湖南绝大多数市县都不过冬至。《中国地方志民俗资料汇编》（中南卷）^①

　＊　此文为广东省哲学社会科学"十二五"规划课题"广府文学地理研究（GD11XZW07）"，广东省特色研究基地广府文化研究中心课题"广府民俗志"阶段性成果。
　①　丁世界良、赵放主编：《中国地方志民俗资料汇编》，书目文献出版社1995年版。文中引用地方志均出于此。

收录了73部湖南各地的地方志，在"岁时风俗"中只有24部方志记录了冬至节日情况，且其中有11部是否定过冬至的，所以实际上湖南只有约17%的地方过冬至。其他如安徽省多数地方也不过冬至。但广府地区不仅过冬至，而且过得很隆重。

据《中国地方志民俗资料汇编》（中南卷），广东方志中的"岁时民俗"几乎全部写到各地过冬至，仅广府地区就有《花县志》（四卷·清光绪十六年刻本）"冬至，则士夫相庆贺。以日初长至，民俗祀祖燕客，比他节尤重，以粉团供馔，谓之'团冬'。是日多食鱼脍，云可益人。若风寒会饮，则以杂烹环鼎而食，谓之'打边炉'，即东坡之'骨董羹'也"；《花县志》（十三卷·民国十三年铅印本）"冬至，县属各官于关帝庙设万寿牌朝贺"；《增城县志》（二十卷·清同治十年增刻本）："冬至作糍，以祀祖先"；《增城县志》（三十一卷·民国十年刻本）："冬至作糍，以祭先"；《从化县新志》（五卷·清宣统元年刻本）："仲冬之月冬至，家各祀祖，庆贺官司，如'元日'故事"；《龙门县志》（二十卷·民国二十五年广州汉元楼铅印本）："冬至，作粉果祀先，来岁之粉悉于冬至前为之，名曰'冬前粉'。人多食脍"；《番禺县志》（五十四卷·清同治十年刻本）："'冬至''亚岁'，食鲙为家宴'团冬'，墓祭曰'挂冬'"；《佛山忠义乡志》（十一卷·清乾隆十八年刻本）："冬至祀祖。乡最重冬祭，春秋之祭间略，冬则无不举者。祀毕，与家人宴于室，曰'团冬'"；《博罗县志》（十四卷·清乾隆二十八年刻本）："冬至，具角子、米丸、肴核以荐祖，相交贺"；《三水县志》（十六卷·清嘉庆二十四年刻本）："冬至，祀祖致祭"；《顺德县志》（十六卷·清乾隆十五年刻本）："冬至祀祖，燕宗族。风寒召客，则以鱼、肉、腊味、蚬、菜杂烹，环鼎而食，谓之'边炉'，即东坡之骨熏（董）

羹"；《香山县志》（二十二卷·清光绪五年刻本）："冬至，以丸羹祀神"；《新会县志》（十四卷·清道光二十一年刻本）："冬至，祭始祖以下至于祖祢。杂鱼肉之类煮之，环坐围食，谓之'边炉'"，等等，不一而足。

广府地区的族群多数来自珠玑巷。历史上珠玑巷的移民有几次大规模的迁入，一是北宋靖康之乱，"闰十一月，开封陷落，百姓军人夺万胜门奔逃者达四万余人"①，中原百姓"皆渡河南奔，州县皆空"②；二是宋朝南迁，"民从之者如归市"；三是南宋末年，蒙古大军大举入侵，临安陷落，南迁江南的中原族人又不得不再次南迁，大量涌进广东、福建等地，后两次尤其是珠玑巷移民的主要来源。而这些南迁至珠玑巷的移民中，又以江西为主，其次是河南、福建。③ 那么，由此可见，珠江三角洲的居民与淮河以南尤其是长江流域的省份如河南、江西、浙江、福建等有较密切的血缘关系，那么广府地区的冬至也应该与这些地区有一定渊源。笔者查阅江西各市县方志发现，绝大多数地方都过冬至，但他们主要是祭祖，有的地方甚至等同于清明；河南省内多数地方也过冬至，且士大夫之家重视程度超过普通人家，"冬至，民间不以为节，官宦相拜贺"［《开封府志》（四十卷·清康熙三十四年刻本）］，"亲族交相拜贺，与元旦同"［《仪封县志》（十二卷·民国二十四年铅印本）］；福建半数以上的地方都过冬至，有的还很隆重，但他们也是以祭祖为主，以糯米粉做成"团子"粘于门之左右，以祀先祖。

由此可见，虽然同是过冬至，但内容却不完全相同。江西和福建

---

① （宋）徐梦莘：《三朝北盟会编》，上海古籍出版社1987年版，第198页。
② （元）脱脱：《宋史》卷二三，中华书局1977年版，第430页。
③ 参见曾祥伟、曾汉祥主编《南雄珠玑巷移民的历史与文化》，暨南大学出版社1995年版。

等地的冬至更加偏重祭祀，河南地区多是有身份和地位的人才过冬至。而广府地区的冬至无论是在重视程度还是冬至的内容，抑或食物结构，乃至冬至的意义等方面都有别于上述各相关省份：它是在综合以上各省份传统的基础上强化了其地方性，体现出广府移民社会的文化特点：综合性、多元性、包容性和地方性。如：广府地区对冬至的重视及普遍程度远胜北方相关省份，从士大夫之家到普通之家都视其为大如年；其形式及内容以团圆（"团冬"）为主，一家人团圆围炉打边炉；其食物结构和饮食方式亦明显有异："冬至……风寒召客，则以鱼、肉、腊味、蚬、菜杂烹，环鼎而食，谓之'边炉'"（《顺德县志》（十六卷·清乾隆十五年刻本），食物以鱼脍为主，兼有其他肉菜，而且打边炉（即火锅）。尤其是食物结构及饮食方式更是鲜明地体现了广府的地域特色。广府地区河海环绕，水产丰富，故其食物结构体现大海大河地区物产之特色；加上广府地区气候变化不明显，春夏天气湿热，秋冬温暖，民众一年四季辛苦劳作，常常感觉不到岁月的交替，也许只有冬至日的到来才让民众猛然惊觉到季节的更换，各地的人们纷纷回家团聚，庆贺年成；饮食方式也一改惯常的以清热为主的蒸煮模式而为"打边炉"，开启了难得的冬补时机。一方水土养育一方人，一方水土养育了一方风俗。

二 以女性为主体的节日

中国男权社会的特征决定了节日祭祀多由男性来主持，但也有例外，正如佛教中的观音由男性转变为女性一样，目的是为了满足广大女性信众的心理需要。广州的天穿节、采青就是以女性为主体的节日。

所谓天穿节，即补天穿，清人俞正燮《癸巳类稿》卷一一"天穿节"条记载："明杨慎《词品》引之，云：'宋以前正月二十三日为天穿日，言女娲氏以是日补天，俗以煎饼置屋上，名曰补天穿。'今其俗废久矣。"① "今其俗废久矣"似乎不确。俞正燮，安徽省黄山市黟县人，生于清高宗乾隆四十年，卒于宣宗道光二十年，《癸巳类稿》约著于其晚年。查阅《中国地方志民俗资料汇编》可知，长江流域绝大多数地方没有天穿节，因而，"今其俗废久矣"应该指的是包括俞正燮家乡在内的长江流域。事实上，河南、陕西、山西以及广东各地普遍有天穿节。就广府地区而言，早于俞正燮《癸巳类稿》前刊刻的《新安县志》（二十四卷·清嘉庆二十四年刻本）、《顺德县志》（十六卷·清乾隆十五年刻本）都有天穿节的记载，刊刻于他之后的广府各志更是俯拾皆是："（十九、二十）烙糯粉为大圆块，加针线其上，谓之'补天穿'。李太白诗云：'一枚煎饼补天穿。'其由来旧矣。"（《花县志》十三卷·民国十三年铅印本）。"十九、二十两日，名'天机癫（籁）败'，挂蒜以辟恶。又作馎饦祷神，曰'补天穿'"[《增城县志》（二十卷·清同治十年增刻本）]。此外，《从化县新志》（五卷·清宣统元年刻本）、《龙门县志》（二十卷·民国二十五年广州汉元楼铅印本）等皆有类似记载。可见，广府地区过天穿节的习俗相当普遍。所谓天穿节，据说源于女娲补天，从时间上来看，该节日前后多雨水，故民间妇女以绳穿饼祷于神，实有期盼风调雨顺之意。"考'天穿'日即二十四节气中的'雨水'日，一般在每年阳历二月十九日，阴历正月十九至二十三日左右，是日'天一生水'，多半有雨，故谓之'天穿'。这是古代科学不发达对气象的一种解释。"② 天穿节也是在广府地区年俗中唯

---

① （清）俞正燮：《癸巳类稿》，清道光十三年求日益斋刻本。
② 叶春声：《广州岁时节令通考》，《岭南文史》1984 年第 2 期。

一一个由女性来主祭的节日。

广府地区年俗中与女性有关的另一个节日是"采青"。采青也叫"走百病"，北方各大省份都有。正月十六日，妇女们穿着节日盛装，成群结队走出家门，走桥渡危，登城，摸钉求子，直到夜半始归。但广府地区的走百病与北方稍有不同。据《中国地方志民俗资料汇编》（中南卷）"十六之夕，妇女出游采青，谓之'走百病'"[《花县志》（十三卷·民国十三年铅印本）]。有意思的是《新会县志》（十四卷··清道光二十一年刻本）载："十六夜，小民妇女多镜听。有出游者，谓之'走百病'，大家无之"。差别在于一是时间上：北方多是在白天，但广府地区是在傍晚和晚上出游；二是在活动内容上：北方是走桥登城，但广府地区往往走完桥后要去人家菜地采摘一把青菜（生菜）；三是在活动主体上：北方地区是妇孺结队而走，但广府地区的新会等地只有家境不好的女性才走百病，大户人家没有该习俗。习俗的差异往往折射的是自然和人文气候与环境的差异。岭南卑湿，易致病瘴。古代医疗条件较差，人生病后多求助巫医。妇女是易感人群，其地位尤其低下，故通过走百病来祛病，也许是最为经济也实属无奈的方法。况且文献中明确记到富人家无此俗，可见，小民生活之艰难，冀望通过走百病以获得安康幸福。至于采青，其心理同样如此，"青"，东汉·许慎《说文》解为"东方色也。木生火，从生、丹"，因而青意味着生机。考广府地区的采青之"青"主要采人家园子中之青菜，尤以生菜为主，而粤语中"菜"与"财"谐音，故走百病不仅是人们希望借此活动祛除病痛，更兼有生财发家之意。

三　添丁上灯

上灯，也叫升灯、添灯。《辞海》解释"丁"：人口，男称丁，女称口。在粤语中，"丁"与"灯"谐音。上灯即上丁、添灯即添丁。因而，在广府地区习俗中，"灯"被赋予了丰富的内涵：是光明的发扬；是生生不息，薪火相传；是借助"灯"的形式来表达人丁兴旺的喜悦及希望；是对生命的敬畏与歌颂。2013 年 5 月 21 日，从化添丁"上灯"习俗成功入选广州市第四批市级非遗代表性项目名录。然而，考《中国地方志民俗资料汇编》（中南卷）① 发现，广府地区不只是从化有上灯习俗，其他很多市县都有。如《花县志》（十三卷·民国十三年铅印本）"元夕，坊市张灯，在前生子送花灯于祖堂。或初五至初十挂灯，十六晚散灯，各邀亲朋聚饮，谓之'饮灯酒'"；《龙门县志》（二十卷·民国二十五年广州汉元楼铅印本）"上元张灯，或为花草、虫鱼、龙马之像，或为人物故事，运机能动，有绝妙逼真者。箫鼓喧阗，自夜达旦。生子者是夕盛为酒馔，延族属燕饮于祠，以齿序，曰'饮灯'。越夕，族属合酬生子者，曰'酬灯'"；《佛山忠义乡志》（十一卷·清乾隆十八年刻本）"上元，开灯宴。普君墟为灯市。灯之名状不一，其最多者曰'茶灯'，以极白纸为之，剔镂玲珑，光泄于外，生子者以酬各庙及社，兼献 茶素，因名'茶灯'"；《新安县志》（二十四卷·清嘉庆二十四年刻本）"元宵，张灯作乐，凡先年生男者以是晚庆灯"；《龙山县志》（十五卷·民国十九年刻本）"元夕张灯，烧起火，放花筒，笙歌欢饮。自初八、九以后，庙社开灯，人家亦然，恒以蔗酒享神，曰'庆灯'，或设宴延客，曰

---

① 丁世界良、赵放主编：《中国地方志民俗资料汇编》，书目文献出版社 1995 年版。

'灯酒'。凡前一岁生儿及娶妇之家，以姜酒、鸡蛋往祭庙社，谓之'灯头'……亦有鸣锣击鼓，送灯与人，以为生男之兆者"，"正、二月，各庙社烧花爆，男女往观，拾得爆者来岁须还，以鼓吹送至家，谓为添丁之兆"（据《采访册》修）；《香山县志》（二十二卷·清光绪五年刻本）："正月灯节，添丁者挂花灯于祠，以酒脯祀其先，曰'开灯'，亦曰'挂灯'，约俟'清明'则焚之，曰'结灯'"（《采访册》），等等。可以说，上灯习俗几乎遍布广府地区。"上灯"时间一般是从正月初七开始，具体的时间不同，正月初十到正月十四上灯的人较多，正月十五、十六开始"落灯""取灯"。上灯仪式隆重而讲究，包括放灯绳、选灯、接灯、上灯、暖灯、化灯（也称圆灯）六个环节，其间还有客家锣鼓、舞狮、祭祖、饮灯酒和掷彩门等活动。男孩只有举行了上灯仪式，才能成为宗族社会里的正式成员。

与广东相邻的广西，多数地方也有上灯习俗，如《龙州县志》（二十卷·民国十六年修纂）："初十兴灯，每于土地祠设有花灯，至十五日即（酿左璩右）金会宴。宴后拈灯，拈得者值事将灯送其家，来年如期奉还。相传与嗣续者，拈得之必有添丁之望云"；《苍梧县志》（十八卷·清同治十三年续修刻本）："人家生子，张灯于社，称曰'灯棚'"；《郁林县志》（二十卷·清光绪二十年刻本）："初十日，生子家买纸灯挂于祖祠、神庙以为庆。古时有上元节盗富家灯盏置床下，令人有子，今颇沿此风，但所盗系社庙新挂之纸彩灯耳"。有意思的是，两广周边的其他省份如湖南、江西却没有一部方志中记载上灯习俗；福建除了个别方志中有记载外，99%的方志中均没有；河南个别方志中虽有"上灯"习俗，但其内容与两广完全不同，如《新郑县志》（五十一卷·清乾隆四十一年刻本）："（正月十九日）女归宁者是日必返夫家，谓之'添丁'"，女人从娘家回到夫家叫添丁，与广府地区的添丁习俗名同实异。可见，两广地区的添丁上灯习俗一致，且属于为北方所稀见的独有的年俗。该习俗应该与古代粤地偏僻蛮荒、生存环境恶劣、人口繁衍艰难、对人口尤其是男丁的需求有关。而且，我们注意到，从化、龙门的上灯习俗以客家人为主，更证明了以客家人为主体的族群在筚路蓝缕的迁徙过程中对男丁的渴望，对劳动力的迫切需求，对家族繁衍的渴望，对美好生活的祈福。

（刘庆华：广州大学人文学院教授、广府文化研究中心研究员）

南粤"赤帝洪熙"及"明顺夫人"演变考*

莫　凌

　　在南粤一带,有较大的村庄都建有"洪圣古庙",供奉的是"敕封南海广利洪圣大王",简称"洪圣大王",其全衔为"南海广利洪圣大王"。自从洪圣古庙建立,引发了民间以"洪圣王"崇拜为中心的一系列风俗活动和兴建海神庙的高潮。中山大学叶春生教授曾做过一个保守统计,新中国成立前广东南海神庙,包含洪圣庙、广利庙等,不下于500座。仅南海、番禺两县就有100多座,有的乡多至8座,佛山内有4座,顺德县在清代就有14座,香港至今仍有18座保存完好。洪圣古庙的总数远远超过了为数300多座的天后庙。

　　据传,每年农历二月十三日为洪圣爷诞,不少地方均有大型出巡仪式的庆祝活动,这项民俗在南粤大地已经有700余年历史。巡游时,往往"龙亭"所到之处万人空巷,队伍历经4小时行遍村里各个祠堂、庙宇,祈求风调雨顺、家宅平安。各地的"洪圣诞"活动中,规模较大的,如有广州海珠区土华村的"洪圣行乡"活动、香港新界

---

　　* 此文为国家社会科学基金项目"中国文学地理研究(14BZW093)"阶段性成果。

上水河上乡的"洪圣宝诞抢花炮"活动、江门潮莲的"洪圣诞庙会"、鹤山沙坪街的"小波罗诞"、佛山南海狮山官窑的"洪圣公诞辰巡游"、南海里水的"洪圣诞千人宴"以及番禺石楼、从化太平等各地的"洪圣诞日祈福"活动等。

古人建庙，一般都有据可依。对于"洪圣大王"的由来，南粤一带有着多个版本的传说，其中流传最广的一个是：洪圣大王本名洪熙，是唐代的广利刺史，廉洁爱民，精通天文地理，曾经设立天文气象观测所，使出海的渔民和商人都颇受其益。其死后受到敬仰和供奉，成为人们心中的海神。另一说法是，洪圣王是南海神的别称。南海神是中国古代东南西北四海神之一，地位显赫，据唐代韩愈《南海神广利王庙碑》，"考于传记，而南海神次最贵，在北东西三神、河伯之上"，历代帝王循礼崇封，官民祈禳祝佑，备受推崇。

而在东莞，民间传说中是洪圣则是一个屠夫，每天替人杀牲，很不忍心。他想放下屠刀，遁入空门，便拜一位老僧为师，老僧起先不肯收他，无奈洪圣苦苦恳求，只好答应。有一天，它们来到波涛汹涌的海边，老僧叫洪圣把心肝挖出来，掷下海去，洪圣毫不犹豫地照办了。当心肝掷下大海，海中升起一朵五彩祥云，上面坐着洪圣，升仙而去。洪圣成为天神之后，看中了南海边的一块宝地，在和菩萨良马的争夺中，经过玉皇的评判得到了这块地，于是就成了南海神庙里的海神。

在上述说法中，"洪圣大王"的出处从人到神，各不相同，且差别甚大，那么"洪圣"究竟是谁？他有没有相对真实的原型呢？

一 "洪圣王"为"南海神"的变身

在岭南的民俗信仰中，南海神一向是沿海影响巨大的一个地域性海神，南海神信仰地方化、庶民化所形成的南海神诞"波罗诞""洪圣诞"至今犹存。

考诸文献，中国最早的海神记载见于《山海经》中的第十五卷《大荒南经》载："南海渚中，有神，人面，珥两青蛇，践两赤蛇，曰不廷胡余。"在《山海经》中，与南海神等四海海神对应的还有四方方位神，南方之神为祝融。但是到了汉代则出现了四海神与四方方位神合流的情形，《太公金匮》载："南海神曰祝融，东海神曰句芒，北海神曰玄冥，西海神曰蓐收。"① 在这里，祝融成为南海神。这种变化与当时四海及四方观念的转变有关。在秦汉政治大一统情势下，尤其是秦始皇南征百越，设立桂林、南海、象等岭南三郡之后，四海之中的南海也与现实海域对应起来。四海被认为是大一统帝国疆域的边界所在，帝王祭祀四海成为王朝国家礼制的一部分，象征大一统符号体系的一分子，也是皇权控制力与合法性的象征。

王元林先生在《国家祭祀与海上丝路遗迹——广州南海神庙研究》中指出，秦汉以前的周代礼制中，涵括有南海神信仰的四海祭祀就已纳入国家礼制之中，并设有祠庙专门祭祀。据王元林考证，秦德公迁雍（今陕西凤翔境）后兴建的雍地诸祠中已经有四海神之祠庙的明确记载。而为适应大一统的中央集权国家的政治需要，秦汉时期也对前代的祭祀礼制以及国家宗教体系进行了一系列改革。南海神等四海神祭祀成为王朝国家郊祀礼制的重要组成部分。②

到了隋唐时期，纳入国家礼制的南海神信仰进入一个新的阶段。广州近海立祠奉祀南海神与隋代整合与完善岳镇海渎国家礼制有直接关系。而随着广州南海神庙的修建，以往供奉于庙堂之上的南海神得以名副其实地坐落于南海之滨，庇佑南海民众。据《旧唐书》中的

<hr>

① 吕尚：《太公金匮》，《姜太公志》，清光绪丙年（1876）刊，第6页。
② 王元林：《国家祭祀与海上丝路遗迹——广州南海神庙研究》，中华书局2006年版。

《志第四·礼仪四》记载："玄宗先天二年，封华岳神为金天王。开元十三年，封泰山神为天齐王。天宝五载，封中岳神为中天王，南岳神为司天王，北岳神为安天王。……十载正月，四海并封为王。遣国子祭酒嗣吴王祗祭东岳天齐王，太子家令嗣鲁王宇祭南岳司天王……太子中允李随祭东海广德王，义王府长史张九章祭南海广利王，太子中允柳奕祭西海广润王，太子洗马李齐荣祭北海广泽王。"① 唐朝皇帝把中国的所有名山大川海域都神化了，或者说是人格化了，由此可见，"广利王"实非指人，而就是南海神。

隋唐以后，历代帝王循礼崇封，多次册封南海神，或派遣使者、地方官员到南海神庙致祭。唐玄宗天宝十年，四海并封王，封南海神为广利王。五代十国时期，岭南地区建立了南汉国。刘氏王朝经济收入有很大一部分来自海上贸易，因此，南汉后主刘鋹对南海神更为崇敬。大宝元年（958），刘鋹先是下诏加封南海神广利王为昭明帝，给祝融加上龙袍。到宋太祖开宝四年（971），宋大将潘美率宋朝大军南下平定了岭南，南汉国除。开宝六年，宋王朝在广州设立了市舶司，管理海外贸易。同年，朝廷命中使修葺南海神庙。希望获南海神保佑，"限六蛮干外服，通七郡以来王"。这反映出宋王朝从统一岭南起，就十分重视海上对外贸易，南海神也因此被誉为"海上外交之神"而获得更多的尊崇。

宋代废除了南汉给南海神祝融昭明带的封号。宋景德年间，真宗皇帝赵恒赐南海广利王以玉带。大中祥符六年（1013）派员修南海神庙。据《宋史》中的《志第五十五·礼五》有记载："仁宗康定元年，诏封江渎为广源王，河渎为显圣灵源王……加东海为渊圣广德王，南海为洪

---

① 刘昫：《旧唐书》，《志第四·礼仪四》，中华书局2000年版，第322页。

圣广利王，西海为通圣广润王，北海为冲圣广泽王。皇祐四年，又以灵台郎王大明言，汴口祭河，……五年，以侬智高遁，益封南海洪圣广利招顺王。……东海，大观四年，加号助顺广德王。"① 这下"洪圣"一名出来了，原来它始于宋仁宗时代，且宋朝皇帝在唐朝封的广利王前面再加封为"洪圣"，于是成了"南海洪圣广利王"了。

元世祖至元二十八年，南海神加封为南海广利灵孚王。明太祖洪武三年，去前代封号，南海神改称南海之神。清雍正二年，南海神加封"南海昭明龙王之神"。

在此同时，历代也都对南海神庙进行过维修，官民祈禳祝佑，南海神庙与南海神信仰延续千年。在地方祠祭南海神，也搭建了国家祭祀与民间信仰互动的平台，促进了南海神信仰地方化、庶民化的变迁过程。

那么为何没有"广利王庙"而只有洪圣庙呢？因为广利一词含义太宽，且广利王要深入民间还需一些时间。到宋朝时，岭南一带已经发展成为一个成熟的市民社会，而洪圣一词特指洪水雨水。由于生产力极其低下，暴雨和洪水往往对人类的安全和生产造成严重的危害，特别是在南方，水患连连，面对着这种既不可知又无法抗拒的恐怖自然现象，人们自然会把洪水加以神化，从而出现了像"洪圣大王"一样能主管洪水的神人了。

二 "赤帝洪熙"与"明顺夫人"

现代民间多有流传的"洪熙"究竟是谁呢？翻查新旧《唐书》、新旧《五代史》及《宋史》等书籍，均无洪圣、洪熙、广利的人名

---

① 《宋史》，《志第五十五·礼五》，中华书局 1985 年版，175 页。

和传记，倒是宋代李昉等人编的《太平广记》里面，有广利王这个神出现过。可见即便唐宋时期有洪圣、洪熙、广利这个人，也不可能是个名官、廉官、大儒或功臣，皇帝看重的人，一般史上都会有记载的，如果是普通官吏、普通人物，百姓为何会纪念他呢？历史上"洪熙"一词最早来源于明仁宗朱高炽，他是明朝第四位皇帝，永乐二十二年登基，次年改元"洪熙"。因此，上面材料说"洪圣""洪熙"是唐代官员，任过广州刺史，知晓天文气象等传说，纯属子虚乌有。

既是子虚乌有的人物，那"洪熙"是如何与"南海广利王"联结在一起的？而这得追究到其"夫人"的身份了。

北宋皇祐四年（1052），侬智高作乱，围攻广州城多日，后来，侬智高火攻广州城，突遇大雨，被官军击败。广州官府认为是南海神夫妻显圣，助官兵剿盗贼，遂上报朝廷，请求褒封南海神，于是加封王号"昭顺"，祝融变为"南海昭顺洪圣广利王"了。这次加封，荫及夫人，朝廷还赐南海神夫人为"明顺夫人"。至和元年，仁宗加王冕九旒、赐衣冠覆袜甚丰；特别是由宫中送出花钗、（女上衣）、（长袍）、簪、铀（金花头饰），予明赐明顺夫人。可见，当时朝廷对这位夫人可谓青眼有加。现今的南海神庙，是中国古代东南西北四大海神庙中唯一留存下来的建筑遗物，是古代皇帝祭祀海神的场所，庙里第五进叫昭灵宫，也叫后殿，就是"明顺夫人"的寝宫。

关于"明顺夫人"，其民间形象也有多个版本，一说其为一顺德农家女子，死后化为神，许配给了南海神。她除了具有与南海神一样的法力外，还兼司达嗣之职，在昭灵宫内的拜石三拜夫人，可以得贵子，行好运，或家庭和睦，昭灵宫因此香火鼎盛，善男信女来游南海神庙，无不对夫人顶礼膜拜，求神赐福，保佑家人平安，是信众良好愿望。

另一说法流传在顺德与南海一带，说的是有一年当地大旱，一位少女奔赴神庙伏地不起，恳降甘霖，愿为婢妾。广利王答允其所求，并及时降雨，于是这位少女便践诺，成了广利王夫人。现今南海神庙昭灵宫上的门联所写的："明德斯馨泽留粤海，顺时而祀人仰坤仪。"大概就是赞美明顺夫人舍身求雨的高德，而受到大众尊崇。

纵观上述，围绕着"明顺夫人"的几个关键词为"助官兵剿盗贼""舍身祈雨"以及"兼司达嗣"。而这些不禁使人联想到两位著名的福建民间女神——陈靖姑与苏六娘。

《福建通志》卷二百六十三中记载："临水夫人，古田人。唐大历二年（767）生。归刘杞。凤慕元修，年二十四卒。邑临水有白蛇洞，常吐气为疫疠。一日，有朱衣人执剑，索蛇斩之，乡人诘其姓名，曰：'我江南下渡陈昌女也。'遂不见。乃知其神，立庙洞上。凡祷雨旸，驱疫求嗣，无不灵应。宋淳祐（1241—1252）间，封崇福昭惠慈济夫人，赐额顺懿，八闽多祀之。"[1] 又及《台湾县志》云："夫人名进姑，福州人陈昌女。唐大历二年生，嫁刘杞。孕数月，会大旱，脱胎祈雨，寻卒，年只二十四。卒时自言：'吾死必为神，救人产难。'宋淳祐中封崇福昭惠慈济夫人，赐额顺懿。后又加封天仙圣母青灵普化碧霞元君。"[2] 临水夫人陈靖姑，能降妖伏魔，扶危济难，24 岁时因祈雨抗旱、为民除害而牺牲。汉族民间传说临水夫人在保护妇幼上颇有奇效，因而被称为"救产护胎佑民女神"，又被称为顺天圣母，一直受到许多人的信仰，尤其是妇女。

另据《泉州府志》记载，苏六娘，晋江常春乡（今鲤城常春村）苏启能之女，明洪熙元年乙巳（1425）腊朔诞，生而神异。端淑孝

① 《福建通志》卷263，同治十年重刊本。
② 王必昌：《台湾县志》，清乾隆十六年刊本。

敬，料祸福多奇中，年十六不字。正统六年（1441）一日，拜别父母兄弟曰："夜神人召见，明晨寅刻将辞世矣。"① 至期而逝，祥云缭绕，天乐遥闻。众人护柩至紫帽山麓，突索绝坠地，雷电风雨骤起，众散归。诘旦往视，则蚁泥已封矣。自后屡现神光，里老垒石为庙于墓前，塑像祀焉，尊称为"苏夫人姑"。明正统十四年（1449），邓茂七乱，侵泉州，太守熊尚战死古陵坡，众作鸟兽散，常春村村民遂抬苏夫人姑神像出战，苏夫人姑率神兵相助，邓军见而溃败。荡平外夷后，明成化六年（1470），地方官府复奏敕封苏六娘为"护国卫生夫人"，谥"忠烈"，加封衍圣泉水崇福留络于庙，敕石记之，地方官遂依制建庙。②

陈靖姑与苏六娘本是福建本土的女神，而在两宋期间，妈祖信仰亦已扩布至南海之滨的广州等地，岭南沿海多称妈祖作天妃或天后，其地位逐渐上升，并超过了南海神成为岭南沿海最重要的海神。到后来天妃庙宇数量远多于洪圣庙。在不少天妃庙中，南海神成为天妃主神的陪祀神。妈祖信仰随后带动而来的，则是陈、苏二神的相关传说与功能。

首先进入广东的，是生育守护女神，即临水夫人陈靖姑。在福建古田临水夫人祖庙前有一座百花桥，桥下溪涧红白花争奇斗艳，相传每一朵花都是一个婴儿，白花为男孩，红花为女孩。妇女无子者，可于正月十五日陈靖姑生日前去庙中祭祀，向临水夫人请愿，然后采一朵供在香案的花回家去，俗谓"请花"。而从明代起，广州人便有到金花庙中拜金花娘娘的习俗。当时的金花庙堂中间挂有一个精致的大灯笼，灯笼四周悬挂大量红白两色的花朵，供求子者采摘。想要男孩

---

① 万历《泉州府志》。
② 乾隆《晋江县志》卷十五《苏六娘传》。

的摘白花，想要女孩的则摘红花，此过程则同样称之为"请花"。几近相同的两个祈子习俗，其实是两省文化交流的结果，我们甚至可以看出，明代广州人向金花娘娘的"请花"方式，很可能就是由福建人向临水夫人的"请花"借鉴而来。

"苏夫人姑"苏六娘据传生于农家，因天资聪颖，农业生产实践中，精通天文气象观测，对于气象的晴雨风云，观察及经验积累，使她能"料祸福多奇中"。她16岁时由于不满意父母安排的婚姻而绝食，最后伏地坐化。化时，天上突然电闪雷鸣，大雨倾盆。后来，六娘芳灵常在庙里帮助农妇照顾孩子，于是有了"苏姑抚婴""古庙托婴"这些佳话。更及后来，"苏夫人姑"以"神力"平定外夷。而这一切，日后也渐渐衍变成同样农家女出身的顺德姑娘为求雨而献出生命，以及与南海神一同显圣剿灭盗贼等"明德斯馨"之事了。而其"精通天文气象"之能力，更被转移到日后的夫君——洪圣王身上去了。

在民间，百姓们历来对各类神祇的尊崇，一般大都先有传播自家信仰体系的领域，后因神祇都有解灾救难、庇护众生等共性美德，其形象便受到民间的普遍信仰。这种信仰没有教规教义之类的"门槛"的约束，善男信女可灵活敬信一尊或数尊，甚至全部。而在日后漫长的衍传的力度，多个人物的事迹最终被集合到一个身上，从而派生出一个全新的神祇的事情，多有发生。新旧神祇之间，相互攀缘结合，相互推波助澜的作用不可低估。由于临水夫人与苏夫人姑的共同作用，使得本无史料记载的"明顺夫人"借民间传闻得以"美化"乃至"神化"。而作为其夫君的"洪圣王"，也获得了苏夫人姑的出生年——"洪熙"为名，继而又穿越到临水夫人的出生年代——唐代，成为广利刺史。

三 "五子朝王"与"小波罗诞"

或许是民间百姓们对"洪圣王"实在太喜爱，既然已有夫人，那理应有子嗣才对。于是，洪圣王先是有了一个名为"安"的儿子，对于早期的"安"，民间的演说并不多。到明代万历年间，民间老百姓们又开始觉得洪圣王仅一子，人丁太单薄了，还是有五个儿子比较能体现福气，于是逐渐有了"五子朝王"的段子，让洪圣王有了大子"大案"，二子"源案"，三子"始案"，四子"长案"，五子"祖案"。这就好比是北宋名将杨业（杨继业）本来仅有延玉和延昭二子，但往后硬生生被民间戏曲加工成"七子二女"的大家庭一样，这便是历史学泰斗顾颉刚先生所说的"历史层累说"。"层累说"是试图表现故事的历史演化特征，往往时代愈后，传说的历史期越长，故事和人物就越被加油添醋地丰富和细致。其后，洪圣五子也纷纷得到神化，五个神像分别由南海神庙附近乡民在村中供奉。

"五子朝王"的传说，"十口为古"式的故事，已无法再找到具体的年代出处。据传，洪圣王五个儿子中大案忠厚仁义，元案智慧善谋，始案倔强好胜，长案手艺精湛，祖案善于管家。大案和元案在宋高宗年间被封为辅灵侯和赞宁侯。始案常与父王视死闹别扭，称为"硬颈三"。这五位小海神，平时就在各自的神殿里享受民间烟火，而到了"波罗诞"正诞之日，"五安神像"都由十五乡乡民抬到南海神庙中庭，向南海神祝寿，称"五子朝王"，五子由波罗庙十五乡的乡民抬着备齐祝寿供品、敲锣打鼓、举旗擎幅、扛着标牌兵器浩浩荡荡地入庙祝寿，称一年一小祭，三年一中祭，五年一大祭。各安神像都笑吟吟地正面入庙，唯有三子始案是背面入庙的。因办他与父王不和，发誓不面对父王，故背面入庙。

"五子朝王"的由来另有一说：据传，一年夏天，海水上涨，从上游漂来一根木头，到了南海神庙前面，任凭汹涌的波涛怎么冲击都纹丝不动，乡人于是将这根木头锯为6段，头段塑洪圣大王像，其余5段分别塑他5个儿子的神像，称为"五案神像"，分给附近的十五村来供奉，五案神像俱黑须，大案金面，其他都是红面。其中大案神像由夏园乡供奉，元案像由南湾乡供奉，始案像由沙涌乡供奉，祖案像由大、小塘头供奉，长案像由双岗乡供奉。

这五位小海神，平时就在各自的神殿里享受民间烟火，而到了"波罗诞"的日子，乡民就会把他们抬回南海神庙，给他们的父王拜寿。广东还有不少村落认为洪圣王三子"始案"才是本村守护神，所以他们把活动提前到了二月初九，因此，这些村的活动又被称为"小波罗诞"。

鉴于"洪熙"与"五子朝王"等传说在当今的媒体上流传得太广，窃以为，这些具有趣味的插曲无论是理解偏差而来也好，以讹传讹而来也好，都已经成为洪圣诞文化研究中不应被故意忽略的一环。南海神从《山海经》中走出，其形象被人们进一步地方化、庶民化，这也是一种信仰的陈述。中华民族是一个多神崇拜的民族，而一切的神都是由人类自己所创造出来的。尊神的观念一旦形成，就成为一种强大的精神力量，并具有相对的稳定性，无形中左右着人们的日常生活，从而也规范着一个时期，甚至是长时期的社会发展路向。神话的表现形式可以是虚构的，但其所反映的社会问题、民生问题却是真实的。在对诸神起源、流变的探讨过程中，我们固然可以秉着科学的态度、质疑的态度严肃认真地进行求知、求证，但若只为求一娱乐的话，那就不妨"听故唔驳故"吧。

（莫凌：广州市民间文艺家协会）

"越人好事因成俗"：广州蒲涧节会
传统民俗活动述论*

赵晓涛

  民俗文化创造于民间，又传承于民间，是一地地理环境、社会环境对民众的思想观念和行为规范长期影响与制约的结果。传统节俗作为最为典型的中华民俗文化，是民族精神情感、个性特征以及凝聚力、亲和力的载体，在形成之后渗透于古代传统社会的方方面面，持久发挥其独特功能作用。作为一方传统节俗活动的广州蒲涧节会，自然也是概莫能外。下面本文就以自宋代以来有关诗词作品为主要材料，来具体揭示广州蒲涧节会之盛况及其流变。

  广州白云山旧有著名景点"蒲涧濂泉"，为宋、元两代"羊城八景"之一①，并因该地产生了流传至今上千年的安期生飞升成仙传说

---

* 本文为广州市 2016 年度《广州大典》与广州历史文化研究课题项目《文学地理学视域下的宋代广州文学研究》（项目批准号：2016GZY18）阶段性成果。

  ① 参见曾昭璇《广州历史地理·羊城八景》（广东人民出版社 1991 年版，第 303—316 页）、《岭南史地与民俗》（广东人民出版社 1994 年版，第 120—122 页）。另按：关于蒲涧与广州城之间的距离里程，除苏轼《和陶桃花源》施注引唐刘恂撰《岭表录异》记载"菖蒲涧，在广州城之东北十五里"外，余皆作"二十里"。

而在附近一带建有菖蒲观①、郑仙祠②等祭祀场所。自唐宋以来便吸引远近游人纷至沓来，至清代仍是旅游胜地，留下了历代骚人墨客的不少吟咏作品。广州蒲涧节会传统民俗活动，正是以安期生于白云山蒲涧飞升成仙传说为核心因子发展而来。③

从目前存世的文献记载来看，广州蒲涧节会在宋代之前缺乏明确记载，目前仅能综合《广东考古辑要》所辑南朝宋沈怀远撰《南越志》记载"菖蒲涧，昔交州刺史陆允之所开也。涧中多九节菖蒲，世传安期生采菖蒲服食之，以七月二十五日于此上升。郡人每岁是日往涧中沐浴，以祈霞举"，和北宋乐史《太平寰宇记》卷一五七所引《南越志》记载"（东晋）太元中，襄阳罗支累石涧侧，容百许人坐，游之者以为洗心之域"来判定：在东晋太元年间至南朝宋前期即有蒲涧节会之雏形（或者说是初步形态），其时主要限于从当地民众中自发产生的祈求长生不死、祛病除疫的民间信仰表达形态。而蒲涧节会在各种文献材料中广为记载，且从价值观念、行为习惯到仪式制度之

---

① 据苏轼《和陶桃花源》施注引唐刘恂撰《岭表录异》记载"山半有菖蒲观，跨水有玉鸟阁，即安期生上升之地。"方信孺《南海百咏·菖蒲观觉真寺》诗前小序"寺观并在蒲涧。东坡诗云'昔日菖蒲方士宅，后来薝卜祖师禅'，是以寺为安期生宅也。而《图经》载遗履之事，乃以观为宅也，今未详。观今名碧虚，中有刘氏碑，东坡题名其上。"（北京大学古文献研究所编《全宋诗》卷二九一四，册55，北京大学出版社1998年版，第34749页）。

② （宋）叶廷珪撰《海录碎事》（中华书局2002年版）卷三下（地部上）记载"菖蒲涧在番禺县，有安期生祠堂"，另宋人蒋之奇《蒲涧》诗句"十所祠堂海傍出，气象峥嵘此其一"、郭祥正《蒲涧奉呈蒋帅待制》诗句"十祠千载聊相望"和洪适《番禺调笑·蒲涧》"安期驾鹤朝金阙。丹灶分留岩穴。山中花笑秦皇拙。祠殿荒凉虚设"等可为佐证。

③ 按：关于安期生于白云山蒲涧飞升成仙传说，参见纪宗安、王绍增《安期生在白云山踪迹的辨析》（《岭南文史》1995年第1期，第31—33页）和朱钢《"安期生"考》（《文化遗产》2008年第1期，第113—119页）。根据乌丙安先生在《中国民间信仰》一书中对仙人信仰的分类，安期生被归入道教兴起后被括纳入的古方士或奇异名人升迁的仙人、真人（参见该书第205—222页，上海人民出版社1995年版）。另按：韦凤娟在《魏晋南北朝"仙话"的文化解读——关于超越生死大限的话语表述》一文（《文学遗产》2008年第1期，第39—48页）中，将这类关于神仙的故事传说称为"仙话"，并指出"仙话"的核心意旨是神仙信仰，而神仙信仰的核心意义就是珍视现实人生、宝爱现实生命。

三位一体正式形成是在宋代。

宋人洪适在《张运知广州制》一文中指出："二广之区，五羊最大，药洲蒲涧，民有嬉游之风"①。方信孺《南海百咏·菖蒲观觉真寺》"千载仙居已渺茫，道山佛屋自相望。春花秋草年年事，却作游人歌舞场"、刘克庄《蒲涧寺》"欲采菖蒲无觅处，且随箫鼓乐新年"等诗句可为蒲涧之地"民有嬉游之风"的佐证。宋代广州官吏民众有一年两次游蒲涧的习俗：农历正月二十五为蒲涧节；七月二十五为安期生飞升日（后称郑仙诞），进行以祭拜郑仙及采食菖蒲为主带有一定宗教色彩的民俗活动。南宋方信孺《南海百咏·菖蒲观觉真寺》诗前小序"郡人岁以正月之二十五日为蒲涧节，帅使而下倾城来游"，小序并引《南征录》云："正月二十五日乃刘王生日，七月二十五日乃安期上升。"② 葛长庚（白玉蟾）词句"年年蒲涧会"（《霜天晓角·绿净堂》）也是指明这一长盛不衰的地方民俗现象，是广州城除了五羊传说的悠久、阛阓十万人家的繁华，和东西向皆面海、毗邻蓬莱仙境这些真实与虚拟相交织在一起的地理景观特征外，值得夸扬于世的一点。刘克庄诗句"俗情重蒲饮"便是对当时本地民众采食菖蒲这一宗教民俗活动的简约记叙。

---

① 洪适：《盘洲文集》卷二二，四部丛刊初编本。
② 按：小序所引《南征录》一书已佚，且不知作者何人，所提"刘王"和方氏《南海百咏·刘王花坞》当为五代十国时期南汉之同一国主，但因南汉历经三世四主，限于目前缺乏相关史料文献线索，无法判定出是哪位国主，只能存疑待考（如据北宋郭祥正《蒲涧奉呈蒋帅待制》诗句"却寻陈事考僭迹，死佗称帝镌称王"、方氏《南海百咏·刘王花坞》诗前小序"在千佛寺侧……盖刘氏芳华苑故地也"、明初诗人孙蕡《白云山》诗句"踏青刘鋹呼銮道"和明末清初屈大均《广州荔支词》（其三十八）"甘溪水接菖蒲涧，南汉君王旧泛杯。岁岁红云张御宴，美人歌秦火珠来"及屈氏诗自注"南汉主刘鋹"等文献记载来看，似乎此"刘王"为刘鋹的可能性较大；然据明代郑学醇《咏怀古迹》（其四）"芳华苑"诗题自注"在千佛寺侧"等记载和《五代史》（其六）诗句"曾照芳华内苑花"后自注"刘龑"，则此"刘王"也可能为刘龑，一时不知孰是，有待将来续考）。

一 关于初春的蒲涧节

北宋哲宗元祐元年（1086），改集贤殿修撰的蒋之奇过岭南下任知广州兼广南东路经略安抚使。他在任上于蒲涧节期间遨游蒲涧并作诗为记，其中写道："迩来兹地成胜游，士女倾都在今日。……长旗映日远悠悠，骏马踏尘骄跃跃。班荆恰匝具嘉肴，携手殷勤尽清酌。草间堕珥及遗簪，道上行歌或徒咢。俗登寿域寝明昌，人上春台遍纷错。朱幡不是为遨嬉，太守之心乐民乐。"① 可见除了先前流传下来的采摘菖蒲、沐浴涧水、祭拜安期生等祈求长生不死、祛病除疫之类属于民间信仰的活动内容，增附了诸如野外餐饮、插旗挂幡、行歌、徒咢（击鼓）等充满世俗欢乐的活动内容。"外来客"蒋之奇作为广州本地最高长官，深受这种本土节日的欢乐、祥和气氛吸引、感染，可谓乐民之乐。

北宋文人郭祥正于哲宗元祐二年（1087）九月起为出知端州，次年立春后方至广州，并于蒲涧节期间与在广南东路经略安抚使、知广州任上的蒋之奇同游蒲涧，相互唱和，留下《蒲涧奉呈蒋帅待制》诗作，诗中写道："安期服之已仙去，漫脱双舄留秦皇。……蓬莱毕竟不可见，十祠千载聊相望。散发追之又无迹，后来诡谲传崔郎。至今正月二十五，城北夹道珠帘张。元戎要宾锤大鼓，老蛮献馔烧肥羊。倾城尽作蒲涧饮，美俗眷恋神仙乡。穿云丝竹度别浦，遥山金翠明残阳。我乘款段到已晚，越台仅得参壶觞。公携大句使我读，冰澌戛齿清琅琅。张侯继作亦精敏，兰茝相倚传芬芳。……只今神孙太母圣，

---

① （明）嘉靖《广东通志》卷十三《舆地志·一》，《广州大典》据明嘉靖四十年刻本影印，广州出版社 2015 年版。

天下击壤歌时康。佳期不邀墓中鬼，乐民之乐真循良。勒词苍崖告万古，蒲涧之会无淫荒。"① 此诗追溯了"蒲涧饮"的由来，并对以广东经略安抚使蒋之奇为首的官民"倾城"往游蒲涧作了绘声绘色、铺张扬厉的描绘：夹道珠帘、锤大鼓、烧肥羊、穿云丝竹、壶觞，蒲涧饮场面之盛大、之热烈、之持久从中可见一斑。在诗人看来，蒲涧饮是"美俗"，是值得当地民众眷恋、比蓬莱可见的游神仙乡。对于出任守臣的蒋之奇、张侯等，蒲涧节既是展露文学创作才能的难得良机，更是官吏"乐民之乐"、治政时康循良的生动体现，这与上面提到的蒋之奇《蒲涧》诗作可谓桴鼓相应、所见略同。

此后洪适于南宋绍兴十七年至二十五年皆居广南东路，期间在广州知州方滋为友人黄公度接风所设的歌舞宴会上，应方滋之令代为创作了一组（或曰一套）共 12 首《番禺调笑》转踏词。② 每首转踏词前皆有七言八句诗一首，诗词连缀，相互递转、相互发挥，以反映广州十二处名胜古迹、风土人物。其中第七首即题咏"蒲涧"，诗云"依然丹灶留岩穴。桃竹连山仙境别。年年正月扫松关，飞盖倾城赏佳节"，词云"佳节。初春月。飞盖倾城尊俎列"，亦是描摹游赏飞盖倾城、满座尊俎罗列之蒲涧节盛况。

淳熙八年（1181）初春，杨万里在蒲涧节期间游蒲涧，游玩之后写有一首《辛丑正月二十五日游蒲涧晚归》诗追记其事。全诗照录如下：

> 桃李深酣日，池塘浅试春。霁晖摇远水，新暖软游人。

---

① 北京大学古文献研究所编：《全宋诗》卷七五三，第 14 册，北京大学出版社 1998 年版，第 8783 页。

② 转踏又称传踏，用于队舞表演、演唱故事，有关论述可参见王国维《宋元戏曲史》、刘永济《宋代歌舞剧曲录要》。

生酒清无色，青梅脆有仁。烟锺能底急，催我入城闉。

该诗表现诗人游兴盎然、乐不思归，至以"青梅"下"生酒"可谓别有一番风味。

淳熙九年（1182）初春，杨万里自惠州返抵广州，与知广州兼广东经略安抚使巩湘（字采若）一道悠游欢度蒲涧节。这是杨万里第三次游蒲涧，其游蒲涧之兴致不衰由此可见。杨万里为此写有《和巩采若游蒲涧》一诗。节录如下：

南中道是岛夷居，也有安期宅一区。屐齿苔痕犹故迹，霓旌鸾佩已清都。

元戎解领三千骑，胜日来寻九节蒲。万壑松风和涧水，鸣琴漱玉自相娱。①

从"三千骑"之字眼，可见官员此日出游之盛况。而对蒲涧节嬉游场景进行全方位、全景深描叙的诗作要算赵汝鐩的《续蒲涧行》，节录如下：

戊戌正月二十五，摇荡东风蒲涧去。年年今日是时节，飞盖倾城车塞路。

野亭山馆坐不遍，幕天席地千百处。开壶设樏纷酒炙，擘蟹锥蛎间醢脯。

笑言相续乐甚真，礼文不侈意则古。我亦随众穷胜览，先访安期登梵宇。

…………

---

① 按：杨万里两诗分别见于《杨万里集笺校》卷一六、卷一八，辛更儒笺校，中华书局2007年版。

倚栏方快心目远，牛羊下山林嚖暮。小儿队队逐归驺，拍手呼舞趁箫鼓。

游人到晚欢未厌，徘徊不忍收樽俎。行穿梅岭还江西，首为南州诧风土。①

于行，是飞盖倾城、车马塞路；于坐卧，是野亭山馆、幕天席地；于宴享，是开壶设樏、擘蟹锥蚝、酒炙醢脯；于风习，有意古的礼文，有拍趁的箫鼓；于游人之精神状貌，是笑言相续、拍手呼舞、到晚未厌、徘徊不忍……至于蟹、蚝这些本地物产更是体现了广州作为水泽之地、江海之会的地理区位特点。"我亦随众穷胜览，先访安期登梵宇"两句，点明祭拜安期生是广州蒲涧节民俗活动的第一要素，蒲涧寺观则是这一民俗活动的中心场所。诗人最后总结"梅岭还江西"行程，惊诧、折服于广州蒲涧节嬉游狂欢场景，以致推许为南州风土之首。民国时期张家驹在《宋室南渡后的南方都市》② 一文中就明确提到"又如广州蒲涧，相传系郑安期登仙处，每岁正月二十五日，游人之盛，不下于杭州之西湖"，并引赵汝鐩（字明翁）《野谷诗稿》有这首《续蒲涧行》诗为证。

二 关于秋季的蒲涧节（又称鳌头会、郑仙诞）

据清初屈大均《广东新语》卷三"白云山"条记载："（安期生）以七月二十五日仙去。今郡人多以是日采菖蒲沐浴灵泉以祈霞举。而宋时郡守尝醵士大夫往游，谓之鳌头会云。"③ 按"鳌头"一作"遨

---

① 《全宋诗》卷二八六五，第55册，北京大学出版社1998年版，第34212页。
② 见《食货》（半月刊）第1卷第10期（1935年4月16日出版）。
③ 屈大均：《广东新语》，中华书局1997年版。

头"，指广州本地最高军政长官知州（兼广东经略安抚使），当源于
"独占鳌头"之义，宋人常以姓字冠于"帅"字前作为某位广州知州
（兼广东经略安抚使）的省称。而从"鳌头会"这一称呼上，更加足
以认定宋代蒲涧节会虽然是民间的，却又是地方主官乐于参与、带有
浓厚官方色彩的节俗。

南宋曾丰《七月二十五日为广州蒲涧节巩帅相招坐上默营两诗》：
"侵寻逾七夕，次第到中秋。蒲涧广南节，熊车城外游。杯盘收复出，
宾主劝还酬。痛为江山饮，离骚不读休。"① 点明时节之后，重点表现
宾主相欢尽兴的宴游场景。

淳熙七年（1180）秋，杨万里时在广东常平使者（治所广州番
禺）任上，在七月二十五日与知广州周自强（字勉仲）、广东转运判
官蔡戡（字定夫）、广东提举市舶张靖（字平子）等官员游蒲涧。这
是杨万里第一次游蒲涧，他写有《游蒲涧呈周帅蔡漕张舶》诗以记其
事，其中写道："胜日从公蒲涧游，万壑声满千崖秋。""君不见中流
千金博一壶，不如游山饥时粥一盂。金印系肘大如斗，不如游山倦时
一杯酒""至今年年七月二十五，倾城游人来访古"②，在杨万里看
来，蒲涧节这种沟通仙凡、官民共享的游山之乐胜过赢得功名富贵。
同游官员蔡戡和作《和杨廷秀游蒲涧之什》③ 诗句"文书暇日得胜
侣，登临清赏追遨头""恨无诗才可八斗，领略群山但卮酒"，亦是一
派主从游赏相欢之意。

刘克庄于嘉熙四年后村以广东转运判官摄帅时，在七月二十五日
游蒲涧，写有词作《水调歌头·又题蒲涧寺》不吝笔墨描述时节场

① 《全宋诗》卷二六〇二，第48册，北京大学出版社1998年版，第30235页。
② 辛更儒：《杨万里集笺校》卷一六，中华书局2007年版。
③ 《全宋诗》卷二五八四，第48册，北京大学出版社1998年版，第30041页。

景："风露驱炎毒。记仙翁飘然谪堕，……斫鲸鲙，脯麟肉。越人好事因成俗。拥遨头如云士女，山南山北。问讯先生无恙否？齐鲁干戈满目。且游戏扶胥黄木。不是世无瓜样枣，便有来肯饱痴儿腹？聊举酒，笑相属。"① 刘克庄作为一方主政官员，虽则心忧北方边事，却也未能免于"越人好事""成俗"，可谓借"成俗"酒杯，浇胸中块垒。

三 综论

综上关于宋代蒲涧节会带宗教色彩民俗活动的分析，可见当时广州地区民众的物质生活比较富足安适，嬉游娱乐等现世精神生活好尚亦较为普遍，地方社会呈现出一派和谐的良治秩序。无论郭祥正、洪适、杨万里、赵汝遽、方信孺，都以"倾城"一词来形容蒲涧节俗胜日官方与民众共同参与之盛大场面，充分体现出当时广州城市节日民俗的公共参与性这一本质特征。从人文与自然的关系来看，蒲涧节会民俗活动无疑是建立在白云山蒲涧这一城郊型自然景观和安期生飞升成仙这一地域人文传说两者虚实有机紧密结合的基础上，集中体现白云山蒲涧景观在宋代已经成为自然与人类的共同作品，鲜明反映宋代广州地域人群与周边地理环境的共荣共存、和谐平衡关系。从国家与社会的理论框架来看，宋代广州主要地方官员虽然很多热衷参与蒲涧节会这一起自民间的节俗活动，但不同于几乎同一地域范围内的南海神祭祀早在隋代就被列为国家祀典，蒲涧节安期生祭拜甚至未有被列入地方官府祀典的明确记载，由此似可推测在宋代蒲涧节中，当地官方与民间社会形成了一个"民"规"官"随的独特耦合关系。从当今流行的场所文化认同理论来看，场所文化认同的三个关键性要素，

---

① 辛更儒：《刘克庄集笺校》卷一九〇，中华书局 2011 年版。

在蒲涧节会民俗活动中完全具备，即：菖蒲观、郑仙祠等古迹建筑作为"物质环境"的认知认同、官民倾城出游嬉乐作为"行为"的参与认同，和祭拜祈愿作为情感与意义表达的体验认同。如果说菖蒲观、郑仙祠等古迹建筑属于物质实体形态层面，安期生升仙传说属于精神观念价值层面，则蒲涧节会属于地域风俗制度层面，三者共同构成一帧宋代广州社会节日生活的全息立体影像。①

需要特别加以指出的是，宋代广州蒲涧节会民俗活动不仅同样体现端午、重阳等当时全国性一般民间节俗所具有的全生避害、人神（仙）祭祀、饮食节物、竞技娱乐与家庭人伦五大要素，而且是在中原地区重阳登高这种传播接受面相对要广大得多的一般民间节俗大传统之外，建构起了一个地域特色鲜明、属于广州本地独有的民间节俗小传统，并因其宗教性、娱乐性和消费性三大方面兼备且突出而成为宋代广州城市节庆中最能体现城市公共生活的重要节日。

宋代之后，蒲涧节会代代相传（值得注意的一点是，正月二十五的初春蒲涧节在宋代后似乎突然消逝不传，个中原因尚待考索），如明末清初屈大均《自蒲涧至廉泉洞寻郑仙鹤舒台作》诗描叙自己一路游玩见闻经历，诗作如下：

> 七月廿四廿三日，广人倾都东门出。菖蒲涧中漱寒泉，共寻郑公炼丹室。
>
> 传闻此日鹤舒翼，安期上仙就仙职。秦皇苍苍向烟雾，东使少君求不得。

---

① 按：此处借鉴参考殷学国、蒋述卓《古籍整理与现代学术演进关系分析》一文中关于文物、古迹，口述、传说和史籍文献"三者"的说法（《学术研究》2016 年第 9 期，第 167 页）。另可参见萧放《城市节日与城市文化空间的营造——以宋明以来都市节日为例》（《西北民族研究》2010 年第 4 期，第 99—110 页）。

　　玉舄何年留皁亭，蒲花紫茸含秋馨。越人祈子每双乳，高禖此地惟仙灵。

　　水帘半遮大岩口，松柏数株老猿守。锦幡争答白花男，珍果竞怀红粉妇。

　　仙人拇迹履纷纷，触破苔痕生白云。生儿我欲生高士，似我迷花不事君。①

　　从诗中可以看出，七月二十三、二十四日广州民众就已掀起蜂拥出城游白云山蒲涧的高潮，而且蒲涧节（郑仙诞）在当时还增加了当地民众为"祈子"致祭郑仙、郑仙遂替代"高禖"主掌生育之仪式活动内容，即此亦可见蒲涧节（郑仙诞）以广州本土神仙信仰传统为血脉（或者说凝聚力），有将本地民众日常世界之基本需求融为一体的演变趋向。此外，如清人崔弼、陈际清《白云越秀二山合志》谓："是日，游人千百为群，茶亭酒馆隘塞山中，香烟载道，裙履满山，而萧冈、塘下诸乡，画龙虎之旗，载犀兕之鼓，千百人香案在前，乘马在后，按彩色以相随，异仙舆而疾走。丝竹之声与溪声竞作，沉檀之烟与云烟并凑"②，蒲涧节（郑仙诞）形、声、色、味具足之热闹场景亦可见一斑，从以上材料中我们还可见出当时广州城市节日文化空间民俗的公众参与性与公共性仪式表演这些本质特征，和自宋代以来广州民间社会旺盛的活力及文化创造力。

　　直到民国时期蒲涧节会仍然相沿不衰，成为一种地域性和世代性兼具的民众群体文化记忆和身份认同。如上面提到张家驹发表于1935

---

　　① 屈大均：《屈大均全集》第 1 册《翁山诗外》卷四，人民文学出版社 1996 年版，第 190 页。

　　② （清）崔弼、陈际清：《白云越秀二山合志》，《广州大典》据清道光二十九年楼西别墅刻本影印，广州出版社 2015 年版。

年的那篇文中便指出："至今广州每年六月初，俗有所谓郑仙诞，游人车马，络绎于途，其盛不减当年。但此郑仙诞不在正月二十五而在六月（笔者按：当为农历七月，张氏记忆有误），则赵明翁所咏，或与郑仙诞无关，不过亦可见当时都市宴游的好向，不独杭州行都如此，其他各处亦相同。"在历史发展演变过程中，蒲涧节（郑仙诞）有与九月九日重阳节登高习俗逐渐相互影响、走向融合的趋势。①

自 2012 年起，在迭经战乱、社会变革等原因导致蒲涧节（郑仙诞）衰落多年后，广州市官方管理下的白云山风景名胜区恢复举办每年一度的郑仙诞活动，以激活当代广州民众对于这一本土传统节俗的文化记忆和身份认同，并尝试将地域传统文化空间与现代都市社会进行有机对接，对此笔者乐见其成。

（赵晓涛：广州大典研究中心）

---

① 从明代人如欧大任、黎民表、释今无等诗作标题中有"九日""重九"者较多似可见出端倪。另参见徐燕琳《从郑仙诞到广州重阳登高——兼谈传统民俗的现代化演变》，《华南农业大学学报》（社会科学版）2007 年第 3 期。

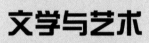
文学与艺术

朱敦儒在岭南的生活与创作

曾大兴　谭绍娜

朱敦儒（1081—1159），字希真，别号岩壑老人。洛阳人。南北宋之交的重要词人。《宋史·文苑传》载："敦儒志行高洁，虽为布衣而有朝野之望。素工诗及乐府，婉丽清畅。"[①] 有词集《樵歌》传世。黄升《花庵词选》云：希真"博物洽闻，东都名士。南渡初以词章擅名，天资旷远，有神仙风致"[②]。汪莘《方壶存稿》云："平生所爱者苏轼、朱希真、辛弃疾三人，当谓词家三变。"[③] 可见他在宋代词坛的地位是很高的。

朱敦儒的《樵歌》存词246首，[④] 其中写于岭南的词（简称"岭南词"），据笔者考证和统计，共15首。即《醉落魄·泊舟津头有感》《浪淘沙·康州泊船》《鹊桥仙·康州同子权兄弟饮梅花下》《雨中花·岭南作》《沙塞子》（万里飘零南越）、《卜算子》（山晓鹧鸪啼）、《浪淘沙·中秋阴雨，同显忠、椿年、谅之坐寺门作》《十二时》（连云衰草）、《采桑子》（一番海角凄凉梦）、《相见欢》（泷州

---

① 脱脱等：《宋史·文苑传》，中华书局1977年版。
② 黄升：《花庵词选》，中华书局1958年版，第179页。
③ 汪莘：《方壶存稿》，文渊阁四库全书本，第1178册。
④ 朱敦儒：《樵歌》，唐圭璋编《全宋词》，中华书局1965年版。

几番清秋）、《渔家傲》（谁转琵琶弹侧调）、《忆秦娥·若无置酒朝元亭，师厚同饮作》《蓦山溪·和人冬至韵》《沙塞子·大悲再作》和《南歌子·沈蕙乞词》。

宋代以来，有关朱敦儒的研究一直比较薄弱。20 世纪以来，在关于朱敦儒的 60 余篇论文中，绝大多数都集中在对其人品的分析、隐逸词的探讨及南渡前后词风的描述上，没有一篇论文对他在岭南的生活与创作进行具体的考察。本章以《樵歌》中的"岭南词"为对象，同时参考相关史料，重点考察朱敦儒在岭南的行踪，分析其"岭南词"所体现的心境，同时探讨其独特的地域文化风貌。

一 从"岭南词"考察朱敦儒在岭南的行踪

钦宗靖康二年（1127），北宋覆亡，大批官民南渡。据考察，当时南渡官民所走的路线主要有两条：即江浙线（江南东路和两浙路）、湖南江西线（荆湖南路和江南西路）。其中大多数词人追随高宗南渡至江南东路和两浙路等经济条件比较好的地区，少数词人如陈与义、朱敦儒等南逃至荆湖南路和江南西路，再进入岭南（广南东路和广南西路）。朱敦儒没有追随高宗南逃至江浙，而是以平民百姓的身份南逃至经济相对落后但社会相对安定的岭南。庄绰《鸡肋编》卷中云："自中原遭胡虏之祸，民人死于兵革水火疾饥坠压寒暑力役者，盖已不可胜计，而避地二广者，幸获安居。"① 两广地处岭南，没有受到战火的影响，人民的生命安全得到较好的保障，因此吸引了大批官民南迁至此。

据《樵歌》及相关史料提供的线索，朱敦儒于靖康二年（1127）

---

① 庄绰：《鸡肋编》，文渊阁四库全书本，第 1039 册。

洛阳城破之后,走水路,经淮阴、金陵,入鄱阳湖,至彭泽、九江,于1128年初到洪州(今南昌),受洪州知州胡直孺之邀,参与编辑黄庭坚《豫章集》。1129年10月,金兵渡江追击隆佑太后,直奔洪州。11月,洪州城陷。当月,太后到达虔州(赣州)。朱敦儒也和当时许多南渡官民一样,随隆佑太后到了虔州。但是,朱敦儒没有选择随太后往临安,而是继续南下,翻越大庾岭,到了南雄。估计到达南雄的时间为1130年初。

笔者根据朱敦儒"岭南词"的描述,参考《建炎以来系年要录》等相关史料的记载,考证出朱敦儒进入岭南之后所经由的路线应该是以水路为主。这是因为,在他的"岭南词"中多次出现走水路的痕迹。在岭南境内,有北江和西江两条主要水流。北江是珠江的支流,正源是浈水,发源于江西省信丰县的西溪湾,流经广东的韶关、清远、佛山,在三水汇入珠江;西江也是珠江的支流,发源于云南省沾益县马雄山,流经广东的云浮、肇庆、佛山,也是在三水汇入珠江。朱敦儒沿着北江、西江,一路行走。他的行走路线是:南雄州—广州—肇庆府—康州(德庆府)—梧州—藤州—泷州(属德庆府)。

《建炎以来系年要录》明确记载:朱敦儒由江西大庾到达南雄州。再由南雄沿着浈水,继续往南。宋仁宗时的韶州曲江人余靖在《望京楼记》中说:"今天子都大梁,浮江淮而得大庾,故浈水最便。"① 浈水就是北江上游,而南雄就成为进入岭南的第一站了。

据其"岭南词"的有关线索来看,朱敦儒应该到过广州。其《南歌子·沈蕙乞词》写道:

> 住近沈香浦,门前蕙草春。鸳鸯飞下柘枝新。见弄青梅初

---

① 余靖:《韶州新修望京楼记》,《武溪集》卷五,《四库全书》第1089册。

着、翠罗裙。怕唤拈歌扇，嫌催上舞茵。几时微步不生尘。来作维摩方丈、散花人。

沈香浦，即沉香浦，在今广州市西郊的珠江之滨。相传晋时广州刺史吴隐之曾投沉香于其中，因而得名。

朱敦儒到达广州的时间应该是在 1130 年的春夏之交。同年夏秋之间，朱敦儒离开广州，往西南行，在三水（北江、西江、绥江交汇处）进入西江，再溯江而上，秋天到达康州。《浪淘沙·康州泊船》云：

风约雨横江，秋满蓬窗。个中物色尽凄凉。更是行人行未得，独系归艎。

拥被换残香，黄卷堆床。开愁展恨翦思量。伊是浮云侬是梦，休问家乡。

词里明显出现了"康州"这个地名。而"秋满蓬窗"四字，则表明词人到达康州的时间就是在 1130 年的秋天，这也是朱敦儒在岭南过的第一个秋天。

词人在康州时，还写过一首《鹊桥仙·康州同子权兄弟饮梅花下》：

竹西散策，花阴围坐，可恨来迟几日。披香不觉玉壶空，破酒面飞红半湿。

悲歌醉舞，九人而已，总是天涯倦客。东风分泪故园春，问我辈何时去得。

作品写到了初春的梅花。时间是在到康州之后的第二年，即绍兴元年（1131）的初春。可见词人在康州逗留的时间，至少在四个月以上。

顺便说一句，这两首词都是朱敦儒初抵粤西的作品，作品中蕴含一种浓重的去国之悲。这种情绪在他的"岭南词"，尤其是初期的"岭南词"中特别明显。

其《卜算子》写道：

> 山晓鹧鸪啼，云暗泷州路。榕叶荫浓荔子青，百尺桄榔树。
>
> 尽日不逢人，猛地风吹雨。惨黯蛮溪鬼峒寒，隐隐闻铜鼓。

泷州，即现在的广东省罗定市，古称泷州，宋时划入康州，绍兴元年（1131）更名为德庆府。泷州境内有一条泷江，古称南江，是西江的支流，在今广东省郁南县南江口镇汇入西江。榕树是一年四季常绿的树，在农历四五月最浓，荔子就是荔枝，其开始挂果也是在农历四五月。可见朱敦儒在泷州写《卜算子》的时间，应该是绍兴元年（1131）的夏天。这个时候的岭南多雨，常常还伴着狂风，所以词人讲"猛地风吹雨"，应该说是很真实的。

泷州，应该是词人在岭南居住时间最长的一个地方。在泷州，词人还写过一首《相见欢》：

> 泷州几番清秋，许多愁。叹我等闲白了少年头。人间事，如何是，去来休。自是不归归去、有谁留。

由"泷州几番清秋"这一句，可见词人在泷州逗留的时间至少在两年以上。在泷州，朱敦儒还写过一首《浪淘沙·中秋阴雨，同显忠、椿年、谅之坐寺门作》：

> 圆月又中秋，南海西头。蛮云瘴雨晚难收。北客相逢弹泪坐，合恨分愁。
>
> 无酒可消忧，但说皇州。天家宫阙酒家楼。今夜只应清汴

水，呜咽东流。

邓子勉教授认为，这首词作于广州。笔者认为，还是写在泷州。所谓"圆月又中秋"，就是指朱敦儒在这里又度过了一个秋天。所谓"南海西头"中的南海，并非指广州的南海县，即并非一个行政区划的名称，而是指南中国海（简称南海）。而南海的西头就是粤西，再说具体一点，就是泷州。再说宋时的广州已是一个具有相当规模的城市，一个国内数一数二的对外贸易港口，商业繁华，酒肆林立。这样的城市，既不是"蛮云瘴雨"之乡，也不是"无酒可消忧"的乡野之地。

还有一首《沙塞子》也值得我们注意：

万里飘零南越，山引泪，酒添愁。不见凤楼龙阙、又惊秋。

九日江亭闲望，蛮树绕，瘴云浮。肠断红蕉花晚、水西流。

作品写在重阳节的那一天。有关意象、时令和心境，都和上一首词相类。有可能都写在同一个年份的同一个地方。

朱敦儒居留广南东路的康州、泷州期间，还到过广南西路的藤州和梧州。他有一首名为《小尽行》的诗写道："藤州三月作小尽，梧州三月作大尽。"朱敦儒到梧州和藤州的时间是在哪一年呢？下面一条材料可以提供佐证。周必大《二老堂诗话》载："绍兴二年，诏广西宣谕明橐访求山林不仕贤者，橐荐希真深达治体，有经世之才，静退无竞，安于贱贫，尝三召不起，特补迪功郎，后赐出身。"① 可见朱敦儒在梧州和藤州的时间，应该是绍兴二年（1132）。梧州和藤州，地处于西江的上游，可由泷州、康州，经水路到达。朱敦儒由泷州、康州，至梧州和藤州，在交通上也是比较方便的。

---

① 周必大：《二老堂诗话》，文渊阁《四库全书》本，第1480册。

朱敦儒离开泷州，去肇庆府的时间，最晚应该是在绍兴二年（1132）的年末。其《蓦山溪·和人冬至韵》写道：

> 西江东去，总是伤时泪。北陆日初长，对芳尊、多悲少喜。
> 美人去后，花落几春风，杯漫洗。人难醉。愁见飞灰细。
> 梅边雪外。风味犹相似。迤逦暖乾坤，仗君王、雄风英气。
> 吾曹老矣，端是有心人、追剑履。辞黄绮。珍重萧生意。

由"冬至"这个时间名词，以及"梅边雪外"这两个自然意象，可以推知这首词的写作时间，应该是在绍兴二年（1132）的冬天。有人讲，"美人"云云，乃暗指徽、钦二帝，而肇庆府是徽宗的发迹地，词人到了肇庆府，想到北去的徽宗，应该是比较自然的。值得注意的是，这首词还体现了某种积极有为的精神，这种精神在朱敦儒应诏出仕前后比较明显，与他初到岭南时的心境截然不同。这种精神还体现在《沙塞子·大悲再作》一词中：

> 蛮径寻春春早，千点雪，已飞梅。席地插花传酒日西催。
> 莫作楚囚相泣，倾银汉，洗瑶池。看尽人间桃李拂衣归。

"蛮径寻春"，表明他当时仍在粤西，写作时间当为绍兴三年（1133）春天，地点极有可能是在肇庆府。据《建炎以来系年要录》载："绍兴三年，九月己巳，河南布衣朱敦儒特补右迪功郎，令肇庆府以礼敦遣赴行在。"① 当时的康州早已升格为德庆府，而《要录》明确记载"令肇庆府以礼敦遣赴行在"，可见朱敦儒应诏离开岭南，应该是在肇庆府，而非德庆府（康州）。

---

① 李心传：《建炎以来系年要录》卷六十八，中华书局 1988 年版。

在岭南期间，朝廷曾两次下诏选用朱敦儒，可他一直婉拒朝廷的任命。《宋史》载："其故人劝之曰：'今天子侧席幽士，翼宣中兴，谯定召于蜀，苏庠召于浙，张自牧召于长芦，莫不声流天京，风动郡国，君何为栖茅茹藿，白首岩谷乎！'"[①]于是朱敦儒幡然醒悟，毅然赴京接受任命。至此，朱敦儒在岭南的三年生活正式结束。

朱敦儒在岭南的行踪

时 间	地点	材 料 来 源
1130 年初	南雄	《建炎以来系年要录》《宋史》
1130 年的春夏之交	广州	《南歌子·沈蕙乞词》
1130 年秋至 1132 年	康州（泷州）	《浪淘沙·康州泊船》《鹊桥仙·康州同子权兄弟饮梅花下》《卜算子》《相见欢》《沙塞子》
1132 年春天	梧州、藤州	《二老堂诗话》《小尽行》
1132 年冬	肇庆府	《蓦山溪·和人冬至韵》《沙塞子·大悲再作》

二 从"岭南词"看朱敦儒的心境

朱敦儒的《樵歌》共 246 首，内容和风格丰富多彩，前期的绮丽，中期的沉郁，晚期的疏朗。一般认为中期的词成就最大，这与他"南走炎荒"的生活经历是有密切关系的。朱敦儒从洛阳一直南逃至岭南，个中的凄凉只有自己知道，写词就成了最好的宣泄途径。

靖康之变，国家民族遭受了惨重的灾难。朱敦儒亲历离乱的痛苦，饱受寄人篱下的辛酸，"胡尘卷地，南走炎荒，曳裾强学应刘。"

---

① 脱脱等：《宋史·文苑传》卷四四五，中华书局 1977 年版。

（《雨中花·岭南作》）和其他的南渡词人一样，他的思想感情发生了巨大的变化，词风一洗以前的绮丽，很多作品伤时忧国，不断地抒写离乡去国的悲愁，表现出沉郁顿挫的苍凉之感。

在"岭南词"中，朱敦儒不断通过扁舟、浮萍、天涯客等意象来表达自己去国离家的悲哀。如《醉落魄·泊舟津头有感》："我共扁舟，江上两萍叶。"又如《鹊桥仙·康州同子权兄弟饮梅花下》："悲歌醉舞，九人而已，总是天涯倦客。"与知己好友饮酒作乐，本来应该是件令人宽心的事情，可是喝酒的九个人都是客居异乡的人，"北客相逢弹泪坐，合恨分愁。"（《浪淘沙·中秋阴雨，同显忠、椿年、谅之坐寺门作》）。他乡遇故知，欣喜之情不言而喻，然而一句"天涯客"，就把这一份欣喜破坏了，"西江碧，江亭夜燕天涯客。天涯客，一杯相属，今夕何夕。"（《忆秦娥·若无置酒朝元亭》）

正因为有着深重的去国离家之感，所以在他的"岭南词"中，更多的是对中原故土的留恋，对"炎荒"之地的不适。他对岭南是没有什么赞美之词的。在他的作品中，"蛮"这个略带轻视的字眼是经常出现的。如《雨中花·岭南作》：

> 故国当年得意，射麋上苑，走马长楸。对葱葱佳气，赤县神州。好景何曾虚过，胜友是处相留。向伊川雪夜，洛浦花朝，占断狂游。
>
> 胡尘卷地，南走炎荒，曳裾强学应刘。空漫说、螭蟠龙卧，谁取封侯。塞雁年年北去，蛮江日日西流。此生老矣，除非春梦，重到东周。

这首词是很具代表性的。上阕对故国极尽赞美之词，一副五陵年少的得意、豪迈之态。然而靖康之变，使得这美好的生活瞬间被毁。

生活环境的突变让朱敦儒对前途灰心不已。他一方面追思当年和平安适的生活，一方面诉说着在岭南寄人篱下的不适，极盼能返回故土，但又深感希望渺茫，于是百感交集，放声慨叹。这首《雨中花》是可以和李清照的名作《永遇乐》媲美的，一样是对昔日美好生活的追思，一样是对当下寄人篱下生活的不满，一样是对前途深感茫然，一样是满纸的沧桑。

又如《采桑子》：

> 一番海角凄凉梦，却到长安。翠帐犀帘，依旧屏斜十二山。
>
> 玉人为我调琴瑟，鬐黛低鬟。云散香残。风雨蛮溪半夜寒。

生活在偏远的南蛮之地，由于生理、心理上的不适，不觉梦回故都，那华丽的屏风，玉人的琴瑟，再次出现在眼前。可惜好梦不长，醒来之后还得面对现实。和《雨中花》一样，今昔对比的巨大落差通过日常生活中的小事体现出来，更能让人品味到词人心中的凄凉。

他如《沙塞子》："不见凤楼龙阙、又惊秋。""蛮树绕，瘴云浮。"《卜操作数》："惨黯蛮溪鬼峒寒，隐隐闻铜鼓。"《浪淘沙》："圆月又中秋，南海西头，蛮云瘴雨晚难收。""天家宫阙酒家楼。"《沙塞子·大悲再作》："蛮径寻春早春早，千点雪，已飞梅。"等等，所流露的都是这样的心情。在朱敦儒看来，故国的宫殿，昔日的酒家，都高贵得如同天上仙境，而岭南所有的东西，即使是盛开着的鲜花、飘飞着的白云、潺潺流淌着的溪水，甚至是那极富民族风情的铜鼓，也丝毫吸引不了他的注意，反倒增添了他的惆怅和伤感。由此可见他在岭南的心境是不够豁达，不够开朗，不够阳光的。

在朱敦儒的 15 首"岭南词"中，伤春悲秋的作品竟多达 7 首。词人习惯于借暮春、寒秋之景，来表达自己的悲愁。如《浪淘沙·康州泊船》："风约雨横江，秋满蓬窗，个中物色尽凄凉。"《沙塞子》："不见凤楼龙阙、又惊秋。"《浪淘沙》："圆月又中秋，南海西头，蛮云瘴雨晚难收。"《十二时》："连云衰草，连天晚照，连山红叶。"《采桑子》："云散香残，风雨蛮溪半夜寒。"《相见欢》："泷州几番清秋。"《忆秦娥》："西江碧，江亭夜燕天涯客。"等等，都是他当时心情的真实写照。

朱敦儒在岭南前后逗留了三年，他的内心，似乎从来就没有认可或者接纳过这一片安宁而淳朴的土地。他总是把自己当作一个外乡人，总是念叨着回到老家去。哪怕看到的明明是东去的流水，他也要把它们的流向解读为"西去"。例如"塞雁年年北去，蛮江日日西流。"（《雨中花·岭南作》）"九日江亭闲望，蛮树绕，瘴云浮。肠断红蕉花晚、水西流。"（《沙塞子》）

岭南境内的北江、西江、泷江等河流，都是"大江东去"，朱敦儒为什么偏偏要说它们是"西流"呢？他不是不明白这个事实，例如在《蓦山溪·和人冬至韵》里，他就写有"西江东去，总是伤时泪"。这说明从常识上讲，他是知道"西江"是"东去"的。而在上述这两首词里，他偏偏要把"东去"的"西江"写成"西流"，这可能就是一种故意。由"鸿雁"的"北去"，"蛮江"的"西流"，寄寓了一种在常人看来似乎是难以实现的愿望，即北归。

朱敦儒对故乡的深切思念，对岭南的严重不适甚至排斥，这种心境，在当时的条件下，原是可以理解的。毕竟岭南和中原相比，无论是经济还是文化发展水平，都还比较落后。而朱敦儒又是从洛阳这样一个经济文化最为发达的地方来的，本身又是一个文化素养很高、影响又很大的词人，他这种强烈的反差感、失落感，应该说是很真实的。

不过需要指出的是，他这种心境虽然是真实的，也是值得同情的，但并不值得肯定和赞美。在中国古代，远窜蛮方的文学家可谓多矣，朱敦儒既不是第一个，也不是最后一个。可是他的表现，他对当地人民和当地文化的态度，和屈原、刘禹锡、苏轼诸人相比，应该说是很有几分逊色的；如果和他同时代的陈与义相比，我们甚至可以肯定地说，他的表现是很有几分令人失望的。他的心里总是装着一分中原文化优越感，即便是已经成了一个难民，流落到了岭南，他似乎仍然觉得自己在文化上要比当地人优越。这样，他就不能以一种开朗的、开放的心态去面对、去走近那些虽然身处僻远但心灵淳朴的岭南乡民，也不能去欣赏、去考察那些具有独特风味的岭南地域文化。这样，就使得他有可能取得的文学艺术成就，打了一个大大的折扣。关于这个问题，我们在下文还要予以讨论。

三　从"岭南词"看岭南的地域风情

两广，文学人才本来稀少，而词的创作更少人问津。宋室南渡以前，两广籍的词人尚为空白，而苏轼、秦观等贬居此地的词人也很少用词来传情达意。因此，北宋时期的两广，实际上是歌词创作的空白之地。靖康之变之后，这种状态有了很大的改变，词之风渐盛于岭南。北方词人一方面把中原地区的音乐文化带到岭南，一方面也从岭南地域文化中获得了新的养料，从而使自己的创作在题材、意象、语言、风格各方面呈现出了新的特点或气象。

岭南地区独特的自然风物深深地吸引了词人们的注意，触发了他们的创作灵感，丰富了他们的创作内容。于是，荔枝、龙眼、木瓜、桄榔、蕉林、芭蕉、红蕉花、杨桃、木芙蓉、榕树、蛮溪、蛮径、蛮江、铜鼓等景观和物象——进入词的天地，从而再次丰富或刷新了读者的审美感觉。

当时避难岭南的北方著名词人，除了朱敦儒，还有陈与义。从心态上看，陈与义可以称之为乐观派，而朱敦儒则是一个悲观派。例如陈氏的《又和大光》：

> 寂寂孤村竹映沙，槟榔迎客当煎茶。
> 岭南二月无桃李，夹路松开黄玉花。①

此诗是他早春二月从康州沿西江到广州，赓和友人席大光的作品。笔下并没有一丝一毫的对岭南的厌倦或反感，而是充满了对这一地区的独特风物与民俗的喜爱。原来岭南人习惯于用槟榔招待客人，类似于内地的煎（泡）茶待客。二月的岭南，虽然由于气候的温暖湿润，桃、李花早已开过。但那黄色的松花，却是内地所未经见的，因而也能让人眼前一亮。

朱敦儒对待岭南文化的心态，虽然不似陈与义那样阳光，那样热情和主动，但也没有视而不见。诚然，他无意于赞美岭南文化，但是在他的"岭南词"里，还是有意无意地描写了不少岭南风物和民俗，从而丰富了宋词的题材、意象、语言和风格。如《卜算子》：

> 山晓鹧鸪啼，云暗泷州路。榕叶荫浓荔子青，百尺桄榔树。
> 尽日不逢人，猛地风吹雨。惨黯蛮溪鬼峒寒，隐隐闻铜鼓。

---

① 黄雨：《历代名人入粤诗选》，广东人民出版社1980年版，第212页。

这里就出现了"泷州""蛮溪""鬼峒""榕叶""荔子""桄榔""铜鼓"等一系列极富岭南特色的地名和风物。虽然词人只是平实地叙述，并未流露欣赏之情，但是仍然客观地为我们展示了一幅色彩斑斓的岭南文化图景。

《卜算子》这首词里出现的"铜鼓"，是《全宋词》里唯一的"铜鼓"。铜鼓是铜制鼓形的乐器，造型精美。它是古代岭南、西南一带少数民族广泛使用的一种乐器。最初是作为乐器而问世的，在婚庆、祭祀以及其他一些重要的节日，用以助兴。五代孙光宪《菩萨蛮》曾写道："铜鼓与蛮歌，南人祈赛多"。除了当作乐器使用，也可以用来打更报时、召集民众、报衙、传递信息等。宋周去非《岭南代答》载："铜鼓大者阔七尺，小者三尺，所在神祠佛寺皆有之，州县用以为更点。"[①] 从考古学的有关资料看来，今天岭南地区出土的铜鼓主要集中在北江以西地区，北江以东地区则迄今没有发现铜鼓。[②] 北江以西的肇庆一带是出土铜鼓较多的地区，这一带自东汉以来，一直都是百越族后裔俚、僮、瑶等少数民族的活动区域。据朱敦儒的这首《卜算子》，我们得知，至南宋初期，泷州一带仍有相当数量的铜鼓，也就是说，这里还有大量的少数民族。从"榕叶荫浓荔子青"这一句，可知这首词的写作时间应该是在农历四五月间，这时候的荔枝还没有成熟，而榕树的叶子却已经很浓密了。这个时间不是春社，据笔者考证，在当地也没有什么传统节日。朱敦儒在泷州的地界上隐隐约约听到的铜鼓，极有可能是作为打更报时用的铜鼓。

另外，"鬼峒"这一名词也极富岭南民族特色。峒，宋代以后羁縻州辖属的行政单位。大者称州，小者称县，更小者称峒。而以洞

---

① 周去非：《岭南代答校注》，杨武泉校注，中华书局 1999 年版，第 254 页。
② 蒋廷瑜：《铜鼓——南国奇葩》，天津科学技术出版社 2001 年版，第 212 页。

（峒、垌）为起首地名通常表示自然地理实体或区域。洞（峒、垌）字地名本指山间谷地、盆地或群山环抱的小河流域，后演化为某个具有血缘关系的氏族居地，含义有所扩大。例如隋唐时粤西冼夫人"世为南越首领，跨据山洞，部落十万余家"。洞（峒、垌）也成为历史上古越人留居地常见地名，主要分布在北江以西，粤东已很少见。由此可见，铜鼓的分布和洞（峒、垌）的关系密切，都是集中出现在北江以西。就在朱敦儒笔下的泷州现在还有很多地方的地名和洞（峒、垌）有关，如"山垌""禾秆垌"。

桄榔，常绿高大乔木，羽状复叶，线形，果实倒圆锥形。喜阳，不耐寒，高达几十米，多分布于热带。从桄榔树可生长的高度来看，朱敦儒《卜算子》写到"百尺桄榔树"，可以说是相当准确的。也正是这百尺高的树，遮蔽了天日，更让朱敦儒的心情惆怅不已。

又如《沙塞子》：

> 万里飘零南越，山引泪，酒添愁。不见凤楼龙阙、又惊秋。
> 九日江亭闲望，蛮树绕，瘴云浮。肠断红蕉花晚、水西流。

周去非《岭南代答》："红蕉花，叶瘦类芦箨，中心抽条，条端发花。叶数层，日拆一两叶。色正红，如榴花、荔子，其端各有一点鲜绿，尤可爱。花心有须，苍黑色。春夏开，至岁寒犹芳。"[1] 从红蕉的花期来看，《沙塞子》确实是写于重阳节。登江亭眺望，没有重阳的菊花，然而鲜艳刺目的红蕉花，倍增了作者的思乡之苦。

---

[1]　周去非著，杨武泉校注：《岭南代答校注》，中华书局1999年版，第327页。

结　语

古人云："诗穷而后工。"朱敦儒亲身经历靖康之变，南走炎荒，滞留岭南长达三年之久。这一段特殊的生活经历，使其词的题材、内容、情感、语言、意象和风格等等，都发生了显著的变化。

朱敦儒南渡前、南渡期间和南渡后的词风是迥然不同的：南渡前的词表现了他作为风流才子的生活情趣，有一种不羁、洒脱和狂傲之态；南渡期间的词伤时忧国，表现了沉郁顿挫的风格；南渡后的思想渐趋消极，词风也渐趋恬淡。由此可见，南渡期间的创作在他的全部创作历程中是一个非常重要的阶段。这个时候的词，少了几分未经世事的轻狂，多了几分饱经沧桑的沉重。

岭南的生活经历，也影响了朱敦儒此后的人生选择。他一改青年时代的狂放和洒脱，最终做了朝廷的官，这样一个重大转变，不能说与岭南的这一段经历没有关系。从本质上来讲，朱敦儒并非一个真正的旷达之人。他在岭南的生活与创作就足以说明这一点，而不必等到赴临安之后再来证实。

（曾大兴：广州大学广府文化研究中心常务副主任，教授；谭绍娜：广州市南沙区黄阁中学教师）

南宋名臣李昴英的罗浮山书写
及其文化意义探寻*

蒋艳萍

李昴英，字俊明，号文溪，谥忠简，番禺人，是南宋中后期著名的政治家、文学家，他以弱冠高中探花，跻身京都，从此宦海浮沉三十载，在复杂的政治斗争中三次大起大落，四次归返五羊。在返乡期间，李昴英乐于悠游山水，遍访周边名山，与岭南第一山罗浮山也结下了不浅的情缘，创作了不少记载罗浮山事迹、描写罗浮山风貌、与罗浮友人交游的诗文（大都收入《文溪存稿》）。研读这些罗浮诗文，一方面可以帮助我们更立体地了解李昴英的生命情怀与人生旨趣，另一方面，又可以将其放在南宋岭南士子通过乡土书写实现文化自证的大背景下思考其文化学意义。

一 "六行皆备"与"搭飒野服"的立体人生

李昴英生于宋宁宗嘉泰元年（1201），卒于宋理宗宝祐五年（1257），一生跨宁宗、理宗两朝。宝庆二年（1226）进士及第，

  * 本文系广东省社科规划共建项目"广府道教文化与文学"（GD14XZW05）、广府文化研究中心项目"广府道教与文化"（15gfwh03）的阶段性成果。

高中探花，从此步入仕途，此时的南宋处在奸佞当道、政治斗争尖锐、国势转弱的风口浪尖，复杂的政治环境使他的仕途充满坎坷，从二十六岁中进士到五十七岁病逝，其间三十二年，除了待官居里两年外，实际三度出任地方官约计七年，三次入朝任职约计六年，四次退居故里、投闲置散约计十七年。① 他一生为官洁正，忧心为民，无论是任职地方，还是入职朝廷，都表现出卓越的才能和过人的胆略，曾受到宋理宗的礼遇，擢升为大宗正卿、国史编修、龙图阁待制、吏部侍郎，封番禺开国男，食邑三百户。他忠直敢谏，勇斗权宠，敢于当面指责皇帝的过失，甚至越出君臣礼节而犯颜苦谏，被宋理宗称为："李昴英，南人无党"。但由于太过耿直，一直被权宠佞臣所嫉恨，多次受到排挤和陷害，甚至被诬陷导致三次罢官还乡。宝祐三年，因支持洪天锡弹劾宦官卢允升、董宋臣专权，请与之俱贬，遂归隐五羊文溪，不复再起，直至宝祐五年病逝于故里。

李昴英在风雨飘摇的南宋政权中可谓功德卓著，湛若水曾作《修复李忠简公海珠祠像记》，以"六行皆备"对其一生功绩进行全面肯定，其云："追斥安石，乞正储贰，去嵩之奸，引裾抗疏，劾卢、董二宦，落职而不悔，曰忠。丧其亲，筑室终制于墓，若终其身，累诏不起，曰孝。乞归制，服心清献之丧，立师傅之道，曰义。幕于汀，奋身谕贼，以其守兔；赞阃清献，缒城入谕贼垒，出白刃下，却摧锋之变，而远之广郊，曰勇。提举于闽，捐奉赈饥，活人之命；守赣置常平、罢官酤、严保伍，以为民安，曰惠。屡进屡辞，早能以其身退，曰廉。夫斯六行者，君子之所以立身也。忠简备焉，足为生人之

---

① 参见杨芷华《李昴英》，广东人民出版社 2006 年版。

表，固宜里置血食焉，以彰乡先生之道。"① 这段话将其一生主要政治功绩及人品修为尽数道来。其德行在当时就已经被广为称颂，赵汝腾荐其为当朝"八士"之一，冠之以"干将莫邪"之品目，时人誉之有"唐介、刘安世"之遗风。广州、赣州等地为其建生祠，赞其为千古师表，在其逝世后，更是立专祠以祭拜，可见其对后人的影响是颇为深远的。

但在后人的不断传颂中，李昴英的形象逐渐被固化、简单化，大家只留意他"六行皆备"的一面，却忽略了他"搭飒野服"的一面。本文认为，只有细读李昴英所有诗文特别是以罗浮山书写为主的诗文，才能对他有一个全面的了解，才能更深地体会他在暗黑如磐的社会现实中坚持正义的无奈与心伤，才能对其不愿同流合污、频频辞官的行为寻找到更深的内心驱力。

为官数载，李昴英虽为理宗礼遇，但朝中奸佞当道，其仕途并不坦然，四次投闲置散，退居故里前后达十七年之久，这对他的仕进之心无疑是非常大的打击，加上受老师崔与之不慕荣华、数度辞官的影响，很早就流露出对官场生活的厌倦之意，如在《闻襆阁职免新任之报二首》之一中说："远民冤甚草菅芟，抗论公庭出至诚。且喜一方全性命，何妨三字减头衔？机关平地藏深阱，仕宦伶人视戏衫。五逊州符今免矣，幅巾藜杖可松杉。"② 此诗以实录的方式记载了昴英淳祐九年为救黎民百姓挺身抗衡广督邱迪哲，最终为小人算计被朝廷革职之事。一方面写下了自己的经历，官府制造冤屈，草菅人命，他出于至诚之心对抗公庭，为保全无辜百姓的性命而竭尽全力，即使为此而

---

① 湛若水：《修复李忠简公海珠祠像记》，《文溪存稿》附录三，暨南大学出版社1994年版，第268页。

② 以下未标明出处的诗词，皆出自李昴英撰、杨芷华点校《文溪存稿》，暨南大学出版社1994年版。

失去一切官职也在所不惜。另一方面，他由此事更深知官场之黑暗，人世间到处隐藏着机关和陷阱，官职如同戏衫，做官也只是逢场作戏罢了，他五次辞让任州官的命令，今天终于被免职，这让他顿觉无官一身轻，从此可以幅巾束首、挂着藜杖，在松杉丛中自由自在地游荡。同样，在《建仓解归诗复徐意一》中也表达了类似的感悟："吏擎双印出，便觉此身轻。物我忘恩怨，渔樵寄姓名。笛声黄犊背，诗兴白鸥盟。故旧休相讶，无书到帝城。"

正是在黑暗官场的映衬下，登山临水、寻仙慕道成为他平生最爱之事，他在诗词中畅言"平生癖幽壑，便合茅三间"（《游峡山和东坡韵》）、"野性淡无嗜，所乐惟山溪。每羞名利区，得失争虫鸡。意行契真趣，荒苔踏成蹊。嘉辰且尽欢，聚散或不齐"（《是日至马祖岩和前韵》）、"最癖登山临水，有何心、蜗名蝇利"（《水龙吟·癸丑江西持宪自寿》）。正因为癖好山水，在退居故里之际，李昂英踏遍了家乡的山山水水，留下很多脍炙人口的游览佳作，其中罗浮山就是他最钟意的地方。

罗浮山位于广东增城县东，跨博罗县界，方圆 260 平方公里，大小峰峦 432 座，飞瀑流泉 980 处，石室幽岩 72 处，素有"岭南第一山""神仙洞府"之美誉，被道教尊为"第七洞天"，清幽奇丽的自然风景和仙隐拔俗的文化氛围，受到历代文人墨客、方士道人的追慕，留下大量的文学作品。

李昂英与罗浮山有很深的渊源，据志书记载，昂英"归乡后往来罗浮，篇咏颇出，有《文溪集》"[①]。他自己也曾说："某岁在甲辰，两游罗浮，至必住旬日"（《与广帅徐意一荐僧祖中书》），提到曾经

---

① 宋广业撰：《罗浮山志会编》，《续修四库全书》第 725 册，上海古籍出版社 2002 年版，第 610 页。

在淳祐四年甲辰（1244）两次游罗浮，去后必定住上十天半月。多次与罗浮山的深度接触，使他对罗浮山有一种特殊的情感，甚至在外仕宦、久不至罗浮时，做梦也会梦到罗浮："某数年不到罗浮，梦寐见之"（《与广帅徐意一荐僧祖中书》），"余半生梦罗浮"（《罗浮飞云顶开路记》）。在给好友的祭文中他会慨叹："罗浮之约付渺茫兮，冷月空山。"（《又路祭方右史文》）当他把与罗浮山的亲密接触诉之笔端，给后人留下了丰富的关于罗浮山文学景观的描写。

在《罗浮飞云顶开路记》中李昴英给我们描绘了一幅人间仙境般的美景，文中尽数罗浮之美："所至有佳泉怪石，奇植瑞羽，忽如雪片焚员，散飞林谷，蝶也；忽如天孙断织，大练下垂，瀑也；忽如垂云掩日，阴亘数十里，乔木也"，几句话即抓住罗浮景物的精髓：山山瀑布，处处流泉，又有怪石嶙峋，奇珍异兽，佳木丛生，更有蹁跹绮丽传为葛洪羽衣所化的大蝴蝶散飞林谷，如此美景，难怪"山行者，沿人迹所易及，已应接弗暇"。而飞云顶更是高耸入云、地势险要，"兀四千丈，十步九折，其下陵深，壑暗无底"，经历千辛万苦登顶后，"俄身在山巅，飘飘然坐鹏背，御长风，宇宙茫茫，八极一视，某州某山，仿佛可指点。云气猝起衣袖，莫认对面"，云蒸雾绕、纵目巡览，天地宇宙如在一掌之间，更可体会到一种飘然欲仙之境。在七言律诗《罗浮飞云顶》中，李昴英进一步倾吐了自己怀仙思古、清静养生之情："山行颇觉思悠然，游遍仙家几洞天。登见日亭风刮面，立飞云顶月齐肩。稚川翁有烧丹灶，景泰师留卓锡泉。我得真人金石诀，无求自可享长年。"既有访古之幽思，又有登临之快慰，更难得的是自己体会到了养生之诀，那就是"无求"，无欲无求，才能内心安康，才能永享长年。除此之外，李昴英还描写了桃源洞的美景，桃源洞在罗浮东麓"洞多桃，春明花发如霞，其落也，点水而出，遂呼

文学与艺术

· 293 ·

其为桃源。"① 桃源洞是道人王宁素久居之处，在《罗浮桃源洞》诗中李昴英写道："灵符锁尽穴中蛇，深入千岩处士家。洞户隔云呼不应，时时流水出桃花"，把桃源洞的环境幽邃，人迹罕至，春天桃花开放，点水而出的优美景色一一呈现在我们面前，令人心神向往。在《白云狮子峰望罗浮》中李昴英则流露出久不至罗浮的遗憾心情："不到罗浮瞥六年，后期几误铁桥仙。远云不隔山真面，西麓原同第七天。"不到罗浮已多年，但是昴英虽有遗憾却并不气馁，他以山言志，虽无法近身取道，身在远方也不会为浮云所惑，表达出自己洁身自好、慕道幽隐的信念。

除了描写罗浮山仙境之景，李昴英还刻画了罗浮高人的超凡脱俗。他曾在《与广帅徐意一荐僧祖中书》中说，在罗浮山，他最尊重的道人首推王宁素，头陀首推祖演："山广大深远不可穷，而山中人绝少。道人则有王宁素，年八十余，碧瞳迥然照人。头陀则有祖演，年高过之，发色如黄金。"寥寥几笔，给我们勾画出两位德高望重、鹤发童颜的高人形象。两位高人都曾与李昴英有过谈玄论道的交往。王宁素曾给昴英送过药瓢、共同讨论过养生之道："久矣深山炼鹤形，闻呼峒长又逃名。断崖怪木人稀迹，乱石奔泉涧有声。剑定通神收古匣，棋聊供玩戏纹枰。药瓢解赠宁无意？重到孤庵论养生。"（《罗浮洞长宝谷王宁素送药瓢》）诗中记载王宁素久居深山老林修炼长生之道，对世俗的功名利禄早已抛之脑外，他常年混迹于山林泉石，大自然给了他最大的平静，无论是练剑还是下棋，都充满了闲适之情，而今给李昴英送来药瓢，昴英认为此举也许另有深意，是不是在暗示自己不要过于被官场束缚，不要太在乎名利的得失，而应早早归乡，共

① 宋广业撰：《罗浮山志会编》，《续修四库全书》第 725 册，上海古籍出版社 2002 年版，第 557 页。

论养生之道呢。王宁素是否真有此意，已不可考，但我们联系李昴英数次辞官归乡，隐于文溪，遨游山水，渔樵自适，可知，这种隐逸自修的情怀正合李昴英的心意。在《赠云峰演庵主》中，李昴英刻画了祖演的形象："一庵移向白云堆，桧柏参天少日栽。颇怪发如金线样，想曾眼见铁桥来。佛粘土壁煎茶供，客对蒲团取芋煨。却笑老卢怀钵走，只因说出镜非台。"诗中首联描写了云峰庵地处白云深处，古木参天，环境清幽。颔联描写了祖演发色如金，并用一个大胆的想象，想来他曾亲眼见过铁桥仙，极言其长生不老的神仙相貌。颈联交代了高僧清高脱俗的生活，以煎茶供奉佛祖，以煨芋馈赠来客，茶饮表示一种清新脱俗的生活情调，煨芋之馈更说明李昴英喻祖演为隐匿高僧，希望自己得到方外之遇。尾联借用六祖惠能（俗姓卢）因"菩提本无树，明镜亦非台。本来无一物，何处惹尘埃"偈语而得五祖弘仁传其衣钵，为避法难不得不连夜逃走的典故，说明两人谈禅论道之情。

另外他还和梁弥仙道长有深厚的友谊。李昴英有四首诗、一首词论及与梁弥仙的交情，用语或庄或谐，可看出昴英与其关系极为亲密。在《戏题罗浮梁弥仙写真》中用诙谐幽默的语言对梁弥仙来了个大写真："八十童颜双眼明，浪游湖海一身轻。莫将啖肉先生比，个是罗浮老树精。"称赞其鹤发童颜、身轻眼明的神仙容貌，云游四海、浪迹四方的潇洒习性，戏称他是茹素长生的罗浮老树精，可见两人是志同道合的至交密友。正因两人心意相通，故在一次做梦梦到渔父求诗，醒来之后他记下全诗，将此赠给梁弥仙："酒壶无尽春无限，一叶江湖万里天。明月满篷风荻响，醉眠正在白鸥边。"（《夜梦渔父求诗觉能记其全书赠梁弥仙》）渔父形象在古人诗文中是有所寓意的，代表着随遇而安、乐天知命的隐士形象，李昴英梦见渔父求诗，正说明了他看穿尘世纷扰、回归自然、恬然自安的内心期待，而以此诗赠予梁弥仙，正有赠诗明志、欲追逐好友足迹之意。

可以看出，罗浮山在李昂英的笔下充满清虚超俗、世外仙源之意，罗浮山于他不仅是揽胜探奇的山水之地，也是其抚慰乡情的家园之山，更是寄托其高隐情怀的精神之山。研读李昂英的罗浮山诗文，对于立体全面地了解李昂英的心路历程有着非常重要的意义。

二 罗浮文学景观的历史建构与地方认同

正如迈克·克朗所说："文学作品不能被视为地理景观的简单描述，许多时候是文学作品帮助塑造了这些景观。"① 李昂英的罗浮山诗文，并不仅仅是对罗浮山自然景物的简单描绘，在漫漫历史长河中，也承担着身为岭南士子丰富罗浮山文学景观内涵、凝就岭南文化特有品格的重要使命，通过对家乡山水的积极书写和地方认同，参与到对家乡文化有意识的建构与传播。

在文学史上，关于岭南的文学书写较为晚近，岭南文人的自我书写就更加滞后，"岭南"在中原文化的强势观照下，成为莽荒之地、未开化之地。罗浮山似乎是个例外，它很早即进入中原文化体系，在秦汉时期已有盛名，自秦代安期生开山之后，罗浮山就成了四方术士梦寐以求的修仙之地，随着魏晋时期葛洪的长期入住，罗浮山道教更是名扬四方，历朝历代游山者、访道者络绎不绝，并留下了大量的歌咏罗浮山的诗词文赋。但仔细研读这些罗浮山诗词，就会发现，在宋代以前关于罗浮山的书写都是来自岭外文人的手笔，即便出生岭南的唐代大诗人张九龄也没有留下关于罗浮山的具体描写，虽然有谢灵

---

① ［英］迈克·克朗：《文化地理学》，杨淑华等译，南京大学出版社 2003 年版，第 55 页。

运、李白、杜甫、李贺、刘禹锡等著名文学家对罗浮山进行书写，但本土人士对罗浮山的文学书写却是缺失的。

岭外文人对罗浮山的文学书写，往往有两种情况。第一种是没有亲历，出于仰慕而写下的游仙之作，罗浮山在他们笔下被彻底仙化，变成了充满奇幻色彩的方外之地，而缺乏罗浮山真实景观的描写。如谢灵运《罗浮山赋》的写作缘由是因为得到一部道教洞经，上面记载了罗浮山事，"与梦中意合，遂感而作《罗浮山赋》"，视罗浮为九大神仙洞府之一，是"朱明之阳宫，耀真之阴室，洞穴之宝衢，海灵之云术"①，赋中咏颂极言罗浮山作为仙山之奇谲与神秘，像隐于深夜的朗日，在幽境的映衬下更显光辉。即便如杨万里已经到了罗浮山脚下，但在其诗中也看不到具体的实景描写，他在《罗浮山》（又名《舟中望罗浮山》）一诗中说："罗浮元不是罗浮，自是道家古蓬丘。弱水只知断舟楫，葛仙夜偷来惠州。罗浮山高七万丈，下视日月地上流。黄金为桥接银汉，翠琳作阙横琼楼。不知何人汗脚迹，触忤清虚浣寒碧。天遣山鬼绝凡客，化金为铁琼为石。至今石楼人莫登，铁桥不见空有名。玉匙金龠牢锁扃，但见山高水冷冷。我欲骑麟羁鸾凤，月为环佩星为从。前驱子晋後安期，飞上峰头劚丹汞。"② 罗浮山在杨万里眼里仍是充满神奇色彩的道教仙山。罗浮在他们笔下犹如蓬莱、瀛洲，不是地理方位实实在在存在的一座山，而是一个有特殊意味的符号，是神仙洞府的代名词，充满神奇瑰丽的方外之美，至此，"文化利用地理使特定空间被赋予特定意义"③，文学中的罗浮山并非仅有

---

① 谢灵运：《罗浮山赋》，《中国游记散文大系·广东卷 海南卷》，书海出版社 2002 年版，第 6 页。
② 杨万里：《罗浮山》，《罗浮山志会编》，《续修四库全书》第 725 册，第 746 页。
③ ［英］迈克·克朗：《文化地理学》，杨淑华等译，南京大学出版社 2003 年版，第 56 页。

简单的地理属性，它已经与特定的仙山文化联系在一起。

第二种是亲自登临，融游山玩水与访仙慕道于一体，这些文人大多由于政治失意，被贬至岭南，慕名游访罗浮山，罗浮山在他们眼里，是奇山异水与隐逸之山的合体，既有一种与自己熟悉的风景不一样的新奇感和陌生感，又有长期受道教文化滋养而焕发的隐逸美和超然美。失意文人游览罗浮山往往带上了双重的目的性，一来遍访名山大川之美景，二来借寻仙访道来抚慰自己受伤的心灵。如翁鸿业诗中云："罗浮福地非前祀，寂寞山花开不二。缠身坎壈胡足辞，所恨生平已识字。海上孤危寄逐臣，至今山月吐江滨。……峰青鹤瘦留遐思，几日徘徊不可攀。瘴草蛮枝如谱画，校仇块垒正自写"，① 岭南之山山水水自有其朴野之美，但身世的漂浮、逐臣的凄苦使自己没太多心情赏玩，借山水抒发的是自己的坎壈情怀。纵使旷达如苏东坡，沉醉于岭南风情之美，大赞"罗浮山下四时春，卢橘杨梅次第新。日啖荔枝三百颗，不辞长作岭南人"的同时，也写下了"孤臣南游堕黄菅，君亦何事来牧蛮？……博罗县小僧舍古，我不忍去君忘还。君应回望秦与楚，楚涉汉水愁秦关。我亦坐念高安客，神游黄蘗参洞山。何时旷荡洗暇谪，与君归驾相追攀"② 的诗句，表达出对羁留于莽荒小地的无奈与对参禅悟道、回归之情的向往，亦表达出对暂居高安的弟弟苏辙的思念之情。在汤显祖《游罗浮赋》里，罗浮山之游化为一场轰轰烈烈的寻仙访道的综合体验："慨衣冠而委土，想丹灶之流珠，问洗药于真人，发灵箫于圣姑，守瑶光之玉虎，戴碧斗之铜鱼，恨天华之宫不存，怨明月之坛久芜，断溟心其莫引，翳神光其忽诸，徒使

① 翁鸿业：《西湖歌·次张西园韵》，《惠州西湖志》，广东高等教育出版社 1989 年版，第 329 页。
② 苏轼：《追钱正辅表兄至博罗，赋诗为别》，《惠州西湖志》，广东高等教育出版社 1989 年版，第 435 页。

来粤都者，走明珠于合浦，浮翠衣于买胡，彼皋壤与山林非天性其焉？"① 其游仙的意味远大于游览真实山水的趣味，同样是借山水来慰藉自己内心的痛苦与压抑。

岭外文人由于对岭南风物的陌生感，从不同于本土的视野出发，留下了许多对岭南的新奇记忆与审美观照，给身处其间不觉其美的岭南人带来发现自己和重新审视家乡美的契机，为后人留下难得的精神财富，但是我们也可发现，岭外文人对罗浮山的书写多多少少都有一种违和感，要么仙异化，要么陌生化，缺乏一种地方意识的认同与建构，与实实在在的、真真实实的罗浮山相差甚远。

这种本土文人对罗浮山书写的缺席情况到南宋有了一些改观，古成之、崔与之、余靖、留正、李昴英等一批岭南士子的参与使罗浮山文学形象有了新的色彩，有了真正意义上的家园感和地方感。"从人本主义的角度来看，地方暗示的是一种'家'的存在，是一种美好的回忆与重大的成就积累与沉淀，且能够给予人稳定的安全感与归属感。"② 例如宋以来"岭南首第"古成之早年曾结庐罗浮隐居十多年，苦读不倦，后高中进士，外出为官，罗浮山成为他心中深为眷恋之所，他曾有 2 首怀罗浮之诗："相思天一边，知在石楼间。高卧客稀到，数峰人共闲。仙方新更试，易疏旧曾删。好探鳌头信，时应有鹤还。"（《怀石楼》）③ "忆昔罗浮海上峰，当年曾得寄遗踪。凭栏月色出沧海，欹枕秋声入古松。采药静临幽涧洗，寄书闲背白云封。红尘一下拘名利，不听山间午夜钟。"（《罗浮寄怀》）④ 可以看出诗中描绘

① 汤显祖：《游罗浮赋》，《罗浮山志会编》，《续修四库全书》第 725 册，第 716—719 页。
② 朱竑、刘博：《地方感、地方依恋与地方认同等概念的辨析及研究启示》，《华南师范大学学报》（自然科学版）2011 年第 1 期。
③ 古成之：《怀石楼》，《罗浮山志会编》，《续修四库全书》第 725 册，第 754 页。
④ 古成之：《罗浮寄怀》，《罗浮山志会编》，《续修四库全书》第 725 册，第 768 页。

的罗浮山隐居读书的生活是何等悠闲自在，一山一水、一树一花无不留下成之炼药、背书、著述的身影，这种真切的山居体验在时间的积淀下内化为一种绵长的乡土情愁，时时撞击着宦游他乡有家难回的游子的心灵，最终凝结成怀乡、恋乡的动人篇章。

而不管在质量上还是数量上，李昴英的罗浮山诗文在两宋时期都是首屈一指的。据不完全统计，李昴英创作的罗浮山诗文多达 30 余篇，涉及具体的罗浮景观有飞云顶、见日亭、桃源洞、稚川丹灶、卓锡泉、铁桥、狮子峰、冲虚观、华首寺等，这些景观也是后世罗浮诗文中常见的意象，并逐渐物化为当今罗浮山旅游的重要景点。除了罗浮山，他还刻画了白云山、西樵山、峡山、蒲涧等岭南山水景观，字里行间流露出对家乡山水的热爱，家乡的一草一木对他来说，正是对沉浮宦海欲为而不能为的最大抚慰。"几重山隔几重海，一日身闲一日仙。真乐无如会心处，林花野鸟亦欣然。"（《白云登阁》）"未到白云先碧霄，瘦藤支我上山腰。烟横远树醉眸豁，竹引清泉尘虑消。酒滴松根和露饮，茶烹石鼎抱茅烧。平生不被名利锁，半掩柴扉听晚樵。"（《碧霄》）山水的无私和人间的勾心斗角形成强烈的对比，异乡与家乡、离乡与回归形成文学永恒的主题，家园的回望不断促使宦居在外的游子通过文学作品倾吐自己的思乡之情，通过事功、文章、交游不断表达对家乡的地方依恋和地方认同。地方认同"即个人或社群以地方为媒介实现对自身的定义，并在情感上认为自己是属于地方的一分子。"① 李昴英因其不结党营私、耿直刚正被宋理宗赞为"南人无党"，被海内名流洪咨夔誉为"南方间气"，不可不说正是其有意识地不断强化自己的地方属性的结果。

---

① 朱竑、刘博：《地方感、地方依恋与地方认同等概念的辨析及研究启示》，《华南师范大学学报》（自然科学版）2011 年第 1 期。

因此，可以说，李昂英的罗浮山书写，在此节点上有着特殊的文化意义，出自对家乡山水的真心热爱，其笔下的罗浮山剥离了岭外士子赋予的层层附加意义，显得轻灵可爱、清丽动人，岭南山水特有的风韵情趣以自身的魅力展示在世人面前。这种去陌生化的书写，回复到其本来面目，其意义就在于改变了岭外文人对岭南的他者化的异物书写，去除了岭南山水风物的人为的莽荒色彩，在文化心理的意义上建构起岭南文化自我认同的自觉与自信。

综上所述，李昂英政治功绩、人品德行历来为人所称道，直谏忠臣形象慢慢被后世定型、简单化。而翻阅李昂英诗文集，会发现一个更全面的李昂英形象跃然纸上。唯有结合地方感、地方认同等理念细读其罗浮山及其他游山揽胜的诗词，才能对他乐爱山水、心慕隐逸的心理趋向有进一步了解，才能为他虽心忧时艰、但因恶宦当道壮志难酬，只好频频辞官寻找更隐秘的内心世界，才能为其《自赞》"煮茗松根，煨芋岩曲，且农且渔，非仙非俗"的自我定位寻找到最好的注脚，从而为后人还原一个立体复杂的李昂英形象。同时，我们也可以看到，当李昂英将自己最饱满的情感投入到对岭南山水的描摹的时候，也给后人留下了一座座丰硕的文学景观，他诗词中对本土山水之美的发现和表达，无疑丰富了岭南山水的自我书写和文化表征，也引领了宋元明清以来岭南士子通过全方位书写罗浮山，进一步确认自己地方身份，实现地方认同的潮流。

（蒋艳萍：广州大学人文学院副教授，新加坡国立大学访问学者，广州大学广府文化研究中心研究员）

吴趼人写情小说中的"女性流浪者"*

——以《恨海》《劫余灰》《情变》为观照

金 琼

吴趼人撰于 20 世纪初的写情小说《恨海》(1906)、《劫余灰》(1907—1908)、《情变》(1910),无疑既接受了明清言情小说《娇红记》《剪灯新话》《玉娇梨》《平山冷燕》《好逑传》以及《红楼梦》《金瓶梅》等传统文学的影响,又借鉴了西方流浪汉小说、旅程小说、言情小说的写作模式。胡适先生在《五十年来中国之文学》一文里明确指出:"吴沃尧曾经受过西洋小说的影响,故不甘心做那没有结构的杂凑小说。他的小说都有点布局,都有点组织。……他的《恨海》和《九命奇冤》便都成了有结构有布局的新体小说。"①这段话传达了两点重要信息:一,吴趼人的小说创作是受到西洋小说的影响的;二,吴趼人小说在"结构、布局"等艺术形式上作出了一定的拓展和革新。

---

 * 本文为广东省社科规划项目"西风东渐与广府小说的近代变革"(GD12XZW05)、广东省普通高校省级重大科研项目(人文社科)"现代化进程中文学经典的认同作用研究"(2014WZDXM021)、广府文化研究中心项目"岭南小说的外来影响"(15GFWH06)、广州市教育系统创新团队项目"文学经典与文学教育研究"(13C05)的阶段性研究成果。

① 胡适:《胡适文存》(二),华文出版社 2013 年版,第 204 页。

一　从庭园到"江湖"：女性流浪者的户外空间

作家在特殊的民族历史巨变的背景上，敷衍了平民百姓的日常生活与情感纠葛，将个人叙事、江湖叙事与历史叙事交叠而成旅程历练，进而让读者感受到作为晚清知识分子的先知先觉者，对女性生存处境、爱情理想与心理成长的切实关注，显示出敏锐的政治意识与觉世精神。《恨海》揭示的是庚子事变后一对青年男女的劳燕分飞，展现民族兴亡盛衰大背景下的个人爱情悲欢。张棣华与母亲白氏、未婚夫陈伯和在义和团与鬼子的炮火声中离开京城逃难到上海，期间遭遇夫妻意外失散、母亲患病罹难、丈夫误入歧途、悉心服侍病夫、终至阴阳两隔等惊心动魄的事件；《劫余灰》将朱婉贞被不良叔父仲晦贩卖的传奇经历，放在反美华工禁约运动的背景下展开。一对刚刚下了聘礼的小夫妻突遭横祸，夫君被贩卖为猪仔，在新加坡滞留二十年，妻子婉贞则被骗卖妓院，经历以死抗争、箴血呈词、被逼为妾、夜走尼庵，最终与夫君有情人终成眷属。《情变》则记叙寇阿男随父母江湖卖艺，后来与心上人白凤私奔的经历。江湖场景既是卖艺的生计空间，也是情感发展空间。三部作品中的女性主人公都有逃离与流浪的人生经历。也就是说，这些女性主人公都脱离了传统的庭院和家庭，而被置放于充满危机与变数的户外空间。而且，作品中的人物与事件均是围绕女性主人公的心理历程展开的，并非"杂凑"的事件与人物。这可能是胡适先生所谓的"结构布局"之新异的最明显的例证了。这一空间可从两个层面加以观照。

（一）旅店作为叙事焦点

旅店是信息发布中心，也是故事展开的特殊场景。旅店的物理环境、各色住客、发生在旅店的各类事件，呈现出一种流动喧腾的生活情境，这也恰恰是传统女性人物较少面对的具体生活情境。张棣华（《恨海》）从北京逃难到上海，朱婉贞（《劫余灰》）从梧州辗转到尼庵，寇阿男（《情变》）从镇江夜奔至杭州，其间都投宿各类旅店，接触过各色人等，或诚恳友好，或精明功利，或奸诈圆滑，或冷漠自私，因而，在面对环境的迁徙、人事的纷繁、遭际的险恶之时，女性人物最终在环境与人的冲突得到历练。

棣华先后到过张家店、济宁州住店。在张家店住店前，由于骡子受惊，幸被"乡人"拦住才得以脱险，这个乡人便是店主张五哥儿。他主动问寒问暖，端茶递水，显示了乡人特有的淳朴与善良。住店后，特别是当五姐儿（店主内眷）知道棣华原来识文断字后，出于对读书人的敬重，甚为关切与照拂她们母女俩，又是煎药、又是熬粥送饭，甚至将棣华手写的病情单子贴在墙上以作纪念。棣华对五姐儿也是感激有加，临行前慷慨赠送金戒指，让五姐儿"吓得""连忙万福"不止。这个举动一方面见出棣华的知恩图报、不吝钱财，另一方面也似可见出店家内眷的精明与实际，毕竟，尽管惶恐但欣然受之，显出了商人的重利秉性。棣华也正是看准了这一点，才在后来的雇船、搬迁中受到了更多的照顾，免除了旅途的诸多不便，得以更好地照顾病母。因之，在与江湖中人的实际相处过程中，棣华逐渐老练、果断起来。

在济宁州住店时，母亲已经沉疴难愈，店主生怕病死在自家店中，下了逐客令，因此，棣华"只得叫李富（家仆）拿些金珠之类去质卖了，觅了一处房子，置备了一切动用家具，请医调理"①。见医药均无作用时，一个弱女子，居然想到了要割肉救母！

> 祝毕，袒下左臂，用口在臂上咬着一块肉，提将起来，右手拿起并州快剪，"飕"地一声，剪下一块肉来，并不觉着痛楚。连忙用布裹住伤口。拿起那块肉来一看，不过半截手指大，便悄悄地拿到药罐前，放了下去，生火煎药。②

而且作者写到棣华沉着冷静、动作利索，用剪子剪了肉也并不觉得痛楚。可见，对母亲病情的深切关注，已让她全然忘了外界环境的艰苦与自身的苦痛。特殊情境下的行为选择，呈现出棣华重情与刚毅的精神品性。

婉贞的遭际就更是惊心动魄。"旅店"就婉贞而言就是她临时寄身的妓院、式钟府和尼姑庵。婉贞"生性伶俐""相貌端正""跟着老子读书，十分精通"。③ 正是由于知书识礼，在遭遇意外变故，被囚于阿三姐的妓院时，便不会坐以待毙，而是运用自己的聪明睿智化险为夷；亦因为性情端淑，所以耻于让拐卖自己的叔父丢了祖宗的颜面，倒还替他遮掩隐瞒。广东候补知府式钟去肇庆盐局总办上任时，其母偶然救起落水的婉贞，却被式钟看中而威逼其为妾，婉贞宁死不屈。这段经历恰恰验证了世道险恶、瞬息万变，前脚还是救命恩人，后脚就成索命阎王。婉贞黄夜偶入尼姑庵，才终于有了一个相对安稳的栖身之处。青灯古佛、宁净简朴，倒是疗救精神创伤的绝佳"旅程"。妙悟对"情"的独特领悟与教诲、翠姑的体贴照顾、神医黄学

---

① 吴趼人：《晚清言情艳情小说 恨海 劫余灰 情变》，百花洲文艺出版社2011年版，第36页。

② 同上书，第46页。

③ 同上书，第66页。

农的精神疗法，让婉贞重获了亲人般的关爱与滋养，从肉体到精神均得以恢复和抚慰。这个小小的茅草庵，也就成了婉贞人生旅途中精神心灵的栖息地。

（二）以交通工具承载的旅程历练

除了旅店在女性流浪者的人生历练中起到重要作用，这三位女性还通过不同的旅程见识了迥异的社会人性。张棣华、未婚夫伯和、母亲一行三人，一路从京城出发，经丰台—八百户—张家店—德州—四柳树—济宁州—清江浦—镇江，最后到达上海。棣华的陆路交通工具是马车、骡车；水路交通工具是船。因此，她直接认识社会的诸色人等中就有马夫、骡夫、船夫。马车夫的刁钻势利从讨要每日的工钱，算计租车费用，到索钱寻人却买醉而归等几件事情可以见出。船夫则相对温和仁厚，既能体贴病人又能兼顾行程。棣华一家从张家店出来便乘船往济宁。一路上见到了灾民的盲目迁徙、官兵的横冲直撞，洋人的肆意杀掠。陆路、水路上全是逃难的人群，到了静海时，"此处河道甚窄，竟有终日不能移动一步的时候。无论白氏母女心急如焚，便是几个船户，都说晦气。从静海走到独立，本来只有一天的路程，这回却走了一个月。"[①] 而到了德州，"旌旗招展，刀剑如林"，原来是"京城已经被洋人打破了，天津也失了……"[②] 因此，这趟旅程便又见证了国家的山河破碎、生灵涂炭、民不聊生的惨状。阿男的交通工具是骏马，加之其能飞檐走壁、变化幻术，旅程就更是充满神秘色彩。因而，阿男的人生轨迹也更为跌宕起伏、变幻莫测。自然，她也

---

① 吴趼人：《晚清言情艳情小说 恨海 劫余灰 情变》，百花洲文艺出版社2011年版，第34页。

② 同上。

在旅程中感受到了父母的爱怜和疼惜，认识了白凤的事事随遇而安、不能绸缪的惰性。只可惜，此小说为未竟之作，阿男与白凤、白凤与彩鸾、阿男与小棠之间的恩怨情孽究竟如何演绎，也就没有了终结。不过，按作者的意思，倒是要写阿男与白凤的不得善终的。毕竟，作家自己从来都不赞同什么爱情自由、婚姻自主这些"邪说"。

可以说，这些女性流浪者的户外空间书写，既让我们了解了男女主人公的情感历程，又让我们以女性游历视角、社会大事件的旁观者视角，领略了时代的风云变幻。这与清末其他的游历小说如《老残游记》《上海游骖录》《邻女语》《剑腥录》等相比较，就不仅具有以游历来叙写民间疾苦的旅行者叙事功能，[①] 而且具有了体现女性心理的独特视野。不过，作者往往将隐藏作者与叙事者立场混为一谈，导致叙事者借由流浪者的旅程而大发议论，名为揭示现实疾苦，实则有生硬说教之嫌。如《情变》中对寇四爷一家三人离心离德的描写之后，就生搬硬套地来了一段评论：

> 这离心离德，是天下第一件不祥之事。在下每每看见世人，今日说团体，明日说机关，至于抉出他的心肝来，那团体两个字，便是他营私自利的面具。那机关的布置，更是他欺人自欺的奸谋。一个团体之中，一部机关之内，个个如此，人人这般，你想，这不是离心离德么？你想，这不是不祥之兆么？嗳！一个团体如此，个个团体如此，一部机关如此，部部机关如此，你说中国的事情，那里弄得好哪？

可见，吴趼人女性主人公旅程模式中事件的铺排与叙写，的确可

---

① 陈平原：《中国现代小说的起点——清末民初小说研究》，北京大学出版社 2005 年版，第 248 页。

以展现时代与社会，但是，过于明显的作者干预则多少损害了故事的整体感。

二　从依循到反抗：女性流浪者的精神空间

吴趼人展现女性人物的户外空间，最终目的是通过旅程中的各类事件昭示女性流浪者的精神变化与成长，让读者见证这些女性人物不同的情感态度、价值观念、思维方式和行为方式。

（一）旅程中逐渐昭示的依附意识

明清言情作品中展现女性依附意识的自然不在少数，《玉娇梨》《平山冷燕》《好逑传》《红楼梦》《金瓶梅》等都是如此，且这些小说大多为庭院小说。然而，"更值得注意的是另外一批小说，在其中旅行成了改变人物命运和生存方式的重要契机，漫长的旅途成了人物心灵的历程。旅行者置身于一个陌生的世界里，得以观察、思考、分析那些前所未见的新鲜事物，进而获得一种新的人生感悟。"①吴趼人便是最早将欧美游记文体移入小说创作的清末小说家之一。

吴趼人笔下的流浪女子多坚守礼制、婉淑贞烈，具有明显的依附性。这些女子对父母之命媒妁之言言听计从，对从一而终、三从四德尊奉唯谨，是晚清时代女子人格特征的忠实写照。《恨海》中的棣华，《劫余灰》中的婉贞，尤其如此。逃难之初，张棣华一方面恪守未婚夫妻之礼，在旅途中一直对自身作为未婚女性的种种限制了然于心，处处谨从。"伯和因为与棣华未曾结亲，处处回避，一连两夜，在外

---

① 陈平原：《中国现代小说的起点——清末民初小说研究》，北京大学出版社 2005 年版，第 237 页。

间打盹。北边村落房屋，外间是没有门的，因此着了凉，发起烧热来。这天就不能行动，只得在那村店里歇住。"① 由于离乱，三人只租得一间房，未婚夫病了也将就着住下，棣华便只好"背灯低首，默默坐下"，哪里肯歇息？在她看来，未婚同处一室，于名节可是大忌。每每与母亲提到伯和，也是期期艾艾、吞吞吐吐、欲言又止。

婉贞也是一位"聪明孝顺"的女子，当她暗写血书借烧香之际拦路向李知县陈情时，只是言明自己被拐卖的事实，却隐瞒了使女杏儿也一同被拐卖的实情。后来知县审问，她才不得已"拭泪"道出底细：

> 此刻不敢瞒大老爷说。难女实是被叔父拐来的，因为这拐卖人口，不是个好事，想到家丑不可外传，所以瞒过了不提，只推在船户身上。叔父虽然如此，究竟同祖父一脉，倘使在大老爷案下供出，大老爷要追究起拐匪来，一来失了祖父体面，二来伤了父亲手足之心，三来叔父从此也难见人，四来难女以自己一身之故，陷叔父于罪，非但不忍，亦且不敢。所以把这句话瞒过了，呈词里面不敢提及。

原来，婉贞隐瞒的部分实情便是要替禽兽般的叔父遮掩劣行，为的是家丑不外扬、不玷辱祖上"体面"。后在尼姑庵面对妙悟大师时，依然"只把仲晦（即叔父）行为瞒起，只说是船家拐骗"②。后来神医黄学农夸赞婉贞是个奇节女子，要对之焚香膜拜。婉贞婉谢而言

---

① 吴趼人：《晚清言情艳情小说 恨海 劫余灰 情变》，百花洲文艺出版社 2011 年版，第 7 页。
② 同上书，第 118 页。

"守身保节，是我等女子之分内之事"，① 后守节奔丧，面对婆婆刁难，"承言顺志，绝无半句怨言"，是个"不栉进士，心如枯井"。由之，"贤孝之名，著于乡里。"② 婉贞一直奋力抗争，保全名节，为此不惜自杀、写血书、挨毒打、隐实情、尽孝道。旅程中，情感与精神始终如一，相对棣华的由羞怯、畏惧到适应、坦然的情感心理、思维行为的变化与发展，婉贞的精神心灵单一而明晰：恪守礼制，忠于感情。

（二）历练中逐渐成长的独立意识

旅程中的女性流浪者，面临各种意外情况和人生险境，爆发出坚韧、刚强、睿智、独立的性格特质，展现出中国传统女性心理成长的特殊途径：在与社会的近距离接触中，展现其刚柔并济、智勇双修。既因时制宜具有行动的能力，又进退有据，不忘礼制的规约。温婉柔顺的棣华，遭遇未婚夫失散后，便独自服侍病母、安排行程、打点仆役，后又安葬母亲、照顾周全。待回到上海，更是马上投入到殚精竭虑服侍未婚夫、苦口婆心劝慰迷途人的角色中去，显示出刚毅、果敢的精神品性。朱婉贞也是大起大落，被贩卖、幸逃脱、遭水难、偶遇救，却又被逼为妾、惨遭毒打，后辗转返乡，守寡度日，直至丈夫携妻带子海外归来，才总算是得以二美和谐、"全家团圆"。比之棣华，婉贞则更为有主见、有韧性。加之在尼姑庵受到妙悟的开导，对"情"有了更深的体悟，终于将儿女情抛诸脑后，全心全意地守节尽孝起来。她的主要性格便是：知书识礼、逆来顺受、机变灵巧、守节

---

① 吴趼人：《晚清言情艳情小说 恨海 劫余灰 情变》，百花洲文艺出版社 2011 年版，126 页。

② 同上书，146—147 页。

自持。这种以女性为第一主人公，展现她们在广阔的社会空间中的行动、心理和性格的写法，晚清以前的作品中极少涉猎，不能不说是吴趼人的独辟蹊径。

阿男是作品中唯——个主动出走与逃离的女性。她比两个同时代的女性走得更远，独立意识更强，结局也就更凄惨。作为江湖卖艺人之女的寇阿男，有更多江湖经验，属于主动进入户外空间、开辟情爱世界的女子，具有非常明晰的自主意识和规划未来的能力，这在晚清小说中不能不说是一个独树一帜的女性人物。阿男与白凤自小青梅竹马，因此私订终生，暗拜夫妻，被家人发觉后拆散。白凤远走他乡，叔父重新为他定了门子亲事，白凤也是不置可否，被动等待。阿男则苦苦追踪，直到发现他在镇江仁大布号当差，当机立断将他"劫持"上马，又在父亲的那匹乌孙血汗黄骠马的腿子上拴了四张神骏灵符，日行四五百里，直奔杭州而去。到得杭州，就在西湖边上，"寻了一处合适的便搬了过去。阿男复了女装，两个人便做起长久的夫妻，真是十分美满，如愿以偿。那一种恩爱温存，说书的嘴笨，说他不出来，只好由得诸公去默想他的情形了"①。如此看来，阿男读书不多，粗通文墨，受到礼制的影响与规约就比较有限，加之父母的溺爱纵容，竟然成了一个敢作敢为的女子，将什么明媒正娶、父母之命全然抛诸脑后。在西湖住下后，便带着白凤当街卖艺、自图生计，并无什么过多的道德纠结与亲情愧怍。如果从女性独立意识上看，阿男是三者之中最具行动力和敢担当的女子。

---

① 吴趼人：《晚清言情艳情小说 恨海 劫余灰 情变》，百花洲文艺出版社 2011 年版，204 页。

（三）在追求爱情中建立了有限的自我意识，特别是自我欲望的追求与表达

这在晚清相对保守的文化气候里，也具有了一定的前瞻性和颠覆性。

当棣华见到病倒的伯和"瘦骨难支"、危在旦夕时，便顾不得诸多规约与束缚了。书中描写道："伯和一手搭在棣华肩上，棣华用手扶住了腰，扶到棕榻上放下。伯和对棣华展然一笑，棣华不觉把脸一红。忽然又回想道：'我已经立志来服侍汤药，得他一笑，正见得他心中欢喜，我何可又做羞怯之态，使他不安？大凡有病之人，只要心中舒畅，病自易好的。我能博他舒畅，正是我的职分'。"① "棣华照昨天的样子哺了药。……"见了外人，"此时也不回避了。"伯和死后，"棣华哭得泪人儿一般，亲为沐浴更衣。"② 这也可算是中国旧时女子敢于反抗封建礼教的最初书写了，有了女性自我意识的些许萌芽。但不难发现，正如陈平原先生所言：

> 倌人为了金钱而"寡情"，节妇为了名教而"绝情"，再加上侠女为了革命而"忘情"。清末民初小说中的情场不免显得有点荒芜，难得为了爱情（而不是政治或者金钱）而大胆追求爱情的真正意义上的情人。③

如果说张棣华的自我意识还处在朦胧状态之下的话，寇阿男则表

---

① 吴趼人：《晚清言情艳情小说 恨海 劫余灰 情变》，百花洲文艺出版社 2011 年版，第 56 页。
② 同上书，第 57 页。
③ 陈平原：《中国现代小说的起点——清末民初小说研究》，北京大学出版社 2005 年版，第 226 页。

现出比较果断明晰的情感追求了。《情变》中的感情生变，不是由于男女互相之间的不般配、不信任、不恋慕而造成的，而是由于外在的封建势力、封建习俗和观念造成的，是因为金钱、政治、名教而发生的"情变"。因此，人物情感的内在张力就小得多。加之爱情中的情欲色彩，一直是很多有道德感的作家讳莫如深的，也往往被等而下之。所以，小说作者一般对情爱采取规避态度。吴趼人却在《情变》中有了新的发现和尝试。他注意到两情相悦之"悦"，首先产生于男女外在相貌的吸引力，其次才是相知、相爱、相守等其他欲望的生成。那么，书中是如何描写人物相貌的呢？

（阿男）真是一个英俊好女儿，虽然仅得六龄，却已出落得英姿绰约，态度轻盈。怎见得：

修眉画螺，皓齿编贝。一点朱樱唇小，两旁粉颊涡圆。漆发垂肩，愈衬出梨花脸白；星眸特睐，乍舒开柳叶眉青。耳底双环摇曳，写出轻盈；额头一点臙支（胭脂），增来妖媚。看此日垂髫娇女，即他年绝代佳人。①

原来阿男自小就是一个美人胚子。更兼阿男和白凤两人还同师学艺，为私塾同窗：

秦白凤和寇阿男两个，一对小儿女，一个是眉清目秀，一个是齿白唇红。似此天天在一起，虽是两小无猜，却也是你爱我脸儿标致，我爱你体态轻盈。小孩子家虽然不懂得甚么，就只这点，便种下了无限情根。况且两个同在一处读书，相守到五六

---

① 吴趼人：《晚清言情艳情小说 恨海 劫余灰 情变》，百花洲文艺出版社 2011 年版，第 167 页。

年，秦白凤长到了十四岁，阿男也十二岁了。①

长大后又如何呢？阿男十四岁江湖卖艺，作者先是工笔描摹阿男的装束：

> 阿男早起，便扎扮起来，梳一个堆云拥雾流苏髻，扎一副双龙抢珠金抹额，当中装一座猩红软绒英雄球，鬓边厢插一技岭南情种素馨花，耳朵下缀一对桃梢垂露珍珠环，穿一件金绣碎花玉色小紧身，肩上披一件五云捧日缨络，腰间束一条鹅黄丝织排须带，腿上穿一条玉色碎花小脚裤，足登一双挖嵌四合如意小蛮靴。②

而后便是她的面貌精神：

> 转舒皓腕，斜送明眸。出鞘时两道寒光，舞动时一泓秋水。曳影横飞，问锋锷则陆蚖犀甲；寒芒四射，论敏捷则水截轻鸿。贴地时似点水靖蜓，腾空处像穿花蛱蝶。电影飞闪冲斗牛，寒光绕体飞龙蛇。遂令万目尽凌乱，细看两胁生碧花。③

活脱脱一位英姿飒爽、矫若飞龙的女侠！

两人的感情也就由两小无猜自然而然地发展到互相恋慕，以至于后来的私订终生。

阿男的情爱意识最明显的表现是黉夜飞檐走壁到白凤家，偷听到白凤叔父婶母要替白凤另觅娇妻，心中着急，发狠道：

> 天下万事，总是先下手为强，若是只管犹疑，便要因循误事了。

---

① 吴趼人：《晚清言情艳情小说 恨海 劫余灰 情变》，百花洲文艺出版社 2011 年版，第 167 页。

② 同上书，第 170 页。

③ 同上。

加之于窗外偷觑到心上人儒雅俊秀，更是觉得不能坐等被拆散的命运：

> 只见白凤在书桌旁边，一张竹交椅上歪着，手里拿着一本书，正看得出神。阿男仔细端详他，果然是面如冠玉，唇若涂朱，气爽神清，风采秀逸。莫说乡下人家从来没有过这样的子弟，便是我跟着父亲走山东，走北京，走扬州，地方走了几千里，码头过了几十处，过眼的人也不计其数，何尝有一个及得这个如意郎君的。我从小儿和他耳鬓厮磨的，此刻长大了，那婚姻大事，倘是被别人抢了，叫我何以为情？①

由此见出阿男是具有很明晰的爱情婚姻自主意识的。

第二，作家对相思、欲念进行了大胆直接的叙写。阿男与白凤突破了男女大防，做出了惊世骇俗的举动，而后被父亲责骂，竟至相思成疾：

> 却不料阿男掩在屏风后头，听得白凤被他叔父撵走了，由不得如万箭攒心一般，三步二步，从后面绕到自己房里，倒在床上，掩面痛哭。恐怕被人听见，又不敢放声。②

> 阿男明知是为了自己的事，默不敢言。天天受这种哑气，心中又是思念白凤，不觉又恹恹的病起来。……阿男生出病来，未免又要延医吃药，外面人知道了。又纷纷议论起来，说他生的是相思病。③

---

① 吴趼人：《晚清言情艳情小说 恨海 劫余灰 情变》，百花洲文艺出版社 2011 年版，第 185 页。
② 同上书，196 页。
③ 同上。

阿男自小开朗、自信、无拘无束，加之晚清时代大气候的影响，那时候的女子有了更多的行动和接受教育的自由，她就可以随着白凤一起在私塾里读书习字，既增长了见识，又获得了接触青年男子的机会。与前两位的含蓄、谨慎、和婉、顺从大相径庭。面对家长的反对与拘禁，她义无反顾地反抗，并能切实勇毅地逃离。不仅自己率先离开父母的护佑，还"挟持"柔弱白净的白凤私奔，具有一定的性别倒错感。有趣的是，连主人公的姓名也是阴阳倒错的：女子取个"阿男"，男子倒叫个"白凤"，这或许也是作者的有意为之。她仗着一身武艺"劫持"白凤私奔，遇到生活困窘便独立承担。殊不知，一旦遇到险情和困境，白凤都是一副支支吾吾、犹犹豫豫不得劲儿的怂样，全凭阿男规划与主张，显示了家庭中女性主导的些许苗头。

由之，我们可以见出吴趼人对于女性的自我意识、情爱欲念的关注，对男女相悦、追求爱情美好的一定程度的体谅与宽容。但事与愿违，由于封建家长们的合谋阻止，阿男与白凤被迫走上了人生的不归路。彩鸾在嫁给白凤之前已经有了身孕，阿男在嫁给小棠之前也心属白凤，且念念不忘、致死不悔，怎奈白凤虽有恋旧之心，但绝无守心之志，得过且过。不过，从文本自身看，这红尘中的男男女女，除了欲念元素的存在，绝少精神心灵的更高需求。难怪乎作家也直接将这种情感贬损为"魔"，指出此种欲念之爱因为缺乏精神基础与情感韧性，也就丧失了道德与心灵的高度。

需要特别说明的是，吴趼人笔下的女性流浪者之所以既具有一定的独立意识、自我意识，又谨守封建道德伦理，或因为不遵循封建伦理，便不得善终，是有其明显的作家思想意识的导向的。作者在三部写情小说中一再论及"情"这个关键字，且吴趼人先生所言之"情"，与我们素常论及的"男女情"相去甚远。在《恨海》开篇第一回，吴趼人便展开议论：

> 我说那与生俱来的情，是说先天种在心里，将来长大，没有一处用不着这个"情"字，但看他如何施展罢了。对于君国施展起来便是忠，对于父母施展起来便是孝，对于子女施展起来便是慈，对于朋友施展起来便是义。可见忠孝大节，无不是从情字生出来的。至于那儿女之情，只可叫作痴。更有那不必用情，不应用情，他却浪用其情的，那个只可叫作魔。还有一说，前人说的那守节之妇，心如槁木死灰，如枯井之无澜，绝不动情的了。我说并不然。他那绝不动情之处，正是第一情长之处。俗人但知儿女之情是情，未免把这个情字看的太轻了。并且有许多写情小说，竟然不是写情，是在那里写魔，写了魔还要说是写情，真是笔端罪过。①

细究之可以发现，吴先生言及的"情"的外延是一切的人间之情，包括：家国情、亲情、朋友情、守节烈妇情等，唯独没有"儿女情"的位置，且"儿女情"不能称之为"情"只能名之为"痴"，如果情而泛滥，便是"魔"了。理论上看，吴先生排斥了男女情在"情"中的地位，试图弱化或者抹杀男女情感存在的合理性和重要性，但其三部作品倒是不折不扣地围绕着"男女情"来展开的，而且写到了男女情之种种不同样貌。由于他对"孝悌"的一贯推崇与倡导，其理论可算是一种比较独特的"情孝论"。鲁迅在《中国小说史略》中对此创作意图早有论说：

---

① 吴趼人：《晚清言情艳情小说 恨海 劫余灰 情变》，百花洲文艺出版社2011年版，第3页。

吴沃尧之所撰著，惟《恨海》《劫余灰》，及演述译本之《电术奇谈》等三种，自云是写情小说。……至于本旨，则缘借笔墨为生，故如周桂笙（《新庵笔记》三）言，亦"因人、因地、因时，各有变态"，但其大要，则在"主张恢复旧道德"（见《新庵译屑》评语）云。①

鲁迅先生一语中的，借用周桂笙的话语，言吴趼人创作之"大要"，便在"主张恢复旧道德"。陈平原先生亦认为"在政治上李伯元吴趼人都趋于保守，主张保留旧道德，对新派人士颇多讥讽"②。

难怪吴趼人在《杂说》中，也不免对自己的正统道德立场、"泛道德化"倾向进行了说明：

吾前著《恨海》，仅十日而脱稿。未尝自审一过，即持以付广智书局。出版后偶取阅之，至悲惨处，辄自堕泪，亦不解当时何以下笔也。能为其难，窃用自喜。然其中之言论思想，大都皆陈腐常谈，殊无新趣，良用自歉。所幸全书虽是写情，犹未脱道德范围，或不敢为大雅君子所唾弃耳。③

不难得知，吴趼人虽自知自己的言论思想不过"陈腐常谈、殊无新趣"，略有愧怍；但因谨守"道德范围"，竟至窃喜其不为"大雅君子所唾弃"来！由此观其小说创作实践，则棣华之"情"是"情孝双全"之情孝情，婉贞之"情"是"绝不动情"之节妇情，阿男之"情"倒是"不该用其情而浪用其情"，是为"痴魔"了。从《情变》

---

① 鲁迅：《中国小说史略》，上海古籍出版社 1998 年版，第 211 页。
② 陈平原：《中国现代小说的起点——清末民初小说研究》，北京大学出版社 2005 年版，第 18 页。
③ 左鹏军：《清末小说大家——吴趼人》，广东人民出版社 2009 年版，第 103 页。

原作目录第九、第十回《感义侠交情订昆弟 逞淫威变故起夫妻》和《祭法场秦白凤殉情 抚遗孤何彩鸾守节》不难看出，作家本意要写情魔欲孽给人们带来的灭顶之灾，冀望以此作为反面教材来喻世醒世，以期达到"恢复旧道德"、诊治礼崩乐坏的社会之愿望的。难怪袁进先生感叹："吴趼人写'情'，感到的是两情相悦之'痴'的可怜，礼教于爱情之必不可少，自觉遵守礼教之可敬。爱情只有遵从礼教的规范才是值得赞颂的。"较之汤显祖的着眼点在"发乎情"，吴趼人更注重"止乎礼义"。①

三 从含蓄到放任：女性流浪者的心理书写

上文已从流浪女性自庭园走向户外的视角，论及了女性生活视域的扩展；并进而深入这类流浪女性的精神空间，揭示她们不同程度的依附意识、独立意识与情爱意识，结合吴趼人的"情孝观"，指出此类女性深受封建伦理观念钳制的真实处境。而心理书写，则是作家在刻画户外空间（女性人物认识社会视角）与塑造精神空间（女性人物认识自我视角）时所革新的手段与技巧，目的是提升户外空间的现实感和精神空间的展现力（内心独白、梦境、幻觉），其西洋影响可见一斑。

说到吴趼人小说创作受到西方小说的影响，自然会联想到清末民初蔚为大潮的翻译小说。那么在当时的商务、广智、有正、中华、文明等书局，新世界、改良等小说社，《新小说》《绣像小说》《月月小说》《小说林》等杂志上发表了哪些国外的旅程小说、写情小说、冒险小说、科学小说、侦探小说和虚无党小说呢？明确这些内容后，我

---

① 袁进：《中国小说的近代变革》，广西师范大学出版社 2009 年版，第 124 页。

们便不难从书目中得到一些吴趼人受西方影响的直接的或者间接的印证。据《近代汉译西学书目提要》显示，清末民初亚欧美作品翻译集共收录词条 815 条。其中刊发于 1910 年前（吴趼人卒年为 1910 年）的旅程小说、写情小说、冒险小说、侦探小说、虚无党小说条目亦数量可观。如旅程、航海、冒险小说：《八十日环游记》（1900）、《海底旅行》（1902）、《星球旅行记》（1903）、《月界旅行》（1903）、《环游月球》（1904）、《千年后之世界》（1904）、《地球末日记》（1905）、《环球旅行记》（1906）、《澳洲历险记》（1906）、《女学生旅行记》（1909）、《绝岛漂流记一卷》（1902）（即《鲁滨逊漂流记》）、《汗漫游》（即《格列佛游记》）（1903）、《金银岛》（1904）、《地心旅行》（1906）、《海底漫游记》（1906）、《海外轩渠录》二卷（《格列佛游记》1906）、《绝岛英雄》（《鲁滨逊漂流记》重述本 1906）、《复国轶闻》（1907）等；侦探、科学小说：《毒蛇圈》（1901）、《新译包探案》（1903）、《侦探谭》（1904）、《说部腋》（1905）、《新法螺先生谭》（1905）、《少年侦探》（1907）、《新庵九种》（1910）《唯一侦探谭四名案》（1903）、《大复仇》（1904）、《恩仇血》（1904）、《福尔摩斯再生案》一至十三册（1904）、《黄金骨》（1906）、《福尔摩斯最后之奇案》（1907）、《英国最近五命离奇案》（1907）、《海卫侦探案》（1908）、《剧场奇案》（1908）、《贝克侦探谈初编》（1909）、《贝克侦探谈续编》（1909）等；写情、艳情、苦情小说：《巴黎茶花女遗事》（1899）《电术奇谈》（1905）《鬼士官》（1907）《双艳记》（1904）《妒之花》（1905）《迦茵小传》（1905）《洪罕女郎传》（1906）《红礁画桨录》（1906）《女魔力》（1906）《漫郎摄实戈》（即《曼侬·雷斯戈》1907）《画灵》（1907）《剑底鸳鸯》（1907）《空谷佳人》（1907）等；传记、传奇小说：《滑铁庐战血余腥记》（1904）《几道山恩仇记》（1906）《十字军英雄记》（1907）《侠隐记》（即《三剑客》1907）《块肉余生述》（即《大卫·科波菲尔》1908）等；社会小说：《十五小豪杰》(1903)《孤星泪》(即《悲惨世界》1907)《贼史》(1908)(即《奥利佛·退斯特》)《冰雪姻缘》(1909)等。[①] 从名录中不难见出吴趼人生活的年代，正是清末接受西学最如火如荼的年代，英、法、美、俄、日等国的旅程小说、言情小说、社会小说、侦探小说、虚无党小说等均大量译入中国，作为职业报人的吴趼人不可能不受到巨大影响。需要说明的是，西班牙经典流浪汉小说如《小癞子》《古斯曼·德·阿尔法拉切的生平》《流浪女胡斯蒂娜》《流浪汉的榜样，无赖们的借鉴，骗子堂巴勃罗斯的生平》《林高奈特与戈尔达迪略》以及《摩尔·弗兰德斯》等最初被称为"骗子小说"，但到了20世纪已经宽泛地把记叙流浪汉遭遇的小说都划归此范畴，而且最终与旅程小说互为融合。作家借着人物的流浪、冒险经历，观察社会、书写人性，在西方小说史上具有重要地位。清末译介过来的《堂吉诃德》《格列佛游记》《鲁滨逊漂流记》等均属此列。

从清末民初翻译小说存目来看，吴趼人应该是看过此类小说的。第一，他是报业中人，"光绪丁酉，湘沪报笔政"，以后又担任《消闲报》《采风报》《奇新报》《寓言报》的主笔，最著名的要算是担任《月月小说》之撰著小说的主要负责人。他对刊发于《新小说》《绣像小说》《月月小说》《小说林》等刊物上的各类小说少不得也要广泛阅读与涉猎，这样，就不能不受到西洋小说技法的影响，从而成为改革中国传统小说叙事模式的主要领军人物；第二，吴趼人不懂外语，在赴日留学生方庆周翻译的无名作家作品基础上衍译了写情加侦探小说《电术奇谈》。《电术奇谈》恰恰是借助旅程小说模式来架构整部作品的：印度女子林凤美投奔心仪的英国男子喜仲达，并将财物

---

① 张晓编著：《近代汉译西学书目提要 明末至1919》，北京大学出版社2012年版，第2740—2744页。

悉数交给男友。男友去往伦敦办理结婚特许证时，被苏士马用电气催眠术误杀抛尸并侵占其财物后逃往巴黎。林凤美追踪至伦敦、巴黎，走投无路自杀时，被面目扭曲的卖报人"阿三"救起。无奈之下，林凤美寄身梨园卖艺又偶遇觊觎其色相的苏士马，从其侵占的神奇戒指与金银珠宝上，凤美认出了凶手。警署与侦探亦追踪而至。最后苏士马狱中畏罪服毒自杀，并写下利用电催眠术祸害他人的始末。"阿三"原来就是他抛尸海中又被人救起的喜仲达。喜林二人有情人终成眷属。从吴趼人自身的创作实践不难看出，作者对以中心人物聚焦故事，利用倒叙、补续、心理活动来增强故事性、传奇性、真实性的艺术技法以及西方旅程小说体裁有了直接的艺术感悟。不过，他有意将小说中的地点与人名中国化，本意是"俾读者可省脑力，以免坚于记忆之苦"①，到头来却弄得非中非西、不洋不土，实乃费力不讨好。第三，他和周桂笙私交甚笃，曾为周桂笙翻译的侦探小说《毒蛇圈》写过评点文章。因此，他的《二十年目睹之怪现状》的以人系事，《九命奇冤》的倒叙技法，三部写情作品的旅程模式与心理刻画，比之传统小说就有了明显的不同。不可否认，作家的既研习、亲近西方文化，又恪守中国传统文化的特殊文化品格，不愧为学习、接受西方文学叙事方法的最早的实验家与冒险家，是一位将"输入新文明"与"恢复旧道德"奇妙地拼接在自己的精神空间与文学著述的晚清小说家。

吴趼人写出了女性人物在旅程中的遭遇、应变、隐忍、智巧、抗争、追寻、失落、幻灭、灾难、脱险等各个迥异的人生经历，实则是描摹了动荡时代中女性的身体、心灵都在路上的生活样态，是女性精

① 海风：《吴趼人全集》第五卷，北方文艺出版社 1998 年版，第 463 页。

神心灵的关怀者、诠释者、探索者，不愧为晚清新小说中最能把握女性精神命脉的作家。自然，在吴趼人先生笔下，张棣华、朱婉贞、寇阿男这些女子行走路上或求生江湖，更多地是一种生活的变故或偶然。三者之中，寇阿男的际遇和习性更接近西方女流浪汉形象，也是吴趼人写得最自然和疏放的一个形象，活泼、任性、纵情、痴心。作者将女子的情写得真、写得痴、写得烈，也写得放任。但也因为内心的文化纠结，一方面受到西方浪漫主义思想的影响，而试图抒写男女之间的真实欲望与情感，另一方面又排斥西方的情感至上论、唯情论，信守儒家文化的温柔敦厚不逾矩，因而最终将她塑成一个横遭惨祸、不得善终的反面训诫，情深为魔，害己害人。这是儒家文化意识讲求礼义廉耻、德言容功思维定式下的必然选择。

中国传统小说往往以事系人，注重故事情节的渲染与设置，较少关注人物的内心活动，特别是较少关注人物心理的发展变化过程。作为《月月小说》撰著主笔的吴趼人与译著主笔的周桂笙，在翻译编撰小说的过程中，则注意到刻画人物内心世界是揭示人物精神心灵的有效方法。吴趼人这方面的艺术实践其实从《二十年目睹之怪现状》与《九命奇冤》就已经开始了。流浪女性的心理书写则可从以下几个方面进行阐析。

（一）直接心理刻画

《恨海》中的张棣华在逃难途中，由于与伯和并未完婚，行动处处受制。开始时羞羞答答，进退维谷。其情其状，描摹得非常生动传神：

> 白氏仍旧躺下。棣华心中七上八下，想着伯和到底不知怎样了。他若是看见我们的车子，自然该会寻来，但不知被那些人挤

得他到那里去了。他是一个文弱书生，向来不曾历过艰险，这一番不知吓的怎么样了？病才好了的人，不要再吓出一场病来。忽又想起他病才好了，自然没有气力，倘使被人挤倒了，岂不要踏成肉酱？想到这里，不觉柔肠寸断，那泪珠儿滚滚的滴下来，又恐怕被母亲看见，侧转身坐了，暗暗流泪。忽然又怪他为甚么不跨在车檐上，便可以同在一起了。虽那车夫亦跌了下来，但跌虽跌了，可就知道跟寻了，不见那车夫到底追了上来么？又想：这都是我自己不好，处处避着嫌疑，不肯和他说话。他是一个能体谅人的，见我避嫌，自然不肯来亲近。我若肯和他说话，他自然也乐得和我说话，就没有事了。伯和弟弟呀，这是我害了你了！倘有个三长两短，叫我怎生是好？这会你倘回来了，我再也不敢避甚么嫌疑了，左右我已经凭了父母之命，媒妁之言，许与你的了。

与伯和失散后，棣华辗转难眠：一忧伯和病体未愈，雪上加霜；二怪伯和行为谨慎，以致失散；三责自己避嫌，牵累伯和；四盼坦然面对，安稳为好。小儿女的心思和钟情和盘托出，令人动容。精妙的是，心理活动的人称也一再改变，先是称"他"，继而唤"伯和弟弟呀"，最后竟然是直呼"你"了。这之间的情感距离便借着这称呼语，一步步地缩短，可谓形神具备、惟妙惟肖。

（二）借助幻觉与梦境来刻画人物的心理

此种技法在《恨海》《劫余灰》《情变》中均有非常成功的表现。《恨海》第五回《惊恶梦旅夜苦萦愁 展客衾芳心痴变喜》中，棣华因念成梦，见到了走失的伯和。

叫了两声，那辆车子从自己身边经过，伯和却只做听不见，车夫赶着牲口，径投南道上去了。棣华不觉十分悲苦，暗想他一定是怪我一向避嫌，不肯和他说话，因此恼了我了。又不好意思过于呼唤，拿着手帕在那里拭泪。忽听得旁边有人说道："好忍心！姊姊一向不理我！"回头看时，不见了五姐儿，却是伯和站在那里，不觉转悲为喜。正欲说话，那过往的车子内，忽有一匹牲口走近自己身边嘶叫起来，不觉吓了一跳。①

此段可谓日有所思、夜有所梦。现实中不能实现的愿望，梦代为达成。棣华终于在梦中见到了失散的伯和。

《劫余灰》第十回《情扰成魔魂游幻境　死而复活夜走尼庵》中写道：

且说婉贞一时义烈性起，置死生于度外，任凭式锺毒打，不肯屈服。到后来被式锺一脚踢在胁下，不觉一时痛极气厥。顿然觉得身轻如叶，殊无痛苦。暗想，我此刻大有飘飘欲仙之意，如果能飞逃出去，岂不免得在此受难。想罢，起身便行，果然觉得足不履地，如顺风使篷一般。

……那小翁却只低头看书，一面加圈加批，并不理会，犹如没有听见一般。

……公公陈公孺谁知公公也和父亲一般，犹如不闻不见，不做理会。

……哭了一会，看李氏时，也是不做理会，犹如没事一般。

抬头看见轿前的耕伯，也是穿了一身吉服，在那里下

---

① 吴趼人：《晚清言情艳情小说 恨海 劫余灰 情变》，百花洲文艺出版社 2011 年版，第 27 页。

马。……婉贞此时，心中梦如乱丝，觉得有许多话要说，却又没有一句说得出的，好容易把一句话提到嘴唇边来，却不知怎样又缩了下去，便不由自主的扑簌簌滚下泪来，犹如断线珍珠般，要收也收不住。……

谁知伴着自己坐的，那里是个陈耕伯，竟是一只斓斑白虎，像人一般坐在那里。一只前脚抚在自己背上，一只按在自己胸前。这一吓，真是三魂走了两魂，七魄丢了六魄。登时觉得耳鸣眼黑，芳心乱跳，欲叫又叫不出来。自觉得身子倒在地下，登时浑身痛楚起来。①

在这如梦似幻的场景中，婉贞见到了朝思暮想的亲人和爱人。亲人们对她不理不睬，让她肝肠寸断、涕泣涟涟；耕伯"软语温存，百般熨帖"，令她芳心氤氲、意乱情迷。而梦境竟然是由"一只斓斑白虎"击破的，婉贞"耳鸣眼黑，芳心乱跳"，终于从幻觉与梦境跌回到了残酷的现实：原来，她因拒绝做姨太太而被毒打，罪魁式钟大人以为人已死，遂将她钉在棺材里，弃之荒郊野外。这段描写，将人物心理、客观情境与似梦非梦的幻觉结合在一起，营造了独特的艺术氛围，显示出极强的艺术感染力。

（三）借助客观物象、典型意象进行隐喻与烘托人物心理

在描写人物的心理时，借助客观物象、典型意象进行强化，一方面烘托人物心理，另一方面这些物象、意象还具有明显的象征、隐喻色彩。《情变》第三回《思故乡浩然有归志　恣顽皮蓦地破私情》中

---

① 吴趼人：《晚清言情艳情小说 恨海 劫余灰 情变》，百花洲文艺出版社 2011 年版，第 112—114 页。

的梦境,除了以梦来展示人物心理外,还借助典型意象隐喻人物关系与未来命运,起到了很好的烘托与象征作用。

> 阿男低头一看,腰刀还在身上。听了白凤的一番无情话,不觉怒从心上起,恶向胆边生,拔出刀来,尽力向白凤杀去。刀过处人头落地。只有一桩奇事,他那个头跌在雪里,犹如铁匠炼钢,烧红了铁淬在水里一般,吱吱喳喳的有声,冒起了一阵浓烟,被一阵风吹到脸上,那热气直扑过来,热闷得几乎气都喘不出了。再回眼看白凤时,谁知他腔子里又长出一颗头来,和杀下来的一模一样,却又白嫩了好些。
>
> 白凤接过了刀,忽的变了个红脸虬髯的大汉,眼睛里射出两道火光,挥刀尽力杀来。阿男自觉得头随刀落。肚子向上努了努力,思量要迸出个头来,谁知这一迸并未曾迸出了头颅,却迸出了一腔热血,闹得淋漓满身,血流到处,犹如火烧一般,热得手足乱舞,一个翻身,跌在地下。张开眼睛,四面一望,原来睡在床上,竟是一场噩梦。[①]

阿男的梦境竟然是自己手刃白凤,白凤人头落地后,"犹如铁匠炼钢,烧红了铁淬在水里一般,吱吱喳喳的有声",竟又长出一个"更白嫩的人头"!白凤手刃阿男,弄得"淋漓满身,血流到处"。这些意象如利刃、人头、鲜血、红铁、浓烟,充满暴力、血腥,令人惊骇胆寒,暗示了此种没有受到礼教规约的放任情感所具有的"魔性"和"死亡"气息。另外,人物结局的惨烈与此种暴戾的梦境必然有着内在的关联,应是作者刻意为之。显而易见,这种梦境的营造,很好

---

① 吴趼人:《晚清言情艳情小说 恨海 劫余灰 情变》,百花洲文艺出版社 2011 年版,第 181 页。

地暗示了人物的心境，亦对作品的情节构设具有一定的推动作用。

综上，女性流浪者的户外空间，是评析女性人物的社会生活视域，在旅店、交通工具、水路、陆路的空间进程中，让人物经历世事，剖析人物的观察、接受、应变、反省、适应能力等。女性人物的精神空间则着重评析她们的依附意识、独立意识和情爱意识，指出作为晚清社会女子，她们身上还有封建伦理思想的自觉维护与皈依意识，具有依附性、服从性，三从四德的观念根深蒂固。作者对从一而终、二美和谐也是津津乐道、缺乏批判意识的。这既是女子的思想局限，也是作者的意识局限和认知简陋，更是时代残留的封建糟粕。心理书写这部分恰恰是作者展现女性人物认识社会与认识自我的手段与方法，包含着内心独白、梦境、幻觉等多种艺术手段。吴趼人的写情小说正是凭借流浪中的女性视角观察、体验、参与、评价晚清这一战乱凭仍、满目疮痍、男性中心社会，而具有了不同流俗的思想与艺术品格的。

（金琼：广州大学广府文化研究中心，教授）

当代诗人笔下的都市广州

李俏梅

当代广州诗人笔下的都市广州，从某种程度上说是中国诗人笔下的城市书写的一个典型和缩影。由于广州城市经验的某种特殊性及超前性，广州诗人留下大量书写都市广州的诗作。这些诗作虽然频频进入我们的眼帘，却很少得到系统的研究和反思。本文的任务是梳理自20世纪80年代以来诗歌中广州书写的微妙变化及对这一变化进行阐释与反思。

一　80年代：作为现代性"前沿"标志的广州

20世纪80—90年代初期，文学中的广州为配合改革开放的主旋律，基本是作为现代性的"前沿"标志得到表达的，诗人们往往带着一种溢于言表的自豪感，描写广州"先行一步"的现代化景观和观念等。我们在这些诗作中看到很多富有时尚气息的意象，比如夜广州、的士、音乐茶座、街边士多、电话亭、迪斯科、卡拉OK、超市、高架路、新潮牛仔衫、香口胶、席梦思、广告牌等等，它们往往是以赞美的口吻得到描写的，表达的是一个时尚的、青春的、富有活力的广州，承载的是我们在80年代经历了历史的挫折之后对于现代化建设的浪漫和乐观的想象。比如老诗人野曼这样描写广州之夜："夜，在纷纷溃退/豪华的灯光/以浪涛的奇姿/占领街市//经历了漫长的冬夜/花季的 风才把这灯火燃炽/象汹涌的潮头/大面积的占据/以无与伦比的辉煌/收获人们的惊喜//过去那没有灯光的暗夜/将成为褪色的故事。"（《夜的溃退》）① 广州之夜的特点在于"不夜"，在于"夜的溃退"，夜被占领，成了白天的延续，这正是当时广州不同于其他城市的一个醒目特征。所以不少诗人写过关于夜广州的诗作，如野曼的组诗《广州，灯的意象》（《夜的溃退》即是其中一首）。此外，樱子写过《夜广州》，郭光豹也写过《夜广州》。郭光豹的《夜广州》以"醒着"作为核心词描写了广州之夜的活力和所表现的南方生活之美："醒着灯光夜市的摩肩擦耳/醒着露天小食档的狗肉蛇羹香/醒着吮吸田螺的'啧啧啧'之声/醒着饱而选食的小康生活方式/醒着昂贵而入时的时装与金首饰/醒着夜校下课疲惫而又兴奋的潮音/醒着子夜下班工人急待填充的辘辘饥肠/醒着卫生工人车/醒着郊区万元户的摩托/醒着五光十色的广告/醒着城市亢奋的神经/醒着，醒着……"② 灯光、消费、学习和不懈怠的劳动构成了80年代不夜之城的活力内涵，它们在诗作中得到全面的铺陈和赞美，今天读来也依然能唤回我们对于80年代的集体感觉。对于高架桥这样我们今天觉得碍眼、不得已而为之的事物，诗人们也是给以无保留的赞美的，比如野曼《多向的风席卷了广州——写于高架路飞驰的车上》这样写："几条彩虹豁然从街市上空飘出/把上百万的惊喜托上了天宇"，"立体交叉的经纬造就新的格局""从一个古老而单调的平面——/发现了多层次的斑斓的立

---

① 野曼组诗：《广州，灯的意象》之《夜的溃退》，《诗刊》1991年9月，第16页。
② 郭光豹：《夜广州》（外一首），《诗刊》1989年11月，第25页。

体"①，将其上升到一种观念的高度，正如他写灯光："占据了明亮的空间/也就扩展了时间/——扩展了生命的领地"（野曼《灯的意象》)②。

80年代广州诗人对于广州都市事物的描写，令人想起郭沫若当年写轮船的黑烟："朵朵黑色的牡丹"，表现的不是污染，而是现代化的伟力。而令诗人们自豪的，的确，不仅是一种更为"现代"的生活方式，其中还包含着新的思想和观念。莫少云的《打的》这样写："速度，和/效率/是当今广州人的/时间观念……把你寻找的/两点，拉直/把你手中的/时间，拉长"③，就是80年代广东人"时间就是生命，效率就是金钱"观念的写照。而野曼的《夜的溃退》最后一段也非常有意思："亿万富翁的城郭/正以彩色的光流/引动众多璀璨的梦/涌到了喧闹的洽谈席"④，作为诗，这个结尾简直有点画蛇添足，但诗人为什么竟然这样写呢？这里面实际上蕴蓄着一种观念更新：我们不再讳谈财富了，而商业活动正是南方这个活力城市的标志。而事实上，以经济意识形态取代政治意识形态也的确表现了一种阶段性的历史进步。

从今天看来，80年代的广州诗人更多只是描写了广州脸上那层现代化的油彩，而洪三泰的《中国高第街》则是80年代广州书写里力图表现历史感的诗歌。高第街是广州一条著名的老街，许广平所属的许氏家族就居住在这条街上，所以诗人说这条"从东到西"一里长的老街"一千年也走不到尽头"。为什么叫"中国高第街"呢？意味着诗人是把高第街看成是中国的缩影来写的，高第街"以它敞开的十四条横巷之名""开始诠释中国"，高第街的由盛至衰也象征着中国的国

---

① 野曼：《多向的风席卷了广州》，《诗刊》1988年1月，第24页。
② 野曼组诗：《广州，灯的意象》之《灯的意象》，《诗刊》1991年9月，第17页。
③ 莫少云：《打的》（外一首），《诗刊》1988年1月，第32页。
④ 野曼组诗：《广州，灯的意象》之《夜的溃退》，《诗刊》1991年9月，第16页。

家命运，而如今，"世界商品经济的风云／触动中国这条最敏感的神经／它蜕变成一条彩色巨龙"①，诗人在最后赞美高第街上徜徉的"牛仔裤和蝙蝠衫"，因为它代表着"中国高第街与现代文明"。这首诗虽然有意识地引进了历史的纵深感，但归结点与众多诗歌一样，还是在于赞美代表商品经济潮流的高第街。现在回过头来看 80 年代高第街的转型，会有一种痛心之感，因为一条代表广州历史文化深度的老街，现在全然被批发袜子内衣的小商品档所充斥，许氏祖屋摇摇欲坠，当年文采风流全然不见。从这里我们也可看到 80 年代广州都市书写的某种浅薄之处，然而它们依然真实地代表了一个时代的集体想象与体验。

二 90 年代至今：作为现代性反思与批判对象的广州

进入 90 年代中后期，以都市广州作为描写对象的诗歌不仅在数量上剧增，而令人惊异的是，诗歌中的广州形象发生了一个陡转，广州几乎以一种完全负面的形象进入广州诗人的诗写之中。杨子的《胭脂》整本诗集几乎是一曲对广州控诉的哀歌，充满了愤怒："一个什么样的城市啊／八百万人做着一模一样的梦：／钱，钱，钱！／／而钱不过是抹在死去的生活上的／胭脂。"（《胭脂》）② 他把广州看成是"另一座沙漠"（与他所来自的新疆那"自然的沙漠"比），并慨叹"这挤满了人的广场多么荒凉"，广州的广场、河流、月亮、汽车、人流、桥梁、高楼甚至粤语等意象全方位地出现在他的诗里，但构成的是"一个我始终不能热爱的广州"，有一首诗的题目干脆就叫《荒凉》：

---

① 洪三泰：《中国高第街》，《诗刊》1988 年 1 月，第 24 页。
② 杨子：《胭脂》，《胭脂》，海风出版社 2007 年版，第 124 页。

"那么多滚烫的欲望/压在一座灰色的大桥上,/加上咫尺之遥银行、商场和夜总会,/加上那些紧贴在一起又无比疏远的心,/名字就叫——荒凉"①。杨克写于1994年的《真实的风景》这样写:"再大的城市,都不是灵魂的/庇护所。飞翔的金属,不是鹰。/钢筋是城市的骨头,水泥/是向四面八方泛滥的肉。/玻璃的边缘透着欺骗的寒冷。"② 来自茂名的浪子写:"在仿若拼图散乱的城市,到处是梦呓/饥渴和速食面的爱情……找不到安逸,看不到万物茁壮"(《城市》)③,来自安徽的凌越则写下了他著名的长诗《虚妄的传记》,其中一首这样描写街上的路人:"一个个麻木的路人,一幅幅生动的生活场景,/哎呀,多么惊人,就在眼前,/我骑单车穿过整个混乱的城市街区。/依旧没有崇高的目的/依旧服从于上班挣钱的规律。/我犹豫着,还来不及厌恶"(《一个个麻木的路人》)④,与杨子《这挤满了人的广场是多么荒凉》构成了一种呼应:"这么多的头颅漂在肮脏的日光中,/这么多的忧虑堵在喉咙里,/这么多的失望,这么多的呼喊,/这么多炉渣一样失去了光彩的眼睛……"⑤。不必再列举,总之我们可以看到,一个丑陋、虚妄、令人绝望的城市形象出现在很多诗人的笔端,广州城从一个充满希望与活力之地变成了罪恶与痛苦之地,80年代诗人们所赞美的商品、市场、金钱以及灯光和高楼通通变成了反面的形象。为什么广州的城市形象在数年之中发生了一个如此巨大的陡转?如果仅仅按现代化建设的成绩来看,广州90年代的建设依然在飞速发展之中,很多地方隔段时间去看都几乎认不出,放在

---

① 杨子:《荒凉》,《胭脂》,海风出版社2007年版,第148页。
② 杨克:《真实的风景》,《杨克的诗》,人民文学出版社2015年版,第76页。
③ 浪子:《城市》,《无知之书》,花城出版社2011年版,第99页。
④ 凌越:《虚妄的传记》之《一个个麻木的路人》,《尘世之歌》,上海文艺出版社2012年版,第173页。
⑤ 杨子:《这挤满了人的广场是多么荒凉》,《胭脂》,海风出版社2007年版,第203页。

80 年代的理解体系之中必不如此悲观，那么究竟是什么使得诗歌中的广州形象发生巨变呢？下面试做一解释。

一是 90 年代以来诗人群体所发生的变化。90 年代以来，很多外省或本省其他地市的诗人大量来到广州，并且日益占据了诗坛的重要位置。上面我们所列举到的诗人，几乎都是 90 年代初从外省或省内较偏僻的地域来到广州的，他们是当时来广州打工或者说"捞世界"的移民潮中的一员，可以说他们是带着对于广州的向往来到这个"更先进"的大城市的，但是到来之后的实际的生存境况却使他们产生巨大的落差感：他们所要的生活不是这样的。在他们眼里，90 年代的广州到处充满暴发户的气息，价值观念单一，这些小小知识分子的文化尊严和诗性需求受到蔑视。刚来之时，由于经济的原因，他们往往只能栖居于拥挤偏僻的城中村，每天辛苦的工作之后就是回到他们冰冷简陋的出租屋，城市的阴暗面被大量发现和体验。而在这"暗"中，城市欲望的一面被凸显出来。描写城市泛滥的欲望的主要符号则是金钱和妓女，似乎正是它们吞没了都市的灵魂。高楼大厦、钢筋水泥也是城市冷漠的外在表现，它们不仅是反自然的、也是反人性的。城市人精神状态中疲惫、厌倦、空虚的一面也被突出，这或许正是诗人们心灵受伤的一个表征。

二是对现代性这个事物开始有了理性的反思。"现代性"这个词在 90 年代才开始进入中国人的视野，这个词本身即意味着对于现代性的反思，不是一切的现代化都领我们走向更好的生活。随着 80 年代所期待的现代化一步步变成现实，我们发现它曾经所许诺的和期待的并没有如期来到，相反这个过程中的扭曲、畸形、异化和很多负面的东西，包括对自然的远离、污染、贫富分化、压力、焦虑等等都先于幸福来到我们的面前。对现代性的反思 90 年代已经开始，这将是现代化进程中如影随形的东西，因此伴随着更深入的现代性进程的将是持续不断的反抗和反思。浪子在一首诗中痛彻肺腑地写到那种他们既不属于这个城市，可是又无法回到过去的生活的"悬浮感"，这可能是很长一段时间内失去家园感的现代人的典型感受:，"再也回不去了。未知的城市仍在/暗处，随迷途的风漂泊/再也回不去了。尝试循着音乐的节拍/回到一首首民歌、诗歌、情歌里/完全是天真的幻想。我们/再也回不去了……"（《讲演》）① "再也回不去了"像旋律一样回旋在诗里。在另一首诗里，浪子又满脸泪水地唱着："你也是失魂落魄的异乡人"，"是我/不属于这座城市/又不属于任何别的地方"②，可以说写出了很多人的心声。

第三是现代城市诗的师承与诗艺的关系。现代城市诗的祖师爷不是别人，正是写《恶之花》的作者波德莱尔。自波德莱尔以来，我们写城市，几乎就是一种批判的眼光，这与东西方文明皆是从农业文明进入工业文明，而工业文明恰巧破坏了一种自然的、田园诗似的生存环境相关，或许可以这样说，虽然我们从未真正过上田园诗般的美好生活，但是一旦农业文明的传统不再，过去在我们的记忆中立刻幻化成田园诗般的美好。自波德莱尔以来的现代主义诗歌可以说在描写城市的罪恶、丑陋以及人的精神世界的空虚这方面取得了很大的成绩，而90年代以来的广州诗歌正式进入了现代主义诗写阶段，像凌越、杨克、东荡子、浪子、杨子等诗人都受过波德莱尔的洗礼（现代诗人艾青、穆旦写城市又何尝不是如此!），师承再加上切身的受伤体验，使他们写出了诅咒城市文明的诗篇。不能不说，这些诗歌跟80年代那些主旋律式的城市诗相比较，在内涵和技艺上不止上了一个档次。

---

① 浪子:《讲演》,《无知之书》,花城出版社2011年版，第16页。
② 浪子:《你也是失魂落魄的异乡人》,《无知之书》,花城出版社2011年版，第43页。

总的来说，这些诗歌令人惊喜地展现了城市与心灵的关系，不少诗歌具备了精神的深度和思想的品质。其中尤以凌越的诗精致优雅，复杂性、讥刺、反讽、张力、冷幽默。我们看这样的诗句："他用睡眠镇痛。/用几本破旧的书籍治疗。/每天，他看书、看报、看电视，/以填塞濒临白热化的大脑。/他说：'这空白/需要不断地填补，以显示它的空洞'"（《他用睡眠镇痛》）①。可以说，所有城市诗歌能容纳的技巧凌越都有了，凭借娴熟复杂的现代主义技巧和一种别样的抒情（冷抒情），凌越将一个从外省来到广州的城市青年的空虚、痛苦与迷惘表现得极富深度和感染力。

在一种对抗性的思想结构里，思想、洞察力和批判性总是能得到很好的表达，而语言的陌生化与张力亦带给这些诗歌别样的魅力，在相当长的一段历史时期内，这样的城市诗依然会得到读者的欢迎（当然也有相当多读者尚未成长到能够欣赏这些诗的层次）。但是诗人已经开始了自我反省，他们觉得依然未能表达出真正的复杂多面的城市生存体验。现代性批判也成了一种攫取诗意的模式，既然是模式，也就成了陷阱。凌越在他的《尘世之歌》集中的《给shell》里写道：诗里还是太多"凄凉的景象"，太多"背运的人"，那是因为"至福和平庸的界限如此模糊"，"我的技艺还稚嫩/我还得借助题材那炫目的表面/我还得借助伦理那蛊惑性的力量去补充美"②。这说明虽然已经有了很大进步，但是写出真实的城市生存经验依然是一个难题。

---

① 凌越：《虚妄的传记》之《他用睡眠镇痛》，《尘世之歌》，上海文艺出版社 2012 年版，第 188 页。

② 凌越：《给 shell》，《尘世之歌》，上海文艺出版社 2012 年版，第 65 页。

三 超越"现代性批判",让都市生活的复杂多面得到更包容的表达

诗人黄灿然曾在《城市作为自然》一文中提到"城市诗歌中的意识形态迷思",即仅仅把城市当成罪恶的渊薮,当作现代性批判的靶子是远远不够的,也与把它当作现代化建设的成就来简单赞美差不多是同一性质,这样的写作终归会把诗歌带入另一种陈词滥调之中,而且它与我们在城市生活中的实际生活经验并不完全吻合。如果说我们大多数人,在城市生活经验中往往既感到不满与无奈,一定同时也感觉到了诸多的便利与美。诚如黄灿然所说:"城市是世界的一部分,生命的一部分,城市的苦难和忧烦也是世界和生命的苦难和忧烦的一部分;更重要的是,城市的美,也是世界的美和生命的美的一部分——而诗人们往往不仅连这种美也看不到,而且只看到丑。城市生活不高于或低于、优于或劣于任何地方的任何一种生活。"[①] 而广州的诗人们其实也很早就意识到这一点,上面我已经提到凌越。事实上,作为一个既传统又现代,既丰富又多层的城市生活体,广州以它自己的复杂与包容性、以一个真实生存空间的反作用力,也促使着广州诗人们反思自己的城市书写,并尽快走出文化惯性与传统所铸就的"意识形态迷思"。这里不能不说到杨克,杨克是当代诗人中最著名的城市诗人之一,名篇包括《天河城广场》《人民》《在商品中散步》等,杨克的诗也带有批判性和反思性,但他是带着一种宏阔纵深的历史眼光来看待广州生活中那些具体而微的事物的。比如他的《天河城广场》,就是从"广场"一词的词义的变化来表达中国当代生活的变迁

---

① 黄灿然:《城市作为自然》,《读书》2007 年第 8 期。

的。"广场"在过去是一个富有政治意义的词，是革命激情的集散地："露天的开阔地，万众狂欢/臃肿的集体、满眼标语和旗帜、口号着火/上演喜剧或悲剧，有时变成闹剧"，而现在以广场命名的"天河城广场"不过是一间"挺大的商厦"，"进入广场的都是些懒散平和的人""他们眼睛盯着的全是实在的东西"①。"广场"的政治含义消失，经济含义凸显，这就是在中国所发生的历史性变化。杨克由此出发抵达了对于都市中的中国经验和广州经验的揭示。而在杨克的诗里，人与城市的关系也是比较复杂的，城市不完全是地狱，人的灵魂在城市中也有上升的可能。城市也是这样一个空间："现代伊甸园 拜物的/神殿 我愿望的安慰之所/聆听福音 感谢生活的赐予/我的道路是必由的道路/我由此返回物质回到人类的根/从另一个意义上重新进入人生/怀着虔诚和敬畏 祈祷/为新世纪加冕 黄金的雨水中/灵魂再度受洗"（《在商品中散步》）② 现代人作为一个城市生存动物，基本是在城市完成涅槃的。而凌越则渐渐由"自我抒情"者的角色转换成了一个"观察者"的角色，他写了各种各样的城市人，尽量逼近"客观的"生存现实，如黄灿然所言，将"城市作为自然"来书写。《尘世诗歌》的序诗是《我的诗神，请俯下身来》，极好地表达了诗人的新姿态："看看在厨房里做饭的妇女，/她们的脸庞在炉火的照耀下红彤彤，多么健康。/看看在门房里打盹的保安，/夜深了，只有月光还在悄悄地注视着他们。/看看在菜市场讨价还价的商贩，/他们系着围裙，被活泼的鲫鱼溅出的水花打湿了袖口，/你不觉得他们认真的模样，寄托着他们对于生活的热望？"③ 林馥娜则写了一组诗《花城》，

① 杨克：《天河城广场》，《杨克的诗》，人民文学出版社 2015 年版，第 42 页。
② 杨克：《在商品中散步》，《杨克的诗》，人民文学出版社 2015 年版，第 46 页。
③ 凌越：《我的诗神，请俯下身来（代序）》，《尘世之歌》，上海文艺出版社 2012 年版，第 1 页。

包括《岗顶》《中山大道》《东山》《西关》《地铁》等，以平和的笔调，给广州留下了一些温馨的速写。在来自贵州的诗人梦亦非的长诗《素颜歌》和《咏怀诗》里，"东山旧庭院""新河浦"等怀旧性意象开始出现，并构成某种挥之不去的氛围。这意味着广州的另一面，不只是"好的一面"，而是历史文化的一面在诗中现身。而在90年代的广州形象里，广州是只有它现代性的一面的，可是广州（其实其他都市又何尝不是呢）是有2000多年历史的名城，处处可见历史的蛛丝马迹，随着政府对城市历史文化旧迹的保护意识的加强和不断恢复、修缮一些旧迹，一个宁静、优美、富有历史感的广州形象也开始在诗中呈现。我们看梦亦非《怀旧诗》的第一首："阳光照耀第一天的海面/岬坡上，紫荆开放/在东山旧庭院/此时有风，吹越树篱"，第59："雾气散尽，新的一年/从旧庭院开始"①。他的《素颜歌》中写道："三月早晨我离开广州/（黑色行旅箱空空荡荡）/小教堂外，红色木棉继续坠落"，"新河浦艺术馆正慢慢醒来/变成茶馆，在黄昏开放/从'十号咖啡'走下去，/树丛里又长出一家小酒吧""我们走下寺贝通津/经过山河大街，去往幸福"②。在梦亦非这两首著名的抒情长诗里，他所热爱的东山风物频频进入，包括街道名、小教堂、小酒馆和紫荆、木棉等植物，一个宁静静谧、带有小资情调和贵族气息的广州在诗中时隐时现，广州的另一面闪闪烁烁地进入了诗歌。而黄礼孩近来所写的《黄昏，入光孝寺——给扎嘎耶夫斯基》也是如此，所不同的是诗里所包含的文化元素非常之多，现代的、古典的、国际的，世俗的、宗教的，恰恰这样的包容才是一个真正的文化广州的形象。诗人以他特有的细腻笔触写道："这不是观光之地，也非等待之所/安静的

---

① 梦亦非：《怀旧诗》，《苍凉归途》，花城出版社2012年版，第213页。
② 同上书，第198、202、208页。

不是香客或居士/一只猫蜷缩成一团，白猫泛起光晕/世间的风得到暂时的平息/你怀着怜爱抚摸它，掌纹里弥漫出温柔的光//碰巧遇上晚课，灯光搅动安静的窗户/神秘仪式在梵音中起伏/屋子旁的菩提叶闪动暗绿的轮廓/此地在流转中能否将痛苦转化为美/无人过问。也无人知道你是否/想起波兰克拉科夫教堂的赞美诗//你和妻子玛雅坐在台阶上冥想/波罗的海的声音正一层层落下来/'在从前，我们信仰不可见的事物/相信影子和影子的影子，相信光'/此刻，就要收拢的光线为你说出一切/大海的影子归于静谧/而他底下暗潮的影子难以触及"①。我们发现，当广州仅仅被当成一个现代性标本被进行批判性的描写时，广州作为一个独一无二的城市的地方性特征几乎消失了，我们很少在那些诗里看到具体的广州地名，而当诗人们超越现代性批判，将广州作为一个真实的生存环境进行书写时，广州的地方性特征和魅力反而再现了，甚至那些地名本身也显出了韵味和诗意的光泽。城市作为自然，那么它就不再是一个宏大抽象的表现对象，它的点点滴滴自然地闪烁跃动在众多诗歌里，很多的碎片和影子可以被拼成一个完整的广州。当然 80 年代那种主旋律式的广州夜依然有人在写，比如不少人写《小蛮腰》等就是这样。

结　语

诗歌处理现代城市生存背景和经验，并不像人们想象的那么容易，由于传统惯性的强大，我们很容易带着一种意识形态眼光去处理

---

① 黄礼孩：《黄昏，入光孝寺》，《诗选刊》2016 年 10 月。

"城市经验",城市意象由"非诗意"到"诗意"的沉淀也需要一个过程,而一旦沉淀,经验又已经改变,所以对于城市及城市经验的书写需要时时接受挑战,而自80年代至今广州诗人的广州书写或许可以给我们某些借鉴和启示。我们可以看到,80年代诗人笔下的广州,基本上是被当作改革开放的榜样和成就得到书写的,而20世纪90年代之后,我们一面在高速地现代化,又同时进入到了现代性反思的轨道,诗人笔下的广州呈现极为丑陋和空虚的面貌,而到新世纪,都市广州的美与多面性也开始得到表达。我们在朝着一个更加贴近我们的真实城市体验的方向进展,这是值得肯定的。当然各种书写都有它存在的理由和空间,城市书写的困难也依然存在,需要数代诗人前仆后继的努力,才能捕捉城市生活诗意的离合神光。

（李俏梅：广州大学人文学院）

人与城的心灵相遇与诗意言说[*]

——读江冰的《这座城，把所有人变成广州人》

陈红旗

  人与城的相遇相知是一个说不尽的题目。每个人的心中都有一些关于城市的外在印象和内在感受，这些印象和感受有好有坏，但并不是每个人都能因此生成真正深刻的都市体验，更不是每个人都能说出这些感受和体验。从这一角度来说，江冰的文艺随笔集《这座城，把所有人变成广州人》^①是一部满溢着睿智和温情的关涉广州的都市言说，非常值得一读。作为中国南方想象的一个重要载体，广州曾经是笔者重点考察和关注过的一个城市，这使得整本书的阅读充满了愉悦的色调。笔者认为，这种阅读其实是与作者的一次心灵相遇——去领悟他的都市体验和走近他的心灵世界，也是与文艺随笔的一次多重对话——去感知和接近这种文体的艺术特质与自由随性的精神内核。

---

  * 基金项目：广东省本科高校教学质量与教学改革工程立项建设项目"汉语言文学专业主干课程优秀教学团队"（编号：粤教高函〔2014〕97 号）；广东教育教学成果奖（高等教育）培育项目"'中国现当代文学'学科课程教学改革与实践研究"（编号：粤教高函〔2015〕72 号）。

  ① 江冰：《这座城，把所有人变成广州人》，花城出版社 2016 年版。以下未经说明的引文均出自此版本，故不再注释。

一 诗性感悟与广州印象

关于广州印象，江冰写下了一个历史上从未有人提过的"经典"说法："这座城，把所有人变成广州人。"这种对"以城化人"现象的彻悟，展现了江冰作为一个充满诗性而又热烈追寻诗意的学者型作家的特质。在他的心目中，随笔是最接近诗的一种文学形态，他的散文、他的论文、他的评论，都表现出一种他所特有的随性气质和诗性感悟。以是观之，《这座城，把所有人变成广州人》不仅洋溢着作者对广州浓浓的爱意，其本身更是一部不具备诗的外形却具有诗性特质的随笔集，它凝聚着随笔式和诗式的情感、体验与对话。

江冰并不是土生土长的广东人。转到广州工作后，出于"好奇""不满"和"热爱"的心愿，他在主持《广州文艺》栏目《广州人，广州事》的过程中，定下了"描述广州人，透视广州事，彰显岭南文化，保存城市记忆"的宗旨，通过建构"非虚构，真心话，原生态，扣住你我他与广州这座城市的关系"的栏目特色，力图实现"让文学重新回到社会，让我们回到生活现场"的目的（《让我们回到生活现场》）。同时，也是在寻找广州的城市灵魂和挖掘"广州精神"的过程中，他写下了大量关涉广州的物、事、人、习俗和文化现象的随笔，并通过"碎片化"的观察与艺术构形，向读者喻示了其独特的关涉广州的"都市体验"。作为一个曾经的"想象之城"，广州在改革开放之后一度成为一个与北方构成对峙反差的符号——南方/北方、都市/乡村、财富/贫穷、欲望/精神、自由/束缚、新生活/老生活，但真正生活在广州，日常感受中的体验要比媒体和书面理论上的内容丰富、复杂得多（《琢磨广州》）：这是一个外地人很难说清的"地域特色之城"，一个能够代表中华文化多元中的一元的历史文化名城，一个近现代以来开风气之先、撬动历史进程和推动中国社会文明进步的"桥头堡"，一个洒满烈士鲜血、开启近现代中国民主革命的策源地和大本营，一个繁华却不妖娆、富裕却不招摇、漂亮却不浪漫的海洋文化之城，一个能够容纳平实、低调、求实、谦虚、进取者的南方都市，一个有着巨大场域和充沛地气的省会城市，一个与香港、澳门气场对接的"犹如绿萝的羊城"，一个容易生活、好过日子、易于融入、洋溢着包容情怀的智慧城市，一个不同于帝都北京、魔都上海、洋都天津、古都西安、雾都重庆的可以宽容各种文化的睿智"妖都"，一个不断吸引来自乡村、县城、中小城市的年轻人的一线城市，一个既如梦如幻又真实自然、既陌生好奇又感觉美好的移民城市，一个充满商业氛围、流动着新鲜的时尚气息的时髦都市，一个有着中国第一高塔、最多华侨、最大机场、最早五星级酒店的新生代城市，一个富有连接力量和创造特征的创新之城，一个既阴柔、平和、世俗、低调又阳刚、激越、理想、高调乃至狂放的矛盾之城，也是一个令弱者哀怨、虚无者隔膜、压抑者焦虑和浪子逃离的喧嚣之城。

　　作为一个城市，广州的特色形成源于广州人。在作者看来，广州人既有注重日常生活、感官享受、休闲娱乐和个体开心等安稳追求，也有敢为人先、开放兼容、热爱生活等精神品格。广州人与北京人、上海人截然不同。北京人生活在"皇城"中，天生有着敏感的政治思维；上海人崇尚西洋力挺时尚面向世界，天生有着看天下所有人都是乡下人的自我优越感。相比之下，广州人要和气包容得多，他们笑迎天下客，表面上也会向来自北方的一切文化俯首称臣，但骨子里依然自我，"有固守不变执着的一套"（《后亚运时代的广州》）。出于政治经济等原因，某些城市中人喜欢在各个城市之间一争高下，因此易于生成地域歧视、文化隔膜，而广州人不张扬，不显摆，淡定面对外省人对广州的评头论足，但这并不代表广州人不自信，"一座城有一座城的繁华，一座城有一座城的自信，只是各自有各自的表现方式"，因此广州人的淡定意味着一种自信，只是他们的表现方式与他人不同而已；广州人不喜欢争执城市的高下，但这并不代表他们没有底线，比如对粤语的维护就是一个例证（《清明上河图：城市的繁华和自信》）。海德格尔说："语言是存在之家。"所以，对地方语言或曰母语的维护，无疑体现了广州人对广州的热爱和对"传统"的坚守以及"顽固"的自我认同。不过，"恬然淡定"作为一种品格既是构成广州人精神内涵的重要因素，又有可能成为一种走向"冷漠"的局限。应该说，这些看法是非常有见地的，体现了作者对广州人精神品格的精准概括和辩证认知。

二　精神探寻与诗意言说

透过江冰的回忆，读者可以知道《这座城，把所有人变成广州人》主要写在 21 世纪或曰一个后现代文化语境里。在广州，他强烈感受到了时代的变幻、文化的杂糅、城市的崛起和都市人的焦虑。作为一个有良知的知识分子，关注底层民众的生存困境、精神焦虑是一种责任和品格，也是一种本分和本能。广州不仅有霓虹灯火、繁花似锦，也有藏污纳垢、贫穷痛苦，但不管怎么样，那些外来者依然愿意在广州"揾食"，这是为什么？难道仅仅因为在广州容易求生活吗？除了发达的经济、时髦的文化之外，广州强大的虹吸能力到底来自哪里？沿着这些追问，在很多人只看到了广州浮躁和嬗变的文化气场中，江冰却开始了对广州精神内层的寻找。就这样，在温暖、钦佩的心情与平和静默的状态中，他进入了将广州与其他都市相对照和剖析的另一世界。

由于有了在诸多城市生活和调研的经历，所以江冰能够很自然地将广州与深圳、香港、澳门、北京、上海、福州、郑州、西安、开封、纽约、芝加哥、悉尼等中外城市进行比较。这种比较让他"发现"了广州四季如春的自然景观，也"发现"了很多独特的人文景观：城隍庙、陈家祠、大佛寺、宝墨园、黄埔军校遗址、黄花岗七十二烈士陵园、西汉南越王博物馆、广州塔等。值得称道的是，他的比较不仅包含着城市风貌，更指向了城市精神。于是，在对广州精神的"虚与实"的认同中，他再次彰显了自己诗性表达背后的诗意情怀。这种情怀在《这座城，把所有人变成广州人》中可以找到解答的线索。比如他引用了乔尔·科特金《全球城市史》中的一段话："一个伟大城市所依靠的城市居民对他们的城市有别于其他地方的独特感情，最终必须通过一种共同享有的认同意识将全体城市居民凝聚在一起。"延着这种思路，他认为每个城市都有其精神、风貌和认同意识，它们主流支流、抽象具象地凝结在一起，构成了城市精神的"虚与实"，而西关大屋和东山洋楼之于广州，就如同石库门之于上海一样，是关于广州城市精神虚与实的重要参照物（《城市精神的虚与实》）。表面上，这是对乔尔·科特金观点的延展和生发，实际上体现了他对城市书写情感维度的看重。从艺术的角度来看，这种写法一方面体现了他对诗性随笔的认同，另一方面这种形式选择也传递了他用诗的方法来抒写随笔的努力和野心。而这些努力源于他相信广州是一个值得用引人遐思的动人笔触去建构深远意境的美丽城市。古人云"人生得一知己足矣"，而广州能够得到江冰发自肺腑的赞美又何尝不是它的幸运呢！

值得注意的是，比较视域和诗意情怀不仅是作者言说广州世相时所运用的艺术视角和基调，也是他进入广州另一世界的经验方式和体验维度。在观看和比较中，作者的文化感受变得异常敏锐，他感慨广州新中轴线与原有中轴线联系的中断，慨叹"岭南文化的特色在新比旧好的简单思维中被淡化乃至被抛弃"的可惜，失望于广州在"文化积累"上不如北京又在"文化设计"上落后于上海的情状，惊讶于广州在文化连接意识和文化自恋热爱上之于上海、北京的差距（《城市文化的积累与设计》）。这种个体的感受和体验显然大于那些浮夸理论或概念，更具真实性和感染力。在以经济建设为中心的国家大政方针和社会背景下，尤其是近年来国家大力倡导发展文化产业的时代趋势下，很多人将文化仅仅作为发展经济的手段和工具，对于这种观点作者毫不客气地批评为是对文化"最大的认识误区"。他相信，文化是城市整体规划和发展的一种视角、态度和价值立场，它不仅决定一座城市的风格和风貌，还决定一座城市的发展水平。也正是这种清醒的文化视角，令他产生了独到的关涉广州的都市文化体悟：由于独特的地理位置，广州从来没有成为全国的中心或首都，这一特点与西安、杭州、北京、南京、开封、洛阳等历史文化名城形成了鲜明对比，而广州文化的这种地域性特点从建城之初就已经奠定，但这种情况在鸦片战争之后发生了根本改变，从此广州开始立于潮头地位，形成了开风气之先的近现代城市和文化特质，今天的广州文化不但能够包含更多的先进的外来文化，而且更加注重现实性和实践性，已经形成了一种具有全球视野且"落脚于当下的现实生活、指导服务于生活的、鲜活的、流动的、有生命力的文化"，形成了可以引领中国社会转型、现代文明方向的自信满满的广州公民文化（《广州公民的崛起》）。当作者写下这些"自信满满"的文字时，笔者相信他正领受着激情和热切，领受着广州的"文化北伐"（《文学的地域特色也是文化竞争力》）所带来的奔放、激荡和自豪感。他明白这是广州的城市特色，更是广州人的骄傲。在这种思绪中，他想起了以往年代中那些从广州出发的"先行者"和"开拓者"，此时他不仅与他们心境相似，更与他们心灵相通。

比较视域源于思想行走，在行走的思绪中，作者领受着广州的靓丽并与他人同行，在有限的空间里作着无限的遐想，并梳理出了近现代以来广州文化的飞扬之路。19 世纪后半叶，广州文化并非仅仅由文化人所缔造，这其中还包含着广州商人的巨大贡献，他们与洋商交往引进西风，引领社会时尚，扩大和传播广州文化的影响力（《广州的商人》）。20 世纪初叶，起源于广州的资产阶级民主革命引领着中国的革命文化发展进程，也成就了"广州城的骄傲"（《黄埔军校：广州城的骄傲》）。20 世纪八九十年代，一种来自广州日常基于世俗的生活态度和文化品位，由于吻合了民众心理，暗合了一种在内地别开生面的普遍情绪，成就了一场伟大且意义深远的"文化北伐"："粤语、粤菜、流行歌曲、商业观念，加之'小女人散文'、张欣张梅的都市小说，一道北上，惠及全国。"21 世纪初，广州之所以容易引进内地人才原因有三，"一是经济宽裕，工资高，生活好，重休闲；二是人际关系相对宽松，不上家做客，不议论隐私，一般不道德评价他人；三是价值多元，观念包容"（《这座城，把所有人变成广州人》），而文化的包容又吸引了更多的外省人来广州生活、就业和创业，从而形成了良性循环。当下，"时尚与文化"是广州的"方所"（《羊城，幸好还有古琴大师的造访》），"美食"则是广州的名片和招牌（《广州空城过大年》《风味小吃：也是城市的招牌》）。未来，广东本土文化要走出去，需要努力传达自己的"童年记忆"部分，把其美提升以至进入"他者"可以接受的传播渠道，需要努力开掘"普适性的美"，将其发扬光大，使得更多的人接受并享用其美丽，乃至使其进入主流，"成为美丽魅力的标杆之一"（《似曾相识的濑粉与童年记忆》）。这种"梳理"体现了作者理性探寻与艺术表现的心智状态，也体现了他思索历史和热爱广州的精神理路。

在"热爱"的状态下，作者扬弃了"北佬"的身份认同，以一个新广州人的视域不断进行着向广州精神内层的探寻，但这并不意味着无限的向"内"。时代境况、比较视域和理性之维都不允许他向"内"的幅度和深度失控，即对"本土意识"和"地域特色"的盲目认同。于是一系列关涉广州的问题产生了："文雅，何时成为城市的风气？""广州城可有自己的青春文化？""民俗节庆的魂在哪里？""谁是当代英雄？""那是今晚广州的中秋月吗？""广东：这块神奇的土地到底给作家提供了什么？""我们如何进入城市？""21世纪的今天，我们需要怎样的乡土作家，他们又需要怎样的本土性坚守？""中国作家应该采取一种什么样的姿态去面对社会？"面对诸多的社会和文化问题，作者超越现实局囿直指心灵深处："也许，肉身何处还不是关键，灵魂皈依才是最最要紧处。"（《地域文学的"本土性"》）换言之，对于一个喜欢思索的作家而言，仅仅关注现实是远远不够的，他们还要探寻那些能够超越现实的审美世界和心灵世界。于是，当作者感同身受去怀想那些原本平凡琐碎的乡村记忆和城市感觉后，当他去认同他人对广州的喜爱和迷恋时，他不仅感受到了广州的风貌、风格、感觉与感受——"既有疏枝横斜，也有暗香浮动，既有满城美食，又有少年怀想"，还感受到了自己"灵魂皈依"后的安宁和欢喜（《2013，新年的广州》）。延此，作者看到了中国当代文艺创作中的诸多"缺失"：喜欢对抗性主题，美学趣味单一，文艺价值观单调、排他；宽恕文化在文艺作品中踪迹难寻。而这两种通病恰恰是属于岭南、广东、广州气质的文艺作品可以有所纠偏和弥补的，如广州作家黄爱东西的作品中就有难得的人性宽容仁慈、"非对抗"的因素。更值得称道的是，作者不仅意图关怀生者的此在世界，还通过鼓励文化界挖掘广州"下南洋"移民潮故事的方式，传达了他对"被遗忘的一群"的彼岸关怀意识。"闯关东"和"走西口"引发了人们对北方移民潮的关注，却忽视了以广州为中心的"下南洋"这一"可能是空间最大、携带中华文化传播因素最大的移民潮"，这里不仅包含着无数爱恨情仇的故事，还蕴藏着海外游子巨量的思乡之情，更涵容着无数文明冲突的往事。在作者看来，"下南洋"是一个远未开发的文艺资源地，也是一个直指灵魂皈依问题的艺术宝地（《"下南洋"，应该成为广州自己的品牌故事》）。的确，那些依然游荡在南洋等地的海外亡魂，他们不仅盼望自己的肉身能够叶落归根，还希望有人能够聆听他们的召唤，讲述他们无法言说的生命寄托、心灵私语和灵魂痛苦。这是今人的责任，更是我们作为后人的义务，至于其中的意义，那是不言自明的。

在都市里找到自我的心灵归宿固然可喜，但"童年记忆"尤其是"乡土情怀"依然是现代知识分子无法摆脱的生命记忆和灵魂寄托。在作者的心中，乡愁犹如一张"拼图"，它们由祖屋小楼、军区大院、耕地野山、儿童世界、小吃"锅边糊"、漂泊情愫和情感依恋组成（《我的乡愁犹如一张拼图》），他依然迷恋那些青春萌动和浪漫乡愁，因为它们承载着最美好的真诚与浪漫的记忆，而只有深陷都市红尘中的人，才能倍感那种有分量的浪漫的可贵（《重拾浪漫》）。但相比于作者，绝大多国人更希望自己的肉身和灵魂能够回归"乡村"，"乡村无疑是中国大陆的精神故乡，几乎所有的圣人、全部的经典，都与乡村息息相关，如何重返乡村就是如何重返精神故乡"（《走着走着，花就开了》)。问题在于，今天的乡村我们还回得去吗？回去之后心灵就能够平静和安宁吗？恐怕很难。人们在逃离城市之后又纷纷"逃回城市"就是一个证明。这意味着乡村不再是我们唯一的魂牵梦绕之地，意味着城市正在取代乡村成为我们新的灵魂安栖之地。其实，无论乡村还是都市，只要你找到灵魂安栖之地就好。在作者想来，最可怕的是"心乱如麻""六神无主"和"流离失所"：从肉身到灵魂，从"空洞化"的乡村到看似繁华其实"失控化"的城市，没有了土地的维系，没有了乡土的挂牵，没有了传统的继承，没有了价值观的存在，只剩下无边的焦虑和惶惑（《心乱如麻：城市的焦虑与惶惑》）。至此，正当读者与作者一起沉浸在对浪漫乡愁和城市惶惑的感性体认时，作者却从慨叹中回归理性，去剖析"南方写作与本土言说"以及"本土作家的优势与魅力"。这时，与"文化自信"并存的精神意向"本土言说"被凸显出来，从而昭示了作者的学者身份和诗意情怀的别样呈现。

三　文化自信与本土认同

《这座城，把所有人变成广州人》是江冰以广州为主要书写对象进行城市精神探寻的记录，他的探寻始终追随着两个精神走向：文化自信与本土言说。阅读这本书，读者会感到时间和空间在作者所书写的文字中绞缠互动，古今相接、中外相连、同体共在。当作者在体悟中将自己的都市体验维度转换到文化自信问题，他进入了虚实交迭的文化世界，或许他曾期待其所歌咏的内含广州文化精髓的岭南文化能够再次"北伐"成功，进而光耀中国乃至全世界。问题是，这"文化北伐梦"能够成"真"吗？也许在未来可以，但至少在当下还做不到，因为如果已经成真，这梦就没有那么珍贵了，也就没有必要去倡导"本土言说"和挖掘本土作家的"优势与魅力"了。但是，"文化北伐"的美妙前景又时时吸引着他，使他热烈地投入对广州地域文化的正名与倡导之中。这"投入"隐含着他在一个多元化、信息化、智能化和全球化语境里生成的强烈的言说诉求，也隐含着他仰望星空的精神追求和诗意情怀。

如果说"文化北伐梦"还有些遥远，那么宣扬优质的地域文化就显得实在和实际得多。在江冰看来，广州的地域文化有其独异之处，地域文化可以有效推动人文教育的发展，而人文教育可以消解乃至祛除唯科学主义、技术决定论、物质主义的流弊，倡导发扬人的自由与解放、人的价值与尊严（《地域文化：纳入大学人文教育的可能性》）。因此，要推广广东地域文化，需要将之纳入广东高校人文教育范畴，需要建立广东文化的自信，更需要广东文学的"本土言说"。他发现广东文学创作的现状说明了广东文化的不自信，一个突出的现象就是忽视本土作家的本土创作，重视"新移民作家"的名气和影响力，但后者是无法替代本土作家的，更无法真正进入和融入岭南文化的继承与建设，而真正能够完成"本土言说"历史使命的还是本土作家，他们有人脉、地气、天时，他们能精准领会岭南文化的柔美、秀美、委婉、亲和、和平、自然的本质（《广东文化的自信与文学的"本土言说"》）。当然，来自外地的移民作家也有他们的优势，故乡与移居地的文化反差使得他们能够清楚地认识岭南文化的各个方面，可惜的是，他们的劣势也往往源生于此：来自内地的童年经验与成年经历所形成的世界观和价值观，必定与岭南有所差异、冲突和隔膜；难免会因为不知地方方言而在内心怀有对岭南文化某种无法言说的拒斥；难免会因为对南粤大地情感的浓淡变化而产生创作障碍。相比于移民作家，本土作家更容易将广州作为他们艺术想象的起点，更容易体知南方气质、南方经验、南方方式和关于南方尤其是广州的万千感受，更容易认同广州的气质和个性，进而通过创作中的本土化特色进入当代中国文学（《南方写作与本土言说》）。作者还认为，广州的本土地域文化完全可以为广东艺术家提供不竭的灵感，比如：广东音乐里有一种属于岭南、广东的气质，灵动、活泼、阳光、透明、流畅、鲜活，对生活充满希望；连南的瑶寨会让遥远的历史被空间穿越，让诗人"打开记忆和深情的花瓣"；清远人叩击山崖的歌谣会令人想起大文豪苏东坡的文人风范（《本土文化：广东艺术家不竭的灵感》）；广州的"新西关小姐"已经成为张欣、张梅等女作家笔下的"经典形象"（《1990 年后：广东女性文学写作》）；广东庞杂的打工人群可以为"打工文学"写作提供源源不断的生活素材（《广东：这块神奇的土地到底给作家提供了什么?》）；经过长期积淀的广东历史文化气质和风貌，有利于本土创作扎根到历史文化的深层积淀里去，而非沉迷于表达零碎的感伤乡愁和书写零星的本土符号（《本土创作不是零碎的感伤乡愁》）；广东的多民族文化有利于本土作家实现一种超越，"超越现实空间与精神空间的'远离'"——肉体与精神的双重流浪（《基层写作应在"双重流浪"中寻找诗意》）；广东的三大方言——客家话、潮汕话、白话有利于本土作者找到更独到的文学语言表达途径（《"非艺术"：基层写作的语言误区》）；复杂的方言有利于基层写作者实现与本土文化的"零距离"，有利于他们倾听来自祖先的声音和体认与祖先相似的文化空间或生命感受（《零距离：基层写作者的最大强项》）。在这里，作者完成了对"本土言说"重要性的论证，他将与那些本土作家一起，告别文化不自信的缺失心理，去追求实现本土言说的多种可能性。

在解决了文化自信问题之后，江冰将触角伸向了本土作家的优势与魅力领域。他认为：本土艺术家只要"接地气"，就有可能形成艺术特色、特殊的个人化体验和地域风情，地域支持就是作者的文化资源，"越靠近，越独特；越独特，越优势"，所以"本土化是最大启示，也是广州文学艺术的最大出路、最坚实的起跳板"（《正阳门下》：本土电视剧的启示）；由于广州辉煌的历史积淀，本土作家可以理直气壮、光明磊落地讲述"过去"，讲述许多已经消失的羊城风景（《张欣的底牌》）；本土散文家在书写"乡愁""田野""都市挣扎""深层反思""乡村挣扎""非虚构""个人体验"等领域具有突出的优势和魅力，而他们漂泊徘徊于都市乡村之间的典型情感也是一种构成反差的语言优势（《本土散文家的优势与魅力》）；本土元素不但可以成为艺术作品的标志特色，还可以成为艺术的有机部分，吴学军的小说《西江夜渡》就是非常好的例证（《广东本土叙述中的抗战烽火》）。的确，以张欣小说《狐步杀》为代表的本土叙述不但超越了作品本身，更具有了本土表达的特殊意义。当然，岭南不等于广州，岭南涵盖广州，但广州是岭南文化的核心所在。在笔者看来，作者对岭南尤其是广东本土特殊意义的强调未必能够获得主流学界的广泛认同，但《这座城，把所有人变成广州人》还是实现了他对文艺随笔的诗性追求，以及对岭南尤其是广东地域文学的诗意言说。这于作者而言可谓心愿已足。

由于在《广州人，广州事》栏目上连载 6 年半之久，《这座城，把所有人变成广州人》的作品并非一蹴而就，而是有了反复斟酌的时间和心理空间，有了从容咀嚼对广州热爱之情的心绪，这使得该书的写作过程显得悠长、自如而又跳跃、凝练。出于编辑的职业素养和写作习惯，作者一向注意文字的优美和精练，这使得该书的文句意蕴丰实，并与其诗性感受和表达方式融为一体，展现了他过人的文采、开放的眼界、强烈的好奇心和明敏的人生感受力，也实现了他竭力追求的"文美"和"诗意"，这才是卢廷光在该书序言中断言"此书必有影响，必可留世"的底气与潜台词。

（陈红旗：嘉应学院文学院教授、副院长，文学博士，暨南大学兼职硕士生导师）

张欣城市小说的广府文化特色

陈咏红

广府文化深刻地影响着广府文学。广府文化的求"实"的精神内核既推动了这种文化的生成，也规范了其文化的大致走向。广府文化的灵活务实、兼容并蓄的特色，折射在文学上则是务实平和，唯实唯用，关注世俗民生，重视现世生活的特点。张欣小说的城市语境典型地表现了广府文化的"平和""实用"的特色。张欣的城市小说创作不属于厚重或先锋一类，主要是运用简捷明快的语言，构造了一幅斑斓的城市图景。她的小说的城市语境是建立在现代的城市化社会基础之上的小说话语方式，是蕴藏于语言中的人的生存、生活方式。她的城市语境既是人物存在的背景，也是对城市人物生存方式的一种语言阐释。张欣曾说："广州实在是一个不严肃的都市，它更多地化解了我的沉重和一本正经。"张欣所说的"不严肃"大概指的就是广府文化的不喜欢沉重的"平和"特色。张欣小说的题目不少带有"城市"两字，如《访问城市》《城市情人》《城市爱情》等。而其不以"城市"名篇的小说，如《真纯依旧》《首席》《亲情六处》《爱又如何》《致命的邂逅》《掘金时代》等，也以城市为语境。在这幅城市图景中，既有写字楼、五星级饭店、的士，也有桑拿浴、生日派对、交际舞会……这里的人物或是城市中的白领丽人，或是财大气粗的经理、老板，也包括城市社会中不可缺少的教授、诗人、作家、模特、演员、歌星等，他们共同构成了这个南方的城市社会。张欣说，我"最终选择了都市，但是都市很大，包罗万象，光怪陆离，我没有能力面面俱到，描绘出它的全貌和蓝图，于是把它界定在都市性的范畴"。张欣小说的"城市"，主要以其定居的"广州"为原型。当时，广州山水洋溢着生命的气息和南国的风情，而且，广州是吸收西方文化较早的城市之一，是新时期中国较早对外开放的地区之一，张欣的城市小说满足了当时国民窥探南方开放城市的欲望。在一定程度上，读者对张欣城市小说的关注，显然与其对"广州"的兴趣有关。"广州"在当时是一个意义驳杂的符号，它是充满机会的淘金之地，是改革开放的试验区，是制度创新的排头兵，是物欲和情欲的喷涌之都……它勾起开始转型的人们的强烈窥视欲。而张欣的城市小说可以证实或推翻某些说法，于是成为人们的消息源。在这样的时刻，张欣的小说作为区别于其他信息形式的文本，受到人们的欢迎。本文拟以张欣的城市小说为中心，探析广府文化特色在广府城市文学（小说观念、关于人的价值观念、情节结构、语言）中的具体表现。

一　张欣重视小说的社会功能和愉悦功能的平衡

文学的功能主要有社会功能和愉悦功能，张欣重视两者的平衡。一方面，张欣比较重视对文学的愉悦性的追求。在广州这个商业气息浓厚的社会中，广府人的典型形象是南方沿海城市平民，他们不喜欢耽于幻想，而是认为世俗生活的自足、自在和自娱更为重要。在广府文化的视域下，文学乃日常生活的一个侧面而已；而广府作家因以此谋生，他们也注重谋生的有效性，即要有普通读者。因此，张欣不忘在小说中满足读者的愉悦需求。张欣表示，"我觉得文学没有轻松的一面也是很可怕的"，"都市人内心的积虑、疲惫、孤独和无奈，有时真是难以排遣的，所以我希望自己的作品能为他们开一扇小小的天窗，透透气"。"我已经厌倦了那种圈内写，圈内读，而后相互欣赏的文学。""……哪怕是某个旅人在上车前买了一本，下车前弃而不取，我觉得也没什么，至少填补了他（她）在车上的那一段空白，至少完成了文章的一半使命——娱乐人生。"另一方面，张欣也不忘自己的社会责任及文学的社会功能。张欣如此表述自己的兼顾"温馨""忧伤""真诚"的写作理念："任何一个自认为是铁石心肠的人，都或多或少地库存着一份情感，两行热泪，这也是《廊桥遗梦》得以流行的原因。生活中没有的东西而文学作品里有，也算是一个活下去的理由吧。"因此，她"总难舍弃"的"最后一点点温馨，最后一点点浪漫"。张欣在谈及都市写作时，认为应该用某种方式去表现一种都市情绪，这种情绪"是自由同时又是内敛的，它敏感但不大惊小怪，同时有着抹不去的孤独体验与淡淡忧伤。"张欣在谈及其《绝非偶然》的创作时，曾说过她"是一个比较传统的人"。她的创作的生命就是要"呼唤人性中的美丽、真诚……更喜欢描绘这之中沉静的心，古朴而陈醇的心意"（《但愿心如故》）。基于这种创作理念，张欣所描述的都市女性及其"中产阶级"的生活，带有温情、浪漫、感伤、失落的成分，她笔下的女子和刘西鸿笔下的"你不可改变我"式的现代都市女子有严格的区别。张欣小说的女性形象还带有一种传统符记，正经历"转型社会"的转型，与更新潮的时髦女郎相比她们显出一种典雅，她们的青春将逝未逝，事业将成未成，她们的传统责任和粗鄙的现世之间有一种落差。张欣笔下的女主角们那种耽于情感的梦幻色彩被保留下来，构成小说的略显伤感的基调。

张欣小说的这种都市情绪虽然是感觉印象式的拂掠，但其"孤独"与"忧伤"的人生感，仍然体现了张欣的道德理想。张欣所说的都市情绪的表现，是指通过那些复杂的男女纠葛，传达一种在都市背景下对传统文化的留恋。这种创作观念带来了张欣城市小说的一种倾向，即在表现男女爱情生活时，流露出男人应该忠诚规矩，妇人应该贞洁娴慧，男尊女爱，忠贞不渝的价值判断。因此，张欣的小说明确地表现了作家理想中的人文风情，显现出传统爱情与道德观念在张欣小说中的重要地位。

张欣还主张，在现代城市社会中，一个人追求成功的同时，应该保持自己的操守。张欣批判男人们的自尊、自私。他们的心目中没有妻子、孩子、家庭，而只有金钱与美女，他们没钱时拼命挣钱，有钱时把钱花在情人身上。在金钱面前忘记了艺术与名誉，也忘记了爱情与友谊。他们甚至忌妒自己的在事业上成功的妻子，担心自己失去面子。如《如戏》中的蔡丰收抛弃了艺术，下海经营广告，在广告事业面前，他几乎忘记了一切，像一位资本积累时期的小业主，见钱眼开；《真纯依旧》中的于达之所以离开妻子赵亚超，其主要原因就是妻子太聪明、太强大，而自己则太不自信，内心太不平衡；《岁月无数》中的简松则明确宣布，有了金钱就有了爱情，或者说金钱就是爱情。

可见，重视对文学的愉悦性的追求而保持应有的社会责任，是张欣长久以来的写作理念。而这种理念的"平衡"内涵也是广府人的生活观念。张欣在《写作是一种生活方式》中谈及自己从"以为写作是为艺术献身"到把写作当成"一种生活方式"的转变。这意味着，"小说"既是她的艺术追求的方式，亦是她的谋生方式，她需要大众的阅读，也需要负起提供社会正能量的责任。而张欣小说的愉悦性与责任感平衡的观念，正是广府文化的务实平和的"平衡"特色在文学观念上的表现。

二 张欣小说流露出同情凡人的价值观念

张欣的城市小说着力展示广府社会的关于人的价值观念，这一观念的内涵是同情凡人（普通人）。这是广府文化的务实平和的"平衡"特色在张欣小说的人物形象塑造上的一种表现，也是作者的小说社会功能和社会责任的表现。张欣的城市小说以现代都市男女情感纠葛为线索，以城市生活为舞台，营造都市凡人的传奇，具有鲜活的现实感与地方性。读张欣的小说，我们总会想起张爱玲的小说。张爱玲的小说那种怀古的情调以及"在传奇里面寻找普通人，在普通人里寻找传奇"的创作取向，深深地影响着张欣。张欣也如张爱玲那样，写下那些紫陌红尘中凡人的故事。

从作者的女性身份出发，张欣小说"对凡人的同情"有两个主要内涵。一是从社会需求角度思考凡人对女性的需求。凡人最看重谋生能力，即便是对女性。张欣的叙事视野和重心常常落在城市谋生者身上。如《窑艺》中的曹天际与叶一帆是一对大学生恋人，彼此不仅才貌般配，而且情深意切，志同道合。但情感的山盟海誓终究还是未能抵挡住来自实际生存压力的围剿。尽管一帆本着女性的勇敢为爱情做出了自我牺牲，放弃自己所喜爱的事业与已适应的工作环境来到天际身边，但他们最终还是劳燕分飞。真正体现了作者成熟的女性写作立场的，则在于她并未将曹天际放在一个被告席上简单地进行是非评判，而是如实地表现出生存环境的严峻与生命过程的变化，尽力给予这个小男人以理解，由此而将思考引向更为广阔的领域。如小说里写到天际开始移情别恋于新来的女孩萧晓云的一段文字："首先是她不怕苦，每天都高高兴兴的，不是坐在瓜堆里吃瓜，满脸的瓜汁瓜籽，就是去跟老乡学骑马，胆子特别大，当地的老乡都很喜欢她。其次是她很随和，不因美丽而给人造成压力。从她身上，天际感觉到简单的魅力，很自然地将她与一帆相比，尽管一帆比晓云有思想内涵，负面是让他觉得累，他真不喜欢这种累的感觉。"短短一番话，不仅写出了这个女孩的可爱以及天际情感变化的真实缘由，而且还让我们看到了一个年轻男人接受现代生活挑战的艰难。因为生活让天际感到，"他要找的，首先得是一个生存伙伴，要能脚踏实地和他一块面对生活"。在生活中变得实际起来的曹天际渐渐意识到，一帆的聪慧和才华伴随着她的敏感、偏执，她的专情与体贴，她的清高和任性，这一切是不可分割的。已身心疲惫的曹天际，现在宁肯选择简单，而不再有资本扮演大丈夫的角色。故事里的这位年轻男子是一个凡夫俗子，在这样的故事中，对"勇士"和"侠客"形象的解构早已完成。张欣的小说将人物在生存竞争中的境况尽收眼底。因此，张欣小说体现着一种"现实主义"的魅力与威力。

可以说，张欣小说所表现的城市生存原则是"没有钱，不仅没有自尊而且也没有生活"。因此，张欣认为，无论男女，当每个人面对严峻现实时，奋斗也许是最好的生存。如《绝非偶然》描绘写字楼里每个人首先为了保住自己的饭碗而奋斗。而何丽英和车晓铜夫妇二人为了各事其主而争夺同一个模特儿。在城市的生存压力下，张欣小说坦然展现城市凡人的心态："什么人在这个世界上都有个价"（《浮世缘》）。她的小说在丰富多彩的故事与不断变换的场景下面，蕴含着一种直面现实的严峻性。她的叙事话语回旋着这样一种声音："年轻过，憧憬过，幻想过，正直正义过，最后以年老、现实、失落失意而告终，这就是人生。"（《此情不再》）

　　二是从女性自身角度反思都市白领丽人的主体性追求的可能性。"都市白领丽人的主体性追求"指都市白领女性在社会转型期的个体主体性的追求。张欣对都市中的白领丽人投注了创作热情。我们可以看到冲浪于商品大潮的广告人、服装设计师、模特、生意人、作家、艺术家、工程师、记者、职员等等，她们或常常出没于社交场所，或悠闲于家庭生活的安逸之中，或追逐于爱情场上。她们鲜艳美丽、光亮照人、感情丰富，不乏社交场上的机智与聪慧。她们既是张欣小说情感指向的具体体现者，又是作家的女性主体性追求的探路者。张欣十分清楚城市女性生存的艰巨性：女性的家庭责任、事业追求、身体美丽的守护均需要她们付出巨大的精力。她的小说大多描绘白领丽人两难的生存境况："无欲无求，在疯狂的物质诱惑面前保持一份散淡，并非就能保证日子过得开心、舒畅，生活本身就是这么麻烦。有时候喧嚣和浮躁恰恰体现了一种亢奋与进取，无非泥沙俱下罢了，而退避、委顿的生活更叫人受不了。"（《你没有理由不疯》）张欣小说热衷于通过自己的女性形象探索女性在社会转型期寻得自己主体性的实现途径的可能性。

　　在张欣塑造的城市丽人中，兼顾社会需求和家庭需求的兼顾型女性形象较能体现作家的审美理想。她们追求温馨的家庭生活，善于体贴丈夫，照顾家庭。面对汹涌而来的商业大潮和现代快节奏生活时，她们以自己的宽大的心境，容纳了所有的一切。因此，在疾风暴雨的大浪中，她们既是生活的挑战者，又是征战商场的男人们的避风港湾。拼杀在外的丈夫们回到这里，可以获得舒心的环境，消除在外拼搏的劳累，甚至当丈夫有了外遇时，尽管她们内心痛苦，但她们也往往能够从容地接受这种现实，并且期望丈夫"浪子回头"。她们虽然在风雨中经历坎坷，但她们多能获得好的报答。《如戏》中的佳希、

《爱又如何》中的可馨、《仅有情爱是不能结婚的》中的夏遵义、《致命的邂逅》中的寒池等就是如此。

概言之，张欣的同情凡人的价值观念，使得张欣的写作方向不是去表现城市人的异化，不是去寻找城市的畸形人、边缘人、绝望者、狂躁者、抑郁者、精神变态者……在这些文人通常表现深度的地方，张欣没有出场。当然，张欣也并不热衷于讴歌经济奇迹的创造者、开拓局面的先驱者、经济改革的行家里手等。她固守"中产阶级"的写作立场，她廓清各种极端的言辞，以女性细腻、清新或略带一种失落和感伤的笔调去描述"中产阶级"的生活常态。她小说中的人物多是有文化有情调的中高级打工者。张欣的小说主角虽然多为都市的白领丽人，但她并不是极端女权沙文主义者，她适度的"性别歧视"可以为男性读者所容受，不会有过度的刺痛感。张欣小说的人物处理方法区别于孤傲的纯文学，又与街头的通俗读物拉开距离。在雅俗之间，她冷静地保持着克制与矜持。张欣小说的人物形象既表达了她自己对城市女性价值的思考，又为现实中城市女性的未来生活提供参照。

综之，张欣小说的关于人的价值观念，显现了同情凡人的意味，这恰是广府文化的核心内涵"平衡"在其城市小说的人物形象上的表现。

三 张欣城市小说的情节结构以为人物服务为中心

张欣笔下的南方城市故事，主要是循着商业出击和爱情奔袭两条线路发展的。商业出击既是城市小说本身的重要题材，又是城市人物活动的大背景。把商业故事与爱情故事交织一起的写法在小说创作中并不少见，但是，张欣小说的这两条线索最终并非为了写商业或爱情，而是试图在这种故事中解决自己的问题，即女性知识分子或白领如何既能保持自己的价值、信仰，又能在色彩斑斓的南方富裕社会之中找到自己的位置和价值的问题。早在 20 世纪 90 年代，就有批评家指出张欣小说的通俗化特点："从某种意义上说，张欣是新时期以来第一个成熟而成功的女性通俗小说家。"其成功的原因很大程度上是因为读者也想了解小说人物的命运，作为自己决定自我人生应对策略的参考。可见，张欣城市小说的情节结构带有通俗化的特点，但又不止于通俗化的特点，而是带有精神追求的。

从当代文学史角度来看，张欣的城市小说对爱情题材小说是一个发展。在 20 世纪 80 年代这个"不谈爱情"的年代，"不谈爱情"有两个含义：一是 20 世纪 80 年代前期，爱情仍然是一个禁区；一是自 20 世纪 80 年代中后期起，随着市场经济的启动，人们开始从浪漫走向务实，觉得空洞浪漫的"爱情"话题没有什么好谈的，如池莉《不谈爱情》《你以为你是谁》等。20 世纪 80 年代爱情观念的转变，为 20 世纪 90 年代性话语的畅行清除了专制主义和禁欲主义的障碍；同时，从浪漫走向务实的审美趋向，又使得对情欲和物欲的强调和张扬、对二者的混合叙述，成为 20 世纪 90 年代城市小说的突出特征。张欣的城市小说是这种特征的代表性作品。张欣从 20 世纪 80 年代至今出版了大量城市小说，正好抓住了都市语境下各种具有戏剧色彩的人生片段和生活场景。张欣有几部小说是写女性辞职后在商界的冲杀的，写出了现代城市人的情感变化和生存状况。如《亲情六处》中的余维沉和简俐清走出剧团后，为了生存而走了不同的路，俐清进了大酒店，先做了大老板的"包妹"，后做了大老板；维沉在"亲情六处"的自由组织中，不断扮演"陪衬人"的角色。这些寻找活路的事情，也许是维沉和俐清所不情愿的，但她们就这样被无情地带进了商业故事中。《爱又如何》中的可馨原在出版局有一份工作，为了不卷入单位的是非而主动辞职，不料却引起了丈夫的猜忌，面临无工作和家庭遭波折的双重危机。又如，《首席》是一个带有婉约抒情色彩的商业性故事。欧阳飘雪和梦烟既是玩具市场上的对手，也是情场上的情敌。这种带有一定俗套的人物结构关系中，却有张欣对商业化时代人际关系的理解，也有对时代职业女性心理世界的审美把握。欧阳飘雪既看重事业，又看重自身能力和价值的体现，但当她的同学兼情敌的梦烟成为她的竞争对手后，一切都发生了变化。商战与情战混合一起，使她心力交瘁，现实又使她最终能以平常心面对发生在眼前的事情，也能平静地处理她与梦烟间的纠葛。在商战中认识人生，重新确立自我价值，这也许较之商战本身更重要。可见，张欣着力描绘在人生选择上徘徊的城市中层的知识女性，她们大多希望坚守自己的理想，珍视传统价值，如善良、真诚等品格，但她们在新的社会格局之下，对于充满物质与情感的诱惑的现实处境与对理想人格的坚守的渴望，总是同时出现。"出击需要勇气"，"困守需要耐力"。而她的小说的人物在精神层面上最终体现了对痛苦的超越。

张欣的城市小说以人物的行动作为主要叙述对象，往往会将在生活中梳理、概括出的符合生活逻辑的各种"事实"围绕着人物性格展开，以典型化原则凸显人物性格的特征。其谋篇布局隐含着她对生活的概括，人物是其故事的中心。如其长篇小说《一意孤行》的时间跨度是从"文革"前至今，它写一批"大院子弟"的命运起伏，塑造了几个性格鲜明人物形象，故事情节在不断地快速推进。有论者将张欣小说情节概括为"家庭不幸、病魔入侵、多角恋爱、永恒友情"四大模式。张欣小说的肖像描写常是三笔两画的白描勾勒，心理世界常以人物行动和语言来体现，环境描写则以简洁著称，也无意进行语言"实验"。节奏明快的叙述与较高密度的情节使张欣小说给人的阅读感比较畅快，又具有强烈的现实感。伍尔芙认为，"作家比别人更有机会与现实共同生存，他的责任就是去寻求它、收集它，然后转达给其余的人"。张欣将现实的某些侧面传达给了读者。

如何以故事来把握生命现象，这一直是小说家所要操心的。就像美国著名黑人女作家艾丽斯·沃克所说："作家所关心的是生命的问题。不管我们属于'少数'还是'多数'作家，这是我们权力之内的事"。所以，能否将关注重心由一般社会层面真正落实于个体之中，特别是落实在心理层面之上，让故事更具有立体性，这对于张欣小说艺术提高是一种挑战，因为真实生命问题只能是个体性的、心灵层面的。

综之，张欣小说由于有实际生活素材为背景，有连贯的叙述逻辑作支撑，因此她的小说的情节结构有很强的可读性，也有一定说服力。张欣小说的情节结构的最大魅力主要在于贴近当下生活。这种"贴近"性正是贴近现实生活的广府文化特色在小说情节结构方面的一种体现。

四　内含人生感悟的简练叙述构成了张欣小说的语言特色

张欣在创作过程中注意语言形式上的通俗性，力求自己的小说要写得好读。简练的叙述加上一些人生感悟，构成了张欣小说的语言特色。比如："蹿红是很难的，成千上万的人经过不懈的努力，却像废彩票，被揉成一团或撕碎抛得满街都是，成为芸芸众生。"（《变数》）；"其实青春最让人留恋的不是紧绷的皮肤和苗条的身材，恰恰是犯错误的专利"，"没有功利的爱情似乎比利益的结合更脆弱，它说有就有，如疾风骤雨；说没有就是灰飞烟灭，两不相欠"；"世俗并不可怕，可怕的是世俗上面还要披上清高的外衣，时间一长还真以为自己卓尔不群与众不同，是别人不理解你，欠了你的"（《缠绵之旅》）；"不要相信所谓定力，有定力的人无非没有碰到更吸引他的诱惑而已"（《拯救》）；"爱情在生活中仅仅是一种装饰，一旦生活暂时蒙上一层阴影，它总是最先被牺牲掉"（《爱又如何》）；等等。张欣的体现其女性写作视野的一些议论也很精彩。如，"男人多半是希望女人漂亮，有能力，但又不公众化"（《致命的邂逅》）；"男人和女人不同，女人是只认准自己的最爱，其他人全不在眼里。男人是希望全世界的女人都爱自己，只不过把她们控制在不同的层面罢了"（《此情不再》）；"在恋爱和从政之间，男人永远选择后者，不是恋爱不甜美诱人，但从政毕竟是男人的正餐，爱情仅是餐前小食"（《缠绵之旅》）；"不管有家没家，女人失去自我是注定的，因为女人所有的期待、向往和兴趣是爱情与孩子，从来都不是金钱、地位和名利。金钱、迷恋成就感无非也是在选择爱情失败之后"（《拯救》）。这些语言其实包含着张欣对现代人的情感、婚姻及两性关系所进行的思考和探索的结果。而张欣小说的兼顾通俗性和哲理性的语言形式，与广府文化的"平衡"特色其实是不无关系的。

随着全国改革开放进程的推进，张欣的城市小说作为社会开放信息丰富的文本的地位，或许会渐渐不保。张欣在文本上坚持着好看与深刻兼得的至难跋涉的同时，也已开始了跨越题材桎梏的新旅程。张欣开始写母爱，如《泪珠儿》；写反腐题材，如《浮华背后》；写侦探题材，如《沉星档案》《深喉》……广府城市小说如何在未来既保持广府文化特色，又可持续发展？细绎张欣的作品，发现张欣的广州题材小说的文学价值及广府文化的特色，并加以发展，这应不失为探索的方式之一。在未来的写作中，张欣的文学的愉悦性的追求还可以有发展空间，即深度愉悦的追求。她可以作为一个意义的追寻者和价值的拷问者，质询普通而独特的生命个体与群体在时代变迁中的定位和命运；通过一个人与一座城的情感纽带，以一种浓郁、深厚的地域个性和个体特色，倾诉真切的生命记忆，展露生活经验的平实和诗意，以自己的视角和智慧，从众生熟知的生活图景或语境中提取精髓，并沉淀为个体经验，成为内心世界和精神世界的一种自然色调，创造一种从感官到感受，再到心灵实践的写作，展示古老而现代的城市的精神内蕴，把对生活的诠释引向更深的层次。

（陈咏红：文学博士，广州大学人文学院）

广府本土文化的自觉与缺失

——评长篇历史小说《大江红船》

曾令霞

祝春亭、辛磊合著的长篇历史小说《大江红船》以民国时期为叙事背景，围绕广州珠江水域红船弟子的命运遭际展示了粤剧由草根向殿堂艺术痛苦裂变的过程。小说借粤剧红船女班"凤之影"的曲折成长故事印证了这一历程。王国维认为"戏剧就是以歌舞演故事"，本书恰以故事演绎了民国时段的粤剧红船戏班史。"红船"作为广府城市文化的符号，它是早期广府艺人演绎粤剧的载体，除此以外，它还承载着广府城市文化的记忆与乡愁。它的发展、衍变史体现了广府本土文化的自觉。

一 广府城市文化意象：红船

《大江红船》以整体扫描的形式观照了红船发展史，整部历史又分为以广州为主的陆上史与以珠江流域为主的水上史，贯穿往来二者之间的是"红船"。珠江流域河网密布，早期粤剧班几乎都靠红船生存，红船班是广东梨园最具特色的戏班。红船是粤剧发展初期广府城市文化的标志性意象，它的背后是水与城的交融与碰撞，以及由此生发的历史文化脉络。

（一）水

广州因水而生，依水而荣。珠江穿城而过，广州城沿珠江河岸而发展。水环境影响着广州城的发展和先民的生计方式。古广州城在广州先民与水环境的水事实践中发展起来，借海上丝绸之路之便，纳四海文化之精华，融周边国家文化之精髓，分享了海洋文化所赋予的文明，使广州文化形成了兼备江河文化和海洋文化特质的珠江水文化。司徒尚纪在《珠江传》一书中阐述岭南一带多水，"利于舟楫，以水为媒"，汉越文化在珠江水系沿河两岸，互相采借、融合发起来。① 从文化层面来说中原汉文化中的价值观念、民风习俗等开始为广州水文化的发展提供了新鲜的养分。"在海洋文化、江河文化、中原汉文化、外来文化的交互影响中，广州水文化体系得到进一步的丰富。"② 从广府粤剧来看，水文化裹挟多种文化形成了早期粤剧的外江班，在外江班的影响下孕育了红船戏班文化，红船戏班是粤剧成形的关键。《大江红船》采用"倡优共演"的叙事模式，"凤之影"女班红船艺人的故事由水上延续到陆上。在水上，女艺人先是在"紫洞艇"上讨生活，"紫洞艇又叫花舫，花舫分作两种，一种固定在水边，一种可以漂游。这种可以漂游的花舫，广州人通常叫它紫洞艇，紫洞艇的数量比固定的花舫多，成为省河的一道风景"③。小说主要人物云婉仪、阿香女由溢香舫紫洞艇歌妓转型为红船艺人。除此以外，小说中还涉及漂游在珠江上的疍家人，疍家人是珠江水域最有特色最底层的族群，小说中的主要红船艺人之一秋芳就出生疍家，走了一条疍家倡妓——

---

① 司徒尚纪：《珠江传》，中山大学出版社 2009 年版，第 87 页。
② 林春大：《水环境与广州城市史》，《岭南文史》2013 年第 4 期。
③ 祝春亭、辛磊：《大江红船》，花城出版社 2012 年版，第 18 页。

东山洋房情妇——红船艺人的道路。最终，两类女子都弃倡从优，集中在红船上裂变为粤剧艺人。粤剧戏班另一个特色便是传播广泛，凡有粤人的地方便有粤剧。从广府本土文化的角度来看，红船戏班的历史就是一部粤剧水上演绎史，凡有珠江水处便有红船停泊、演戏。红船戏班的流动性正如珠江水的流动性，水性十足。小说从水陆两条线讲述红船时期粤剧的传播，珠江延伸为北江、东江、西江三条支系，小说着重讲述了红船戏班与西江的渊源，"广西与广东山水相连。一条西江，贯通桂粤两省。广州人听不懂广东的潮汕话，却听得懂广西腹地的方言，而去广西腹地更远。究其原因，潮汕的河流不属于珠江水系，两地的方言甚少交流。潮汕不流行粤剧，只有说潮州话的潮剧。广西大部分地区流行粤语、流行粤剧，缘由是广西的大部分河流，属于珠江水系。古代交流以内河为枢纽，红船沿着西江支流溯水而上，红船到那，就能把粤剧传播到那"①。作品中，红船在佛山、顺德、高明、南海、江门、梧州、香港、澳门等地漂移，除了演戏遭遇的讲述，作者还将各市镇的风土人情纳入叙事范畴，通过图文的方式描述当时当地的戏园、剧院，对当时的演出环境及条件进行了历史性的还原。红船戏班水上的传演与传播为粤剧的成型与发展打下了深厚的民间基础。

（二）城

城市不仅是一种器物层面的客观性存在，也是一种体验、情感等的主观性、意象性的存在。城市意象是营建城市规划者及生活于城市中的人们共同创造的。城市是文明的载体，任何一个文明都有兴起、

---

① 祝春亭、辛磊：《大江红船》，花城出版社 2012 年版，第 201 页。

发展、兴盛、衰落的过程，城市如此，文化亦如此。对于广州来说，在小说中最大的特点在于作者用相当多的笔墨与老照片来描述广州这座城的发展史以及红船戏班的兴衰史。"珠江流经大坦沙改叫省河，河南面最大的一片绿洲，叫河南；河的北面，很少有人叫河北。河北是广州的中心，河南是广州的乡下。相对应的地名，还有东关西关，东关从清朝叫到民国，都没有叫响亮，而西关名振广州。"① "西关是广州兴起的商业区，不少巨富却喜欢在河南居住。清人广州的五大家族，富可敌国，他们的生意在河北，家却安在河南。原因是河南有大片的荒地，可以兴建大型住宅园林。这种热潮到民国仍在延续……" "东关又叫东山。严格含义的东山，是东正门外的一片山坡。广州拆除城墙后，城关的概念渐渐消失，叫东关的人少了，东山的名气渐渐响了起来。"② 清代广州城发生了很大的变化，主要体现在鸡翼城的兴建、西关的开发和河南地的开辟，以及奠定今天广州市街区基本格局的清中期以后的广州城区街道。清代鸡翼城的结构酷似宋南城，城墙由明新南城向东西两侧向南延伸直达珠江。清代的西南新城虽面积范围不大，但由于码头林立，商舶如梭，商业繁盛，人烟稠密，已成为广州城的中心区。尤其以濠畔街最为繁荣，从事海外贸易的巨商富人均住在此岸边，形似两鸡翼，故名"鸡翼城"。人口与财富的积累以及中原文化的南移，催生了大众对戏曲这一艺术样式的迫切需求。广府地区先有外省文化南移影响而成的粤剧外江班，然后才有本地戏班的崛起。"清代广州的经济发展进入了一个新的历史时期，尤其是城南珠江沿岸及西关平原区的商业和贸易日益繁荣，四方客商云集，人口增加，商贸活动区不断扩大"，"河南地的开辟是指珠江南岸平原的

---

① 祝春亭、辛磊：《大江红船》，花城出版社 2012 年版，第 1 页。
② 同上书，第 45 页。

开发。清代以前，这里多为寺庙、别墅，直到清代才逐渐形成街市商业区。民国初年的广州城，有内、外城之分，各城门外筑有瓮城、月城和翼城等，又有新、老城之别。"① 除了筑城修路、行商坐贾，作品中提到的诸如海珠戏院、河南大观园、东堤东关戏院与广舞台等各大戏院也是广州城市建设的一部分，实乃精神文化的消费场所。作品以广州城为背景，围绕红船艺人的活动范围，笔触延伸到芳村、黄沙、沙面、西堤、东堤、各大戏院所在地，等等。一方水土养一方文化，水与城成为孕育粤剧的土壤与温床，"红船"则成为水上岸上的广府城市意象。作品由水上、岸上两部分内容构成，水上故事重在讲述红船戏班的传演与传播，岸上的故事重在讲述戏班的发展与经营。就女班而言，按照级别，粤戏戏班分为"省港大班""落乡班""天台班""茶居班"等。要想从"天台班""落乡班"过渡到"省港大班"，道路相当漫长，将戏演到广州"海珠戏院"及香港的大戏院是所有戏班的梦想，那意味着已跻身"省港班"之列。小说中"凤之影"红船女班技艺提升的过程便是广府城市风貌的掠览过程。比如天台班之于广州各大商贸大厦；位于黄沙的粤剧行会组织——八和会馆与吉庆公所；落乡班之于广府各市镇；省港班之于粤港澳三大城市；等等。

水与城是红船戏班水陆两个方向发展的支点，不管岸上演戏还是水上漂流，红船都是广府人心中、广府城市不可遗忘的文化意象。《大江红船》这个作品紧紧扣住"水""城"与"红船"三个意象进行书写，三个意象彼此借力，将红船戏班的环境依托与背景氛围渲染得淋漓尽致，它为广府地方文化的留存与传播尽到了最大努力。

---

① 陈代光：《广州城市发展史》，暨南大学出版社1997年版，第58页。

二 广府文化自觉：从红船到粤剧

粤剧的形成不是一蹴而就的。它有一个从外江班到本地班的衍变过程，这个过程包括了广府本地语言的运用、本土剧本的编写、本地曲调创作、本地艺人演绎等内容。《大江红船》以讲述故事的方式将这些内容囊括其中，恰如其分地安插在各章各节里。在反抗外江班一统岭南最终赢得一席之地的过程中，红船戏班是粤剧形成的关键，同时，它的存在促使了广府粤剧文化的自觉。

（一）从外江班到本地班

粤剧是广东省最大的地方戏曲剧种，又称广东大戏，广府戏等，流行于两广、港澳等粤语地区和上海、天津、台湾等地以及东南亚、美洲、欧洲等粤籍华侨、华人聚集的地方。粤剧的历史渊源和形成发展，积淀深厚，既继承了中国戏曲"以歌舞载故事"的艺术传统，又形成了自己的独特风格。本地人组织的戏班演出，在不断吸收外来的弋阳、昆山、梆子、皮黄等剧种声腔的基础上，积极汲取流行于广东民间的俗乐和本地土戏唱腔等艺术营养，地方性日益突显，逐渐成为具有浓郁岭南韵味及风格特色的粤剧。"可以说，明清两朝，广州有多少个省份的外江班，就有多少省份的地方曲调"①，在脱离外江班控制的过程中，粤调渐渐兴起，"粤调的唱念用的是广州白话，音调不是地道的本土南音，而是在吸收北音的基础上，形成的独具特色的唱腔，简称广府梆黄调。"② 明初，因军旅、官宦、移民等原因，众多外

① 祝春亭、辛磊：《大江红船》，花城出版社 2012 年版，第 108 页。
② 同上书，第 109 页。

省戏班入粤演出。声腔逐渐流入广东，使戏剧活动蓬勃兴起，随着演出活动的日益活跃，本地人也加入了演出的行列，并开始建固定的戏台，建于明代的佛山祖庙内的万福台就是红船时期审戏的戏台。清代中期，本地戏班进一步吸收本地的文化资源，促使外来戏曲地方化，粤剧本地班集结佛山，逐步发展成为具有鲜明地方特色的戏曲剧种。早期的戏班，有外江班与本地班之分，外省剧种入粤的戏班，称为外江班；由本地戏曲艺人组成的戏班，称为本地班。外江班与本地班的竞争抗衡不断，清道光杨懋建《梦华琐簿》载："外江班妙选声色，伎艺并皆佳妙，宾筵顾曲，倾耳赏心——录酒纠觞，多司其职，舞能垂手，锦每缠头；本地班但工技击，以人为戏，所演故事，类多不可究诘……久申历禁，故仅许赴乡村搬演。"由于当时广东官府对外江班的推崇和对本地班的贬抑，外江班多盘踞于广东的政治中心城市广州，本地班多以佛山为据点并巡演于四乡一带。珠江三角洲河网纵横，本地班赴四乡演出，多以船为载。因船桅及船身均涂红色，分外醒目，故粤人以红船为本地班之代称，粤伶也被称为红船子弟。明代万历年间，琼花会馆在佛山建立，该馆是本地戏班艺人最早的行会组织，是各戏班聚众酬愿、伶人报赛之所及红船班的集散地。早期粤剧演出中心在佛山，清乾隆至嘉庆、道光年间，盛况不减。咸丰四年，本地艺人李文茂率红船子弟同天地会陈开所部在佛山、广州等地反清，响应"太平天国"运动，后进军广西建大成国。起义失败后，清政府禁演本地戏，琼花会馆被毁，红船艺人星散。同治七年，趁清廷禁令稍弛，专门管理各戏班"卖戏"的营业机构——吉庆公所在广州黄沙成立，琼花会馆的行会传统在此延续。光绪十五年，粤剧行会组织八和会馆在广州黄沙成立，在它的管理、推动和促进之下，粤剧重现繁荣景象。民国后期，因固定戏院的大量出现、陆上交通的便利、伶人自顾生命安全、河道淤堵严重等原因，红船渐渐退出了江湖。在与外江班的斗争过程中，佛山戏班于外江班而言是边沿的，于本地班而言，却是中心。作为本地班的红船戏班始于佛山，后在广州发展，小说《大江红船》重红船戏班的广州时期，而轻佛山起步发展时期，在红船戏班史的叙述中显得有些突兀和断层之感。作品中稍有提及粤剧发源地佛山："佛山是粤戏本地班的发源地，唱戏的人多，睇戏的人也多，有广泛的民众基础。"① 佛山的剧运却几乎未提。从专业的角度来看，这一个巨大的遗漏和遗憾，如果红船往事能在佛山与广州之间齐头并进地讲述，小说内容会更丰满，行文的视野会更开阔。

（二）粤语、粤调、本地剧本入粤剧

地方戏形成的标志有二：一是地方语言的运用；二是地方腔调的加入。粤语与粤调入粤剧是粤剧成形的关键。粤剧与其他地方戏种最大的区别在于，它要成为本土的剧种，首先要扫清北方官话与北音的障碍，在与外江班抗衡的过程中渐渐从边沿走向中心。作品提到"凤之影"粤剧女班先后在顺德、高明、南海、江门、梧州、美国、新加坡、香港、澳门、天津、上海、广州等地演出。除却天津、上海，其他地方的演出都不涉及语言问题，因粤语的原因粤剧在北方的传演颇受限制，小说借李睿这个研究粤曲的学者将粤剧在中国北方的传播困境说了出来：

> 我觉得粤剧与许多地方戏，都陷入两难的困境。若想让全国观众接受，就必须采用国语，这样，就会失去地方特色，从而失去地方观众。若想保持地方特色，牢牢抓住讲方言的观众，又难

---

① 祝春亭、辛磊：《大江红船》，花城出版社2012年版，第55页。

以在全国推广。我认为，粤剧发声，就必须以白话为主，然后在
白话的基础上，对唱腔加以改进。地方戏，就得有地方特色，这
种特色主要体现在唱念上。唱念的差异越大，特色就越明显。①

他还提到，哪里有粤人，哪里就有粤剧，粤剧主要演给粤人看
的，粤剧不说粤语，就不是粤剧。《大江红船》用了大量的情节与篇
幅来讨论粤语入粤剧的问题。粤剧在小说中由水路走向陆路、从北方
官话中挣脱出来追求本地语言，小说中的李睿说，"比如粤剧的唱腔，
北音与南音是怎样融合的；广州白话，是否适宜原有的曲牌；如何让
粤剧唱腔，形成独有的地域风格，还有许多工作要做"②，"以后要多
听电台的粤音节目，多进戏院看戏，这样做出的曲子，不但有中国
味，还有广东味。"③ 小说中，李睿还为粤剧腔调打曲（作曲），不仅
思考了粤语入粤剧的问题，而且着手创作粤剧本土腔调。凤之影的台
柱云婉仪说，"近几年唱念的变化，先是以北方官话为主，后来半官
半白，再往后，恐怕要以广州白话为主了。"李睿答道："自从我主持
举办粤剧女伶义演，官报都开始把广府梆黄戏称为粤剧了。我认为，
粤剧发声，就必须以白话为主，然后在白话的基础上，对唱腔加以改
进。地方戏，就得有地方特色，这种特色主要体现在唱念上。唱念的
差异越大，特色就越明显。"④ 小说中写到粤剧在梆黄戏阶段唱念时兴
一半北方官话，一半广州话。粤调的唱念用的是广州白话，音调不是
地道的本土南音，而是在吸收北音的基础上，形成的独具特色的唱
腔。民国时期，大老倌马师曾独树一帜研出马腔，先是在唱念中时不

---

① 祝春亭、辛磊：《大江红船》，花城出版社 2012 年版，第 269 页。
② 同上书，第 161 页。
③ 同上书，第 269 页。
④ 同上书，第 172 页。

时来几段白话俚语，后来提倡用广州白话念唱，他最先提出粤剧的概念，以粤剧作为广东地方戏的统称。可见，用粤语演绎粤剧是粤剧自我认证的一把钥匙，作者非常重视粤语在粤剧形成过程中的嬗变。除了粤语与粤调，作者还为粤剧本地剧本的创作塑造了旧文人庄之衡这个人物形象，他为红船艺人写戏，融入大量南方故事与民间风情，为粤剧的自说自话，自唱自演开辟了巨大的本土空间。至此，作品将粤剧本土化的历时过程，尤其是广府白话与本地唱腔及剧本创作的改进兑换在人物的故事和对话中，深入浅出地道出了粤剧的理念及主张，显得自然贴切。

（三）吸纳、传播与成形

"未有八和先有吉庆，未有吉庆先有琼花"，粤剧本地化的起始点是佛山，佛山是著名的粤剧之乡，"梨园歌舞赛繁华，一带红船泊晚沙。但到年年天祝节，万人围住看琼花。"清代的这首"竹枝词"所描述的，就是清代佛山升平墟镇及汾江河一带水域红船戏班的盛况。长篇历史小说《大江红船》却把着眼点放在吉庆公所成立以后乃至清末至民国这一时期的广州红船班，佛山红船班却少有提及，从红船戏班史叙述的完整性来看，有缺失与断层之憾。清代嘉庆至民国时期，红船是广府地区戏曲艺人主要的演戏工具。李文茂率领红船弟子起义是粤剧发展史上的节点，它的直接结果是佛山的琼花会馆被毁，粤剧遭禁。一般认为，李文茂起义给粤剧的发展带来重创，但粤剧遭禁恰恰是它成型的关键时期，其中红船戏班功不可没：第一，根据多位老伶工口述，粤剧遭禁以后，由于官府控制不过来，红船还在珠江流域存在着，只不过是远离中心城市，倾向游历于偏远的乡村；第二，为求生存，粤剧遭禁后从城市走向乡村，红船班在游走的过程中融合、吸收了广府民系的语言、风俗、信仰、曲调，培养了大批观众，促使本地班向粤俗化方向发展，为与外江班的抗衡打下牢实的民间基础。粤剧的孕育、形成和传播根植于广府民间的红船戏班传演，而后粤剧发展成中国大型地方剧，成为近现代中外颇具影响力的地方剧种；第三，红船戏班在清乾隆年间开始建制，乃基于红船的形制，也是粤剧组织的初始形式，红船戏班在珠江水域演剧过程中形成了广府艺人演戏的形式和规例，成为后来粤戏班建制的基础，红船班的出现及其形制组织的发展促成本地戏曲的成熟；第四，从传播学的角度来看，红船不但是交通工具，也是粤剧的传播媒介。红船戏班在珠江流域各乡村传演，使本地班进一步粤俗化，民间流行的红船班演出逐渐助推粤剧的形成，并使之得到进一步传播。它在珠江三角洲水域的游历是一个采广府民风、传粤剧乡土本色的过程，为粤剧的形成起到穿针引线的作用。红船戏班涉珠江水域赴各乡逐村传演，逐渐形成结构组织、演出形式和内容、管理制度和习俗等充满本土特色的粤剧基本元素，红船本地班进一步粤俗化孕育了粤剧。红船是阐释粤剧形成和传播的关键。红船不仅是粤剧传演的载体，它还是粤剧吸纳粤地地方文化营养并促使其由梆黄戏向粤剧转变的要津渡头。

三 缺失

《大江红船》在红船"传播"粤剧这方面写得淋漓尽致，"吸纳"本土文化共建粤剧这方面的内容却少之又少，忽略了红船戏班在四乡游走过程中对本土文化的审视与融汇。至少在红船时期粤剧相关信息的传播是单向的，而非双向的，且在叙事上显得轻重失衡。比如作品中提到广府"南音"，南音泛指广东地区的粤语说唱，包括地水南音、木鱼、龙舟和粤讴四种歌体。它们以广州方言演唱，流行于珠江三角洲地区。作品却几乎没有盲师地水南音、木鱼书与唱龙舟等民间说唱艺术的描述，也没有红船在游离珠江水域的过程中对这些民间艺术吸纳的书写，只通过"香山哥"这一角色轻描淡写地提到过"志士班"用本土语言唱粤讴，而这些内容是最能生成民间故事的源泉，作者并未挖掘、吸纳。再比如红船本地班唱腔的演变：先由弋阳高腔与昆曲作底调，再发展到梆子和二黄的主体唱腔，最后加入粤方言的民谣小曲即为成熟标志。这"粤方言的民谣小曲"即从民间采风而来，它来自广府文化底层，个中保持着原生状态的粤剧腔调风貌，它们的加入最终促使粤剧成为本土文化的表征。作者忙于叙事套路，忽略了粤剧生成的历程中，细枝末节的本土文化对之的影响与作用，在专业性、全面性方面较为欠缺。

《大江红船》是众多演义地方戏曲历史的长篇小说之一。先有戏曲史，后有文学性的演义，它有围绕红船的方方面面、将所有红船时期的粤剧史料纳入故事讲述范畴的野心，融文学性、史学性于一体，可读性强。红船是广府城市文化记忆中不可或缺的意象符号，通过民国时期广府红船戏班水陆两栖史，它向读者揭示了广府本土文化在与外来文化的争斗磨合中如何走向自觉。在这一过程中，作品也暴露出了遗漏历史、忽略民间性资源等问题。这也给同类小说的创作提出了包裹历史碎片及如何包裹的问题。

（曾令霞：佛山科学技术学院中文系）

朱愚斋的粤派技击小说与
电影改编研究综述

罗祎英

　　作为中国电影为世界影坛作出的最重要贡献之一，武侠类型及
其亚种已经是中国电影最为闪亮的一块招牌，而武侠类型电影在世
界影坛所取得的卓越地位绝大部分要归功于素有"东方好莱坞"的
香港电影。在灿若星辰的武侠电影人物中，黄飞鸿无疑是其中最为
经典的形象之一。据统计，自 1949 年至今，以黄飞鸿及其师徒为主
要人物的电影达百余部之多，堪称世界电影史上最长寿、最著名的
电影人物。

　　尽管作为一个银幕形象，黄飞鸿和他的传奇故事在不同时代、
不同导演的镜头中有形形色色的演绎，但这一人物最初却是出自一
位自学成材的通俗小说家——朱愚斋之手。与黄飞鸿世人皆知的显
赫声名相反，我们对这位小说作者知之甚少，其原因固然是由于现
存的文献资料稀少，影像资料散佚严重的原因导致后人想要了解其
生平创作的确不易，但对于 20 世纪三四十年代岭南通俗文学认识不
足，对冷战时期的粤语电影与地方文学、社会文化之间的互动讨论
不够恐怕也是原因之一。例如在 2005 年香港岭南大学出版的《香

港文学电影片目（1913—2000）》一书中虽有朱愚斋连载小说改编电影的数条记录，但在影人小传、影人轶事部分却不见其踪。可见"粤港技击小说风靡一时……但评论家每漠视时势和对当时的社会影响力，斥之为'画地自限'、'评价不高'"①，"实有重新审视、研究之必要"②。

所谓"技击小说"，是区别于 20 世纪 50 年代中叶开始流行的"向壁虚构"、夸张荒诞，没有"真功夫"的武侠小说写法，而以硬桥实马、一招一式皆有所本的新派武侠小说。在某种程度上说，新派武侠小说的精神内涵与 90 年代香港银幕上出现新武侠电影存在同构关系，但在时间上却与七八十年代的梁羽生、金庸等人所开创的香港武侠小说存在承继关系。学者吴昊在其文艺评论集《孤城记——论香港电影及俗文学》一书中曾写道，"远在 50 年代广东少林派的种种故事和人物传说，历经香港武侠技击小说、电影、电台广播和连环图漫画的渲染及神话化，已经成为香港本土文化一部分"。事实上，与其说这个"本土"是香港所特有，不如说这是岭南文脉的又一次生动诠释。朱愚斋的技击小说不仅首开黄飞鸿这一历史人物的文学化、电影化的风潮，贡献了后来一系列黄飞鸿电影的故事原型和叙事母题，更从一开始便确立了"我武维扬"③ 的尚武精神和国族认同，成为中国武侠电影"武德"精神的一大滥觞。

---

① 叶洪生：《武侠小说谈艺录——叶洪生论剑》，联经出版事业股份有限公司 1994 年版，第 60 页。

② 黄仲鸣：《我武维扬：粤港派技击小说的兴衰》，《主善为师——黄飞鸿电影研究》，香港电影资料馆，2012 年，第 41 页。

③ 同上书，第 43 页。

一　朱愚斋及其创作

朱愚斋（1893—?）[①]，号斋公，祖籍广东南海，世居广州城西（邻近永福寺一带），幼时家境贫寒，三岁丧父，幸得母亲含辛茹苦抚养长大。朱父原为教书先生，颇有名望，无奈早逝。少年愚斋先后出入广州广福寺、灵峰寺充当童仆杂役，挣取微薄劳资贴补家用，并在寺中粗识文墨。少年愚斋体格健硕，英勇好武，但苦于无人教授，只是模仿卖艺招式自己胡乱学习。在永福寺充当童仆的四年中，寺僧见他勤奋好学，任劳任怨，凡寺中杂务必认真对待，丝毫不懈，因而在操作杂役之余也教他强身健体方法。朱愚斋因自知失学，求知心切，常央人教读，凡事不懂必刻苦钻研直至通达，颇得众寺僧称许。四年后朱愚斋转入灵峰寺，得寺中素有威名的武僧法海赏识，亲自教授他拳术。在灵峰寺的两年间，朱愚斋得法海悉心指导，学艺亦不遗余力，功夫根基日益深厚。但无奈法海禅师授艺半途突然圆寂，朱愚斋只得再次面临失学。

1911 年武昌起义后，广州突然宣布独立，城内人心混乱，时局不定。为避灾祸，求学无门的朱愚斋只好跟随当时的潮流前往香港谋生，避乱来港的还有当时岭南著名拳师林世荣。林世荣是一代宗师黄飞鸿的高徒，来港后在上环弓弦巷一带开馆授徒，一时声名鹊起。朱愚斋一次偶然的机会投入林世荣的门下，林见他武学颇有根基，且体格健壮，精气神足，是个学武良材，十分欣赏。此后八年，朱愚斋跟随林世荣静心学艺，形影不离，日习不辍。铁线拳、虎鹤双形拳、指

[①]　现有文献中并无朱愚斋生卒年份的明确记载，本文所列为依据企园《朱愚斋先生二三事》、刘嵚《朱愚斋小传》有关记载推算。

挥剑、史家枪、春秋大刀等林氏精擅之术无一不授，无一不学，尤其是铁线拳，朱愚斋还曾得到小游来港的黄飞鸿亲自指导，修为日益精进。学武之余，林世荣还传授朱愚斋跌打疗伤术，后又得精于正骨跌打的道士步冰传授秘技。学成之后，朱愚斋开始在中环安和堂挂牌行医，生活趋于安稳。

跟随林世荣学武研医之余，林世荣还时常和朱愚斋谈论起师门前辈们的传奇故事和岭南地区的武林渊源。朱愚斋遂将自己所听所闻的武林轶事记录下来，补缀成篇，并从 20 世纪 20 年代末开始将写成的文章以连载小说的形式投著报端。当时报刊连载的通俗小说在香港颇受欢迎，武侠类型的小说以其快意恩仇、曲折情节、想象浪漫的特性而更受普罗大众的喜爱，因此朱愚斋的小说很快在《工商日报》《工商晚报》《伶星日报》等报刊畅销，后来还集结成书，先后出版了《粤派大师黄飞鸿别传》《岭南奇侠传》《陆阿采别传》《珠海群雄传》《铁马骝留粤秘史》《少林英烈传》等专书。因广受欢迎，电台讲古节目还将小说改编成"天空小说"① 播出，吸引大批听众。40 年代末，朱愚斋的黄飞鸿系列小说受到电影界关注，加上黄飞鸿一脉在香港开枝散叶，后世弟子多有为师祖树碑立传之愿，在胡鹏、王风、王天林、吴一潇等影人的积极推动下，朱愚斋黄飞鸿系列小说的电影改编和拍摄工作很快展开，而朱愚斋本人也曾多次参与电影的剧本讨论、改编、创意及武术指导等工作，50 年代还曾亲自参演其中。黄飞鸿小说文本与电影的结缘就此开始。

---

① "天空小说"一词最早是任护花所提，表演形式近似于广播剧，最早为 1945 年广州风行电台的播音员李我（李晚景）所创，最初是由一人独自在麦克风前把社会新闻、奇闻异事编成故事播送出来，后来内容扩充至原创小说、文学名著、戏剧戏曲故事改编等。这一表演形式在四五十年代的港澳地区广受欢迎，较著名的有香港的丽的呼声、商业电台，澳门的绿邮电台等。

就目前笔者所见到的资料来看，朱愚斋公开出版的作品主要是小说（包括报纸连载和小说集）、拳谱和创作阐述（序言）三类。如表1所示，因作品散佚严重，目前较为完整的专书仅有《岭南奇侠传》《南海拳豪》《粤派拳师陆阿采别传》三部，其中《岭南奇侠传》有过多次重写，但重写本目前缺乏有效整理，不同版本的出版、成书年份等基本信息存在不少谬误。《粤派大师黄飞鸿别传》曾连载于香港《工商日报》，专书出版日期不详。《少林英烈传》成书日期和出版机构均不详，仅从香港电影资料馆研究员刘嵚所著《朱愚斋小传》中可见该书的书影，封面刊写该书为《铁马骝秘史续集》。报刊连载的作品集中在《工商晚报》副刊，《工商日报》小说版，因年代久远，报纸保存条件苛刻，留存不易，但若能有效整理应当能够有所发现。相较于小说而言，朱愚斋挂名编著的拳谱保存较为完整，目前较为公认的朱愚斋编著林世荣口授拳谱有三部，即《虎鹤双形拳》《铁线拳》以及1973年台湾出版的《图解虎鹤双形拳》。虽然拳谱与小说在性质上有明显的差异，但朱愚斋的小说创作本身即以"力求真实，在行文之中，不惜加插该功夫的特色与效能"[①]，"向壁虚构，穿凿附会者难与其比拟"[②] 为特色，而所编拳谱除了记载和讲解拳术练习方法之外，朱愚斋也常常透过"楔子"、弁言、序等方式告知读者写作和编纂的意图，其核心思想与小说中所流露出的自强意识是一致的，因此在了解朱愚斋技击小说创作思想方面，拳谱亦是一类重要参考。此外，除了收录在出版的小说、拳谱中的自序之外，独立出现的创作阐释类作品主要是两篇朱愚斋为黄飞鸿小说改编电影所作的弁言，分别刊载电

---

① 黄仲鸣：《我武维扬：粤港派技击小说的兴衰》，《主善为师——黄飞鸿电影研究》，香港电影资料馆，2012年，第44页。

② 同上书，第50页。

影《黄飞鸿雪恨观音山》（胡鹏、凌云，1956）和《黄飞鸿传第三集：血战流花桥》（胡鹏，1950）的上映特刊上。这些创作阐释当中颇为详细地介绍了出版或改编摄制小说的缘由、经过以及希望达成的传播效果，尤其强调了朱愚斋书写、编纂、改编黄飞鸿故事的最终目标是要弘扬国术、增强国体，并以传诵武学名家轶事，继承武学衣钵为己任。

需特别指出的是，虽然朱愚斋的创作以技击小说最为著名，且尤其以"黄飞鸿"这一人物的形象事迹塑造最为成功，但他的题材并不仅限于技击小说，典型人物也并非仅有"黄飞鸿"一人。就题材而言，朱愚斋从开始撰写报刊连载的早期就已经有非技击类别的作品出现，如始于1932年4月17日香港《工商晚报》副刊的《一面小说》（1932.4.17）。正是由于其题材的丰富性，朱愚斋不再局限于一个传奇口述故事的记录者角色，而是作为一个具有创造性的小说家的身份。

表1　　　　朱愚斋作品出版一览表（未完整）①

名　称	出版日期	出版机构	类别	备　注
《广东近世四大侠轶事》	1931/5/27 —— 10/13	《工商晚报》	报刊连载	第四版晚香副刊，共111期
《广东四铁僧轶事》	1931/10/19 —— 1932/4/13	《工商晚报》	报刊连载	第四版晚香副刊，共113期

① 本表系笔者根据黄仲鸣《我武维扬：粤港派技击小说的兴衰》、刘嵌《朱愚斋小传》、企园《朱愚斋先生二三事》、蒲锋《飞鸿那复计东西》等资料以及部分私人藏书整理而来，如有谬误，责归本人。因朱愚斋小说及拳谱存在同名不同版本的情况，本文仅据现有资料整理，如有遗漏待后续补充。

续　表

名　称	出版日期	出版机构	类别	备　注
《一面小说》	1932/4/17	《工商晚报》	报刊连载	
《广东二虎本事》		《工商晚报》	报刊连载	
《粤派大师黄飞鸿别传》	约1934年	国术丛书社	小说单行本	香港
《岭南奇侠传》	1950年	通俗出版社	小说单行本	香港
《粤派拳师陆阿采别传》	1936年	聚珍印务书楼	小说单行本	香港,全两册,共312页。另有香港南风出版社1950年刊印的同名版本
《黄飞鸿江湖别纪》	不详	不详	连载小说	系《岭南奇侠传》重写增添的篇目
《珠海群雄传》	不详	达强出版社	小说单行本	未见其文,仅见刘文提及
《铁马骝留粤秘史》	不详	不详	小说单行本	未见其文,仅见黄文提及
《少林英烈传》(第一集)	不详	不详	小说单行本	为《铁马骝秘史》续集,未见全书,仅见刘文所列书影
《林世荣正传》	不详	不详	小说单行本	未见其文,仅凭刘文提及
《南海拳豪》	不详	南风出版社	小说单行本	香港,全六本
《虎鹤双形拳》	约1956年	新声出版社	拳谱	另有同名拳谱注林世荣所著,出版年不详,出版机构为香港祥记书局

续　表

名　　称	出版日期	出版机构	类别	备　　注
《图解虎鹤双形拳》	1976 年	综合出版社	拳谱	台湾台南，重订本，244 页
《铁线拳》	约 1957 年	陈湘记书局	拳谱	香港，全书 249 页
《再编黄飞鸿传三四集弁言》	1950 年	不详	序言	香港，原载《黄飞鸿传第三集：血战流花桥特刊》
《摄制黄飞鸿观音山雪恨弁言》	1956 年	不详	序言	香港，原载《黄飞鸿观音山雪恨特刊》

回顾朱愚斋的个人经历以及他与黄飞鸿电影的渊源，正如学者刘嵚所说，"朱愚斋未必是著述黄飞鸿事迹的第一人，但他长期著述黄飞鸿和岭南拳师故事，直接引导黄飞鸿电影的诞生。'黄飞鸿'成为香港流行文化传奇，他是关键人物之一"①。

二　朱愚斋小说与电影研究回顾

截至目前，有关朱愚斋小说的专题研究在国内几乎一片空白，仅有的几处记载都零星地出现在有关黄飞鸿电影的讨论中，如《黄飞鸿其人与黄飞鸿现象》（肖海明，2001）、《类型淘宝——黄飞鸿电影》（刘大木，2013）、《飞鸿那复计东西——黄飞鸿电影的转变历程》（蒲锋，2010）等。此外，有学者从岭南地方通俗语言文学的角度讨论 20 世纪三四十年代粤港方言小说的创作，主要包括《香港三及第文体的流变及其语言学研究》（黄仲鸣，2001）、《我武维扬——粤港

---

① 刘嵚：《朱愚斋小传》，《主善为师：黄飞鸿电影研究》，香港电影资料馆，2012 年，第 152 页。

派技击小说的兴衰》（黄仲鸣，2012）、《"粤语说书"从清代到当代的演变》（单澎升，2014）等，为了解朱愚斋小说的语言特色和文化背景提供了有益的参考。《香港文学与电影的跨界融合》（凌瑜，2013）中历数了香港电影向文学汲取素材，香港文学从电影中获取灵感的灵性互动，并以金庸、刘以鬯、张爱玲等人为例阐述战后香港电影与文学之间的互动，但遗憾的是文中对战前及战后四五十年代最为活跃的报载通俗小说未曾提及。专著方面的情况基本上和单篇论述情况相当，尤值得一提的是，2012 年由香港电影资料馆出版的《主善为师：黄飞鸿电影研究》一书专门辟出篇幅收录了数篇朱愚斋所作的小说弁言，以及有关他的小传轶事等文献，是了解朱愚斋其人和展开相关研究不可多得的原始资料。《孤城记：论香港电影及俗文学》（吴昊，香港，2008）是少见的一部结合了影像和文字两大媒体讨论香港电影的专门著作，当中提供了朱愚斋、邓羽公、我是山人等三四十年代活跃在香港文坛的通俗小说家的创作情况，以及文坛与影坛之间应时而动，互通有无的良性互动。《武侠小说谈艺录——叶洪生论剑》（叶洪生，台湾，1994）则是一部讨论粤、港、台武侠小说创作、演变情况以及作家研究的专著，当中对三四十年代粤港两地武侠小说创作群体的介绍颇为详细，是了解当时岭南地区通俗文学发展状况的重要论述。《佛山功夫名人影视传播研究》（姚朝文，2015）在介绍黄飞鸿生平时简要地介绍了朱愚斋与黄飞鸿艺术形象塑造之间的关系，但可惜书中的记载过于简略，部分提法有待商榷。文献记录方面，香港电影资料馆搜集整理的《港产电影一瞥（1914—2010）》《香港影片大全》（1950—1952）、（1953—1959）、香港岭南大学出版的《香港文学电影片目（1913—2000）》中对朱愚斋小说改编的电影作品及故事大纲等基本信息都有所记录。另外，有关朱愚斋所著的黄飞鸿小说单行本、报刊连载以及拳谱等实物文献少量藏于佛山祖庙黄飞鸿纪念馆内，但仅供参观，无法外借细读。

表 2　　　　朱愚斋技击小说改编电影片目（1949—1956）①

片 名	首映	出品公司	监制	导演	编剧	原著	主要演员	备 注
黄飞鸿传（上集）	1949/10/08	永耀影业公司	张作康	胡鹏	吴一啸	朱愚斋	关德兴、曹达华、李兰	又名黄飞鸿鞭风灭烛 口述：黄汉熙、莫桂兰
黄飞鸿传（下集大结局）	1949/10/12	永耀影业公司	张作康	胡鹏	吴一啸	朱愚斋	关德兴、曹达华、陈露华、马笑英	又名：黄飞鸿火烧霸王庄
黄飞鸿传第三集：血战流花桥	1950/04/13	星耀影业公司	温伯陵李锦良	胡鹏	吴一啸	朱愚斋	关德兴、曹达华、蓝夜、廖志伟	口述：黄汉熙（黄飞鸿之子）
黄飞鸿传第四集：梁宽归天	1950/04/16	星耀影业公司	温伯陵李锦良	胡鹏	吴一啸	朱愚斋	关德兴、曹达华、蓝夜、廖志伟	口述：黄汉熙
黄飞鸿别传第五集	1951/3/15	星耀影业公司		罗志雄	罗志雄	斋公/朱愚斋	关德兴、林蛟、石坚、陈露华、邓德华、刘桂康、冯应湘、邓少英	改编自斋公《黄飞鸿别传》，以黄氏哲嗣黄汉熙及庶室莫桂兰忆述为本
陆阿采	1950/12/20	庐山影业公司	卢辉	顾文宗	胡隐	朱愚斋	黄超武、罗艳卿、林蛟、郭秀珍	《工商晚报》连载小说及钟伟明（丽的呼声天空小说）
苏乞儿	1953/06/01			王天林		朱愚斋	罗艳卿、林蛟、任燕、李雁	《伶星日报》连载小说（上、下集）
侠士名花	1953/07/08					朱愚斋	罗艳卿、林蛟、任燕、廖志伟	

---

①　本表依据香港电影资料馆目录整理。

续表

片　名	首映	出品公司	监制	导演	编剧	原著	主要演员	备　注
黄飞鸿与林世荣	1954/10/29	忠信影业公司	黄滔	胡鹏	王风	朱愚斋	关德兴、郑惠森、郑碧影、刘湛	
南海拳王	1954/12/11	国家电影制片厂		杨工良	王风		关德兴、罗艳卿、郑碧影、何惊凡、石坚、刘湛、林苏.	朱愚斋任武术指导。改编自天空小说
铁马骝	1955/03/06	大成影片公司	郑金	陈国华	陈国华	朱愚斋	曹达华、文儿、郑惠森、任燕	
铁马骝别传(续集)	1955/08/10	越大影业公司	陆智夫	胡鹏	王风	朱愚斋	曹达华、郑惠森、文儿、任燕	
铁马骝别传（大结局）	1955/11/08	越大影业公司	陆智夫	胡鹏	王风	朱愚斋	关德兴、曹达华、石坚、郑惠森、文儿、任燕	
黄飞鸿花地抢炮	1955/11/13	新艺影业公司		胡鹏	王风	朱愚斋	关德兴、曹达华、郑碧影、刘湛、石坚	姊妹作《黄飞鸿威震四牌楼》
黄飞鸿威震四牌楼	1955/11/23	龙凤影片公司	周诗禄	胡鹏	王风	朱愚斋	关德兴、曹达华、郑碧影、苏少棠	姊妹作《黄飞鸿花地抢炮》
黄飞鸿长堤歼霸	1955/12/11	新艺影业公司		胡鹏	王风	朱愚斋	关德兴、石坚、曹达华、任燕、刘湛	
黄飞鸿擂台比武	1956/01/06	文华影业公司影业	曹达华	胡鹏	王风	朱愚斋	关德兴、曹达华、文儿、石坚、莫蕴霞	
黄飞鸿大闹佛山	1956/01/14	新艺影业公司		胡鹏	王风	朱愚斋	关德兴、曹达华、任燕、石坚	
黄飞鸿火烧大沙头	1956/01/28	龙凤影片公司	周诗禄	胡鹏	王风	朱愚斋	关德兴、林蛟、南红、石坚、刘湛	又名：黄飞鸿羊城歼霸战

续表

片　名	首映	出品公司	监制	导演	编剧	原著	主要演员	备　注
黄飞鸿大战双门底	1956/02/22	新艺影业公司		胡鹏	王风	朱愚斋	关德兴、曹达华、任燕、石坚	
黄飞鸿大闹花灯	1956/02/28	百老汇影业公司	樊家根	胡鹏	卢雨岐	朱愚斋	关德兴、曹达华、任燕、刘湛	
黄飞鸿七狮会金龙	1956/03/04	龙凤影片公司	周诗禄	胡鹏	王风	朱愚斋	关德兴、罗艳卿、林蛟、石坚	
黄飞鸿独臂斗五龙	1956/03/25	新艺影业公司		胡鹏	王风	朱愚斋	关德兴、曹达华、任燕、阮兆辉	
黄飞鸿三戏女镖师	1956/04/08	新艺影业公司		胡鹏	王风	朱愚斋	关德兴、梁无相、曹达华、李香琴	
黄飞鸿七斗火麒麟	1956/04/25	吴氏影业公司	吴一啸	陈国华	蓝菲	朱愚斋	关德兴、蔡艳香、曹达华、陈锦棠	
黄飞鸿怒吞十二狮	1956/04/29	新艺影业公司		胡鹏	王风	朱愚斋	关德兴、曹达华、任燕、石燕	
黄飞鸿铁鸡斗蜈蚣	1956/05/26	龙凤影片公司		胡鹏	王风	朱愚斋	关德兴、任燕、林蛟、石坚	
雷振声纵横江湖录	1956/06/20	信德影业公司	苏丹	陈国华	陈国华	朱愚斋	曹达华、丽儿、文儿、郑惠森	讲述：钟伟明丽的呼声天空小说；改编自朱愚斋原著
黄飞鸿沙面伏神犬	1956/07/19	华侨影业公司		王天林	王风	朱愚斋	关德兴、曹达华、任燕、石坚	
黄飞鸿横扫小北江	1956/07/22	联声影业公司	关子龙	胡鹏	冯一苇	朱愚斋	关德兴、曹达华、任燕、石坚、陈露薇	又名：黄飞鸿扬威清远
黄飞鸿义救卖鱼灿	1956/09/05	瑞昌影业公司		胡鹏	王风	朱愚斋	关德兴、林蛟、邵汉生、石坚、文儿、刘湛	《黄飞鸿别传》又名：黄飞鸿勇救卖鱼灿

片　名	首映	出品公司	监制	导演	编剧	原著	主要演员	备　注
黄飞鸿观音山雪恨	1956/09/13	慧中影业公司		胡鹏，凌云	胡鹏，凌云	朱愚斋	关德兴、曹达华、梅珍、顾天吾	
少林英雄左崧传	1956/11/28	天堂影业公司	顾天吾	杨工良	卢陵	朱愚斋	关德兴、任燕、石燕子、顾天吾	又名：左崧血战提督府

　　总而言之，当前学术界对朱愚斋技击小说的研究远未充分，对其作品仅有的认知大都停留在黄飞鸿电影研究辅助的地位。黄仲鸣、单澎升、叶洪生等人从方言语体及通俗文学史的角度讨论粤港通俗文学传统盒粤派技击小说家群体，为检视朱愚斋技击小说创作的文学语境提供了必要的参照，但对小说与电影的互动缺乏必要的关注。吴昊的电影与文学比照研究为全面认识朱愚斋的小说与黄飞鸿电影开辟了新的思路，但仅从文学的角度解释20世纪50年代冷战背景下黄飞鸿电影的突然兴起和类型流变显然是不够的，单就小说文本、文学剧本和影像文本之间的差异及其原因的比较分析也离不开对香港50年代社会政经脉络、文化思潮的考察与检视。而在研究文本研究和文献搜集方面，目前学术界对于大量散见于四五十年代香港《工商日报》《工商晚报》《伶星日报》等报纸的朱愚斋连载小说缺乏有效的搜集、整理，且不同的研究者对有关朱愚斋生平及作品的论述存在矛盾不一的情况，亟待重新梳理和勘校。另一方面，两岸三地目前对于五六十年代粤语片整体的研究却相对丰富，这为朱愚斋小说与电影的研究提供了绝佳的参照体系，并在研究方法上带来诸多启迪。然而当前大部分有关香港粤语片的研究目前集中在整体脉络的爬梳和历史趋势的归纳，尚未关照到个别文本和现象，这为展开更进一步的研究留下空间。

作为一个横跨战前与战后两个时代，兼具封建/东方文化与殖民/西方语境背景，并自如穿梭于旧媒体（文字的、纸质的）和新媒体（胶片的、电波的）之间的创作者，朱愚斋显然具备管中窥豹，以小见大的能力而成为研究冷战时期香港电影与文学互动情况以及岭南文化传播的一个独特文本。因此，对于这样一位跨时代、跨媒介乃至跨文化，并对中国武侠电影影响甚深的人物，我们有必要对朱愚斋技击小说及其改编电影展开新的审视和深入分析。

（罗祎英：佛山市艺术创作院）

粤剧《六月雪》改编中的广府文化精神

邓晓君

　　粤剧改编是广府文化的重要表现场域之一。粤剧改编剧本属于戏曲文学，"重视对文学作品与文化内在关联性的研究，重视文学作品作为文化符号内涵的展示，是我们思考文学作品本质的一个基本的理论出发点。如果切断了文学作品的精神文化关联域，把作品仅仅当作封闭孤立的语言系统，这便是对作品的人类学根源和价值学内涵的忽视，必将使作品丧失人文意识而转化为文字游戏……所以说，对文学作品本质的理解，既要把它视作语言的符号与现象，因为语言是文学作品特有的存在方式，也要超越这种视界，同时把作品看作一种文化的符号和现实。"① 广府文化精神在粤剧改编中有充分体现。广东地区地处南陲，背山面海，气候温润，港口众多。地理位置远离中原，经济贸易开放发达，生活环境温和舒适，使广府文化具有多元兼容、生机勃发、务实持重的内在精神，由此孕育了广府人包容、闲适、乐观、朴实的性格特征，形之于文学，则显现出与地理环境及市民性格相应的通达、宽容、明快、平实的创作风格。

---

① 畅广元、李西建：《文学文化学》，辽宁人民出版社 2000 年版，第 30 页。

　　在众多粤剧改编剧本之中，唐涤生（1917—1959）对元杂剧《窦娥冤》的改编剧本《六月雪》①令人瞩目。唐涤生是广东珠海著名粤剧作家，享年仅 42 岁，曾创作改编了四百多部粤剧作品。他的创作生涯分为早、中、后三个时期。其早期（1939—1952）的粤剧创作因过分追求曲折的情节而未见突出，中期（1953—1955）则逐渐成熟，开始向中国古典戏曲找寻题材，后期（1956—1959）开始走上成功之路。1956 年仙凤鸣剧团成立后，他改编明代戏曲家汤显祖的名剧《牡丹亭》是他成功的标志。②在唐涤生编剧生涯的后期，粤港两地的粤剧文化交流和政策对他造成了很大的影响。在 20 世纪 50 年代，粤剧推行"戏改"政策③，且流行"生旦戏"④，唐涤生毅然选择以元杂剧《窦娥冤》为蓝本对其进行误读和创新。在"因人写戏"这一创作特点以及汤显祖"主情说"⑤的启发等种种因素的推动下，唐涤生完成了对《窦娥冤》的改编，《六月雪》得以于 1956 年由新艳阳剧团演出。

　　可以说，唐涤生《六月雪》令人瞩目的主要原因有二：一是唐剧乃元杂剧《窦娥冤》众多改编本中改动最大的一个版本。《窦娥冤》的改编本众多，我国五大戏剧剧种京剧、越剧、黄梅戏、豫剧、评剧都有《窦娥冤》的改编本。其中，改编年代最早者为明代晚期，最晚

---

①　文中所引用的粤剧《六月雪》唱词均出自影像作品《六月雪》。粤剧《六月雪》编者：唐涤生；主演：倪惠英、梁耀安；广东音像出版社 2001 年版。

②　区文凤：《唐涤生早期的创作道路和编剧特点》，《南国红豆》1995 年第 S1 期，第 25—26 页。

③　罗琦：《20 世纪 50 年代大陆"戏改"对香港粤剧的影响》，《戏剧》（中央戏剧学院学报）2013 年第 4 期，第 28 页。

④　罗铭恩、罗丽：《南国红豆：广东粤剧》，广东教育出版社 2009 年版，第 71 页。

⑤　区文凤：《有情则生无情则死——从〈牡丹亭〉的改编试论"情至观"对唐涤生的启发和影响》，《南国红豆》1997 年第 5 期，第 28 页。

者为 1961 年。① 唐涤生编写的《六月雪》共七场，分别为《初遇结缘》《张驴提亲》《十绣香囊》《相依为命》《蔡昌宗获状元》《大审》《昭雪沉冤》。故事梗概及角色大致如下：孝女窦娥（花旦）卖身葬母，嫁与蔡昌宗（小生）为妻，夫妻间情浓义重。蔡昌宗上京赴考，窦娥十绣香囊为丈夫送行。蔡昌宗离家日久，音讯全无。乡中巨富张驴儿（丑）因垂涎窦娥美色谋杀蔡昌宗。昌宗幸逃大难，唯死讯误传至蔡家。张驴儿上门调戏，多番利诱，窦娥始终不为所动。张驴儿本想用羊肚汤毒杀蔡婆婆（老旦）不料药死了自己母亲（丑旦），故买通县官（丑）并栽赃于蔡婆婆，窦娥为救婆婆含冤认罪。行刑之日，六月飘雪，窦娥夫婿蔡昌宗高中新科状元，任陕西道台返家亲审此案，终于真相大白，从此家人团聚，其乐融融。二是唐剧得到观众认可，大受欢迎。粤剧《六月雪》自 1956 年至今被频繁演出。与《窦娥冤》相比，粤剧《六月雪》中的人物形象、内容情节和主题思想，都体现了广府文化多元兼容、生机勃发与务实持重的精神，因而得到了广府市民的广泛认同。正如布鲁姆所言，"误读是一种创造性的改造"②，每一部作品都可以说是作者对另一部前驱作品或对著作整体作出的有意的误释。唐涤生在改编过程中有意识地"误读"原作，赋予了旧作一种广府文化精神，是一部成功的改编之作。可见，粤剧《六月雪》是广府文化的重要载体和符号之一。尽管粤剧《六月雪》故事大纲与关汉卿所作的《窦娥冤》相同，都是描写发生在陕西山阳县的窦娥冤案，但正如畅广元所说，文学活动之所以是一种文化建构活

---

① 最早的改编本是明文学家袁于令《金锁记》，最晚是由晋南戏剧协会和晋南蒲剧院于 1961 年改编的《窦娥冤蒲州梆子》（冯沅君：《冯沅君古典文学论文集》，山东人民出版社 1980 年版，第 243 页）。

② 〔美〕哈罗德·布鲁姆：《影响的焦虑》，徐文博译，生活·读书·新知三联书店 1992 年版，第 31 页。

动，是因为它作为一种特殊的创造物，总是以不同的形态体现、建构着一种文化精神。① 唐涤生对《窦娥冤》的改编之处恰恰是广府文化内在精神之体现。本文将通过《六月雪》和《窦娥冤》的比较，感受南北两地的特点以及广府文化的精神所在。笔者认为，广府文化精神在粤剧《六月雪》中，体现为以下三点：通达宽容的创作胸怀、明快达观的文学风格以及和谐平实的文学表达。

一　多元兼容的文化习性与通达宽容的创作胸怀

广府文化源流众多。自秦始皇统一岭南后，先进的中原文化逐步南渐，与原有的土著文化不断碰撞、吸收、融合，逐步形成了以广州为中心，以粤语方言为主的广府文化区域。自汉唐以来，以广州为首的广东地区一直是中国历史上重要的对外贸易基地，与开放的经济交流俱来的是广泛的中外文化交流。历史上的佛教文化、伊斯兰文化、基督教文化，一直源源不断，潮涌而至，为广府文化提供了更多外来的营养。多元文化从此汇聚广东，经过岁月的洗礼，磨合兼容，形成了广府文化多元兼容的特点。② 体现在粤剧创作中，则是剧作者通达宽容的创作胸怀，具体表现为题材选择的开放性、创作手法的融合和作品中人本意识所蕴含的人文性。

（一）题材选择的开放性

题材选择的开放性，指作家在用以表现作品主题思想的素材的选择上不拘一格，不受限制。唐涤生作为一名广府剧作家，对故事题材

---

① 畅广元、李西建：《文学文化学》，辽宁人民出版社2000年版，第30页。
② 王克群：《广府文化的特点及其影响》，《广州社会主义学院学报》2011年第2期，第80—81页。

的选择并不拘泥于他的生长区域和生活环境。经他改编的经典之作如
《琵琶记》《再世红梅记》和《牡丹亭惊梦》，均取材自南方故事，而
《六月雪》的题材则是唐涤生在改编中第一次选择的发生在北方的故
事。《六月雪》取材自元杂剧《窦娥冤》，描写了发生在陕西山阳县
的窦娥冤案。唐涤生并不囿限于这一北方故事，而是因地制宜，在遵
循《窦娥冤》的故事大纲基础上对其叙事结构、人物形象和内容情节
进行改编。剧中的人物运用广州方言，加上圆润细腻的粤剧唱腔、优
美的身段和华丽的服饰，缓缓讲述窦娥的冤屈以及她与蔡郎的曲折爱
情。在不改变《窦娥冤》的故事大纲情况下，《六月雪》为《窦娥
冤》这一发生在北方的故事添加了广府地方色彩，在艺术上显现开放
共融的特点，借北剧之形显广府文化多元兼容的习性。

(二) 艺术手法多样化

艺术手法多样化指唐涤生善于综合运用古今中外舞台和银幕的艺
术手段，包括戏曲、电影、话剧、舞剧的分场分幕方法，对比、反
衬、煽情、虚拟、写实、蒙太奇等手法，同时又充分利用灯光、布
景、道具等，综合地作用于粤剧舞台上。因而这保留了粤剧的戏曲传
统特点，便于戏曲艺人演出，又吸纳和融汇了现代舞台艺术新的因素
和方法，能使观众乐于接受。粤剧是以皮黄为基础，溶昆、弋、梆、
黄于一身，又吸收广东民间音乐及流行曲调，经过两百多年的演变而
形成的一个南方地方剧种。[①] 正如夏衍所说，底子厚、音乐最丰富、
接受外来东西快是粤剧的三个特点。[②] 在 20 世纪 50 年代初，唐涤生
到广州观摩戏曲演出时悟到一条重要经验，就是改编或移植著名古典

---

① 郭秉箴：《粤剧艺术论》，中国戏剧出版社 1988 年版，第 14 页。
② 同上书，第 68—69 页。

文学作品和传统戏曲。因而，他把西方艺术的优长和民族戏曲艺术的特点结合起来，从改编古典文学名著切入，在戏剧创作上进行新的尝试①，由此形成他后期粤剧创作的特点。依这条路线所编的作品如《牡丹亭惊梦》（1956）、《六月雪》（1956）、《帝女花》（1957）、《紫钗记》（1957）和《再世红梅记》（1959）等，皆成传颂之作。唐涤生在《六月雪》中使用以悲写喜、以喜衬悲的创作手法，通过"由一而二"②的双线叙事结构交错地描述窦娥的蒙冤与孝行，以及窦娥与蔡郎的爱情故事。两条线索相互呼应推进，剧情始终悲喜相间。由此我们得以于适度轻松中体味苦涩，在明快中领略沉重。作者灵活多变、善于多方面吸收养分的创作特点与粤剧"接受外来东西快"的特点是一脉相承的，这同时也是广府文化多元兼容的内涵所在。

（三）作品蕴含的人本主义

人本主义即以人为中心进行研究与思考，强调和尊重人的价值、意义、尊严和自由的思想。③ 与中原相对阻隔的先天条件，使岭南历代被视为用于充军发配的蛮荒落后的边陲之地。这也使各封建王朝推行的封建宗法道统以及维护这种道统的政治法规的贯彻不那么得力，人们所受到的封建道德礼教束缚不那么顽强，从而使岭南人长久养成一种面向新潮流，勇于接受新事物的思想性格和反传统的叛逆精神。④广府文化作为岭南文化的其中一个重要分支，亦蕴含着勇于创新、敢

---

① 赖伯疆：《蜚声中外的著名粤剧编剧家：唐涤生》，珠海出版社 2007 年版，第166—167 页。
② "'由一而二'的叙事结构"这一观点由陈素怡首次提出，陈氏系岭南大学人文学科研究中心荣誉研究员，她在《粤剧与改编》一书第五出《六月雪》中对这一叙事结构进行了充分的论证，见《粤剧与改编》，中华书局有限公司（香港）2015 年版，第126—146 页。
③ 傅樵：《赋税制度的人本主义审视与建构》，重庆出版社 2015 年版，第 16 页。
④ 李权时：《岭南文化现代精神》，广东人民出版 2001 年版，第 260 页。

于挑战传统的多元独特的文化特性。粤剧《六月雪》中封建观念的消解和人本主义的彰显便是这一多元文化的体现。对于妇女而言,人本主义则意味着更广阔的生存空间和婚姻自由权利。在《六月雪》中,蔡婆婆在误以为蔡昌宗遇难后甚至故意逼窦娥改嫁,"你守寡又好,改嫁又好,我都任由你选择"①。关剧中二人"守节"的矛盾全然消失,甚至已允许"改嫁",可见改编者已把重点从贞节观念转为以人为本。除了对《窦娥冤》中关于"守节"一戏的删除,粤剧《六月雪》也对原本的魂旦戏做了删改。《窦娥冤》中窦娥死后化作魂魄向窦天章诉冤,她清晰地陈明羊肚汤一案的来龙去脉,甚至在案件审理时"出现"在公堂上质问张驴儿。在《六月雪》中,窦娥获救乃因丈夫蔡昌宗一步一步查明真相,平反冤案。鬼魂被人取代了,故事的发展符合情理,这也体现了封建迷信观念在一定程度上的消解。

综上所述,对北方故事的题材选择,对多种创作手法的灵活运用,以及对人本意识的展现都体现剧作者通达宽容的创作胸怀和广府文化多元兼容的内在精神。

二　生机勃发的文化特色与明快达观的文学风格

四季流转却常绿不变,这恰恰体现了广府文化蓬勃兴旺的生机。广府文化多元兼容,善于把各地区各种地域文化中的进步文明元素贯通于自己的文化特点与文化精神中。对新生事物的接纳和包容使广府文化始终葆有弹性与活力,体现在粤剧中,则是明快达观和充满生命力的文学风格。

---

① 《六月雪》,第四场。

（一）诙谐俏皮的场面

《窦娥冤》被列为中国十大古典悲剧之一，全剧的色调始终是冷重的，但粤剧《六月雪》却是明暗交错、悲喜参差和苦乐相间的。改编者在《六月雪》中营造了不少诙谐俏皮的场面，为《六月雪》渗入喜剧元素。开场戏《初遇结缘》略显俏皮的喜剧因素奠定了全剧略显明亮的色调。未曾与夫婿谋面的窦娥得知昌宗将至，欲向蔡婆婆求证却又羞于开口，"这羞人的事哪问得出口啵，不问，又心挂挂，倒不如借言借语……"① 不巧被蔡婆婆听到，窦娥俏皮地应答"夫人，我不是说借言借语，呢，我说那檐前鹦鹉多言多语啫嘛。那只鹦鹉整天叫道相公回来啦相公回来啦"②。蔡婆婆故意打趣窦娥"那鹦鹉真的会说相公回来啦？昌儿离家时还没有这只鹦鹉，它又怎会把相公二字反复呢喃啊"③，窦娥随即双手掩面遮羞，可见话风俏皮逗趣。终于盼得蔡郎至，窦娥紧张得把扫帚拿反，再次被打趣"姑娘啊，你这个扫法，到底你是扫天抑或扫地啊"④。不仅如此，在第四场《相依为命》中蔡婆婆与窦娥被大人审问时，张驴儿三番五次扯住大人的官服为窦娥辩护，生生歪曲案件真相。他捶胸顿足"乱叫乱跳"⑤ 的样子为《六月雪》添了几分诙谐。唐涤生把纯粹的悲剧《窦娥冤》改编为悲喜交错、悲中有谐的粤剧《六月雪》，让我们于适度轻松中体味苦涩，在明快中领略沉重。剧作者对悲喜场面的把控收放自如，正如生机勃发的广府文化，葆有弹性且充满活力。

---

① 《六月雪》，第一场。
② 《六月雪》，第四场。
③ 同上。
④ 同上。
⑤ 《六月雪》，第一场。

（二）爱情的明媚

罗曼·罗兰曾经说过这样一句话："爱是生命的火焰，没有它，一切变成黑夜。"美好的爱情象征着一种生命力，它的色调是明亮的。唐涤生对窦娥与蔡郎美好爱情的书写使粤剧《六月雪》始终洋溢着生命的活力。在第一场《初遇结缘》中窦娥得知从未见过面的夫婿即将归来，在庭院中忐忑地等待，认错相公的情节使蔡昌宗尚未登场已被万众瞩目。虽然燕尔新婚就要面临别离，但夫妻二人情浓义重。在窦娥听到昌宗已遇难的消息后，她"日拜夜拜将空冢当青陵"①，即使被张驴儿穷追不舍，她始终不为所动，足见她对爱情的忠贞不渝。而在另一边厢，蔡昌宗得获新科状元被皇帝赐婚后，借把鸳鸯拆散道出早有发妻。正因"娇妻恩爱难弃捐"②，所以他没有因皇姑的地位及其对自己的恋慕而背弃糟糠，甚至冒犯上之险婉拒皇帝赐婚。在唐涤生笔下，窦娥与蔡郎二人的爱情经得起时间和地位变化的考验，也借着美好爱情的力量让二人终得团圆。这样的爱情书写代表了广府民众对现世幸福的重视，对甜蜜爱情的追求，以及对美好生活的期许，而这正是植根于生机勃发、充满活力的广府文化精神。

（三）人性的光辉

人性的光辉，就是在人类灵魂深处的那份真善美。粤剧《六月雪》对人性善良、淳朴的刻画赋予了《六月雪》温暖柔和的格调，亦体现了改编者内心的光明力量。原本被批判的债主蔡婆婆被重新塑造为慈祥善良的普通老妇人。当发现窦娥的羞涩面容后，她第一时间替

---

① 《六月雪》，第四场。
② 《六月雪》，第五场。

窦娥向蔡昌宗表明心迹，并夸窦娥"诗礼人家一手好字画"①，透过这些情节和话语可见蔡婆婆善良淳朴的心。改编后的张驴儿尽管仍然是全剧的焦点矛盾人物，但他不再是那个辣手摧花的"好色荒淫漏面贼"②，而是对窦娥痴心一片的山阳巨族。在唐涤生笔下的张驴儿更痴傻，他对窦娥可谓是一往情深。在糊涂官到场审案时，张驴儿把凶手之名直指蔡婆婆，并三次为窦娥辩护，"你看她淑德贤良，街坊邻里都对她皆钦敬"，"凶手不是这蔡娘子，你看她娇柔无力怎会杀人"③。尽管张驴儿诡计多端、不择手段，但我们仍然能看出他对窦娥的感情是真实的，只是不懂得如何去表达真心的可怜人。与《窦娥冤》相比，《六月雪》中的人物形象多了几分人性美。当生存意志与道德意志相得益彰，人性美便得以提升，剧作者对人性美的挖掘正说明广府人民对美的生活充满热情与希望。

（四）团圆的喜悦

团圆是喜庆的象征，一部文学作品的团圆结局亦能给人以光明的图景和生存的希望。唐涤生在改编时增设的人物以及改动的情节最终成就了《六月雪》的大团圆结局，《窦娥冤》的故事也因此由彻头彻尾的悲剧摇身一变成了先苦后甜的喜剧。在团圆结局中"窦娥沉冤得雪，真凶伏法当堂"④，窦娥与失散多年的弟弟重逢，与昌宗再续良缘，家人终得团聚。团圆结局的改编让全剧在喜悦欢乐的气氛中结束，给人以善恶终有报、正义必定战胜邪恶的信念，符合中国观众的

---

① 《六月雪》，第一场。
② 关汉卿：《汇校详注关汉卿集》（中册），蓝立萱校注，中华书局 2006 年版，第1100 页。
③ 《六月雪》，第一场。
④ 《六月雪》，第七场。

心理诉求，也表达出人们呼唤清官的美好愿望。

由上可见，不同于北方文学的慷慨悲壮，原著中悲剧的冷重色调减轻了。粤剧《六月雪》与《窦娥冤》描述的是同一题材，却诉说了不一样的情怀。不论是开场时明快活泼的画面定格，抑或是美好明媚的爱情元素，还是人性光辉的显现和团圆结局带给人的生存希望，无一不展现明快达观的文学风格和生机勃勃的广府文化精神。

三 务实持重的文化环境与和谐平实的表达尺度

广府地区远离政治中心，对现世生活的向往、经济利益的重视一直是广府人根深蒂固的价值观，因此广府文化讲究务实，不尚空谈，更多地追求实用性。① 就文学而言，不同于北方文学的激情昂扬、大悲大悯，广府文学的表达方式是和谐而平实的，这恰好与务实持重的文化环境相应合。粤剧《六月雪》和谐平实的文学表达体现在剧作者对人物形象的适度美化、剧中人物蕴藉有度的情感把控及其细腻婉约的语言风格上。

(一) 人物形象的适度美化

广府人务实朴素，平和低调，习惯于平淡闲适的市井民俗生活，追求人与人之间和谐的关系，向往家庭和睦的现世生活。体现在《六月雪》中，则是被美化的人物形象。

唐剧中的窦娥不再是被父亲抛弃，而是主动卖身葬母，甘愿牺牲自己以尽孝。她对蔡婆婆始终心存感激，从未有半点埋怨，甚至心甘

---

① 王克群：《广府文化的特点及其影响》，《广州社会主义学院学报》2011 年第 2 期，第 81 页。

情愿"为婆婆而守（节）"①，这与关剧中满怀哀怨、刚烈泼辣的窦娥形成鲜明对比。窦娥温柔与善良的品格在唐剧《六月雪》中得到了彰显。

在唐剧中，蔡婆婆是爱儿子疼儿媳的慈母，其在原著中的批判性被消解了。她不仅体贴窦娥思恋夫婿的心情，为二人牵线，在得知张驴儿有意娶窦娥后更是为了儿子和准儿媳的幸福着想，承诺以后辛勤劳作以还债款，但求张驴儿收回聘礼。可见蔡婆婆不再是世故苟且的债主，而是善良的老妇人。当蔡婆婆误以为昌宗落水身亡后，贫病交加的她毅然选择拒绝张驴儿三百银两的诱惑，只为保护窦娥，甚至担心拖累窦娥宁可自尽。唐剧中的蔡婆婆不再贪生怕死，软弱屈从，而是始终与窦娥站在同一战线，甘愿舍命保护窦娥。

在唐剧中的张驴儿不再是泼皮无赖，他和母亲是以收租为业的土豪，对窦娥更是一见倾心。他豪爽地以三百两彩银下聘窦娥，被蔡婆婆婉言相拒后竟像小孩子撒娇一般向母亲哭诉，坦言若娶不到窦娥将死不瞑目，"自从一见窦娥，我已经不思茶饭不思餐"②。至此，唐剧中的张驴儿给人以痴情小生的感觉，让人不由得心生怜悯。在《窦娥冤》中，张驴儿对窦娥毫无情感可言，甚至教唆判官桃杌斩杀窦娥，"谢青天老爷做主！明日杀了窦娥，才与小人的老子报的冤"③，丧尽天良的张驴儿让人恨不得手刃之。但在唐剧中张驴儿甚至三番五次为窦娥辩护，可见其对窦娥的痴心。较之于关剧，唐剧中的张驴儿少了点奸诈，却傻得可怜，算不上是极恶之人。

由上可见，唐涤生对窦娥、蔡婆婆和张驴儿等人物形象都作了较

---

① 《六月雪》，第四场。
② 《六月雪》，第二场。
③ 关汉卿：《汇校详注关汉卿集》（中册），蓝立萱校注，中华书局2006年版，第1101页。

大的改动。窦娥被赋予了南方姑娘的含蓄美，其温柔良善的一面得到了凸显；世故苟且的蔡婆婆不再自私而是富有爱心，甚至甘愿牺牲自己；张驴儿这一万恶形象在改编后亦多了一分人性。原著《窦娥冤》中尖锐的人物形象、激烈的矛盾冲突、浓烈的情感表达在《六月雪》中被柔化了，戏剧冲突和矛盾的展开被娓娓道来，表演节奏张弛有度，广府人朴实的性格与闲适的生活习惯亦呼之欲出，务实持重的广府文化精神得以印证。

（二）蕴藉有度的情感把控

《窦娥冤》对窦娥冤屈的表达是慷慨悲壮的，这源于北方文学外倾型的审美心态与雄浑强劲的文化形态。粤剧《六月雪》中窦娥的情感蕴藉有度，其表达始终是南方含蓄深沉的风格。

从《刑场飞霜》中窦娥在法场被斩前的吟唱可看出在唐剧中她的含蓄深沉。【今生难昭雪】这一唱段的腔调和节奏变化繁多，节拍延减自如，顿逗连断交错频繁。例如，"一声法令，一朵娇花，愁被那罡风葬。不再忆分钗，永别红尘界。百劫惊魂早已浮游陌巷，最堪悲，夜台织女，难觅泉下牛郎"①，原本规整的格式经过唐涤生的重新组合，让窦娥对心中郁结的表达别具一番细腻含蓄之美。伴随着猛然加快的曲调节奏和紧凑密集的锣鼓伴奏，窦娥拉高了音调，"天啊天，你为何忍看我惨遭冤枉，空有那日月朝暮高悬。地啊地，你为何混淆了盗跖颜渊，让鬼神滥掌着生死权"②。这两句唱词基本没有对原著做太多改动，但配合着节奏分明的旋律和起伏跌宕的唱腔，窦娥对控诉的表达更醋畅淋漓。在原著中直截了当的哀号"窦娥也，你这命好苦

① 《六月雪》，第五场。
② 同上。

也呵"① 并没有出现在整段唱腔中，但窦娥心中的愤怒和冤屈却借着凄美的唱词和多变的唱腔含蓄而深刻地表露出来。

唐剧中窦娥的含蓄更生动地体现在她与昌宗细腻的情感表达中。在第一场《初遇结缘》中，作者花了不少笔墨对窦娥的心理状态进行刻画。"欲待整容无镜在，只凭池水照容颜。束一束鸾凤带，扫一扫凤头鞋，看一看胭脂浓淡"②，这是得知夫婿将至未至后的小心思。其后因把昌宗错认为登徒浪子而悔恨不已"我千不该万不该，给他一种泼妇的印象，如果他因此嫌弃我，那我……"③ 唐涤生对一名待嫁女子的羞涩和纠结心理的描摹足见窦娥的心思细腻和含蓄温婉。窦娥对情感的表达展示了一种委婉却深沉的含蓄美，传达了独具一格的柔韧而又内敛、奋进却不张扬的艺术感染力，体现了粤剧和谐平实的艺术表达和务实持重的广府文化。

（三）细腻婉约的语言风格

在唐涤生的笔下，窦娥的悲凄不再是呼天抢地而是委婉含蓄地潜藏在唱词中。除此之外，细腻婉约的语言风格亦见于《十绣香囊》中优美凝练的唱词。"酬酬唱唱，愁愁怅怅，泪花溅绿杨"④，押韵的唱词配上和谐的音韵让蔡昌宗唱出了凄美的窦娥形象。"旦：（反线中板）第一绣香囊，绣出双飞蝴蝶，愿郎你似蝶情长。第二绣香囊，绣出雪里梅花，柳绿桃红无谓想。生：（接唱反线中板）妻是雪中梅，夫是裙边蝶，断无辜负窦三娘"，"旦：（滚花）青丝情未尽，还有绣

---

① 关汉卿：《汇校详注关汉卿集》（中册），蓝立萱校注，中华书局 2006 年版，第 1152 页。
② 《六月雪》，第一场。
③ 同上。
④ 《六月雪》，第三场。

香囊，君呀十绣青丝宜想象。生：（滚花）七彩香囊亲手接，青丝剪赠更情长，香囊图上意，待我有暇便参祥，何况有青丝绕在郎心上"。① 从雪梅到青丝，二人对话流畅的衔接和呼应蕴含着无比的深情和美好的寓意。所谓言有尽而意无穷，在粤剧《六月雪》中，窦娥与蔡郎表达爱意的方式都是含蓄的、温婉的。

由上可见，粤剧《六月雪》的人物形象得到了美化，故事矛盾被柔化，剧本的文辞亦细腻婉约，凡此种种，都体现了在务实持重的广府文化环境下和谐平实的粤剧表达。

综上，唐涤生把《窦娥冤》这一古典文学作品搬上粤剧舞台，在较大程度上提高了粤剧的格调。唐涤生的改编使粤剧《六月雪》剧本的曲辞宾白更富有文采，使粤剧向高层次的艺术文化走向，并赋予剧本一种广府文化精神和地域特色，有利于粤剧的创新发展和对外传播，亦有利于传扬广府文化的内在精神。1956 年 9 月 17 日，"新艳阳剧团"任剑辉、芳艳芬演出了唐涤生的《六月雪》。唐涤生表示，要借这出戏让"岭南曲剧，能更进一步接近时代水平"②。尽管我们现在无法回到 20 世纪五六十年代去理解唐涤生所说的"时代水平"，但粤剧《六月雪》在面世后的第三年（1959）已被执导为电影，粤剧《六月雪》时至今日仍在广东、香港各地陆续上演，可以说唐涤生兑现了他的承诺。继 1956 年 9 月 17 日由花旦王芳艳芬、戏迷情人任剑辉同台演出之后③，粤剧《六月雪》从 20 世纪 50 年代至今仍被众多著名戏剧演员继续诠释着。六七十年代《六月雪》由罗家宝和吴美英作为主演进行演出；80 年代由何伟凌、余惠芬、刘惠鸣、林锦屏演

---

① 《六月雪》，第三场。
② 卢玮銮、张敏慧：《梨园生辉：任剑辉、唐涤生——记忆与珍藏》，三联书店有限公司（香港）2011 年版，第 110 页。
③ 唐涤生编著，芳艳芬、任剑辉主演：《六月雪》，广东音像出版社 2003 年版。

出；90 年代由梁耀安、倪惠英、郭凤女和凌东明演出①；到了 21 世纪则由蒋文端、叶幼琪、曾小敏、文汝清等演员进行演出。② 《六月雪》一次又一次地被演绎着，无论是演出戏台的布置，还是演员戏服的搭配，或是两位主角演对手戏时的身段设计都更加细腻、丰富。2016 年 3 月 29 日红豆粤剧团在香港新光戏院演出《六月雪》，这足以说明粤剧《六月雪》经久不衰，广为传颂。粤剧《六月雪》能够得到广大市民的认可，说明这是成功的改编，也是成功的创作。它是唐涤生版的《窦娥冤》，更是广府版的《窦娥冤》。作为广府文化精神的载体和符号，粤剧《六月雪》体现了广府文化多元兼容、生机勃发、务实持重的内在精神。

（邓晓君，广州大学人文学院）

---

① 唐涤生编著，倪惠英、梁耀安主演：《六月雪》，广东音像出版社 2001 年版。
② 同上。

封开南丰八音班调查报告*

范晓君

　　封开，位于粤西北，由原封川、开建两县合并而成，有著名岭南文化古都之称。贺江从县境西北流向西南，西江从广西梧州流经县境南部。土地以山地为主，有"八山一水一分田"之俗称。封开现在被认为是岭南最早的人类繁衍地，自古便是岭南与中原的交通枢纽，也是海陆丝绸之路最早和最主要的对接通道。南丰镇位于封开县北部，处于两广三县交界之处，全镇辖 22 个村委会，1 个居委会。南丰镇文化站负责全镇群众文化工作，现任站长李广尧，2013 年被评选为"封开县十大最美封开人"。

　　封开以其悠久的历史、灿烂的文化和独特的地理位置，孕育了丰富的民间音乐文化。而南丰的民间艺术形式也多种多样，主要如开建山歌、舞狮、舞龙、菩萨出游和抢花炮等。开建山歌内容丰富，音调优美，历史上多在农历八月初七至十七日，以擂台的形式对唱。舞狮

　　* 项目基金：广东省哲学社会科学"十二五"规划 2013 年度一般项目《粤西"八音"史研究》（批准号：GD13DL10）；肇庆市哲学社会科学规划项目《肇庆元宵灯俗及其元宵花灯音乐文化研究》（项目编号：11zc‒03）；肇庆学院第二批教学质量与教学改革工程项目《音乐学专业实践教学模式研究》，项目编号（zl201010）；肇庆学院教改特别项目《肇庆学院专业人才培养特色的研究与实践》（项目编号：JGZB201206）。

多在春节期间和节庆时表演，象征吉祥、平安。菩萨出游、抢花炮，多在正月十五日进行，一路有八音锣鼓相随。

2013 年 12 月，笔者申报的广东省哲学社会科学"十二五"规划历史特色项目《粤西"八音"史研究》获得立项。课题组于 2014 年暑假期间分别到粤西有关市、县进行实地考察、调查和采访。下面便是封开县南丰镇八音班情况的调查报告。

一 实地调查情况

根据暑假期间的调查计划，笔者于 2014 年 8 月 12 日到达封开县。8 月 13 日，封开县文广新局主任科员袁巧平老师接待了笔者，袁老师介绍说，封开县 19 个乡（镇），每个乡（镇）都有 2—3 班八音班。在文广新局的安排下，根据笔者的要求，我们将到两个有代表性的乡镇进行调查采访，一个是平凤镇，一个是南丰镇。由于篇幅原因，本文仅就南丰镇的调查情况作一调查报告。

8 月 14 日，局里安排文化馆干部卢健飞陪同笔者去南丰镇调查采访。小卢毕业于广西艺术学院，恰巧原在南丰镇当了 4 年的中学音乐老师，因其在演唱、音乐创作（制作）方面才能突出，被抽调到县文化馆，现在是县文化馆的一名音乐辅导老师。南丰镇离县城约 90 公里，上午 8 点半，小卢开着自己的车带我前往南丰镇，一路上，他给我介绍了很多他所了解的当地民间音乐的情况，并且播放了几首他用当地民间音乐作素材创作的作品。这些作品中，有几首从创作、演唱、录音制作全部由他一个人完成。上午 10 点多钟，我们到达了南丰镇。镇上有一个很大的文化广场，广场的东边有一个大舞台，还有几间平房，是文化站的活动室。我们到达时，文化站站长李广尧已早早就在这里等候。他安排给我们表演的南丰八音班的 4 位成员也在都到齐了。李站长的摄像机也已经架好。很快，我们便开始了采访。

该班社称南丰八音队，建立于20世纪90年代初。现有成员4名，队长：梁满玉。成员名单如下：

表1 南丰八音队成员名单

姓 名	年龄	文化程度	演奏的乐器
梁满玉	68	初小	唢呐
张洪林	67	初小	鼓
李湛波	51	高中	大锣
李汉标	52	高中	大钹

采访开始，由笔者提问，八音队的4位成员共同回答。下面是根据录音整理的采访的主要内容。

问：你们的班名叫什么？

答：南丰八音队。

问：是什么时候开始组队的？

答：20世纪90年代初。

问：20多年来，队员有变化吗？

答：有，较早的有些人已经离队了。

问：在哪些场合表演？

答：主要是红、白事给事主做事。

问：活动范围有多大？

答：主要是本镇范围，如果外地有请，也去，甚至怀集、广西都去。

问：请分别介绍一下红事、白事时的八音演奏的过程。先说红事，以婚庆为例，请介绍一下演奏的程序。

答：结婚日的当天去，做一天。8 点半到事主家。到了事主家后，先请华光师傅。其做法是点上香烛，封一个红包，里面封 3.6 元，放一挂鞭炮，八音奏《大开门》，表示请神。然后开工。

问：婚庆的奏乐形式是怎样的？

答：奏乐形式分坐奏与行奏两种。

问：什么时候坐奏？

答：事主请八音班，主要是营造一个喜庆的气氛。所以，八音班要持续地进行演奏。特别是当有客人来的时候，要用音乐迎接客人。

问：坐奏通常都演奏什么曲目？

答：演奏各种八音班传统小曲，也可以演奏一些现在的流行曲目。

问：八音班主要什么时候演奏？

答：有几个主要的时间段，如只要有客人到的时候、主家摆宴席招待宾客的时候、接亲的时候、拜堂的时候、闹新房的时候都要奏乐。

问：不同的时候演奏的曲目有固定的吗？

答：有的。如迎客奏《小开门》《大开门》等，吃饭的时候奏《玉美人》《仙花调》等，拜堂的时候奏《一定金》等，闹新房的时候奏《闹新房》等。

问：行奏是怎样的？

答：行奏是接亲时候的用乐。

问：一般用什么音乐？

答：主要有《行路调》，还有《小开门》《大开门》等。

问：一般什么时候结束？

答：一般是闹完新房，到半夜了才结束。

问：好，谢谢大家！下面再请问大家关于白事的程序。

答：白事与红事一样，到事主家后，都要先请华光师傅。

问：其奏乐形式是怎样的？

答：也分坐奏与行奏。在灵堂前演奏为坐奏，送葬时行奏。

问：坐奏演奏什么音乐？

答：演奏《小开门》《大开门》等。

问：和红事是一样的吗？

答：不是。虽然都叫《小开门》《大开门》，但红事、白事演奏的曲调是不同的。

问：行奏演奏什么音乐？

答：有《十番》《送葬曲》等。

问：白事一共多长时间？

答：从前是两天，现在多是一天。

问：什么时候结束？

答：下葬了，就结束了。

问：好，谢谢大家。

调查中，四位成员非常配合，积极回答了我提出的问题。

采访完以后，南丰八音班按照事先的准备，专门为我进行了表演。让我意外和感动的是，他们把服装也带来了，而且是分红事和白事，分别穿不同的服装。

南丰八音班成员着装：

喜事着装，头戴黑色礼帽，红色长袖有领 T 恤（统一购买），左胸前印"南丰八音队"字样，外套靛青色对襟短马夹（齐腰），有黄边装饰，左右有一对鹅黄色云状图案，下穿红色灯笼裤，裤脚上约 20

处有两道黄色横襟缠绕作装饰。

白事着装，头戴竹篾编的尖顶帽，上书"南丰八音队"，白色衬衣，下穿靛青色长裤，裤脚口有两道横襟缠绕，一黄一绿，裤脚外侧有一对云状图案（4 人中 2 黄、2 白）。唯有唢呐手的上衣有别，为长马夹（过臀），胸前的图案为淡绿色云状图案。

鞋统一为白色球鞋。除 T 恤为购买外，其他均为统一缝制（制作）。

首先，他们着红事服装，然后开始演奏，完全模拟红事的程序，先是坐奏，然后是行奏。

然后，又换上白事的服装，完全模拟白事的程序，分坐奏与行奏进行表演。

演奏了红事和白事代表性的曲目各 5 首。

二 南丰八音班音乐分析

南丰八音队的编制已压缩到最少人数，仅为 4 人：唢呐、锣、鼓、钹各 1 人。其音乐是 4 件乐器合奏，唢呐吹奏旋律，3 件击打锣鼓合奏。唢呐为 ^{b}B 调，筒音为 sol。

南丰八音队主要为乡村的红白事吹奏，本文的音乐分析便分为红事音乐和白事音乐进行。分析的重点是乐曲的结构、调式和音乐的功能作用等。

（一）红事音乐

农村的红事主要是婚庆、寿诞、进宅等。下面以婚庆为例，对其用乐进行分析。

《曲一》为 6 句构成的单乐段结构，是在起承转合基础上的扩展。

曲一

南丰八音队演奏
范晓君记谱

乐句结构较自由，前2乐句为9拍，后2乐句为7拍，各有2个强拍。第1乐句与第2乐句为起、承关系，第3乐句为转，在句幅上进行了压缩，第4乐句的合主要体现在其句末2拍的节奏型与前2乐句完全一样。后2乐句是扩充性质的，第5乐句的旋律到了全曲的最高点，句末2拍的旋律则与第1乐句一样，而末乐句与第2乐句完全一样，这才是全曲真正的合。其结构在自由中也有规整，如第1、2乐句，都是弱起，各9拍，包括2个强拍。从第1、2乐句的前3个音的旋律线来看，第2乐句是第1乐句的倒影，而两句句末2拍的节奏型完全一样。

《曲一》的调式，整体上看为五声商调式，但中间有些游移。从最能体现调式色彩的落音来看，第1乐句落音 sol，第2乐句落音 re，商调式明显，而第3、4乐句均落在 do 音上，又具有宫调式的意味，但并不是全曲的终止，第5、6乐句的落音仍然与第1、2乐句一样，故而，主要可认为是商调式。

曲二

南丰八音队演奏
范晓君记谱

　　《曲二》在结构上与《曲一》有同有异，是一个带补充性质的乐段结构。相同的是前4乐句都是一个相对独立的乐段。不同的是末2乐句为补充性质的乐句，由于第5乐句句幅压缩为1小节，乐句的完整性大大降低，第6乐句是第4乐句的原样重复。从前4乐句来看，是一个方整性的乐段，共4乐句，每乐句2小节。富有意味的是第5乐句在句幅上的压缩，使得全曲在对称中出现了不对称，在整曲的旋律没有太大变化的情况下，在结构上进行变化，使其不显得过于呆板。与《曲一》相比，其结构在规整中也有不规整。

　　《曲二》的调式，调式骨干音为 re 和 sol，全曲6乐句中有3乐句都落在 re 音上，而重要的第4、6乐句落在 sol 音上，故而为商音支持的徵调式。

　　《曲三》是典型的方整型结构，4个乐句起承转合明显。

　　《曲三》为单一型五声徵调式。

　　《曲三》从旋律上看，与《孟姜女》非常相似，骨干音都是 do、re、sol，4句的落音也完全一样。基本上就是《孟姜女》变化而来的。

曲三

南丰八音队演奏
范晓君记谱

《曲四》为6乐句构成的乐段结构，第1、2乐句是起、承，第3
乐句开始，为自由发展的旋律，运用了重复和变化重复的手法，扩展
了乐段的结构。第6乐句，具有合的性质，在旋律得到了一定的发展
之后，归结到主旋律上结束。

曲四

南丰八音队演奏
范晓君记谱

《曲四》的调式为五声羽调式，调式骨干音 do、mi、la。结束在
羽音上，有较强的终止感。

曲五（闹新房）

南丰八音队演奏
范晓君记谱

《曲五》（《闹新房》）是一首独立运用的曲目，仅运用于闹新房的活动中。因该活动时间长，所以，这首乐曲也较长，可以自由循环反复。在反复中采用了各种变化的手法，以避免乐曲显得单调。

这里记录的《曲五》并不是一首独立完整的曲目，它只是其中的两个乐段，因为不是一首完整的乐曲，所以也不能看作是一个带再现的二段式结构。乐曲前面有一个 6 拍的引子。第 1 个乐段是一个相对完整的乐段，有 11 小节，分 2 个乐句，第 1 乐句从中眼起，5.5 小节，第 2 乐句末眼弱起，加 5 个完整的小节，2 个乐句的句幅大致相当。因句幅较长，各句可细分为若干句逗，第 1 乐句可分为 4 个句逗，第 2 乐句也分为 4 个句逗，各句逗的长度和起落的拍点有别。第 2 个乐段也是 2 句结构，是运用换头合尾的手法构成的乐段，第 1 乐句为 4 小节，分 2 个句逗；第 2 乐句是第 1 个乐段第 2 乐句的原样重复。

《曲五》的调式为六声宫调式。该曲的 fa 是微升 fa，在该曲中，这是一个突出的音，在广东音乐中，这种现象非常普遍，在南丰八音队演奏的音乐中，fa 基本上都是微升 fa。

《曲五》(《闹新房》) 的音乐情绪与其运用的场合非常吻合。封开乡村的闹新房是开放甚至有些放纵的一个群体欢乐的活动。这个活动不同年龄、不同辈分的人都可以参加，如果活动中出现一点出格的行为，新郎、新娘也要忍受。这些活动常常是以为难甚至是刁难新郎、新娘的主题的，或者是恶作剧的，但气氛是友好的，以通常的道德伦理为底线。该乐曲渲染这种气氛，音乐有一种煽动性的，6 拍的引子，节奏自由，像一个号令，把亲朋好友都聚集到新房里来。第 1 段音乐开始，旋律的进行各种跳进较多，增加了音乐的起伏性。第 2 段在高音区起句，运用了大量的附点节奏，增强了音乐的动感，也使得音乐的情绪更加的昂扬，把闹新房的人们的情绪进一步推进，鼓励人们尽情欢乐。该乐曲营造了这种气氛。

(二) 白事音乐

封开县南丰一带传统习俗在近些年都得了恢复。当地每当老人去世，都必定请八音班演奏，基本上没有例外。而只要是到了一定年龄的老人去世，也被认为是白喜事，其原因正如《增广贤文》中所说："人见白头憎，我见白头喜，多少少年亡，不到白头死。"更有人认为，死即是生，意味着下一个轮回开始。故而，乡村老人去世有"喜丧"之说。也就是说丧事是当成喜事办的，所以要燃放炮仗，请八音班，热热闹闹的办理。

在丧事仪式中，八音班也有一定的程序。

下面是送葬的音乐。

（打击乐奏法说明：匡，锣、鼓、钹同击；七，鼓、钹同击；咚，鼓单击。）

《曲六》是一首在行进中演奏的乐曲，因其配合行进的步伐，故节奏感较强。而送葬的步伐是缓慢的，因而，乐曲的速度也较慢。全曲是打击乐与唢呐交替演奏，但末乐句例外，是打击乐与唢呐的合奏。唢呐吹奏5个乐句，间以打击乐隔开。该乐曲前面有一个自由节

奏的 3 小节的引子，这是一个下行的旋律，似哭泣之声。旋律的第 1
乐句 4 小节，第 2 乐句 2 小节，第 3 乐句 3 小节，与第 2 句的句头相
同，而句尾相异，第 4 乐句 2 小节，第 5 乐句仅 1 小节，第 6 乐句
2.5 小节。前 3 乐句和第 5 乐句之后，接相等小节的打击乐间隔，第 4
乐句后的打击乐仅 1 小节，第 6 乐句唢呐与打击乐合奏。

《曲六》的第 1 乐句是 g 羽调式，从第 2 乐句开始向上五度转调，
为 f 羽调式，直到结束。

曲七(奠酒)

南丰八音队演奏
范晓君记谱

《曲七》是在祭奠亡灵时的一首乐曲。是一个不规整的多句结构
的乐段，共 6 乐句。各乐句的句幅长短不一。第 1 乐句 4 个完整小节
另加 1 拍，第 2 乐句 3 小节，第 3 乐句 5 个完整小节另加 1 拍，第 4

乐句 4 小节，第 5 乐句 5 小节，第 6 句 2 小节。

《曲七》的调式为七声宫调式，调式骨干音 do、mi、sol，第 1 乐句落音 mi，第 2 乐句落音 la，第 3 乐句落音 mi。第 4、5、6 乐句落音均为 do。

因为是祭奠时的用乐，音乐的情绪是低沉的。旋律以平稳进行为主，少有跳进。音乐的速度较慢，很好地表现了悲伤的气氛。

（三）音乐特点

南丰八音队演奏的音乐虽然分为红事用乐与白事用乐，但音乐仍有其共同的特点，现小结如下：

第一，旋律。红事音乐跳进较多，白事音乐级进较多。不同的调式有不同的骨干音，围绕骨干音构成特定的旋律。以五正声为主，偏音也会使用，特别之处是 fa 是微升 fa，这是一个较重要的特点。

第二，结构。从独立的一首乐曲来看，绝大多数都是单乐段的结构，组成乐段的乐句多为 4 句，也有 2 句和 6 句的。句数多为双数，少见单数。因多为不规整的乐段结构，故而乐句的长度通常较自由，一个乐句可以只有 1 个强拍，多的可以有 4 个强拍。弱起较多。在实际演奏中，多为联套形式，曲目的连接有一定的规定。

第三，调式。以单一调式为主，也有复合调式。一首独立的乐曲内部通常不转调，但作为连套形式，是可以有不同调的乐曲进行组合连接的。多用宫、商、徵、羽调式，角调式少见。以五声调式为主，六声调式、七声调式都有用。

第四，节奏、节拍。节拍多为偶数拍子，少见单数拍子。如 4/4 拍（一板三眼）、2/4 拍（一板一眼）。由于音乐的发展具有自由发展的特点，乐曲中间个别小节转为 2/4。

三　余论

笔者认为，八音班在当代的发展出现了新情况。第一，现在的艺人们，多已接受了一些当代通行的西化音乐的影响，如不再唱工尺谱，而是唱简谱，偶有记谱也是使用简谱记谱。在节奏、节拍的观念上，也是使用 2/4、4/4 这样的节拍观念，而较少用板眼这样的观念。也即是说，即使是民间传统音乐和民间艺人，他们的传统观念也越来越少，从他们的上一辈那里直接继承下来的东西也越来越少，而更多的是他们已较多地接受了现在通行的已经西化的音乐概念。第二，自20 世纪以来，八音班的发展经历了一个历史上最曲折的阶段，先是20 世纪上半叶经历了战乱，人们生活困苦，民不聊生，遇上红白事，即使有心请八音班，也力不从心，导致八音班赖以生存的市场日益萎缩。20 世纪下半叶，好不容易在 20 世纪 50 年代稍稍恢复的八音班活动，但在"文革"前后又遭到"破四旧""文革"等运动的摧残，很多传统习俗一概被当作封建迷信，予以取缔，不仅八音班艺人受到摧残、乐器被毁、乐谱遗失，更重要的是一代人甚至几代人丢掉了传统，也不再认为八音班和他们的音乐是宝贵的文化遗产，八音班的生存环境遭到破坏。"文革"结束后，传统风俗习惯得以恢复，八音班也开始重建。但好景不长，20 世纪 80 年代兴起的流行音乐文化对传统民间音乐造成了很大的冲击，同时，经济开发，使得从事八音班演奏的艺人们放弃这个收入不高的职业，而外出打工或经商，而一般的年轻人更是不愿意再继承父辈们从事了一辈子的职业，从而造成八音班后继无人。不但如此，一些原来曾经八音班盛行的地方，在遭到接二连三的天灾人祸之后，元气大伤，自 20 世纪 50 年代之后就再没听到八音班的声音了。如广宁县，当地文化部门的人说，八音班在当地灭绝了。

南丰镇八音队在目前这种情况下，依然顽强地坚守这块阵地，实属不易。他们中最年长的已经接近 70 岁，年轻的也已超过 50 岁。笔者在与他们交谈中，他们仍然对自己从事的工作充满了信心。但问到是否有年轻人愿意学习的时候，他们还是感到很无奈。因而，要振兴八音班，需要全体艺人和政府、学界的共同努力。

（范晓君：肇庆学院音乐学院副院长，教授）

语言与传播

古官话的镜像和粤语的机遇

杨　槐

一　历史上的"官话"①

汉语是随着华夏民族的统一而形成发展起来的，具有漫长悠久的历史和纷繁复杂的演变，它是一面镜子，反映的是中华文化从混沌走向文明的历史全貌。

对于封建社会历代通用的、占据主流地位的语言，学术称之为雅言、夏言、雅音、通语、正音。"官话"是社会上对国家标准语、官方标准话，约定俗成的称呼。每一种"官话"都因政权首都变迁、人口迁移、山川地势等因素，打上具有强烈时代特点的烙印，同时也必然会对所在时代的政治、经济和社会文化产生重要影响。

不同时期的"官话"既有一定的继承性，又有较强的历史覆盖性。西汉建都长安，东汉建都洛阳，长安音、洛阳音都曾作为权威的"官话"。西晋末年，五胡乱华②，晋室迁到了南京，中原汉人纷纷南

---

① 关于官话是方言还是语言的问题存在争议，认为它是一种方言的人，称其为"官话方言"。

② "五胡"：指匈奴、鲜卑、羯、羌、氐五个胡人的游牧部落。

渡，在江苏、安徽、浙江等地落户，洛阳音随之在江淮一带传播，与吴语交融，中原汉语"南染吴越，北杂夷虏"形成的金陵音成了中国那时的"官话"。

隋唐首都建在关中西安一带，华夏正朔随之北归，金陵音和长安音形成南北两大正统音系，凭借着政权的优势，长安音占据了上风。

宋一统天下，以开封音、中州音为代表的中原音成为宋代的"官话"。南宋，大量中原人迁到南京、扬州，形成了保留中原音且与吴语逐渐脱离的"下江官话"。蒙古灭南宋后，对中国北方进行了种族大屠杀，黄河中游的中原音濒于灭绝。

明朝朱元璋诏修《洪武正韵》①，编撰原则是"一以中原雅音为定"，要求恢复宋代的中原雅音，但实际上却形成了以南京一带的方言为基础的明朝"官话"。

满语是一种北方民族的语言，限于草原、丛林的原始生活以及满族短暂的历史文化，其发音和语法尚不成熟，词汇量有限。为了巩固统治满足政治和生活需要，八旗贵族迫切需要学讲汉语，于是形成了没有入声、有翘舌和儿化音的带有阿尔泰语系色彩的北京内城话，并最终蔓延到整个北京，到了清朝的中后期，终于取代了"南京官话"，成为清朝的"官话"。

二 中古"官话"的正宗嫡子

广府文化指的是广府民系或称粤海民系的文化。广府并非只是指广州，而是通常指的是使用粤语地区的汉族族群。粤语又作广东话、

---

① 《洪武正韵》是明太祖洪武八年（1375）编成的一部官方韵书。明太祖朱元璋鉴于唐宋音韵在长江以北多失正，命与廷臣参考中原雅音正之。《洪武正韵》作为明太祖复兴华夏的重要举措，影响广泛。

广府话，俗称白话，海外称唐话，是一种汉藏语系①的汉语，也是广府民系的母语。粤语发源于古代中原雅言，是中古时期中原汉人南迁至岭南地区与土著语言融合而形成的方言，其具有完整的九声六调②，较完美地保留古汉语特征，透露着中古汉语的遗风，是广府民系的最重要文化载体。

古代封开是岭南最早的首府，是粤语的发源地，在秦汉时期就是沟通岭北岭南的交通要道，是中原文化与岭南文化最早的交汇点，是汉代海陆丝绸之路最重要的对接点。封开县是古广信的重要部分，作为岭南的首府长达400年，被誉为"岭南古都"，是粤语最早发祥地。

上古时期，岭南地区居住着被称为"南越"的民族，当时汉语在此地并不存在。秦统一后，派军南下攻取"百越"之地，公元前214年，史记载：秦"发诸尝逋亡人、赘婿、贾人略取陆梁地，为桂林、象郡、南海，以适遣戍"，这些人以及做买卖的商人就是最早成批到来的开拓者，秦汉语开始在岭南地区传播。至汉代，汉高祖封赵佗为"南越王"，统治南越之地，许多汉人进入岭南，与南越杂居，促进了汉语的传播。遗传学的研究表明，在岭南的汉族人中，北方汉族人的基因贡献，父系占60%，母系仅约30%或更低。③ 根据这个数字推断，古代汉族男子大多是单身南下的，他们来到岭南娶当地的女子为妻。在古代封建社会的家庭中，男方的语言占主流地位，是强势语言，妻子们必须跟随丈夫学习汉语才能维持家庭的正常生活。当她们没有完全掌握汉语时，说的就是带有浓重少数民族口音，同时夹杂着

---

① 汉藏语系是用汉语和藏语的名称概括与其有亲属关系的语言群。中国为该语系使用人数最多的国家，中国绝大多数民族多为汉藏语系民族。

② 即九个声调，六种音高。今日的粤语中，平、上、去三声分阴阳，而阴入、中入和阳入这三个入声的音高，分别与阴平、阴去和阳去相同，是为六个音高，再加上三个入声顿错性的差异，就能分出九声。

③ 《从粤语的产生和发展看汉语方言形成的模式》中国社会科学院语言所麦耘。

大量当地的词汇和语法成分。也许这些女人的大多数都止步于这种汉语程度。同时家庭也不可避免地受到了妻子们的影响，孩子在"半生半熟"的汉语语境中成长。随着无数个这样的孩子走向社会，这种"半生半熟"的汉语在岭南地域流行起来，经过几代人口耳相传而稳定下来，于是粤语方言出现了。

从三国到东晋十六国，中原战乱频繁，出现了中国历史上中原人口南迁的高潮，史称"衣冠南渡"①。中原汉语进一步与南越语融合，大大丰富了粤语。唐代诗人咏道："北人避胡多在南，南人至今能晋语。"以南京为中心的东晋、南朝作为汉人的正统，传承了中原的优秀文化，史称"六朝文化"②，金陵音正是当时的"官话"。

唐末宋初，五代十国的南汉③，岭南内部大致稳定，出现了一个相对和平的社会环境，岭南汉语出现了一段很少受到外来影响的时期，使粤语在构词、语法、读音等方面，变得更加规范化，形成相对独立的话语结构、词汇系统的表达方式，其语音、词汇，大体奠定了现代粤语的基础。宋后期的粤语，开始与北方汉语拉开了距离。

金人和蒙古人等外族两度南下灭宋，使整个北方出现了不同程度的胡化，这个时期，除了南京、扬州、镇江一带，就是东南沿海和岭南地区保留了相对纯正的中原血脉和语音。虽然元代的战乱动荡及民族压迫、歧视政策，迫使大批南宋遗民不断南下，把大量唐宋时期的技术、文化和风俗等文明带到地处偏远的岭南地区，不过，在粤语已经"自立门户"的情况下，中原官话对其的影响力减弱了。到了明

---

① 由于胡人在北方的残暴统治，北方汉人从黄河流域大规模避乱进入安定的长江流域。

② 孙吴、东晋和南朝的宋、齐、梁、陈，习惯上称为六朝。

③ 南汉（917—971）是五代十国时期的地方政权之一，管辖现广东、广西两省及越南北部。唐朝末年，刘谦任封州刺史。907年，其子刘隐受封为彭郡王，909年改封为南平王，次年又改封为南海王。凭借于917年其弟刘龑称帝，国号"大越"。次年，刘龑改国号为"大汉"，史称南汉。

初，大量人口从山西迁入山东、河南、河北、从江南迁移到江淮，南京迁都北京，这些大规模的移民，与岭南没有关系。虽说明代驱除胡虏、再造华夏①，让我们触摸到宋及以前的文明，但以南京话为主的明代"官话"止步于两广的丘陵地带。因此，明代的粤语可能已与现代粤语大体相同了。

今日的粤语还保留着不少中古时代的汉语语音，杜甫的一首五言律诗："国破山河在，城春草木深。感时花溅泪，恨别鸟惊心。烽火连三月，家书抵万金。白头搔更短，浑欲不胜簪。"深、心、金、簪这四字粤语音同韵，而在普通话语音中却不同韵。"家书抵万金"的"抵"字，广州人一读便知是"值得"之意，这是因为粤语保留了部分中古音与古词汇、古四声等因素。李白的"黄河之水天上来，奔腾到海不复还"，用粤语读诵唐诗更能表达诗歌的浪漫抑扬、铿锵有力，悠悠粤韵，比普通话更押韵，这表明唐代"官话"是与粤语相近的。

唐宋"官话"对岭南长期保持着压倒性的影响，一波波地扩散传播释放。"官话"随着王朝政权的更替在长安、洛阳、金陵、北京等王朝政权所在地循环，各领风骚的洛阳音、金陵音、长安音等雅音被历代中原移民带到东南沿海，并以融合当地文化形成的方言这一独特的方式保存了下来。秦汉时期的关中音被粤语传承，而唐宋"官话"则继续主导粤语的衍变。历代"官话"对岭南汉语具有强大的覆盖性，今天的粤语是历史上的"官话"和土著语言融合交流，多次沉淀凝聚后的结果。广府文化所蕴藏中古历史文化的悠久和精髓，用一个"熬"字来概括十分传神，火候到了，酸甜苦辣，什么滋味都有了，正所谓"熬得住、才能出众"。

---

① 1367年朱元璋派军北伐，发布告谕中原各地人民的檄文中，提出了"驱除胡虏，恢复中华"的口号。

遗憾的是，由于沿海位置偏远、人口较少，交通不便，缺少强力政权的支撑，在千年的历史中粤语终究难以左右中国"官话"的主流，未非没有形成反哺中原的张力，缺少的只是一个机遇。

三 粤语的机遇

鞑虏，为鞑靼和胡虏，鞑靼泛指蒙古、胡虏，泛指塞外游牧民族。鞑虏是古代中国对塞外游牧民族的蔑称。

蒙古和八旗贵族两次入侵中原，极大地改变了中国历史的发展方向。蒙古灭南宋后，对中国北方实行种族灭绝式的屠杀，以至秦岭淮河以北的平原地区几乎成为无人区。南宋的灭亡是中国历史上第一次彻头彻尾的亡国，几十万南宋军队与蒙古军队在海上决战，全军覆灭。政权变易，国土沦丧，人民流离失所，大量的汉族精英被屠戮，中华上古、中古以来形成的灿烂文明被蒙古骑兵的铁蹄肆意践踏，几近完全毁灭。所谓"崖山之后，再无中国"，是对这一严重局面的准确概括。

满族夺取政权后，强迫汉人剃发易服，遭受了强烈抵抗，于是，扬州十日①、嘉定三屠②、江阴之屠③，长江中下游的屠杀惨案④不断。而这里正是中国文化中心、经济命脉和主要人才的出产地。这场浩劫使中国的总人口降到明末的一半，社会的精英人才被屠戮，造成对中华文明的极大摧残。

---

① 1645 年，清军占领扬州后，纵兵屠掠，十日封刀，史称"扬州十日"。
② 1645 年，清军攻破嘉定后，清军将领李成栋三次下令对城中平民进行大屠杀。
③ 1645 年，江阴人民举行了反清起义，清廷先后调动 24 万军队攻城，江阴人民浴血奋战，守城 81 天。破城后，守城者全部壮烈牺牲。
④ 1645 年，清朝统治者在江阴、昆山、嘉兴、常熟、海宁、赣州等地导演了一幕幕惨绝人寰的屠城悲剧。

到了清末的时候，中国成为西方帝国主义列强的殖民地、半殖民地，中国人已经从汉唐高贵的文明民族跌落到劣等贫贱的野蛮人，沦落为诚惶诚恐、亦步亦趋的崇拜西洋或东洋文明的奴隶，华人的地位与狗等同，任人宰割。《辛丑条约》之后，清政府完全成了维护满族和列强利益的政府，中国近代社会主要矛盾都集中在清朝政府身上。

1905 年，孙中山和黄兴等革命先驱在日本东京成立了中国同盟会，以"驱除鞑虏，恢复中华，创立民国，平均地权"十六字为政治纲领。1911 年，武昌起义席卷全国，最终彻底推翻了清朝，建立了中华民国。

清朝"官话"实际上是蒙古族、鲜卑族、女真族等游牧民族所习得的具有浓厚阿尔泰语系色彩的汉语，少数民族语言的先天缺陷部分地改变了汉语。入声字全部丢掉，造成了汉语同音字大量出现。这样的汉语被汉人斥为"不伦不类"，但就是这个离中原"雅音"最远的发音，当满人成为统治阶级后，成了清朝通用的"官话"。

废除清朝"官话"自然成了辛亥革命之后的重要内容之一。一大批革命党人认为，革命成功后，新建立的国家当然不能使用带有"鞑虏"色彩的语言，而应当给予具有中古"官话"遗风的粤语以"国语"的地位。辛亥革命给了粤语一个登上"官话"最高殿堂的机会，各界舆论对此反响十分热烈。

在推翻清朝统治的历史背景中，定粤语为"国语"是志在恢复中华正朔之举，呈顺水之势，合乎民意、众望所归。国民革命的大本营在广东，大总统孙中山是广东人，廖仲恺、林森、胡汉民、陈炯明、陈铭枢等广东派系占据国民政府的重要位置，也有一批广东籍的共产党人在国民政府和北伐军任职。国民革命军大部是南方人，很多人都讲粤语，北伐军第一军广东人占了很大的比例。

"驱除鞑虏"是同盟会早期的纲领，但这个口号的狭隘性造成了部分满蒙贵族恐慌，刺激了外蒙和满洲的独立思想。孙中山从实现国家统一的大局出发，及时纠正了"驱除鞑虏"所带来的负面政治影响，提出了"五族共和"的主张，这对打击民族分裂主义势力，稳定满蒙上层贵族产生了重要的影响。在 1912 年 1 月中华民国南京临时政府，宣布实行汉、满、蒙、回、藏五族共和政体，在《对外宣言》上首次使用了"中华民族"的称谓，表明中华民国代表当时中国各民族的团结和祖国的统一，也标志着长期以来中华民族由自在的统一体向自觉的民族统一体过渡的完成。

孙中山具有政治家的胸怀和眼界，他提议以带有满蒙色彩的北京话为"国语"，反对的呼声十分强烈。孙中山做了大量工作后，交付国会投票，粤语以一票之差败给北京话而未能晋身成为"国语"。传承中古"官话"正宗嫡子的粤语与一统天下民国"官话"的至尊地位失之交臂。虽说这次的表决结果令中华正朔叹息，是粤语和广府民系的重大损失，但是在继承清朝的全部遗产，保持了中国的历史延续性，将中华民族文化意识上统一起来并形成全新近代国家方面，粤语做出了奉献。

四 粤语北上反哺

广府文化形成后，在政治、哲学、学术、艺术、经济、工艺、和生活各方面全面发展，尤其是在人文学科、文学艺术领域，出现了大批的文化大师，张九龄、康有为、梁启超、陈垣、陈寅恪、容庚等，这些名字放射着岭南文化的光辉。到了近代，岭南文化成为中国政治、思想、文化革命和发展的先导，洪秀全太平天国起义、康梁变法和孙中山领导的国民革命，广府文化都是中国近代政治革命重要代表和领导力量。

新中国成立后,广府文化厚积薄发,推动了经济高速发展,为改革开放提供了重要的经验和基础条件。广州、深圳等沿海地带成为思想最开放、行动最迅速、经济最活跃、成果最显著的开放前沿,广东人成为时代先锋和楷模。改革开放的大潮由南向北席卷了神州大地。起源于中原文化,并独自发展孕育了数千年的粤语也随之第一次大规模地北上,形成了反哺中原文化的语言运动,这是中国和广府文化史上一件了不起的事件。

首先,生活用语较多地进入普通话①,如洁具、厨具、电子表、大哥大、电子琴、微波炉、抽油烟机、吸尘器、抽湿机、传真机、洗衣机、拷机、免提电话、录音电话、卫星电话、面霜、面膜、T恤、牛仔裤、套装、迷你裙、三围、雪碧、可乐、奶昔、烧烤、克力架、曲奇、巨无霸、宠物、跑马、选美、保龄球、碰碰车、卡拉OK等等。

语言与政治有着密切的关系,粤语北上的词语多与经济、金融、赚钱、享受生活有关,反映了广东处于改革开放前沿的重要地位和人们思想的深刻变化。当时内地有些保守人士质疑经济特区、联产承包责任制、股份制改革、引进外资等,把这些新词汇以及所代表的改革开放中出现的新现象、新办法,上纲到"姓社姓资"的问题,把人们追求幸福生活说成是奢靡的资本主义生活方式。

1992年邓小平赴南方视察,充分肯定广东改革开放的实践,提出了一系列重要的论断,要广东胆子大一些,大胆地试、大胆地闯,大胆地吸收和借鉴人类社会创造的一切文明成果,吸收和借鉴当今世界各国包括资本主义发达国家的一切反映现代社会化生产规律的先进经

---

① 普通话是近几百年来以北方官话为基础形成的。它以北京语音为标准音,却又不等同于北京话,是摒弃了北京语音中的一些土音而形成的。

营方式、管理方法。邓小平把提高人民生活水平、追求幸福生活，即粤语"新词汇"所代表的改革开放中的崭新生活，作为判断姓资姓社的标准之一。中央的支持，极大地推动了以粤语为先锋的广府文化北上反哺。

20 世纪 90 年代初，又有一大批粤语词汇进入普通话，如随着股票市场的开设，上市、大市、大盘、牛市、熊市、高企、低企、企稳、坚挺、疲软、高水、低水、扯高、见顶、追高、增磅、放盘、杀跌、洗筹、抢盘、减仓、斩仓、洗盘等。普通话大量使用房地产行业的粤语词语，如买楼、供楼、物业、豪宅、楼市、楼宇、楼花、楼龄、楼盘、置业、按揭、房主、业主、首期、投标、招标、中标、竞投、竞标、拍卖、写字楼、商住楼、缩水楼、烂尾楼、地产商、发展商等。

粤语北上给普通话注入大量词汇，既提高了自身的表现力和生命力，也丰富发展了普通话，弥补了南北，包括港澳台在社会历史形态方面的差异。南北方的沟通更为方便，不同地域、不同水平的社会形态、思维生活方式、语言表达进一步凝聚，对平衡各自社会结构、经济水平和生活状态发挥了很好的作用。笔者认为，粤语北上是一种文化的反哺，反映了改革开放 30 多年来中国社会在经济、生活和文化方面所发生和正发生着的巨大转型，展示着中国社会发展的全面性、成熟性，其营造的崭新生活形态、生活观念和社会文化，构成中国改革开放时代的重要内容，深刻地影响着中国社会文化生活。

广府文化在保留、发展珍贵的中华文明做出了重要贡献，也使自身从偏远蛮夷之地走上文明的最高殿堂，其所释放出来的丰饶历史意识和国家精神，对于中华民族的团结和统一，具有伟大的历史意义。我们今天仍要对广府文化表示崇高的敬意和认真的学习，因为它仍旧是当今中国发展的一个重要而巨大的精神动力。

一个南北交流、东西融合的共构中国梦的时代正在到来。中国传统文化从来都是多元的，远古至今多种多样的文化汇成博大精深的泱泱中华文明，广府文化与其翘楚粤语正是悠久中华文化文明发展的一座丰碑。

（杨槐：中国社会科学院文学所）

岭南方言辞书与岭南文化*

曾昭聪

语言是文化的重要组成部分，也是文化的重要载体。方言作为语言的地域变体，不但在语音、词汇、语法诸方面体现出与通语的不同，在地域文化的记录与传承方面，往往起到通语所无法具有的作用。岭南远离中原地区，文化方面独具特色，这些特色有时通过方言反映出来。清末民国时期出现了一批岭南方言辞书，可循此对岭南文化作一些细微的个案考察。文化本就是一个大题目，粤、闽、客家三种方言辞书中所反映的岭南文化包容甚广，有相同之处，亦有不同之处。本文仅是读书札记，系统的研究姑俟异日。

本文所述及的清末民国时期岭南方言辞书是：《广东方言》，原名《广东俗语考》十六卷，孔仲南撰，广州南方扶轮社民国二十二年（1933）出版；《广州语本字》四十二卷，詹宪慈1924年撰，（香港中文大学）中文大学出版社1995年出版；《客话本字》一卷，杨恭桓撰，光绪三十三年（1907）刊本；《岭外三州语》，章太炎1908年撰，1919年收入《章氏丛书》；罗翙云《客方言》十二卷，列入中山大学

＊ 本文为《广州大典》与广州历史文化研究立项课题"清末民国时期岭南方言辞书研究"（2015GZY19）。

国学院丛书 1932 年出版；《潮汕方言》十六卷，翁辉东撰，民国三十二年（1943）涵晖楼铅印本。

一 方言辞书中的民族大义思想

清末民国时期，国家动荡，加上岭南远离中原，给人以离散之感。方言辞书编纂者从民族大义高度出发，坚持岭南为中国文化之正宗嫡传，因而借辞书的编纂宣传自己的文化与政治主张。《广东方言》上册《自序》曰：

> 粤处中国之南方，其语言与各省不通，人几疑为南蛮鴃舌。不知秦主中夏，畧定杨越。置郡后，以謪徙民五十万人戍五岭，与越杂处，直不啻为越地原民。厥后五胡乱华，中国民族播迁南省。迨宋南渡时，诸朝臣从驾入岭，不知几万家。宋末，陆丞相奉幼帝至厓门，兵数十万，皆从中原来也。故粤俗语言，本中土正音，非方言比。而何以其语言殊异，不能与各省通？则知黄农世胄之子孙，其式微也久矣。夫有声音而后有语言，有语言而后有文字。故按其语言而考证文字，即知其民族之根源。……

从其《自序》中可以看出作者撰作此书出发点之一就是"粤俗语言，本中土正音"，"多有合于古音古义者"，以民族大义为旗帜，"按其语言而考证文字，即知其民族之根源"。

《客话本字·自序》说明了该书的指导思想与编写目的：

> 向谓西人有音即有字，中国有音或无字。今而知非也。中国有音有字者多，特人所不知，以为土谈，习焉不察耳。即如嘉应

所属之土谈，外境人皆称为客话，其语音之清，正与官话较近，比各处土音多不同，昔人谓为中原之音韵，可以想见。……

此序表明，该书在理论上认为客话语音近正，"与官话较近"，"悉有所本"，"合中原之音韵"，这与正文后面的《客话源流多本中原音韵考》一致。

《岭外三州语·自序》中说得很明白：

广东惠、嘉应二州，东得潮之大阜丰顺，其民自晋末踰岭，宅于海滨，言语敦古，与土箸不相能，广州人谓之客家，隘者且议其非汉种。余尝问其邦人，雅训旧音，往往而在，即著之《新方言》。其后得嘉应温仲和所次《州志》，有《方言》一卷，自言与惠、潮客籍通；杨恭桓者，亦嘉应人，作《客话本字》。仲和能通音均转变，其言靓审。恭桓稍凉驳，然本语皆实录也。因刺取二家言，凡六十余事，颇有发正，别为一篇，察其语柢，出于冠带，不杂陆梁鄙倍之辞，足以？攻者褊心之言，则和齐民族所有事。……

可以看出，他主要是从政治上着眼的。章太炎讲求民族大统，而客家被"隘者""议其非汉种"，故章氏刺取温仲和《嘉应州志》方言卷与杨恭桓《客话本字》，"颇有发正"，用以证明客方言之"语柢""不杂陆梁鄙倍之辞"。"陆梁"指五岭以南之地，章太炎之意，客方言出自中原"雅训旧音"，与粤方言乃至南方少数民族语言绝不相同，因而证明客家"出于冠带"。此说虽不免有贬低其他民族语言之嫌，但认为客方言是中国文化的正宗继承者，这一观点确是值得肯定的。

二 方言辞书反映岭南近代历史

清末民国岭南方言辞书虽然本质上只是语文工具书，但是在收录方言词及释义时，往往体现出深厚的历史感。方言词是历史文化的反映。例如：

《广州语本字》卷二十九"一文鸡度"条：

> 银钱一文者，银钱一枚也。"鸡"者，洋银钱之面铸一鹰，其形似鸡也。"度"者，为数目而为限制之词。俗读"度"若"堵"。《齐书》："我昔时思汝一文不得。"此"一文"二字之所本也。"一文鸡度"谓限在银元一圆以内也。《淮南·时则》："贡岁之数，以远近土地所宜为度也。"此"度"字之所本也。

按，《广州语本字》上一条"银钱"条："银钱者，每枚重七钱二分之银圆也。墨西哥银圆初入中国时，广州名之曰银钱。银钱之称极古雅，即《汉书》所谓'以银为钱'也。"今粤方言广泛使用"一文鸡"，指一元钱，何以"鸡"名钱，令人不解，读《广州语本字》而豁然解悟。以之为线索查得相关资料：墨西哥银圆，又叫"墨银"或"鹰洋"，其币径、重量均与本洋相同。币面为墨西哥国徽，一鹰嘴中叼一蛇立于仙人掌。墨西哥银圆于 1854 年初入中国，先是在广州使用，其后广泛流行于中国中南部各省，鸠占鹊巢，代替"本洋"成为主要通货。上海的外国银行发行纸币，在民国八年（1919）以前都以墨西哥鹰洋为兑换标准。1905 年，墨西哥改用金本位制，鹰洋来源方断绝。鹰洋币面之鹰，被老百姓戏称为"鸡"，故以"一文鸡"称一个银圆，后又以称一元钱。

《潮汕方言》卷十三《释地》"妈阁"条：

俗呼广州人为"妈九人"，又呼一种纸牌为"妈九牌"。案，"妈九"为"妈阁"之讹。考澳门自嘉靖十三年租代葡萄牙，西人交通，首先之澳，澳故有天后宫，俗呼妈祖阁，简称妈阁，故西人呼澳门为"妈阁"。有贩卖该牌于澳，转到外洋，人以为澳所产，乃呼为妈阁牌。又，广州人出洋，从妈阁出口，故亦呼为"妈阁人"。

按，此条揭示出广州人被称为"妈阁人"乃因其出洋经过"妈阁"；又澳门自嘉靖十三年出租，西人呼澳门为"妈阁"，乃是因为澳门的葡文名 Macau 实乃汉语"妈阁"之记音。

三 方言辞书中的岭南民间信仰

民间信仰，各地或有不同。方言辞书中记录的岭南民间信仰也有自己的特点。

《广州语本字》卷四十"烧禡"条：

"烧禡"者，商店于夏时月之朔望越一日祀神也。俗读"禡"若"牙"。此风甚古，不知何自起。《说文》"禡"下云："师行所止恐有慢其神，下而祀之曰禡。从示马声。"商店祀祝，与师行祀神，性质不类，何以亦谓之"禡"乎？"禡"与"貉"通。《周礼》"肆师祭表貉"注："貉，读为十百之百。"疏云："此名为百者，以其取应十得百，为十倍之义。"《诗·〈桓〉序》疏："貊之言百。"祭祀此神，求获百倍。貊即貉也。貉祭者，祀神以期取十得百。在古者为肆师之事，今禡祭商店所重。意者"禡"即"貉"之遗风欤？《唐韵》："禡"，莫驾切。

按，《说文·示部》："禡，师行所止，恐有慢其神，下而祀之曰禡。从示马声。《周礼》曰：'禡于所征之地。'"即行军时在军队驻扎的地方举行的祭礼。"商店于夏时月之朔望越一日祀神"与"禡"义在求吉目的上是一致的。《广州语本字》又联系"貉"以分析其"求获百倍"之实质，揭示出商家"于夏时月之朔望越一日祀神"之根本目的，展现了民俗的内在推动力。

《客方言》卷二《释言下》"巫者以术驱鬼其名曰出油火"条：

> 人家有凶，巫者以锅盛油火而沸之，谓将烧鬼，名出油火。按：出油火三字，本为"除禳祸"之转音。《说文》："禳，磔禳，祀除厉殃也。"《周礼·女祝》"禬禳之事"注："却变异曰禳。"禳，攘也。《汉书·艺文志》"禳祀"注："禳，除灾也。"禳训除，（《东京赋》注："禳，除也。"）故"除禳"连语，双声相转，音变为"出油火"，遂望文附会，造为烧鬼之诞说，以惑世愚民，往往贤知之士，亦信为真，可笑亦可恨也。

《潮汕方言》卷四《释言（多字）》"靖油火"条：

> 进宅之前晚，必请师公，以锅盛油，煮沸喷洒，徧及各室。迫及最后，鸣锣执磬，并擎余油，狂趋歧路，倾盆泼去，名靖油火，亦曰出火。案：靖，理也。《小雅》："俾予靖之。"治也。《左传·僖九年》："君务靖乱。"又与"清"通。"靖"如"靖难"，"清"如"清乡""清君侧"。靖油火，亦"清""靖"之意。故事意在禳灾，岂知含酒喷油，火花弥漫，透顶彻底，稑（秽？）生微菌，绝无噍类。古未标明杀菌消毒，早含消杀作用効力过于熏硫黄华。撒加波勒水，岂可谓为迷信。罗翙云不赞是举，殆未亲其事也。

按，二书记"靖油火"之民俗，《客方言》以为"出油火"乃"除禳祸"之音转，可备一说。《潮汕方言》不同意《客方言》仅以此民俗为"诞说"的观点，而是从科学角度析其原因，是为得之。

《潮汕方言》卷四《释言（多字）》"金迭平峞"条：

> 俗有求人以田地让卖，地主不满时，辄曰"金迭平峞"。（音"柜"下平声，亦同"峛"，高也。见卷十三。）谓须黄金同量。盖难为之词。案，佛典《贤愚经》："须达到太子所，白太子言（舍利国王子，名逝多）：我今欲为如来起立精舍，太子园好，今欲买之。太子言：汝若能以黄金布地，令无空者，便当相与。须达使大象负金八十顷中，须臾欲满，略欠少地。太子言：（慊）[嫌]贵置之？答言：不也。自念金藏，何者可足？太子念言：佛必大德，乃使斯人轻宝如是。乃令止，勿出金。园地属卿，树木属我。我自上佛，共立精舍。须达然之，即便施工，起立精舍，为佛作殿。"潮人实取此语以立言。

按，此用佛典释义。《贤愚经》为元魏慧觉等译。又更早的三国吴支谦译《佛说字经抄》所记更详："闻如是：一时佛在舍卫国。大[太]子名祇，有园田八十顷，去城不远，其地平正，多众果树。处处皆有流泉浴池，其池清净，无有蚑蜂蚊虻蝇蚤。居士须达，身奉事佛，受持五戒，不杀不盗，不淫不欺，不饮酒，见谛沟港，常好布施，赈救贫穷，人呼为给孤独氏。须达欲为佛起精舍，周遍行地，唯祇园好，因从请买。太子祇言：能以黄金布地，令间无空者，便持相与。须达曰：诺，听随买数。祇曰：我戏言耳。讼之纷纷。国老谏曰：已许价决，不宜复悔。遂听与之。须达默念何藏金足，祇谓其悔，嫌贵自止。曰：不贵也。自念当出何藏金耳。实时使人象负金出，随集布地，须臾满四十顷。祇感念佛必有大道，故使斯人轻宝乃尔。教齐是止，勿复出金：园地属卿，我自欲以树木献佛。因相可这〔适〕便立精舍已，各上佛。佛与千二百五十沙门俱止其中。是故名祇树给孤独园也。"

四　方言辞书中的名物词及其词源

清末民国岭南方言辞书记录了一批岭南特有的名物词，并对其词源进行了探析，这对于研究事物"百姓日称而不知其所以之意"的得名之由是很有参考价值的，同时从文化角度来说也反映了岭南的物质文化的独特性。

《广州语本字》卷四十一"柔鱼"条：

"柔鱼"者，类墨鱼之鱼也。《广东通志》引《岭南杂记》云："柔鱼类墨鱼而长，无螵蛸骨，故名柔鱼。"

按，柔鱼即现在的鱿鱼。墨鱼之骨名"螵蛸骨"，明李时珍《本草纲目·鳞二·乌贼鱼》："骨名螵蛸。"与墨鱼相比，鱿鱼之骨仅为较硬较小的半透明薄片。名"柔鱼"者，正揭示其得名之由。

《广州语本字》卷四十一"海䖳"条：

"海䖳"者，水母也。俗读"䖳"若"折"。《本草纲目》："海䖳，南方讹为海折，闽人曰䖳，广人曰水母。无口，腹下有物如悬絮，浸以石灰矾水，去其血汁，色遂白。"《韵会》："䖳"，陟驾切。

《广州语本字》卷四十二"人面子"条：

"人面子"者，树核似人面者也。《南方草木状》："人面子树，似含桃，结子如桃实，其核如人面，故以为名。"或写作"银练"，字之误也。

《广州语本字》卷四十二"黎朦"条：

"黎朦"者，果名也。俗读"黎朦"若"宁朦"。《广东通志》引《（公）［舟］车闻见录》："黎朦子，又名宜蒙子，又名宜母果，似橙而小，二三月黄色，味极酸，妇人怀姙不安，食之良，故有宜母之名。制以为酱，甘酸避暑，名解渴水。元吴莱《宜蒙（水）［子］解渴水歌》有'广州园官进渴水，天风夏热宜蒙（水）［子］'之句。"

按，宜母（宜蒙），即黎檬，同柠檬同属。一般认为"柠檬"是外来词，乃拉丁语 limon 之译名，但中国早有"宜母""宜蒙""黎檬"。中英词源都可以继续研究。

《广州语本字》卷四十二"酸紫"条：

酸紫者，紫榆也。俗读"紫"若"枝"。《舟车闻见录》云："紫榆，来自海舶，似紫檀，无蟹爪纹，刳之，其臭如醋，故又名酸紫。"

《广东方言·释饮食》"餈"條：

餈读慈，以糯米粉作饼曰糯米餈。《说文》："餈，稻饼也。"荔枝有名曰糯米餈者，言其肉多，状类糯米餈也。

《潮汕方言》卷十六《释草木》"芋卵"条：

小芋，俗呼芋卵。案，物之大者称"头"，如乌头、菜头、芋头是也，小而圆者称"卵"，如石卵、涂卵、卵蒜、芋卵是也。《古今注》："卵蒜，俗谓小蒜。"《夏小正》："十二月，纳卵蒜。"小芋，形小如卵，故云。（《诗》："君子攸芋。"谓芋头也。）

《潮汕方言》卷十四《释鸟兽》"老鹰婆"条：

鹰，俗呼"老鹰婆"。案，物之大者，俗每冠以"老"或"婆"字，如老虎、老虫、老石斧是也。婆，《说文》："奢也"，于"奢"下则云"张也"。鹰奋翼时委实有张大貌，故称曰婆，义实允当。俗凡张大呼"婆"者，不一而足，如蝠婆、蛤婆、畚箕婆、大耳婆、双手婆婆。甚至呼老妓为老娼婆，岂不谑而尤虐。

《潮汕方言》卷十五《释虫鱼》"蝠婆"条：

蝙蝠，俗呼"别婆"，应作"蝠婆"。案，蝠，从畐声，"逼""别"双声。蝙蝠呼"蝠"，省去"蝙"字，与胡蝶称"蝶"，同一语例。然继以"婆"者，因"婆"字义有张大貌。《说文》："奢也。""奢"解作"张"。蝠之张翼，其形奢大，故以"婆"当之。"老鹰婆"其前例也。

按，"物之大者称'头'"，"俗凡张大呼'婆'"，此释理据，且归纳出系列事物方言词命名理据的规律，有自觉研究之意识。

五　方言辞书中的服饰词语

各地皆有服饰，岭南又有特色。《广东方言》有"释衣服"一类，可见该类别方言词之多，也间接反映出岭南服饰文化之丰富。例如：

《广东方言·释衣服》"汗衫"条：

　　《古今注》："汗衫，三代之衬衣也。"《礼》曰"中单"。《灸毂子》："燕朝衮冕，有白纱中单，有明衣，皆汗衣之象，以行祭接神。至汉与项羽交战，汗透中单，改名汗衫。"贵贱通用。

《广东方言·释衣服》"襱"：

　　襱读若碌上声。凡穿单衣袴而无内衣者，谓之通襱，如通襱衫、通襱袴之类。《说文》："襱，袴踦也。"《急就篇》注："袴之两股曰襱。"

《客方言》卷七《释服用》"裤脚客谓之裤桶"条：

　　桶，当为"裥"声转也。《说文》作"襱"，云："绔踦也。"《方言》："袴谓之襱。"注："音鲷。"字又作"裥"。"无裥之袴谓之襣。"郭曰："即今之犊鼻裈也。"按今无裥者谓之牛头裤。绔踦之称，今亦犹古。

《潮汕方言》卷十《释服》"衫裥"条：

　　衣服式样，有大裥、直裥、缺裥之异，俗语呼"裥"，临文则写为"襟"。讵知"襟""裥"有异。襟指襟裾，裥则指内外襟连连迭，洞然如筒之处也。（外襟加于内襟，成裥。外襟为外裥，内襟为内裥。）案，扬子《方言》："无裥之袴谓之襣。"（郭注："袴，无踦者，即今之犊鼻裈。"裥，亦"襱"字之异耳。）又曰："袴，齐鲁之间谓之襦，或谓之襱。"（郭注："俗呼袴踦为襱。"音乌同。）《释名》："裈贯两脚，上系腰中也。"《急就篇》颜师古注："袴，合裆谓之裈。即俗所谓库桶。"（袴套，状如筒，亦呼库桶。）因成库桶，始可贯穿两脚，而成筒状，因谓之裈。
（《史记》："司马相如自着犊鼻裈"，裴骃集解：韦昭曰："今三
尺布，形如犊鼻。"辉东以为即通底裤，又如渔人之围腰裙，贫
贱人之所着也。）辉东案，裈为裤裈，本与衣无关，夫衣而曰
"裍"者，因衣之内外襟在纽之连缀处，有似筒状，故其名耳。

按，"襱""桶""裈"音转义同，粤、闽、客家方言均有此词，
乃承古而来。

六　方言辞书中的音乐词语

音乐是听觉艺术，用方言词记录下来的只是艺术内容中的极少一
部分。岭南音乐有广东音乐、潮州音乐和客家音乐三大乐种。《广州
语本字》与《广东方言》中就有不少关于广东音乐的词语。例如：

《广州语本字》卷十八"拍板"条：

拍板者，节乐器也。俗谓之测板。《野记》云："用坚木三
片，束其二，以一片拍之，所以节器乐也。"俗以拍板之声测测，
因名之曰测板。此犹铙之声茶茶，遂名之曰茶，或曰大茶。钹之
声妑妑茶茶，遂名之曰妑茶。海青之声的的打打，遂名之曰的
打也。

《广东方言·释器具上》"木鱼"条：

招子庸创粤讴，时人目为南音，唱板眼者，每持龙舟沿门唱
之，号龙舟歌，又谓之木鱼书。王渔洋广州《竹枝词》："疍船争
唱木鱼歌。"按蛋有三种，蚝疍、木疍、鱼疍，木鱼歌者，即木
疍鱼疍之歌也。

按：《广州语本字》所记乐器方言词，《广东方言》所记木鱼歌，都有具有浓厚岭南气息的名称。明末邝露《婆猴戏韵学宫体诗》："琵琶弹木鱼，锦瑟传香蚁。"又，《清稗类钞·粤人好歌》："讴之长调者，如唐人《连昌宫词》《琵琶行》等，至数百言千言。以三弦合之，空中弦以起止，盖太簇调也，名曰摸鱼歌，或如妇女岁时聚会，则使瞽师唱之，如元人弹词曰某记。"明清时木鱼歌在岭南已极为成熟，是岭南音乐的代表之一。

（曾昭聪：暨南大学文学院中文系教授）

封开语言文化资源的保护与传承*

侯兴泉

封开是一个语言（方言）文化资源丰富的地区，现在仍通行使用的语言包括汉语方言和少数民族语言。境内流传最广的汉语方言是粤语，分南北两大片（南部封川话，北部开建话），同属粤语勾漏片。南部平凤、江川、渔涝、河儿口等镇还有数千人讲客家话。北部长安、金装、莲都和河儿口有七八千人讲标话（又称豹话），标话是一种深受周边汉语方言影响的少数民族语言，属于壮侗语族侗水语支。历史上封开还有壮、瑶等少数民族居住，现在已无集中居住的壮语和瑶语居民，只有部分壮族、瑶族的底层词或底层读音还保留在现今的汉语方言当中。

封开先秦时期是西瓯越人聚集的地区。秦汉以降，遂成为岭南开发最早的地区之一，两汉时期封川梧州一带是岭南首府——广信所在地。因此封开及周边地区的语言和方言历史也非常久远，她既是壮侗民族语言最早形成的区域之一，也是岭南最有影响力的汉语方言——

  * 此文为国家社会科学基金青年项目"汉语方言分区语音特征的层级和主次研究——以粤桂毗连地区汉语方言区片划分为例（12CYY008）"和"暨南大学创新资金启明星项目（15JNQM024）"的阶段性成果。

粤语最早形成的区域之一。因此，封开的语言或方言在历史上对周边语言或方言的影响是很大的。语言是文化的载体，语言本身也是一种文化。因此无论是探讨历史上的广信文化，抑或是探究今天的封开文化，都不应离开封开的语言以及被这种语言所塑造的人群泛泛而谈。需知一切文化皆由人来创造，而每一个地区的人群其思维方式都会被这个地区的语言所塑造，从而打上了鲜明的语言烙印和民系特征。因此，语言和文化是密不可分的。虽然封开全县居民依然以使用地方方言或少数民族语言为主，但是我们也清楚地看到，个别语言或方言已成严重萎缩的态势，很多优秀的语言口传文化资源面临传承断代的危险。因此，保护和传承封开的语言或方言及其承载的文化也就成了一个比较紧迫的任务。2016 年，由教育部、国家语委主持的"中国语言资源保护工程"广东项目正式启动，首批计划开展调查研究的汉语方言当中就有封开方言，由此也拉开了封开语言文化资源保护和传承的序幕。本文就封开语言文化资源的保护和传承的相关问题谈谈自己的一些想法和具体的措施。

一 封开境内萎缩严重的语言和口传文化

（一）萎缩严重的语言或方言

封开境内萎缩严重的语言一种是封川城区的封川话，另一种是封开北部的标话。前者是汉语方言，后者是深受汉语影响的少数民族语言。

1. 封川城区话

封川原来是一个独立的县，最早建于隋开皇十八年（598），时改梁信县为封川县，以封川名县始于此。其后封川辖区分分合合，总的趋势是区域越来越小。1961 年封川县与开建县最终合并为封开县之后，封川降级为镇。后来江口镇和封川镇进一步合并，封川遂变成了江口镇下面的一个社区。由于老的封川县城跟新的县城逐渐融为一体，而新县城所在地江口镇是通行广州白话（带有一定的地方口音）的，因此封川城区话也快速向江口城区白话靠拢。据我们最近的调查发现，城区老一代人的封川话已明显受到广州话的影响，年轻一代（特别是 30 岁以下）大多数已经不大会讲封川话，平时主要讲县城白话。

2. 封开标话

标话主要分布在广东怀集县、封开县与德庆县交界地区，广西梧州贺州也有少部分人使用标话。标话是"汉藏语系侗台语族侗水语支的一种语言"①。封开的标话主要集中在北部的长安、金装、七星（今并入河儿口）、莲都等镇，人口大概有七千多人。由于封开标话一直以来都处在周边开建话或封川话的包围当中，因此无论是发音还是词汇都受周边汉语方言影响巨大。改革开放之前，由于讲标话人群的宗族观念很强，长辈一般都会要求后辈讲标话，后来随着外出打工的人越来越多，农村逐渐呈现空心化，小朋友学习标话的热情和动力逐渐削弱。加上传统宗族社会逐渐式微，长辈对后辈的语言学习逐渐持开放态度，使得标话的使用场合进一步减少。悲观地预测，再过两代人封开估计不会再有什么人讲标话了。

（二）传承困难的口传文化

封开有些方言虽然还没式微，但是以这些方言为载体的口传文化却面临失传的危险，比较典型的是封开各地的民歌，以及在民歌的基础上形成的采茶戏。

---

① 梁敏、张钧如：《标话研究》，中央民族大学出版社 2002 年版，第 1 页。

1. 封开民歌

封开民歌历史悠久，据《封开县志》[①] 记载，早在唐代武德元年（618）年，开建一带的群众便有祭社习歌的风俗。说明唐代封开民歌已经非常兴盛。封开境内的民歌种类众多：若依地域区分，则有开建山歌、文德山歌、罗董山歌、泗科（今大洲）山歌、都平山歌、平凤山歌等；若按语言来分，则有标话山歌、粤语山歌、客家山歌等；若按内容来分，则有送鸡歌、鸾凤歌、新娘歌（出嫁歌）、新屋歌、古人歌、何物歌、交情歌、哭丧歌、故事歌、采茶歌等；若以音乐形式来分，则有音乐伴唱的喃么歌以及清唱的各地山歌等。

以前，封开人民是无歌不欢。生个小孩满月要唱歌（送鸡歌），新居落成入伙了也要唱歌（新屋歌），平时劳作也唱歌（采茶歌），谈情说爱更要唱歌（交情歌），结婚摆酒要唱歌（鸾凤歌），人死了还得唱歌（哭丧歌）。可见唱歌是封开人生活的重要组成部分，学习知识、谈情说爱、举行重要典礼仪式等都要唱歌。但是现而今，想听封开山歌可就难多了！据说"文革"破四旧期间大批歌书被烧毁，老百姓说话都不敢乱说，更不用说唱歌了。加上改革开放以后，人口流出严重、社会生活和习俗日新月异、收音机和电视机大量普及、业余娱乐方式逐渐增多，封开已经越来越少人会唱民歌了！虽然最近几年随着人民生活水平的提高以及城镇化进程的推进，一批当年爱唱山歌的老年人重新集合在一起，成立山歌队等业余组织，在中秋、春节等节日期间举办山歌比赛或展演活动，但是传承问题依然堪忧，因为很少有年轻人愿意学或愿意唱了。以封开开建山歌会为例，该会有会员20 余人，最年轻的都已经 40 多岁了。

---

① 封开县地方志编纂委员会编：《封开县志》，广东人民出版社 1998 年版，第 778 页。

2. 封开采茶戏

封开采茶戏是在民间灯彩歌舞的基础上形成并用当地方言演唱，糅合粤剧的一些板腔与当地民歌相结合而形成的具有鲜明特色的地方剧种。封开采茶戏受粤剧和其他剧种的影响，吸收了粤剧一些锣鼓和表演程式，剧本分场次，以铺陈故事为主，形式简朴，道白、动作形同日常生活。传统剧目以本地传说、日常劳动生活和男女相悦等故事的连台本戏为主，俗称"连戏"。舞台背景固定为家堂景、中堂景、庙堂景等几种，并将其类似挂历一样连接起来，演出时可根据剧情需要将其翻动就可变动背景。唱腔音乐则以山歌小调为主，唱腔分为采茶调、小调二大类，共有 42 种曲牌（常用的 16 种）；根据感情色彩，又可分为喜、怒、哀、乐 4 类。曲体结构为七字句式和四句式，演员根据唱词内容自由处理唱腔的情绪和节奏，唱时有打击乐和弦乐伴奏。伴奏乐器分左、右场，左场为二胡、扬琴、琵琶、三弦、唢呐、笛子等管弦乐，右场为锣、鼓、镲、钹、木鱼等打击乐。脚色行当分生、旦、丑三行，表演比较粗疏，只有简单的步法和手法，以唱述故事情节为主。演出时生、旦、丑三行全体先出场引唱，致祝福词和介绍剧情提要，接着正戏开场，终场再全体礼唱拜别。

封开采茶戏形成的历史并不长，只有 160 多年的历史，主要通过家族和师徒之间传承。虽然 2015 年已成功申请为省级非物质文化遗产，但是传承问题依然堪忧。一是生活形态发生了变化，人们的审美趣味也发生了改变，越来越少人喜欢听采茶戏了。二是年轻人学习的动力不足，传承困难。因此，封开采茶戏应充分利用成功申报省级非物质文化遗产的契机，加大宣传，特别是在中小学中的广泛传播，在演好传统剧目的同时也新编一些紧跟时代符合当下群众审美趣味的新剧，通过提升自身的实力来吸引一帮爱好者和热心人士，共同做好封开采茶戏的传承和推广工作。

二 封开语言文化资源的收集整理与保存

要保护封开境内丰富的语言文化资源，首先要对封开境内的语言文化资源进行广泛的收集和整理，并利用现代化的多媒体技术将其有效的保存下来。一方面可以邀请语言学专家来对封开境内的语言文化资源进行系统的普查，对相关的资料进行全面的收集与整理。另一方面也可以动员广大群众帮忙收集跟封开方言相关的语言和以语言为载体的口传文化资料，然后交给县里的相关部门或机构（譬如博物馆、县志办或文化局）保管。

（一）专业的收集整理与保存

语言文化的调查需要系统专业的知识做支撑，因此应邀请语言学界的专家对封开境内的汉语方言和少数民族语言进行系统深入的调查和研究，对每一种语言或方言的字音、词汇、句子、话语以及相关的熟语、故事、诗文、歌谣、曲艺、戏剧等展开全面深入的调查和研究，同时收集跟这个方言相关文本资料（如地方志、论著、工具书、手稿等）和图像资料（如语言文化活动或相关物品的照片），并运用现代多媒体技术把这些材料根据各自的媒体类型和技术指标要求保存好。

（二）其他方式的收集整理与保存

除了邀请专业人士对封开境内的语言文化资源进行普查存档之外，还应广泛发动县镇各级机关和人民群众参与到这项工作中来。这方面可以参考东莞市政府的一些做法。2014年初，东莞市档案馆正式启动东莞方言建档工作，计划用三年时间，完成东莞方言的建档工作。一方面，东莞市档案局将市政府同意实施的《建立东莞方言档案工作实施方案》同步印发给各镇街和各相关单位贯彻执行。另一方面，他们邀请了中山大学中文系方言学专业的团队来完成东莞方言的全面调查工作。同时还广泛发动群众，让群众参与到资料的收集与提交工作中来。为了方便对专家、各级机关单位以及群众调查收集上来的资料进行有效的管理和展示，东莞市档案局还邀请了暨南大学汉语方言研究中心的技术团队帮其建设"东莞市方言档案管理平台"，各级单位和个人可以直接通过这个平台上传跟方言相关的各类文本、图片、音频和视频资料。笔者参与了该项目的论证及技术平台的建设工作，认为像东莞市政府这种由一个单位主导、其他单位配合、专家和群众广泛参与的语言文化资源调查和收集模式效率是很高的，质量也可以得到保证，值得各地借鉴和学习。

三　封开语言文化资源的展示与传播

对任何一种语言及其相关的口传文化而言，使用和传播是最好的传承方式。封川城区话、封开北部的标话之所以萎缩严重，最关键的一点是使用人口越来越少。因此，在调查、整理、保存封开语言文化资源的基础上，要利用多种途径对其进行展示、传播和推广，使更多的人了解、学习、研究并传播其中的精华。具体可从研究和普及等方面加大展示于传播的力度。

（一）进一步加强学术研究，扩大封开语言文化在社会各界的
　　　影响力

自从叶国泉和罗康宁在《粤语源流考》① 中提出粤语形成于西江中部（以古广信今封开为中心的一片地区）这一观点之后，封开境内的语言和方言开始引起学界的关注。随后罗康宁在《封川话浊塞音声母初探》②《粤语起源地新探》③《广信：粤语起源地》④ 这三篇文章中反复论证封开是粤语起源地这一观点。李连进在《勾漏片的方言归属》一文中指出勾漏片方言、平话和土话是一种方言，并且认为它们应该存在过权威代表方言，他认为这个古代南方方言的权威代表点应该就是当时的广信话。李文指出："当时作为岭南首府语言的广信话是一种源头性的权威性代表方言，它凭借其政治、文化、经济、交通诸优势，以当时最为重要的几条江河交通路线为途径向今两广、海南、湘南、越南等广大地域扩散、辐射，形成了今平话、土话，勾漏片等方言。"⑤ 当然学界也有不同的意见，譬如甘于恩在《粤语多源论》中就质疑叶、罗（1995）的观点缺乏充分的事实根据和严谨的论证，他们认为"粤语并非形成于一个特定时期和特定地点，而是随着不同时期的汉族移民由不同路径进入粤地，逐渐形成的，这点是显而易见的"。⑥ 网络上类似甘先生这样的质疑也有不少，但是叶、罗

---

① 叶国泉、罗康宁：《粤语源流考》，《语言研究》1995 年第 1 期，第 156—160 页。
② 罗康宁：《封川话浊塞音声母初探》，《岭南文史》（封开文史专号）1996 年第 4 期，第 35—36 页。
③ 罗康宁：《粤语起源地新探》，《西江大学学报》1998 年第 2 期，第 28—32 页。
④ 罗康宁：《广信：粤语起源地》，《封开广府首府论坛》，中国评论学术出版社 2011 年版。
⑤ 李连进：《勾漏片的方言归属》，《民族语文》2005 年第 1 期，第 34—41 页。
⑥ 甘于恩：《粤语多源论》，《学术研究》2008 年第 8 期，第 147—151 页。

（1995）以及罗康宁后续的系列文章无疑引起了人们对以封开为中心的西江流域的历史、考古、文化和语言等方面的广泛关注，从这个意义而言他们对推动封开粤语的研究是起到了重要作用的。自此之后，研究封开境内语言与文化的论著就不断涌现，具体可参看侯兴泉在《粤语勾漏片封开开建话语音研究——兼与勾漏片粤语及桂南平话的比较》绪论部分①的总结和评述。

虽然学界对封开境内的语言（方言）文化已有不少的研究成果，但是仍有许多问题值得研究与讨论。譬如，现在的封开方言究竟还有多大程度保留有汉唐以来古汉语的特征？封开境内的粤方言和少数民族语言标话之间是如何相互影响和相互吸收的？封开的口传文化诸如民歌、戏剧跟其他地区的民歌和戏剧有何区别和联系，它在历史、民俗、文学和艺术方面的价值体现在哪？这些问题无论是对于论证粤语的起源，还是讨论早期岭南汉语与少数民族之间的接触关系，抑或讨论封开地区的民俗文化都具有非常重要的价值。学理的探究和论证对扩大封开语言文化在学界、政府和民间的影响力是毋庸置疑的。

（二）建立语言文化展示平台，让更多的人了解封开的语言
　　　 文化资源

在充分调查和研究的基础上，还需建立相应的实体和网络平台，对封开境内的语言文化资源进行集中的展示与推广。广东省珠江文化研究会曾倡议封开兴建"粤语展示室"②，该提议得到封开县委的高

---

① 侯兴泉：《粤语勾漏片封开开建话语音研究——兼与勾漏片粤语及桂南平话的比较》，中西书局 2016 年版，第 6—12 页。

② 广东省珠江文化研究会：《在封开"兴建粤语展示室"初步方案》，《封开广府首府论坛》，中国评论学术出版社 2011 年版。

度重视，计划在新建的博物馆中建立一个专门的粤语展示室。我们觉得单是展示封开粤语的成果还不够，应该对封开境内所有语言文化资源的精华部分进行集中展示。贺州学院业已建成全国首家实体语言博物馆，封开在语言展示室建设方面可向他们取经。为了适应新时代的发展，除了建立专门的语言实体展示室或博物馆之外，还应打造专门的网络平台，把专家和群众收集整理和保存的语言文化资源经过加工之后放到网络平台上供大家阅读和传播。侯兴泉、彭志峰（2016）曾以暨南大学汉语方言研究中心方言文化室开发的"方言文化网"（dac. jnu. edu. cn）为例，详细介绍了利用网络平台来开展语言（方言）文化调查和传播的理念和实践，以促进语言（方言）文化资源保护和传承事业的发展。①

（三）编写相应的乡土教材，激发中小学生对封开语言文化的
　　　热爱之情

儿童是地区发展的未来，地方性的语言文化若想不至于断根绝脉，地方宣传和教育部门需要高度重视中小学生的母语教育及乡土乡情教育。很难想象一个没有母语也没有地方情怀的人会愿意回到封开来发展，更不用指望他能对家乡的事业发展做出贡献。以前在中小学的推普工作做得有点过头了，把普通话和方言或少数民族语言有意无意地对立起来，这是不对的。最近回乡看到自己好几个朋友的小孩跟别的小朋友在一起的时候居然是用普通话来沟通的，这让我很是震惊，不难推测现在地方学校的普通话教育一定是太过了。推普主要是为了方便全国各族人民之间的沟通，绝不以消灭方

---

① 侯兴泉、彭志峰：《基于网络平台的语言（方言）文化调查与传播——以"方言文化网"为例》，《黔南民族师范学院学报》2016 年第 1 期，第 33—37 页。

言或少数民族语言为目的。这次全国范围的"中国语言资源保护工程"由教育部语委来主办，就是对以往工作的纠偏和重新认识。另外，大力发展地方文化跟弘扬主流文化之间也并无冲突，而是相互补充的。地方语言是地方文化的根底所在，因此以地方语言文化为纲，编写相应的乡土教材来辅助地方中小学生的业余学习，这对激发地方儿童对母语方言的热爱，主动传承和推广家乡的口传文化无疑是非常关键的。

（四）鼓励和引导方言类节目的创作，让地方语言文化活起来

以前国家和地方政府对地方方言和地方文化是不大重视的，甚至存在不同程度的打压。现在政府转变观念了，开始重视传统文化和地方文化的建设。在推普已成共识的时代背景下，地方政府及其下属的各大部门已没必要再去强调推普及普通话节目的重要性，反而应该鼓励和引导当地群众多创作能够反映地方特色的语言或方言类节目的发展，一方面使其更好地为地方群众服务，另一方面也可起到很好的宣传地方的作用。近几年方言综艺类节目不断升温，湖南卫视的"越策越开心"、江苏卫视的"江苏方言大赛"、南方卫视的"谁语争锋"、爱奇艺和尚众传播联合出品的"十三亿分贝"等方言类综艺节目无论是收视率还是社会影响力都取得了很好的效果。封开县委宣传部主办的"老古董讲古"对于推广封开的地方文化（包括语言和口传文化）也起到了很好的社会效果。今后县委下面的宣传、教育、文广等部门可多主办类似的活动，或出台相关的文件鼓励和引导地方群众主动参与到封开语言文化的创作和制作中来，用一个个优秀的语言或方言类作品使封开的语言文化"活"起来。

四　结语

封开是一个语言（方言）文化资源丰富的地区，境内的汉语方言和少数民族语言的历史都非常悠久，具有很高的学术研究价值和文化应用价值。但是由于城区的变迁和社会的快速发展，封开境内也有一些重要的汉语方言（如封川城区话）和少数民族语言（如标话）开始严重萎缩，并有消失的危险。本文倡议对封开境内的语言文化资源进行全面的普查，并对萎缩严重的语言及口传文化资源进行重点的调查整理和保存。通过加强学术研究、建立语言文化展示平台、编写相应的乡土教材、创作方言类节目等手段或方式来传播和推广封开境内的语言和文化，让更多的人认识封开语言文化的价值与魅力，激发其本地儿童对自己母语及家乡的热爱，让地方的语言文化得以发扬光大，继续为地区人民群众服务。

（侯兴泉：暨南大学语言资源保护暨协同研创中心副主任，副教授）

贺江广西段语言分布与语言博物馆建设

邓玉荣　　廖祖平

　　贺江是西江的重要支流，历史上是潇贺古道南端连接南北的重要交通线。贺江流域是古广信的核心地区，地位十分重要。现贺江上游是广西壮族自治区贺州市的富川县、钟山县、平桂区、八步区，下游是广东省的封开县。从古至今贺江两岸是多民族、多族群的聚居地，百越文化、中原文化、湘楚文化在此碰撞交融，多元文化在这块土地上呈现出百花齐放的盛况。表现在语言方言上，贺江上游广西段的贺州市呈现出语言与方言品种众多，方言内部差异大的局面，是全国少有的语言多样性与语言资源富集地区，简直就是一个天然的语言博物馆。在这只有 1.18 万平方公里，220 多万人口的土地上，语言方言种类共计有 9 种，其中土话、粤语、客家话、西南官话（桂林话）、湘语（宝庆话）、闽语 6 种为汉语方言，各种名称的汉语次方言有近 30 种；有壮语、瑶族勉语和标话 3 种少数民族语言，这就为建设实体性的语言博物馆保存语言文化提供了丰富的资源条件。

一　贺州的语言

（一）汉语方言

1. 粤语

贺州的粤话大体分为两大部分，一部分是本地话、六州声、铺门话、梧州话、钟山话土话等是产生于贺州本土的方言，是最早的粤语之一部分。由于这些方言的性质在学术界尚有争议，有时把他们划归十大方言的"土话平话"。贺州市土话人口约有 130 万人。本地话、土白话分布在昭平、八步、平桂等县区，六州声主要分布在八步区信都一带，钟山话分布在以董家垌为中心的钟山县境内，梧州话分布在富川县中南部，铺门话又叫封阳话，分布在八步区南部以铺门为中心的信都平原。处于南岭中段的贺州，历史上湘漓、潇贺等多条古道贯穿其中，是历代北方移民南下的主要通道。秦汉时期北方南下汉族移民带来的汉语与岭南百越民族的语言结合形成了早期的粤语，贺州这片土地是早期粤语形成地之一部分。古百越语言已难以寻觅，而今本地话等粤属方言就是贺州这片土地上产生时间最早、使用人口最多的语言。古广信曾是岭南的政治中心，古粤语在古广信地区发展成为古代四大汉语方言之一的广信方言，广信方言曾对周边语言产生过重大影响。随着唐代以后岭南政治中心的东移，广信方言也随之式微。广信方言的历史面貌如何，就成了千古之谜。贺州地处古广信的腹地，本地话、土白话、六州声、钟山话、富川梧州话、铺门话等各具特色。这些粤属方言都是由古广信方言直接传承下来的，它们身上都流淌着古粤语与广信方言的基因，他们与分布在广东西部的各种存古成分较多的粤语一样，是解读与研究古广方言的现实依据。本地话、土白话、六州声上去入都分阴阳，与中古汉语有着整齐的对应关系。钟山话、富川梧州话处于粤语的边缘，受土话与湘语的影响，入声正在弱化消失，音系变得很简约，并逐步向混合方言发展。铺门话无疑是粤语中非常特殊的一种次方言，它由历史上东来的移民语言与本地居民语言叠加而成，其复杂的韵母系统在勾漏粤语中尤为突出。

贺州粤语的另一部分是近代才陆续迁入贺州的开建话、封开话、广宁话、怀集话、阳山话、街话、连滩话、白话。开建话来自广东旧开建县（今封开县南丰等），主要分布在贺街、大宁、仁义、开山等乡镇，只有 1500 人左右。封开话来自封开，主要分布在灵峰乡，人口 2300 多人。广宁话分布在贺州、步头、莲塘、仁义、灵峰等乡镇，人口约 3600 人。怀集话来自广东怀集，主要分布在灵峰乡，人口约 3000 人。街话来自广东鹤山，主要分布在昭平县黄姚镇街上，因而称为街话，人口约 3500 人。阳山话来自广东阳山县，主要分布在昭平的黄姚、樟木林，钟山县的清塘等乡镇，人口约 3 万。连滩话来自广东郁南连滩镇，主要分布在昭平县黄姚镇，人口约 6500 人。白话是清末至抗战时期从广东西迁的商人或难民带来的，主要分布在八步街等城镇，人口约 4 万。开建话、封开话、广宁话、怀集话、阳山话属粤语勾漏片，街话实际是鹤山话属粤语四邑片，连滩话与白话属粤语广府片。

2. 土话

这里说的土话，指的是贺州一些混合型方言，包括都话、鸬鹚话、湖广话等。

都话是潇贺古道上很有特色的一种汉语次方言，主要分布在贺江上游富江边，中游的八步区也有分布。"都"是明代的行政区划名称，一个都的地域大小大约相当于现在一个乡镇，富川北部原属七都、八都、九都，人们把这里的人讲的话叫作七都话、八都话、九都话，统称为都话。八步区的八都话、九都话与富川县的都话名称相同，也属同一种汉语次方言，这完全是一种偶合。都话是古楚语成分浓厚的混合型方言，是由湘南扩散过来的。富川及钟山有的平地瑶民也有一部分讲这种混合型汉语方言，他们称之为"瑶家话、瑶话"。

都话的声韵调都异常简约，韵母比粤语少了差不多一半，声调也只有五六个，比广州粤语九个声调也少了差不多一半。阳声韵也只有 n 和 ŋ，没有了 m。这与她长期受官话的影响有关。都话保留了不少特别的古语词，外人初来乍到真是怎么也听不明白，如富川都话把"床"叫作"桃"（同音字），其实这是一个很古老的楚语词，汉代语言学家扬雄《輶轩使者绝代语释别国方言》卷五"床……南楚之间谓之赵……"郭璞注"赵当作桃声之转也"，这个词保留了汉代楚语的说法。《晋书·惠帝纪》"及天下荒乱，百姓饿死，帝曰：何不食肉糜"，说的是一个不体察民情的昏君，老百姓要饿死了，还不明白老百姓为什么不吃"肉糜"，"肉糜"就是肉粥。"糜"这个词作为"稀饭""饭"的意思在共同语及各地的方言中已经很少见了，而贺州都话里还很常用，读音为［ma］或［mo］（阴平），"吃糜"就是吃饭，做饭叫"煮糜"。在富川九都话里一般没有"红"这个词素，与"红"意思相关的地方都叫作"赤"，如"赤云"就是红云，"赤枣"就是红枣。九都话没有"看"这个词，凡是看的意义都用"觑"。"觑水"是看田水，"觑病"是看病，"好觑"是好看，"恶觑"是难看，"觑得起"是看得起。把"蛋"叫作"丸"，"鸡蛋"叫"鸡丸"。把鸟、兽、人的嘴都叫作"咮"，如："咮唇皮"就是嘴唇皮，"漱咮"就是漱口，"争咮"就是吵架，"叠咮"就是讲话结巴。其他各种汉语次方言都各有特色。

湖广话族群大约于清康熙年间从湖南宜章等地迁来，在贺州有莲塘镇新莲行政村欧屋、大宁镇李屋、鹅塘镇盘谷行政村将军冲等几个小小的方言孤岛，人口约 2000 人。

鸬鹚屋村民所讲的话当地叫作"鸬鹚话"。鸬鹚话分布在贺州市八步区八步镇厦良村委下属的鸬鹚屋自然村。该自然村位于贺州市近郊贺江南岸边上，距市中心约 5 公里，总人口只有 324 人，全部讲鸬鹚话。另外同在贺江边上距鸬鹚屋村约 25 公里水路的莲塘镇古柏村也有几户人家讲鸬鹚话。两处讲鸬鹚话的总人口不到 400 人。

3. 客家话

客家话又称"麻介话"，进入贺州时间只有 200 年左右，贺州客家话根据来源地的不同，又分为五华声、河婆声、河源声、长乐音等数种，贺州各县区都有分布，讲客家话的人口近 50 万。客家人"宁卖祖宗田，不丢祖宗言"的母语情结，使客家话具有强劲的生命力。作为客家文化的载体，其词汇丰富，语音特别，在贺州客家话是强势方言，一些非客家人也会讲客家话。

4. 西南官话

西南官话作为强势语言随着戍边的官兵大约于明代进入广西，主要通行于以柳州、桂林为中心的桂中桂北地区，所以在广西人们又把西南官话称为桂柳话，在贺州又叫官话、桂林话、讲官、正字、贺街话，分布在富川、昭平、钟山、八步等地，人口约 16 万在没有推广普通话前，西南官话就是共同语，它对周边语言产生了极大的影响。在贺州特别是贺州北部，不少讲其他语言与方言的人会讲桂柳话。

5. 湘语

湘语在贺州有两支。一支是宝庆话，宝庆话族群大约于明朝后期从湖南宝庆府（今邵阳一带）迁来，主要分布在富川县北部的朝东镇、钟山县花山乡，人口约 3400 人。

6. 闽语

贺州市闽语分布在八步区信都镇平龙村和昭平县樟木林乡樟林村 2 个村，共 900 多人。

（二）少数民族语言

除了丰富多样的汉族方言，少数民族语言为贺州语言传奇增添了神奇的色彩。虽然历史上岭南是百越语言的故地，但贺州现有少数民族语言居民从其谱牒考证，都是中古以后迁入的，贺州这块神奇的土地上繁衍着以下的少数民族语言。

1. 壮语

壮语属于壮侗语族壮泰语支，随着壮族从桂西东迁而来，时间在明代，壮语也就成了贺州语言传奇的重要组成部分，人口约 5.6 万人，形成了大大小小的壮语方言岛，其中最大的一片在八步区南乡。这些方言孤岛有的正逐步受周边语言侵蚀改讲了其他方言，或变成了多语区。

2. 瑶族勉语

勉语属苗瑶语族瑶语支，作为瑶族语言之一进入了贺州，时间大约在宋代。历史上瑶族人口在这边土地上的比例要比现在大得多，瑶族语言对贺州的本地话产生过重要的影响，贺州不少地区本地话心母字读 [f] 声母，就是受勉语影响的结果。瑶族师公的经书用汉字传抄，汉瑶语言中已你中有我，我中有你。进入近代，勉语人口逐步减少，迁居平地的瑶民已改讲汉语方言，至今贺州勉语人口只有 4 万人左右，主要居住在大桂山与萌渚岭山地。

3. 标话

标话作为汉藏语系壮侗语族（侗台语族）侗水语支的一种少数民族语言，主要分布在平桂区沙田镇桥头、大盘、桂山、芳林 4 个村委会的少数自然村。他们从怀集诗洞迁来才 200 多年，现在只有 700 多人。当地人称为"怀集声"或"怀集话"，他们在家讲标话，外出讲其他语言，作为一种少数民族语言存在于贺州，长期以来不为人所知，其神秘面纱直到近年才被人撩开。

二 贺州学院语言博物馆建设

语言是文化的载体，贺州丰富的语言资源蕴含着丰富的地域文化。以贺州语言及方言为载体的戏曲歌谣等文化现象是中华文化宝库极具地方特色的一部分，有的列入了各级非物质文化遗产保护名录，其中用"梧州话"传唱的"蝴蝶歌"是国家非物质文化遗产项目，其旋律曾为中央人民广播电台使用。最近中央电视台的中国民歌大会上，用梧州话演唱的"蝴蝶歌"受到了热捧。按照联合国教科文组织划分的语言濒危状态标准，贺州的语言与方言大多处于不同级别的濒危状态，急需及时记录、保护与研究，如果"梧州话"消失了，"蝴蝶歌"就不复存在了。为了保护与保存贺州丰富的语言资源，我们建立了贺州学院语言博物馆，采录与保存贺州的语言文化，博物馆已经在 2016 年 4 月 15 日正式揭幕开馆。

建馆宗旨：保护保存地方特色语言文化，使博物馆起到语言文化展示、语言文化传习、语言文化知识教学等多方面的功能，为促进学校相关学科建设、科学研究、人才培养，与已经建成的学校族群文化博物馆一起作为贺州市旅游参观的一个景点为社会服务。

馆场分布：全馆分六个板块，其中展厅面积168平方米，专用录音室约50平方米，另加专用100座语言教室1个，研究与办公用房约100平方米，总共400多平方米。

第一板块：序厅。包括前言及馆名。

第二板块：语言分布图及说明展示区。展示全国语言分布地图、广西语言分布图、贺州语言分布图等共15幅语言地图，每幅图的说明文字约500字左右。

第三板块：电子音像展示区。通过电脑触摸屏查看及播放语言及方言的音像，触摸电脑6台；其中一台大型投影播放供团队参观点播，其余用耳机点播，相互不影响。展示内容包括：

1. 贺州的语言及方言。这是主要部分现已经录制了贺州语言方言资料近十种，但还不完备，今后不断调查录制补充，争取在2—3年内把贺州主要的语言与方言都采取完毕，今年不断补充。

2. 广西的语言及方言。现在主要是把中国语言资源保护工程所采录的每县一点的资料作为馆藏内容。

3. 全国的语言及方言。从语言资源保护工程中获取，作为馆藏内容

第三板块：与语言相关实物及研究成果展示区。展示与语言相关的实物及语言研究成果，展示内容包括：

1. 贺州与语言相关的手抄文献，拓件。

2. 本校研究团队成果（纸质成果，著作、论文）。

3. 校外专家研究贺州及周边语言成果（纸质成果，著作、论文）。

4. 国内外专家给博物馆的赠书。

第四板块：录音室与语言方言体验区。已经建成了一个约 50 平方米的专用录音室，与另一间约 100 平方米的专用语言教室相连。参观者可在录音室留下自己的母语。按照设定的例字、例词、例句录音，扩展摄录儿歌、民间故事等语料。这一区与语言方言体验区相配合，设电子地图，地图以行政村为最小单位点，每录下一个点的方言或语言，可在地图上标示并可通过触摸电脑点播。这个地图正在建设中。

今后的设想，设立语言文化生态保护点展示区（展示这些点的图片及音像）：

① 铺门话语言文化生态区保护区：八步区铺门镇福塔村。

② 都话语言文化生态保护区：富川瑶族自治县朝东镇秀水村。

③ 鸬鹚话语言文化生态保护区：八步区河南街道鸬鹚屋村。

④ 钟山土话语言文化生态保护区：钟山县石龙镇松桂村。

⑤ 梧州话语言文化生态保护区：富川县莲山镇大莲塘村。

⑥ 多语多方言接触融合语言文化生态保护区：平桂区鹅塘镇芦岗村（壮瑶汉杂居，许多居民会 5—6 种以上的语言或方言）。为保护点编写语言文化册子，与传习当地非物质文化遗产相结合传习语言文化。

（邓玉荣：贺州学院文化与传媒学院教授；廖祖平：贺州学院图书馆副馆长，新华社签约摄影师）

明清澳门传教士与民间文化交流

——以印刷出版业为例

刘岭峰

从澳门教区派往大陆的传教士，经过罗马教廷严格挑选和培训，除了熟悉《圣经》、能主持宗教仪式之外，不少人具有较高的自然科学水平，或掌握一定的制造技术，或懂医术，或对于数学、天文、历法、化学、博物学、绘画、音乐有所研究；大多数具有良好的语言天赋，对宇宙、地球的认知建立在一个科学的体系内。

传教士把最先进的印刷设备和技术带到了澳门。在印刷材料、机械改造、工艺流程到经营运作理念等方面都对内地传统印刷业带来了巨大冲击，使中国古老的印刷术和出版市场发生了一场革命。这场技术革命，从澳门流传至广州府，继而波及上海、京城。中国近代报业和出版业得以迅速形成和壮大，离不开早期传教士们做出的贡献。

一 澳门：明末—清中叶，西方传教士进入中国唯一的门户

葡萄牙人定居澳门，中国封建王朝并没有被迫与葡萄牙国订城下之盟。澳门，是中国土地上唯一一座通过非战争手段建立的西方移民城市。

澳门从开埠直到鸦片战争爆发的 300 余年里，中国封建王朝对澳门葡萄牙人始终保持着强有力的威慑力。广东省、广州府、香山县都能够对澳门行使有效吏治。中山县在澳门海关设县丞衙署，处理华夷口角纠纷，距离澳门 20 里的前山有同知都司驻扎，稽查控制。① 澳门总督府与粤省地方保持着一种宁静、友善、合作的关系。荷兰军队进犯南海，企图攻占广东沿海岛屿村落，澳门葡萄牙军人与中国水师民众一道，抗击荷兰人的进攻，保卫澳门。史料记载，澳门葡萄牙兵舰还经常应广东水师邀请，联合清剿横行在近海抢劫商船、洗劫海岛居民的倭寇与海盗。② 中国皇室对澳门的葡萄牙商人、传教士很信任。康熙皇帝曾称"西洋人自利玛窦到中国，二百余年并无贪淫邪乱，无非修道，平安无事，未犯中国法度"③。

康熙皇帝在平定台湾、海防安定之后，于康熙四十六年（1707），派钦差大臣到广东，传旨粤督抚："见有新到西洋人，若无学问，只传教者，暂留广东，不必往别省去；若西洋人内有技艺巧思，或系内外科大夫者，急速著督抚差家人送来。"五十七年又谕："西洋来人内若有各样学问或行医者必着速送至京城。"④

清朝档案记载，康熙朝一朝由澳门入境的西洋传教士络绎不绝。耶稣会士郎士宁、罗怀中，康熙五十三年（1714）三月二十一日在大西洋搭葡萄牙商船，八月初十日到果阿。在果阿滞留到第二年四月十

---

① 厉式金修，汪文炳、张丕基纂：《香山县志续编》卷六，香山黄映奎墨宝楼刻本，1923 年。
② 李长森：《明清时期澳门土生族群的形成发展与变迁》，中华书局 2007 年版。
③ 陈垣编：《康熙与罗马使节关系文书》，台湾文海出版社 1974 年版。
④ 中国第一历史档案馆编：《康熙朝汉文朱批奏折汇编》第 1 册，中国第一历史档案馆，1985。

一日，再搭船在七月十九日到澳门。① 除去在印度果阿逗留的时间，在大海里航行了 8 个月。郎士宁自称"画工"，时年 27 岁，罗怀中称是"外科大夫"，时年 36 岁。五十五年七月，澳门有 3 名传教士由驿送京。嘉乐，38 岁，懂天文，会弹琴；戴进贤，36 岁，称会天文；倪天爵一名，亦称晓得天文。这 3 名传教士都有很标准的中国名字。可见都对中国文化下了深功夫。五十八年六月，法兰西船载来会行医外科一名安泰，会烧画珐琅技艺一名陈忠信。七月，澳门商船自小西洋回棹，搭西洋人徐茂升，据称晓得天文律法。五十九年夏，传教士席若汉自称会"雕刻木石人物花卉，兼会做玉器"，入京。同年八月罗马教皇使臣嘉乐一行航抵澳门。随从教士有画者 2 名，做自鸣钟者 1 名，知历法者 1 名，弹琴者 2 名，西医 3 人内科 1 名，外科 1 名，制药料 1 名，俱送京师。档案还记载，先后由澳门进入北京，供职于清廷的传教士五花八门：能刻铜板的法良，能造炮的利白明，精通天文的庞嘉宾、德玛诺、孔路师、杨保、宋君荣，精于音律的石可圣，善做钟表的林济格，善制药的魏格尔（魏哥儿），等等。②

　　一个特别有趣的现象，罗马天主教派遣的教士，千辛万苦，不遗余力来中国传教，可后来很多教士褪去了传教士本色，以学者、科学家、工程师的身份在中国工作。把他们的天文、地理、医学、数学、音乐、测绘、兵器制造等方面的才能贡献给了中国，成了卓越的民间文化使者。有些在朝廷担任重要的职务，拿中国俸禄，获取中国功名。许多人终老中国，葬在中国，最有名的有利玛窦、汤若望、朗士宁。

---

① 中国第一历史档案馆编：《康熙朝汉文朱批奏折汇编》第 6 册，康熙五十四年八月十六日广东巡抚杨琳奏折。1985。
② 刘小萌：《康熙年间的西洋传教士与澳门》，《澳门文化杂志》2000 年第 41 期。

出生于意大利马尔凯州医药世家的传教士利玛窦（1552—1610），在中国撰写《天主实录》，和徐光启等人翻译欧几里得《几何原本》。制作的世界地图《坤舆万国全图》是中国历史上第一张世界地图，在中国先后被十二次刻印。北极、南极、地中海、日本海等词汇皆出于此地图。利玛窦为了便于传教，将拉丁文"Deus"翻译成中文古已有之的"上帝"。利玛窦传教的成绩不大，只争取到不多的信徒，但将西方几何学、地理学知识，以及人文主义和天主教观点带到中国，同时又向西方介绍了中国文化，开启了晚明士大夫学习西学的风气。

汤若望（1592—1666），德国人，在中国生活47年，历经明、清朝代。安葬于北京利玛窦墓旁。雍正朝封为"光禄大夫"，官至一品。汤若望是以火炮专家的身份进入内地的。汤若望来华，正是明朝内忧外患之际，满洲努尔哈赤的勇兵悍将"非火器战车不可御之"。朝廷派人到澳门向葡萄牙人购买大炮。滞留澳门的传教士汤若望以军事专家的身份，跟着大炮随行，得以进入中国内地。汤若望是继利玛窦来华之后最突出的耶稣会士。在明清朝廷历法修订以及火炮制造等方面多有贡献。中国现在沿用至今的农历就是由其编写，并被用来指导农业生产，而且一直使用到现在。

郎世宁（1688—1766），意大利人，生于米兰，清康熙五十四年（1715）作为天主教耶稣会的修道士来中国传教，随即入宫进入如意馆，成为宫廷画家，曾参加圆明园西洋楼的设计工作，历康、雍、乾三朝，在中国从事绘画达50多年。得康熙皇帝召见。当时康熙61岁，酷爱艺术与科学，虽然不赞成郎世宁所信仰的宗教，却把他当作一位艺术家看待，甚为礼遇。郎世宁绘画成就很高，不但超过了其他欧洲传教士画家，而且令众多供奉宫廷的中国画家也无法望其项背。郎世宁几乎一辈子做了中国的宫廷画师，完全失去了传教士的价值。

《清史稿》里对他的全部记述是："郎世宁，西洋人。康熙中入值，高宗（乾隆）尤赏异。凡名马，珍禽，异草。辄命图之，无不栩栩如生。设色奇丽，非秉贞等所及。"

清朝，西方传教士帮助中国完成了一件意义重大的工程，即对全国边界进行勘察划定，绘制中国地图。耶稣会士白晋、费隐等担纲，历时九年，实地勘察 19 个行省，传教士历尽艰险，终于在康熙五十六年将各省地图绘毕，名《皇舆全图》。西方传教士的测绘技术在广东影响不小。两广总督阮元主修《广东新志》，就采用了先进的西洋测绘技术。广东南海县的邹伯奇在家乡参与修地方志，绘地图《广东省地图》《南海县地图》《浔冈州地图》《桑圆围全图》。从耶稣会士传入中国的测量著作中有关"以平镜测高"的几何原理得到启发，将景画器用作绘制地图和平面测量。

二 马礼逊将铅活字印刷术带到了澳门

明朝至清朝中叶，澳门葡萄牙人主要是天主教教徒。传教士受罗马教廷指派，受到中国朝廷礼遇。新教，是基督教另一个教派，与天主教互相抵牾。新教在澳门的势力一直很小。鸦片战争后，列强炽热，新教后来居上。基督教新教气焰万丈，处处排挤天主教。基督教新教在列强对中国的侵略行为中，其表现远比天主教徒恶劣。天主教只能在科技文化方面有所作为，基督教新教教徒则很多成为西方帝国入侵中华的帮凶。

英国伦敦教会的传教士马礼逊（Robert Morrison）是第一位来澳门的新教传教士。他不仅是第一位来中国传福音的基督教新教传教士，而且还在多方面传布西方科学有首创之功。因着他，中国出现了第一本中文《圣经》，第一份报纸杂志，第一座西式医院，第一位中国基督徒，编撰第一部英中词典，第一个将铅字印刷技术传入中国，在中国第一个开设印刷排字课程……在其所有功德中，将铅活字印刷术引入中国，当居首功。

（一）马礼逊之前的活字印刷

雕版印刷和活字印刷是中国重要的两种印刷术。宋代毕昇发明活字印刷。周必大在1193年的长沙以胶泥印刷《玉堂杂记》。除泥活字外，活字印刷还有木活字，铜活字。明代木活字印刷较多。崇祯十一年（1638）用木活字印刷了《邸报》，是中国报纸用活字的开端。清代雍正年间出版《古今图书集成》全书1万卷，全部采用铜活字印刷，是中国历史上规模最大的铜活字印刷活动。

欧洲第一个活字印刷技术的发明人是德国天主教徒谷登堡（约1398—1468），比中国的毕昇晚了400多年。谷登堡活字印刷技术是怎么产生的呢？李约瑟博士认为："直到今天，没有人认为古登堡曾看到过中国的印刷书籍，可是不能排除他听到人们谈论过这件事的可能性。不过，这种发明（古登堡的活字印刷）是一种再发明，而不是很有独创性的发明"① 他的发明在欧洲迅速使用，导致了一场轰轰烈烈的媒体革命。书籍、文稿、报纸得以大量印刷普及，为随后兴起的欧洲文艺复兴、宗教改革、启蒙时代和科学革命等创造了必要物质技术条件。他用铅活字印刷技术印刷圣经——《谷登堡圣经》，至今，世界上还保留有49份初版《谷登堡圣经》。

谷登堡发明的铅活字印刷技术是一个成熟的工艺系统。包括：(1) 合金材料。铅、锑、锡与少许比例的铋金属；（2）字体。选用

---

① 李约瑟:《中国科学技术史》第7章第12节，上海古籍出版社2012年版。

手写字体作为蓝本，为了不易分辨手写书籍和铅字印刷品的差别，他特地选用"textura"字体（歌德体的一种）作为范本；（3）机械印刷机。世界上第一台，其机器采用压印方法，区别于雕刻版的刷印方式；（4）上墨工具。用羊皮包以羊毛的软垫蘸墨，将墨刷在活字版上，再铺上纸，摇动螺杆位杆，通过压印板压力即印出字迹；（5）油性墨的制造。金属活字对水性墨的适性很差，因此必须使用新的着色剂，古登堡选择了油性墨。将亚麻仁油煮沸，冷却后呈暗黑色，以少量蒸馏松树脂得到的松节油精与炭黑搅匀后，放置数月即成适用油墨。谷登堡的铅活字印刷技术，改变了西方世界。

（二）马礼逊在澳门

出生于英国那森伯兰郡（Northumberland）的马礼逊牧师，将铅活字印刷技术带到了澳门。马礼逊出生时，正值英国致力开拓航运、殖民地和对外贸易。那是一个充满冒险和各种机会的年代。1807 年 9 月马礼逊抵达澳门时 25 岁，受伦敦基督教会派遣到中国传教。清朝当时不欢迎基督教新教教徒，只接纳从澳门入境的天主教教士。尽管清朝对天主教非常尊重，可对天主教内部不尊重中国儒家礼教者也毫不客气，曾经发生过罗马教皇代表多罗被驱除下狱的事情。

罗马教廷对来自美国、英国和欧洲各地的新教徒也充满敌意。马礼逊来中国传教是受到两廷的压迫的，即：清朝廷和罗马教廷。马礼逊原打算乘东印度公司的轮船来中国。英国东印度公司与中国有贸易专利，害怕接待新教教徒受到中国政府制裁，因此拒绝旗下船只接载基督教新教传教士到中国。马礼逊只好选择取道美国，环绕大半个地球，花上九个月才到达中国。清朝实行传教士到大陆传教发放信票制度。对于领票的传教士，清廷准许他留居中国，行止不予限制；拒绝领票的，各地教堂均不得居住，一概遣往澳门。康熙规定到大陆传教的人员必须以利玛窦为榜样。上谕："谕众西洋人，自今以后，若不遵利玛窦的规矩，断不准在中国住，必逐回去"（《康熙与罗马使节关系文书》）。等内务府发放信票可能要1年，甚至更长时间，传教士便在澳门逗留，直到领到信票。

马礼逊在澳门学习汉字官方语言和粤语。与明末清初其他来华的天主教传教士一样，基督教传教士马礼逊也没能在中国传教，但他神学以外的才华却得到发挥。

1809年2月20日，马礼逊娶东印度公司的高管的女儿玛丽小姐，住在澳门半岛西南端的英吉立山。那是个富人区，澳门私立利玛窦学校大楼就在那里。利玛窦学校是英国东印度公司和大西洋行的地产物业。马礼逊被委任为东印度公司的中文翻译员。公司规定不准许他传教，他用巧妙的借口令东印度公司投资置办了印刷机械，放在自己宽敞的家中，把《圣经》翻译为中文，印一些《圣经》单张。马礼逊学会了中文雕版，编撰六卷本《华英字典》。《华英字典》是全世界第一部中英文字典，在澳门印刷，东印度公司出版。马礼逊主持东印度公司印刷所，铸造了世界上最早的一套铅合金中文活字，数量多达10万枚。《华英字典》以《康熙字典》和《五车韵府》为蓝本，成了中国外语字典中的经典之作，之后的汉英词典无一例外地都受其影响。马礼逊还独自编写出版了《中国一览》《广东省土语字汇》。又派人在马六甲建立"恒河外传教会"，在马六甲、爪哇、安保拿、槟榔屿及新加坡一带宣教。创建了英华书院，自任首任院长。书院兴办印刷业务，出版传教期刊和书籍，培训排字工人，近代先进的印刷术又在南洋开花结果。

澳门的印刷出版业在远东地区一枝独秀，是印刷材料和印刷机械设备集散地，拥有熟练技术工人，近代报业出版公司应运而生。

三　澳门出版印刷业对香港的影响

香港割让英国之前，除了少数澳门富人修筑的度假小村和山崖空隙有穷渔民搭建的矮棚之外，香港人烟稀少，环境恶劣。《娄礼华在华回忆录》这样描述 1842 年 6 月的香港："船只在珠江口众多岛屿间穿行，那些裸露着的光秃秃的岩石很少见到树木，即使有一些草也已经枯萎了。沿途还可以见到一些渔船和一两个小村庄，偶尔还可以见到渔民搭建在崖石间的茅草棚。"还说："香港似乎没有什么前景……山太多，光秃秃的，且高而陡，一直延伸到海边。想在这里找到一块平地建造一所房子几乎是不可能的。想在这里建设一座大都市，困难更大。因为必须要将山顶和周围填平整。这里无法提供足够的给养和人口……"

香港开埠成为殖民地，从英国本土派来了总督、将军、税务官，还从英国海外殖民地招揽了志愿军和有经验的殖民地官员。这还不够，还需要大量移民，特别是建设和管理海岸城市所需的工程技术人员，会计、监理、统计师、翻译。

港督首先向澳门居民投放橄榄枝。1842 年，第一批澳门葡萄牙人迁港。首批迁居香港的澳门葡萄牙人，同时成了最早在香港拥有土地的人。澳门人在香港开拓的工商事业首先是印务馆。"澳门土生葡人德尔匪诺·罗朗也迁港，并在港开办罗朗也印字馆。馆址设在港岛威灵顿街。职员有苏沙、罗里格士、阿则维德、山车士、俾利喇、巴拉达斯等，均为澳门葡萄牙人。德尔匪诺·罗朗也是第一位在澳门开拓的葡萄牙人，是土生罗朗也家族的第四代。1824 年 7 月 30 日出生在澳门大堂区。他初到港时,在《孖剌报》做印刷工,随即独立开办印务馆。该馆从创办起,就承接印制《香港政府宪报》,成为香港最早的也是最具有影响力的印刷机构。该家族人员后在上海、新加坡等地均设有印刷厂。"①

《香港政府宪报》1841 年 5 月 1 日出版第一期。1997 年 7 月 1 日香港回归,此报改名《香港特别行政区政府宪报》。《香港政府宪报》《香港特别行政区政府宪报》,为公布香港政府启事及香港法律的官方出版物。其他印务馆,如:澳门葡萄牙人独资的另有 3 家。即,威灵顿街的克鲁慈印务馆,文咸街的古提厄勒兹印务馆,皇后大道的司尔瓦印务馆;主要由澳门葡萄牙人技术从业的有 7 家。即:土蔑新闻纸馆、德臣印字馆、今孖沙印字年个馆、机地士印务馆、葛爹厘印务馆、今孖些印务馆、梳沙印务馆。

香港的印刷出版业是由澳门葡萄牙人开创发展起来。香港有四家最具有影响力的英文报纸,从开埠一直延续办到民国,成为香港地区历史悠久的著名报纸,即《华友西报》《香港记录报》《德臣西报》《孖剌报》。其他发行小、存世时间不长的报纸约 17 种。香港地区名报纸,几乎都是澳门土生葡萄牙担任主要排字印刷工作。早期香港报纸和印务馆作者、报主、编辑、排字职责并不分明,老板兼排字工,或编辑兼印务。

到了 19 世纪 70 年代,葡萄牙人排字工不断减少,华人排字工出现了。到 19 世纪 90 年代以后,香港和澳门的好的编辑和排字工几乎都是华人。英国人和葡萄牙人从事更高层管理,很少再从事专业技术工作。

---

① 叶农:《19 世纪澳门葡萄牙人移居香港研究》。澳门特别行政区政府文化局,2012 年。

为什么澳门能提供这么优秀的排字印刷人才呢？

第一，马礼逊第一个将近代印刷技术带到澳门，并在澳门成功地开辟了辐射力极强的出版印刷业基地。传教士们和澳门土生葡萄牙人，努力经营出版印刷业，到香港开埠，享誉东方达半个世纪。

第二，澳门圣若瑟修道院，开设了排字印刷课程，培训葡萄牙籍年轻人，让他们为教会和外国印刷机构工作。这些澳门葡萄牙青年后来成为澳门、香港、广州、上海等地的欧美人士印刷机构的专业人才。年长后，又都成了北京、上海、广州等地新兴报馆书局的顾问董事，指导维新运动以后蓬勃发展的大陆的新闻和出版业务。

四 澳门出版印刷业对上海报馆书局的影响

香港开埠，澳门外贸经济一落千丈，动摇了澳门作为远东第一贸易港地位。澳门开埠 300 年来，第一次出现葡萄牙人规模外迁的情况。1842 掀起第一波"逃离"澳门浪潮，1860 年掀起第二波"逃离"澳门浪潮。澳门葡萄牙人外迁的目的地有两个，一个是香港，一个是上海。上海、香港、澳门三地，葡萄牙人的分布成鼎足之势。

澳门基督教会传教士、澳门印刷世家以及熟练的排字工人都到了上海，于是上海井喷般出现了传教士、澳门葡萄牙人开的大批书局，如：墨海书社馆、土山湾印书馆、美华书馆、申报馆、点石斋书局、益智书局、图书集成局、格致汇编社、广学会等。[1] 这些书局，仅从名字来看，华化程度比澳港高多了。传教士们用新技术印刷出版圣经、宗教宣传品，并出版了大量的反映西方科学文化知识的书，涉及天文、地理、数学、医学、化学、历史、经济等方面。此外，上海的

---

① 叶再生：《中国近代现代出版通史》，华文出版社 2002 年版，第 66 页。

书局以中文为主，跟澳港以外文为主有很大不同。迁沪澳门葡萄牙人有很强的语言天赋。澳门数百年华洋杂居，与欧印、非洲裔、南洋人通婚，毗邻广州府，有一定教养的澳门葡萄牙人家庭成员，都会说多种语言，会讲粤语，使得上海一批最早的书局能迅速出版质量精良的中文图书。

上海这些书局，还招收了大量聪明伶俐的少年学习印刷技术，中国学者加入了书局的工作，为日后中国近代意义的新闻出版事业的崛起，培训了队伍，打下了人才基础。[①] 后来出现的中国出版三巨头——商务印书馆、中华书局、世界书局——都与澳门与西方传教士们有某种亲缘关系。

传教士把西方最先进的印刷设备和技术带到了澳门。中国近代报业和出版业得以迅速形成和壮大，离不开早期传教士们做出的贡献。澳门传教士在宗教文化传承上和粤省民间习俗相互作用相互影响，特别在美食、庆典仪式乃至博彩文化等诸多民间易于流传的领域，融汇共生。

（刘岭峰：广东佛山科学技术学院学报编辑部）

---

① 王有朋：《上海出版业叙略》，《编辑学刊》1995 年第 5 期。

近代岭南报人和小说家王斧考述[*]

梁冬丽

王斧（1880—1942），原名王家春，又名王釜，号斧军、玉父，广东琼山人（现为海南省）。1901 年开始，结交岭南报人陈少白、黄世仲等，缘此结识孙中山后，即加入同盟会，一生积极参与中国近代报刊活动，宣传资产阶级民主革命思想。冯自由《革命逸史》^①、沈裕民《王斧先生传》^②、陈耿《王斧：乱世"海南王"》^③、陈耿《用舆论叫板清廷，开民智屡历艰险 王斧：以笔为戈向革命》^④、程丽红《清代报人研究》^⑤均提及，他是著名的报人，是资产阶级革命派的斗士。研究者在探索《唯一趣报有所谓》《香港少年报》或《中兴日报》时，也会提及王斧的报刊活动或历史贡献，但是还没有人全面梳理过他的全部作品，也较少人论及他一生的文学成就：他是

  * 本文得到广西高等学校高水平创新团队及卓越学者计划资助（桂教人〔2014〕49 号）。

① 冯自由：《革命逸史》，中华书局 1981 年版。
② 由王斧外甥莫维健先生提供，见《琼山县志续修资料第一集》（初稿），仅见复印件，未能核查原书。
③ 陈耿：《王斧：乱世"海南王"》，http：//www. hainanren. com/news/201408/21/652. html。
④ 陈耿：《用舆论叫板清廷，开民智屡历艰险 王斧：以笔为戈向革命》，http：//hnrb. hinews. cn/html/2011－04/25/content_ 348602. html。
⑤ 程丽红：《清代报人研究》，社会科学文献出版社 2008 年版。

报刊文学家，更是中国近代岭南报刊小说家。本文在访查大量国内外第一手资料的基础上，重新详细梳理王斧的文学活动与文学作品，辨别其作品是否为另一同样署名"斧"的报人小说家所作，以确认其在近代报刊小说中的地位与意义。

一　辛亥革命前王斧的报刊活动与文学创作

从王斧的一生来看，在辛亥革命以前，他的主要成绩是追随孙中山，投身资产阶级民主革命，报人是其具体的职业身份。他以文学创作为革命武器，参与革命宣传工作。辛亥革命以后，以国民革命见证者身份献身国民事业，仍积极承担岭南地区的军政活动，并慢慢成为国民党南京中央政府的一名监察员，其间参与征集孙中山等早期革命家的资料，古玩收藏是其主要爱好，是一名古玩鉴定家与收藏家。

辛亥革命以前，作为报人，王斧自动承担了近代报人的使命：抨击、反对清政府，谴责社会上各种不良风气，反对外国侵略者，与维新（保皇）派论战，革命活动与报人活动同行展开，相得益彰。在郑贯公创办的《唯一趣报有所谓》（又称之为《有所谓报》，1905 年）的"本社同人题名"中，"王亚斧"是"名誉记者"，事实上他撰写和发表的文稿极多。"风雅丛""滑稽魂""小说林""博议""新鼓吹""落花影"等庄、谐专栏中均发表过作品，主要署名"斧""亚斧""父斤""粗斧"，几乎包揽了所有"小说林"的小说创作。在黄伯耀主办的《香港少年报》（1906）中，"名誉撰述员"之一为"王亚斧"①。"骚坛帜""故事丛""粤人声""新舞台""新说部"等专栏中均发表过作品，主要署名有"阔斧""斧""亚斧"，其小说作品

---

① 《看看少年报出世之广告》，《唯一趣报有所谓》，1906 年 5 月 12 日。

占了该报所发表小说的一半多。1907 年赴新加坡，参加《中兴日报》笔政，与保皇党报刊《南洋总汇报》展开笔战，据 1908 年 5 月 6 日第二版载张永福、陈楚南的《本报启事》可知，王斧曾"自愿报效，分任附张文字"，应该做过编辑工作。1908 年 5 月离开《中兴日报》之后，即前往泰国，任《华暹新报》① 主笔。据辜美高先生说，在《中兴日报》任主笔的王斧非常重要，"斧军、天汉世民为这个时期的重要小说家。斧军，即主笔王斧，是个多产作家，当时报社登报推销其作品时，声称他是个凿轮老手，有 20 多年的小说写作经验"②。王斧先后还在《民报》《人报》任过主笔。王斧更名、使用笔名的起因，他自己有解释："斧之名字，确曾用'釜'字。且不但曾用釜字，若'父'，'黼'，'虎'，'苦'，'斧军'，'斧斤'等等，亦尝用之，盖辛亥前后，予为新闻记者，日于报纸上，发表著作，常用之一种笔名也。呼牛呼马，原听自由。"③ 据考察，在现存岭南报刊中，未见"黼""苦"（均为粤语中"斧"的同音）署名。

这些革命活动与报刊活动可以与冯自由《革命逸史》互相印证，据《开国前国内外革命书报一览》可知，王斧曾是《华暹新报》(1905)、《有所谓报》(1905)、《中兴日报》(1907) 的参与人。《香港同盟会史要》提到，王斧是乙巳年（1905 年）入香港同盟会的第一批报人。《革命诗人廖平子》有挽廖平子诗，中有"去夏香江吊亚斧，今秋渝市哭苹庵"句，原诗末尾有注释："亚斧系监察委员王斧别号。"《民元临时稽勋局小史》说"由各省议员调查员推举各省及

① 2016 年 1 月至 5 月，笔者在泰国查访泰国汉文报刊时，发现泰国华侨崇圣大学图书馆整理了收藏于泰国国家图书馆的汉文报刊，其中有一份是《华暹新报》，可惜现存最早年份为 1922 年，已无法查考王斧在该报的活动与作品。
② 辜美高：《新加坡〈中兴日报〉的小说初探》，《中国古代小说研究》2010 年第 4 辑，第 288 页。
③ 王斧：《王斧覆友人书》，《京报副刊》1926 年第 377 期。

海外各埠曾参与革命诸役之同志"名单中,有"王斧"之名。其他命令、公文等资料也反映出王斧的职务变动与授受情况。

王斧前期的文学创作活动十分集中与丰富,在 1905 年至 1908 年短短的几年间,创作了大量优秀的作品,其题材之广泛与创作时效性之强,可见其才思之敏捷,作品中激荡着的斗士之气,反映出他具备了报人全能型写手的特征。若要全面考述其创作目的,穷究其艺术特色与文学成就,非此短文能了结者。从《香港少年报》《唯一趣报有所谓》来看,署名"斧""亚斧""父斤"等笔名的作品可参看文末附录"《唯一趣报有所谓》王斧作品一览表"及"《香港少年报》王斧作品一览表"。

从表中可以看,王斧的作品题材涉及小说、粤讴、班本、论说、诗词、杂文等。这些题材都是近代岭南报刊典型栏目刊登的典型文类,也反映出除了新闻采访外,近代岭南报刊文稿制作的方式是非常相似的:几位主笔分别撰写不同类型的文稿,署不同的笔名,发表在不同的栏目中。从整份报刊的版面来看,似乎来稿多样化,栏目多,作者层次复杂,但实际上不过是几个主笔化身不同声口,制造了呼声一片的现象。再从现存《中兴日报》能够辨别署名的作品来看,王斧发表的作品主要有以下几种类型:班本 4 篇,词林 4 首,短评 1 篇,秽史 1 篇,论说 9 篇,时评 1 篇,史谈 21 则,小说 5 篇分 7 期载,谐谈 65 则,谐文 19 篇,粤讴 1 篇,杂评 2 篇,杂文 20 篇,其余 2 篇无法归类。

王斧在该报的第一篇作品出现在 1907 年 8 月 20 日的创刊号的副刊上,1907 年 12 月之后,他的作品突然间消失了,到 1908 年 5 月,又突然出现了他的作品,并在 1908 年 5 月 6 日的报纸上出现了被解聘的启事,最后发表文章的新闻纸是第 203 号（1908 年 5 月 2 日）,在这不到一年的时间里，王斧共发表作品 155 篇（事实上应该远多于这个数量，因为现存报刊缺失不少），平均每期发表 0.8 篇。但从王斧在《中兴日报》实际工作时间看，平均每期 1.7 篇，最多的期号发表了 4 篇。王斧在《中兴日报》实际工作的时间大约半年，可以从 1908 年 5 月 2 日该报刊载在"秽史"栏目的《总汇报记者何虞颂之丑相》"斧按"的长篇说明中得到印证，这篇说明自称于半年前因病没有参与《中兴日报》的工作，从现存报纸看，以"虎军"署名的最后一篇作品《狗后先生历史》出现在 1907 年 12 月 10 日（新闻纸第 91号）的报刊上，此间至 1908 年 5 月 1 日，一直未见其作品，前后亦长达半年，与他自己的说法一致。从数量上看，除了已经辞职的"天汉世民""沧桑旧主"和"玄理"之外，数他的作品最多，这说明王斧是多产作家，是《中兴日报》的得力写手。

从作品类型看，他主要负责了论说、谐谈、杂文、谐文、史谈这几个栏目的撰稿工作，一如在《唯一趣报有所谓》的风格：主要承担"滑稽魂"这样的谐部栏目，且创作多为富于讽刺类的文章。他在《中兴日报》时也发扬嬉笑怒骂的特长，多负责这样的栏目。还发表了 5 篇小说，其中 1 篇在前 3 期中连载。同时涉足粤讴、班本等富于岭南地域特色的作品。当然，也有私人化的作品如词，不过这些词作也与历史时事相关。

从署名情况来看，斧 13 次，虎 37 次，父 1 次，虎军 59 次，军42 次，君 1 次，凿 2 次。其中"君"与"军"同音，再结合文体风格与写作特点，可以初步判定应该是王斧作品。陈大康先生认为"凿"亦是王斧的作品，这里取其说。在"谐谈"一栏中，两则相连作品同是王斧所作的时候，其署名方式与其他岭南报刊相似，即同一期、同一栏目有两篇文章的话，上一篇署"虎"，下一篇署"军"，如《唯一趣报有所谓》"猛进""莹初"亦经常在同一期的同一栏目相邻的两则文章中分别署"猛""进"或"莹""初",这种署名方式有助于辨认字迹模糊的相邻两则作品的署名,这种署名规律为研究近代报刊署名问题提供了一条实用的线索。

王斧辛亥革命前的报人活动与革命活动在中国香港、新加坡和泰国之间展开,这只是岭南报人辗转岭南与东南亚、欧美宣扬革命理想的缩影,他的事迹说明岭南报人小说家的活动范围十分广阔,也非常活跃,王斧与杨计伯、黄世仲、黄伯耀一样,是比较典型的岭南报人,亦反过来说明岭南与东南亚报刊有交流互动的关系,报人往来于岭南与东南亚进行报刊活动,这是其中最直接的一种表现。

二 辛亥革命后王斧的社会贡献

辛亥革命后,王斧作为收藏家、监察员,也同样承担着自己的责任,他的文学创作与收藏活动集中体现在《京报副刊》《艺风》《星华》等刊物的文章与报道中,他的职务变动主要来自政府公报的信息。此前研究近代报刊或王斧事迹的,多关注其辛亥革命前的活动及《香港少年报》《唯一趣报有所谓》与《中兴日报》的文学活动,《艺风》等文学刊物与政府公报的信息较少人关注、录用。

首先看政府公报,1922 年《政府公报》有内务部致国务院公函,"准众议院咨开广东议员王釜更名为斧"①,这里以官方的名义承认了他的名字"王斧"。稍后,看到了他在南京的职务,"王斧"等人为

---

① 《内务部致国务院公函》,《政府公报》1922 年第 2383 号。

监察院监察委员。① 从 1942 年《中央党务公报》之《特恤王斧同志》看到，王斧的革命活动与报人功劳得到了政府的肯定："监察院监察委员王斧同志，早岁追随总理奔走革命，卓著勋劳。近年宣勤监察，良多献替，贞风亮节，殊足矜式，不幸于本年五月二日病逝中央医院，遗妻一、子女四，身后萧条。爰经中央第二一次常会决议办法三项如下：一、函国民政府明令褒扬。二、特给一次恤金三万元。三、事迹交党史史科编纂委员会。"② 这条信息提到他辛亥革命前的功劳、他逝世的方式、他逝世后的子女与经济情况，还做出了三条决定，让他的事迹作为史册编写的材料。

再看文学刊物，作为收藏家的王斧，主要从《艺风》等刊载的相关文字与图片得到印证，从中看到他组织的活动、他提供的照片和他撰写的论文都与之相关，且在收藏活动中悟出革命真理。他是清室善后委员会的顾问，因沪案而发起"国伤合救集宝展览会"。1933 年《艺风》第 3 期刊载了王斧珍藏的《龙瓶》图一幅。1933 年《艺风》第 10 期发表了王斧赠照《王玉父先生女琼儿、缺儿、负儿三人》，另刊王琼画作 2 幅。1934 年《艺风》第 12 期载王玉父照片，并附福熙文字："王玉父先生名斧，鉴别专家，收藏甚富，计有瓷铜玉石（依时代之迟早而论）三千件，欲全部义务的送入国家博物馆而未得其门。"这些照片、活动与说明文字是王斧作为一个活跃的收藏家的明证。1935 年《艺风》第 1 期刊载了他的三个子女王琼、王缺、王负三人的照片。另外一个刊物也对王斧收藏古玩的爱好和古玩家的身份做了披露，即是署名"庶园"的作者在《星华》1937 年革新 9 号中报道，《一群爱古玩的要人 在监委王斧军家中赏玉》。王斧撰写的论

---

① 《国民政府令》，《监察院公报》1933 年第 18 期。
② 《特恤王斧同志》，《中央党务公报》1942 年第 11 期。

文类作品也看出他在努力探索宝物考据与资产阶级民主革命的关系，《宝的见解和藏的打算》①介绍了"宝"的打算，通过考证宝、藏的历史说明自身的清白，再以小说品格的姿态展现了他的家世、子女名字的含义，如此富于鉴古精神的论说竟然有小说趣味，又具斗争精神，并附王玉父藏圭、璧、璜、璋图四幅，可谓形象生动。《钱者刀之残也》②通过古钱器的考证，阐释孙总理遗训下"我中华民族"相关的"钱币革命"，弘扬中国文化。《中国究竟是什么东西》同样通过考证古玩来阐释"中""国"的国家观念，十分有创见，严密的逻辑之下，配以图片和平易的文字，形象生动地展现了孙中山提倡的民族思想。③ 3篇论文均反映了他深沉的忧患意识和挽救民族危亡的精神。

作为国民党"中央党史史料编纂委员会编纂"时，他奉命到孙中山的故乡收集相关的革命史料，撰写了《总理故乡史料征集记》④，这项工作也得到了相应的肯定，1937年《星华》革新号11期上发表了《党史馆中的王斧军珍藏革命史料》（署名"而已"）提到他是收藏家，也是革命文献的收藏者，所收藏的部分文献是"唯一珍宝"，对革命史料的保存做出不可磨灭的贡献。

辛亥革命后，王斧的文学作品主要是诗歌。1935年《艺风》第1期发表了廖苹庵与王斧唱和作品10首，王斧所作5首诗歌已经不如辛亥革命前的激烈与忧愤。同时有《刘季平三萧纫秋萱高曙青鲁王玉

---

① 王斧：《宝的见解和藏的打算》，《艺风》1933年第1期。
② 王斧：《钱者刀之残也》，《艺风》1933年第2期。
③ 参见王斧《中国究竟是什么东西》，《艺风》1934年第12期。
④ 王斧：《总理故乡史料征集记》，《建国月刊》（上海）1931年第1期。

父斧四监察与李朝霞夫人召明孝陵探梅》①、陈树人《老友行赠王斧军》② 等他人作品，是其日常交游活动的折射。

三 王斧的报刊小说创作

王斧对近代岭南报刊最大的贡献就是他成为一名专业的报刊小说写手，对近代岭南短篇小说创作的繁荣做出了极大的贡献，为探索短篇岭南报刊小说的创作技巧做了充分的实践试验，是中国古代短篇小说向现代转型的先锋。陈大康先生《中国近代小说编年史》收录、统计了这位报人小说家的大部分小说。

1.《近代小说著译者及其作品一览表》"王斧军（凿）"有小说 4 篇：《打贼》《花月痕》《快梦》《孽因蘖果》③，全部见于《唯一趣报有所谓》与《香港少年报》《中外小说林》；"王亚斧（亚斧、斧）"有小说 27 篇：《巴上刀》《醋海波》《附骨疽》《肝胆镜》《海底针》《加道会》（与张公勇合译）、《锦囊》《巾帼魂》《茅店月》《媒祸》《美人墓》《闷葫芦》《南无阿弥陀佛》《鸟媒》《牛背笛》《葡萄酒》《天涯恨》《听》《偷侦探》《秃》《匣里霜》《中国之摆伦》《醒狮》《熊》《疑团》《蚁阵》《贼》④。《加道会》《匣里霜》见《粤东小说林》，其余亦均在《唯一趣报有所谓》和《香港少年报》中找到原文。

2.《近代小说转载情况一览表》"锦囊"：光绪三十二年八月二十六日《香港少年报》刊载，作者署"亚斧（王亚斧）"，光绪三十

---

① 《刘季平三萧纫秋萱高曙青鲁王玉父斧四监察与李朝霞夫人召明孝陵探梅》，《南社湘集》1937 年第 8 期。
② 陈树人：《老友行赠王斧军》，《民族诗坛》1939 年第 6 期。
③ 陈大康：《中国近代小说编年史》，人民文学出版社 2014 年版，第 2691 页。
④ 同上书，第 2691—2692 页。

三年八月十六日新加坡《中兴日报》刊载，作者署"斧"①。

3. 广州《粤东小说林》第三期连载《加道会》，标"侦探小说"，署"张公勇译意，亚斧（王亚斧）润词"。刊载《匣里霜》，标"艳情义侠冒险小说"，作者署"斧（王亚斧）"②。

4. 新加坡《中兴日报》(*The "Chong Shing" Press*) 附张《非非》开始连载《想入非非》，至七月十六日，标"意匠小说"，作者署"斧"③。

值得注意的是，同样署名"斧"的还有近代著名报人张丹斧，他在上海《竞业旬报》以"斧"的名字发表了不少诗词、俚歌、论说，还有小说。《竞业旬报》创刊于1906年，主持者为傅钝根、谢诮庄、丁慧仙、胡适等人，亦是同盟会报刊。第三十期刊载《学问贼》，标"翻译短篇小说"，译者署"斧"。第三十三期刊载《馈后人的话》，标"短篇小说"，作者署"斧"；刊载《仿佛维多利亚》，标"短篇小说"，作者署"斧"。第三十四期《赵飞燕》，标"短篇小说"，署名"斧"。镇江《扬子江白话报》第七期出版，原刊未署年月，刊载《少年》，标"时事小说"，作者署"斧"④，但目前并无资料显示琼州王斧曾在该报工作，倒是"丹斧"在此报上刊载过《扬子江道情》⑤等论说、历史作品，可见该小说作者为仪征之张丹斧，非琼州之王斧。虽然二人均曾创作过富于民间气息的作品，但王斧以粤讴、南

---

① 陈大康：《中国近代小说编年史》，人民文学出版社2014年版，第2867页。
② 同上书，第1102—1103页。
③ 陈大康：《中国近代小说编年史》，人民文学出版社2014年版，第1309页。查《中兴日报》1907年8月20日创刊号，其副刊《非非》于"杂文"栏后的"小说"栏目即开始连载署名"斧"的"意匠小说《想入非非》"，第一号至第三号。
④ 陈大康：《中国近代小说编年史》，人民文学出版社2014年版，第2691、2691—2692、2867、1102—1103、935—936页。
⑤ 丹斧：《扬子江道情》，《扬子江白话报》1909年第1期。

音、班本为其本领，而张丹斧以道情、俚歌为其主要题材，如《长江十八摸》。更为让人惊讶的是，上海《庄谐杂志》第一期附刊刊载《万籁声》①，标"短篇小说"，作者署"斧"，这篇小说的开头、结尾与行文风格跟琼州王斧的小说极为相似。笔者根据《庄谐杂志》编辑与张丹斧有密切关系，又苦于无琼州王斧曾在《庄谐杂志》工作或投稿的证据，曾一度误判这篇小说有可能是张丹斧作品。后来比照原文，发现这就是琼州王斧的作品，不过在这里发表时换了一身"马甲"而已。题目由《七情小说听》换成了《短篇 万籁声》，小说人物由具体的"亚杰"变成了"主人"，其他字段结构没有变化，就是个别文字做了调整。不过转而再看南洋《中兴日报》移载王斧在《香港少年报》的两篇小说亦改署名或题目、文字来看②，这就不足为奇了。两位近代报人小说家，大约同时使用相同的笔名，实属罕见。此处将二人作品与风格进行了相对详细的对比与甄别，有利于后人进行具体研究，以免将二人混为一谈。

据笔者本人统计，王斧几乎包办了《香港少年报》与《唯一趣报有所谓》大部分小说的创作，详情可以参见文末附录"《唯一趣报有所谓》小说一览表"和"《香港少年报》小说一览表"。从表中可以看到，《唯一趣报有所谓》共发表小说 16 篇，其中长篇翻译小说 3 篇，余 13 篇为王斧作品。其署名有三种：亚斧、斧、粗斧。《香港少年报》共发表小说 27 篇，其中 16 篇是王斧作品，占了过半。可见王斧几乎包揽了这份报纸的小说创作。

另外，《中兴日报》除了发表过王斧的 5 篇小说外，还曾刊发过

---

① 斧：《万籁声》，《庄谐杂志》1909 年第 1 期。
② 《中兴日报》1907 年 9 月 10 日发表小说《七情小说 喜怒哀乐爱忠欲》，1907 年 11 月 24 日《短篇小说 阮古》分别为《香港少年报》的《七情小说 听》和《短篇小说 熊》。可见，《听》这篇小说至少被《中兴日报》《庄谐杂志》转载了两次。

"天声社"的广告《斧军说部出版广告》①，据此可知他有小说集命名为《斧军说部》，共列小说 24 篇，其中 18 篇篇名或事迹可与《唯一趣报有所谓》《香港少年报》《中兴日报》互证，尚有《民族义侠奈何天》《外交复仇　咸家铲》《迷情　双莺梦》《纪事　五十年世界》《智报》和《竞马》6 篇，未见于现存报刊。《斧军说部》的价值在于，据现有文献可知，这应该是岭南最早的报人小说集，因为郑贯公的《时谐新集》不仅收集了报刊小说，还有报刊诗歌等作品，不是专门的报刊小说集，可惜的是，至今未见原书。

经仔细研读现存王斧所著小说 36 篇，发现其小说主要是短篇，在文学史、小说专史中也不见经传，但他的小说艺术贡献却需要挖掘。从题材内容看，有爱情、侦探、侠义、传记，其中爱情、侠义与侦探是当时最流行的小说种类，王斧能够在时代创作风潮中脱颖而出，其小说能够在不同报刊、不同地方的报刊连载、转载，可见其创作是站在时代前沿的浪尖上。从创作手法看，有史传式，有寓言式，有戏剧化，有对话体，还有传奇体，其中戏剧化创作是当时正在试验的创作方式，而寓言式、史传式或传奇式创作也有个人艺术上创新，也是值得圈点的。从艺术上看，则是丰富多彩的，将古典情绪与现代笔法结合，使其成为当时岭南报刊小说创作的先锋，其创新性最具文体学意义。

王斧代表和包办了《唯一趣报有所谓》与《香港少年报》这两份报纸的小说创作，造就了两份报纸在近代报刊中地位，作为专业的、职业的小说写手，他也给南洋汉文报刊《中兴日报》提供了 5 篇小说，对南洋也有相当大的影响，几乎可成一家之言。他曾经旌扬过

---

① 《中兴日报》1908 年 2 月 13 日、14 日《斧军说部出版广告》，3 月 26 日、27 日、28 日又有《斧军说部经已出版》的广告，两者内容相同，后者只是增添了约售处。

另一位报人小说家杨计伯，《香港少年报》发表过"计三郎"的"幻情小说"《生死恨》，"计三郎"即杨计伯，篇前有"粗斧志"："计伯氏小说，久已知名于报界，其结构之离奇，行文之卓越，措词之情挚，询足横扫一切也。噫！二十世纪小说家位置上，可以据一席地矣。故余走片言于版端，以告阅者。"① 从小说艺术、小说影响力与小说家地位这几方面给予杨计伯充分的肯定，而对于自己，又是谦虚的。他在《香港少年报》之《贼情小说 醋海波》前有语："贯公逝，而《有所谓》亡。《有所谓》亡，而亚斧之小说得以藏拙。今者，同志黄君，复命从事说部，而亚斧之小说，又觉献丑，献丑于《少年报》矣。""藏拙"与"献丑"的措辞虽为交往之辞令，但是与他的论说的尖刻和谐文笑谈的辛辣相比，同行之情是何等珍重、大方。

王斧一生未有长篇单行本小说面世，在报刊小说这个领域的文献被大量整理、公诸世人之前，他的作品一直没有得到整理、研究、争论，更无法像大约同时的岭南报人黄小配那样有《洪秀全演义》《廿载繁华梦》这样的大部头带来社会各界的即时反响。综之，这应该是他没有被小说研究者关注，也无法入文学史的最大原因。可是，判断一个小说家的成就，是否有长篇作品、是否刊行过单行本，不是唯一的标准，而应该看他对小说艺术是否起到推动作用，看他的作品在当时对其他小说作者、读者的影响，还要看被后人重新挖掘之后，读者的反响如何，是否能给研究带来全新的认识，这才是最重要的。有学者认为："在考察现代短篇小说过程中，我们经常得到这样一个印象：创作者名气不大，艺术贡献却不小，名不见经传的非职业作家往往写出一篇上好的、甚至伟大的短篇佳作。一篇之后，再无后续作品，从

---

① 见《香港少年报》，1906 年 8 月 22 日。

此陷入沉寂，但这样零星的成就，却将短篇小说的前沿往前推进了一步，再次显示出这种艺术形式的无限弹性。"① 王斧创作的短篇小说还是相当成功的，甚至提高了当时岭南报人小说家创作短篇小说的热情。王斧及与之有一定交集的黄小配、黄伯耀、杨计伯堪称岭南报刊小说四大家，这个问题当另文探讨。

附录：

《唯一趣报有所谓》王斧作品一览表

序号	新闻纸号	栏目名	作品名	署名	西历日期	序号	新闻纸号	栏目名	作品名	署名	西历日期
1	9	滑稽魂	误为革命	亚斧	1905/6/13	14	46	小说林	艳情小说佳人泪	亚父	1905/7/23
2	10	滑稽魂	错传保皇	亚斧	1905/6/14	15	47	小说林	艳情小说佳人泪	亚父	1905/7/24
3	14	滑稽魂	联嘲	亚斧	1905/6/19	16	47	滑稽魂	官场变剧场	亚父	1905/7/24
4	17	风雅丛	感怀	亚斧	1905/6/22	17	48	滑稽魂	龟龄集	亚父	1905/7/25
5	35	滑稽魂	辩童	亚父	1905/7/11	18	49	小说林	艳情小说佳人泪	亚父	1905/7/26
6	36	滑稽魂	立献	亚父	1905/7/12	19	50	小说林	艳情小说佳人泪	亚父	1905/7/27
7	39	滑稽魂	巾粉争辩	亚父	1905/7/15	20	51	小说林	艳情小说佳人泪	亚父	1905/7/28
8	43	小说林	艳情小说佳人泪	亚父	1905/7/20	21	52	滑稽魂	哑与聋	亚父	1905/7/29
9	43	风雅丛	遇亚侠同魂	亚斧	1905/7/20	22	53	滑稽魂	中美人计	亚斧	1905/7/30
10	44	小说林	艳情小说佳人泪	亚父	1905/7/21	23	53	滑稽魂	被童子谴	亚斧	1905/7/30
11	44	滑稽魂	同病相怜	亚父	1905/7/21	24	54	小说林	政治小说天涯恨	亚斧	1905/7/31
12	44	风雅丛	五更	亚斧	1905/7/21	25	55	小说林	政治小说天涯恨	亚斧	1905/8/2
13	45	小说林	艳情小说佳人泪	亚父	1905/7/22	26	56	小说林	政治小说天涯恨	亚斧	1905/8/3

---

① 贝茨：《现代短篇小说回眸》，朱宾忠译，《英语广场》（学术研究）2012 年第 8 期。

序号	新闻纸号	栏目名	作品名	署名	西历日期	序号	新闻纸号	栏目名	作品名	署名	西历日期
27	57	小说林	政治小说天涯恨	亚斧	1905/8/4	47	88	滑稽魂	棍述二则	父斤	1905/9/6
28	58	小说林	政治小说天涯恨	亚斧	1905/8/5	48	95	滑稽魂	臭虾	亚斧	1905/9/15
29	59	小说林	政治小说天涯恨	亚斧	1905/8/6	49	95	滑稽魂	通商	亚斧	1905/9/15
30	60	小说林	政治小说天涯恨	亚斧	1905/8/7	50	97	滑稽魂	买水鸭	父斤	1905/9/17
31	62	滑稽魂	犬悔	亚斧	1905/8/9	51	97	滑稽魂	中虾毒	父斤	1905/9/17
32	62	滑稽魂	鬼号	亚斧	1905/8/9	52	106	滑稽魂	城隍告假	父斤	1905/9/27
33	62	新鼓吹	现身说法（班本）	亚斧	1905/8/9	53	106	滑稽魂	轻薄子	父斤	1905/9/27
34	63	滑稽魂	告假	父斤	1905/8/10	54	107	滑稽魂	辩诬	父斤	1905/9/28
35	63	滑稽魂	妙报	父斤	1905/8/10	55	110	滑稽魂	烟精遗臭	父斤	1905/10/2
36	70	落花影	嫖谈	父斤	1905/8/18	56	110	滑稽魂	嫖客抵捆	父斤	1905/10/2
37	72	滑稽魂	学究	亚斧	1905/8/20	57	112	滑稽魂	曹瞒遗孽	亚斧	1905/10/4
38	74	滑稽魂	棍裤	父斤	1905/8/22	58	112	滑稽魂	臭虫恃势	亚斧	1905/10/4
39	76	小说林	任侠小说巾帼魂	亚斧	1905/8/24	59	114	滑稽魂	文光射斗	父斤	1905/10/6
40	77	小说林	任侠小说巾帼魂	亚斧	1905/8/25	60	114	滑稽魂	善谑解颐	父斤	1905/10/6
41	83	小说林	任侠小说巾帼魂	亚斧	1905/9/1	61	116	落花影	代江孔殷答伍铨萃	亚斧	1905/10/8
42	84	小说林	任侠小说巾帼魂	亚斧	1905/9/2	62	119	滑稽魂	知县二则	父斤	1905/10/11
43	85	小说林	任侠小说巾帼魂	亚斧	1905/9/3	63	121	滑稽魂	结团体	亚斧	1905/10/14
44	86	小说林	任侠小说巾帼魂	亚斧	1905/9/4	64	121	滑稽魂	表同情	亚斧	1905/10/14
45	86	滑稽魂	专拿人报私仇	亚斧	1905/9/4	65	123	滑稽魂	三字狱	斧	1905/10/16
46	87	风雅丛	亡国遗民四首	亚斧	1905/9/5	66	124	滑稽魂	有为造反	父斤	1905/10/18

续　表

序号	新闻纸号	栏目名	作品名	署名	西历日期	序号	新闻纸号	栏目名	作品名	署名	西历日期
67	124	滑稽魂	虾精改装	父斤	1905/10/18	87	164	小说林	义侠小说 闷葫芦	亚斧	1905/11/29
68	126	滑稽魂	嫖客二则	父斤	1905/10/20	88	164	滑稽魂	满洲鞋	父斤	1905/11/29
69	128	新鼓吹	大同勇痛骂沙头局（班本）	父斤	1905/10/22	89	165	小说林	义侠小说 闷葫芦	亚斧	1905/11/30
70	132	滑稽魂	食蛇	父斤	1905/10/26	90	166	小说林	义侠小说 闷葫芦	亚斧	1905/12/1
71	140	滑稽魂	怪谈两则	父斤	1905/11/3	91	167	小说林	义侠小说 闷葫芦	亚斧	1905/12/2
72	141	滑稽魂	征西	父斤	1905/11/4	92	167	滑稽魂	旦	父斤	1905/12/2
73	141	滑稽魂	拜东	父斤	1905/11/4	93	167	滑稽魂	丁	父斤	1905/12/2
74	146	滑稽魂	报销册	父斤	1905/11/9	94	184	滑稽魂	讲圣谕	父斤	1905/12/21
75	147	滑稽魂	刁笔求少留面目	父斤	1905/11/10	95	205	滑稽魂	讨账	父	1906/1/15
76	153	滑稽魂	抵制阎罗	父斤	1905/11/17	96	205	滑稽魂	纪刀	斤	1906/1/15
77	154	滑稽魂	祭丁	父斤	1905/11/18	97	207	滑稽魂	龟君归天	父	1906/1/17
78	154	滑稽魂	拜寿	父斤	1905/11/18	98	207	滑稽魂	抬炮经废	斤	1906/1/17
79	156	小说林	义侠小说 闷葫芦	亚斧	1905/11/20	99	209	滑稽魂	监人过年	父斤	1906/1/19
80	157	小说林	义侠小说 闷葫芦	亚斧	1905/11/21	100	210	小说林	侦探小说 海底针	亚斧	1906/1/29
81	158	小说林	义侠小说 闷葫芦	亚斧	1905/11/22	101	211	小说林	侦探小说 海底针	亚斧	1906/1/30
82	159	小说林	义侠小说 闷葫芦	亚斧	1905/11/23	102	213	小说林	侦探小说 海底针	亚斧	1906/2/1
83	160	小说林	义侠小说 闷葫芦	亚斧	1905/11/24	103	214	小说林	侦探小说 海底针	亚斧	1906/2/2
84	161	小说林	义侠小说 闷葫芦	亚斧	1905/11/25	104	215	小说林	侦探小说 海底针	亚斧	1906/2/3
85	162	小说林	义侠小说 闷葫芦	亚斧	1905/11/26	105	216	小说林	侦探小说 海底针	亚斧	1906/2/4
86	163	小说林	义侠小说 闷葫芦	亚斧	1905/11/28	106	217	小说林	侦探小说 海底针	亚斧	1906/2/5

序号	新闻纸号	栏目名	作品名	署名	西历日期	序号	新闻纸号	栏目名	作品名	署名	西历日期
107	218	小说林	侦探小说 海底针	亚斧	1906/2/6	124	292	滑稽魂	古董	斤	1906/5/14
108	219	小说林	侦探小说 海底针	亚斧	1906/2/7	125	293	滑稽魂	孔子抵制	父	1906/5/15
109	221	小说林	义侠小说 茅店月（短篇）	亚斧	1906/2/10	126	293	滑稽魂	和尚出狱	斤	1906/5/15
110	222	小说林	义侠小说 茅店月	亚斧	1906/2/11	127	296	小说林	短篇小说 巴上刀	斧	1906/5/18
111	227	小说林	短篇小说 牛背笛	亚斧	1906/2/16	128	305	小说林	义侠小说 肝胆镜	斧	1906/5/28
112	228	小说林	短篇小说 牛背笛	亚斧	1906/2/17	129	306	小说林	义侠小说 肝胆镜	斧	1906/5/29
113	232	小说林	冒险小说 千钧一发	粗斧	1906/2/21	130	306	滑稽魂	剃须	父	1906/5/29
114	233	小说林	冒险小说 千钧一发	粗斧	1906/2/22	131	306	滑稽魂	补牙	斤	1906/5/29
115	238	小说林	冒险小说 千钧一发	粗斧	1906/2/28	132	307	小说林	义侠小说 肝胆镜	斧	1906/5/30
116	239	小说林	冒险小说 千钧一发	粗斧	1906/3/1	133	308	小说林	义侠小说 肝胆镜	斧	1906/5/31
117	240	小说林	冒险小说 千钧一发	粗斧	1906/3/2	134	309	小说林	义侠小说 肝胆镜	斧	1906/6/1
118	241	小说林	冒险小说 千钧一发	粗斧	1906/3/3	135	310	小说林	义侠小说 肝胆镜	斧	1906/6/2
119	256	小说林	短篇小说 秃	亚斧	1906/3/19	136	324	风雅丛	剑	粗斧	1906/6/17
120	260	小说林	义侠小说 贼	斧	1906/3/23	137	324	风雅丛	炉	粗斧	1906/6/17
121	261	小说林	义侠小说 贼	斧	1906/3/24	138	329	风雅丛	本报周岁吟	粗斧	1906/6/23
122	262	小说林	义侠小说 贼	斧	1906/3/26	139	330	滑稽魂	人之有技若己有之	父	1906/6/24
123	292	滑稽魂	坐办	父	1906/5/14	140	330	滑稽魂	临财毋苟临难毋苟免	斤	1906/6/24

续　表

序号	新闻纸号	栏目名	作品名	署名	西历日期	序号	新闻纸号	栏目名	作品名	署名	西历日期
141	332	风雅丛	五五吟（古体）	粗斧	1906/6/26	148	338	小说林	盲情小说 专制果	粗斧	1906/7/3
142	333	风雅丛	寄种氏同魂	粗斧	1906/6/28	149	339	小说林	盲情小说 专制果	粗斧	1906/7/4
143	334	小说林	盲情小说 专制果	粗斧	1906/6/29	150	348①	滑稽魂	郑陶灾	父	1906/7/8
144	335	小说林	盲情小说 专制果	粗斧	1906/6/30	151	348	滑稽魂	挫小足	斤	1906/7/8
145	335	风雅丛	章炳麟出狱感	粗斧	1906/6/30	152	352	滑稽魂	男盗女娼	父	1906/7/12
146	336	小说林	盲情小说 专制果	粗斧	1906/7/1	153	352	滑稽魂	诛吃铜精	斤	1906/7/12
147	337	小说林	盲情小说 专制果	粗斧	1906/7/2						

《香港少年报》王斧作品一览表

序号	新闻纸号	栏目名	作品名	署名	西历日期	序号	新闻纸号	栏目名	作品名	署名	西历日期
1	72	新舞台	乘胜征东（左撇）	亚斧	1906/7/13	7	90	新说部	贼情小说 醋海波	亚斧	1906/9/1
2	84	骚坛帜	七夕忆亡友	阔斧	1906/8/26	8	91	新说部	贼情小说 醋海波	亚斧	1906/9/2
3	85	故事丛	周钟	亚斧	1906/8/27	9	92	新说部	贼情小说 醋海波	亚斧	1906/9/3
4	86	故事丛	刘养贞	亚斧	1906/8/28	10	99	粤人声	唔好咁颈硬（粤讴）	斧	1906/9/11
5	86	骚坛帜	忆家	亚斧	1906/8/28	11	100	新说部	短篇小说 女贼	父	1906/9/12
6	87	故事丛	宋家仕	斧	1906/8/29	12	101	新笑林	大义灭亲	父	1906/9/13

---

① 原刊印刷为"新闻纸第三百四十八号"，依前"新闻纸第三百卅九号"为1906年7月4日推算可知，这一期的"新闻纸"号当为"第三百四十三号"，下同。

续　表

序号	新闻纸号	栏目名	作品名	署名	西历日期	序号	新闻纸号	栏目名	作品名	署名	西历日期
13	101	新笑林	出洋油壳	斤	1906/9/13	32	139	新说部	短篇小说 偷侦探	斧	1906/10/26
14	101	故事丛	吕维祺	斧	1906/9/13	33	139	故事丛	扬州血	斧	1906/10/26
15	102	新说部	故事小说 媒祸	斧	1906/9/14	34	141	故事丛	追捕之狱	斧	1906/10/28
16	103	新说部	故事小说 媒祸	斧	1906/9/15	35	142	新说部	短篇小说 鸟媒	斧	1906/10/29
17	104	新说部	故事小说 媒祸	斧	1906/9/16	36	143	新说部	短篇小说 鸟媒	斧	1906/10/30
18	105	新说部	故事小说 媒祸	斧	1906/9/17	37	144	故事丛	盐灶之苦	斧	1906/10/31
19	106	新说部	故事小说 媒祸	斧	1906/9/18	38	145	新说部	义侠小说 中国之摆伦	斧	1906/11/1
20	119	新笑林	月之夫	父	1906/10/4	39	145	故事丛	季开生	斧	1906/11/1
21	119	新笑林	月之子	斤	1906/10/4	40	147	西方宝	贤君贤臣	斧	1906/11/4
22	120	故事丛	汪乔年	斧	1906/10/5	41	149	故事丛	文字狱	斧	1906/11/6
23	121	故事丛	误国贼	斧	1906/10/6	42	150	新说部	短篇小说 葡萄酒	斧	1906/11/7
24	124	新说部	光怪小说 南无阿弥陀佛	斧	1906/10/9	43	151	新说部	短篇小说 葡萄酒	斧	1906/11/8
25	125	新说部	复仇小说 蚁阵	斧	1906/10/10	44	151	故事丛	乾隆南巡	斧	1906/11/8
26	127	新说部	警醒小说 醒狮	斧	1906/10/12	145	158	新说部	短篇小说 美人墓	斧	1906/11/16
27	128	新说部	短篇小说 锦囊	斧	1906/10/13	46	160	新说部	短篇小说 美人墓	斧	1906/11/19
28	130	故事丛	阖门自尽	斧	1906/10/16	47	162	杂俎	包立身轶事	斧	1906/11/21
29	131	故事丛	寺人	斧	1906/10/17	48	166	不忘录	王炎午	斧	1906/11/26
30	134	新说部	七情小说 听	斧	1906/10/21	49	167	稗官署	侦探小说 疑团	斧	1906/11/27
31	135	新说部	短篇小说 熊	斧	1906/10/22	50	167	不忘录	长兴伯致 叶天廖书	斧	1906/11/27

续　表

序号	新闻纸号	栏目名	作品名	署名	西历日期	序号	新闻纸号	栏目名	作品名	署名	西历日期
51	167	西方宝	今日不可无此君	斧	1906/11/27	59	173	西方宝	马革裹尸	斧	1906/12/4
52	168	稗官署	侦探小说疑团	斧	1906/11/28	60	185	不忘录	赵仁甫先生	斧	1906/12/18
53	169	倒戈录	张献忠	斧	1906/11/29	61	186	不忘录	史果斋	斧	1906/12/19
54	169	西方宝	黑奴之好学	斧	1906/11/29	62	187	稗官署	短篇小说附骨疽	斧	1906/12/20
55	170	倒戈录	张献忠之杀僧	斧	1906/11/30	63	187	不忘录	黄梦余先生	斧	1906/12/20
56	170	西方宝	美国之大炮	斧	1906/11/30	64	188	稗官署	短篇小说附骨疽	斧	1906/12/21
57	172	倒戈录	张献忠之杀士卒	斧	1906/12/3	65	188	不忘录	向寿先生	斧	1906/12/21
58	173	不忘录	黄公淳耀绝命书	斧	1906/12/4						

《唯一趣报有所谓》① 小说一览表

序号	小说名	作者	期数	标注小说类型
1	佳人泪	亚父	43—51	艳情小说
2	天涯恨	亚斧	54—60	政治小说
3	阎应元	萍初四郎	61—73	民族伟人（白话）
4	巾帼魂	亚斧	76—86	任侠小说
5	闷葫芦	亚斧	156、167	侠义小说
6	郑生	死国青年	173、174（未完）	意匠小说

---

① 比陈大康《中国近代小说编年史》少《洪秀全演义》《苏菲亚传》2篇。人民文学出版社2014年版，第2810页。

续　表

序号	小说名	作者	期数	标注小说类型
7	海底针	亚斧	210—219	侦探小说
8	茅店月	亚斧	221、222	义侠小说（短篇）
9	牛背笛	亚斧	227—228	短篇小说
10	千钧一发	粗斧	232—241	冒险小说
11	秃	亚斧	256	短篇小说
12	贼	斧	260—262①	义侠小说
13	新妇智	侠	295	离奇小说
14	巴上刀	斧	296	短篇小说
15	肝胆镜	斧	305—310	义侠小说
16	专制果	粗斧	334—339	盲情小说

《香港少年报》② 小说一览表

序号	小说名	作者	期数	标注小说类型
1	生死恨	计三郎	80—85	幻情小说
2	醋海波	亚斧	90—92	贼情小说
3	女贼	父	100	短篇小说
4	媒祸	斧	102—106	故事小说

---

① 原刊印刷为"第二百五二十号"，即第二百六十号，以此类推。

② 陈大康：《中国近代小说编年史》未见《生死恨》，但尚有《洪秀全演义》《岑春煊》2 篇为笔者未见，人民文学出版社 2014 年版，第 2796 页。

序号	小说名	作者	期数	标注小说类型
5	宦海冤魂	棣	109—120	无
6	硫黄马	遯生	123	怪诞小说
7	南无阿弥陀佛	斧	124	光怪小说
8	蚁阵	斧	125	复仇小说
9	醒狮	斧	127	警醒小说
10	锦囊	斧	128	短篇小说
11	走狗	噇	133	趣致小说
12	听	斧	134	七情小说
13	熊	斧	135	短篇小说
14	芙蓉血	计伯	136、137	绘情小说
15	偷侦探	斧	139	短篇小说
16	鸟媒	斧	142、143	短篇小说
17	中国之摆伦	斧	145	义侠小说
18	葡萄酒	斧	150、151	短篇小说
19	西狩	朕	157	白话小说
20	美人墓	斧	158、160	短篇小说
21	冤业	遯生	166	薄命小说
22	疑团	斧	167、168	侦探小说
23	附骨疽	斧	187、188	短篇小说

续　表

序号	小说名	作者	期数	标注小说类型
24	泼妇	金人	189	短篇小说
25	粉侠	神父	194	奇遇小说
26	孽姻缘	弟	200—205	贼情小说
27	蒸人甑	计伯	163	因果小说

（梁冬丽，百色学院文学与传媒学院教授，暨南大学"中国语言文学"流动站博士后，广州大学广府文化研究中心兼职研究员）